浙江省普通高校"十三五"新形态教材

U0749358

# 投资与理财

TOUZI YU LICAI

周春喜 主编

浙江工商大學出版社 | 杭州
ZHEJIANG GONGSHANG UNIVERSITY PRESS

**图书在版编目(CIP)数据**

投资与理财 / 周春喜主编. — 杭州 ：浙江工商大学出版社，2023.1

ISBN 978-7-5178-5326-8

Ⅰ. ①投… Ⅱ. ①周… Ⅲ. ①投资 Ⅳ. ①F830.59

中国版本图书馆 CIP 数据核字(2022)第 248066 号

**投资与理财**

**TOUZI YU LICAI**

周春喜 主编

**责任编辑** 李兰存 谭娟娟
**责任校对** 李远东
**封面设计** 望宸文化
**责任印制** 包建辉
**出版发行** 浙江工商大学出版社
(杭州市教工路 198 号 邮政编码 310012)
(E-mail:zjgsupress@163.com)
(网址:http://www.zjgsupress.com)
电话:0571-88904980,88831806(传真)
**排 版** 杭州朝曦图文设计有限公司
**印 刷** 浙江全能工艺美术印刷有限公司
**开 本** 787mm×1092mm 1/16
**印 张** 20.75
**字 数** 495 千
**版 印 次** 2023 年 1 月第 1 版 2023 年 1 月第 1 次印刷
**书 号** ISBN 978-7-5178-5326-8
**定 价** 59.00 元

# 前　言

伟大的投资家本杰明·格雷厄姆在《聪明的投资者》一书中写道："投资艺术有一个特点不为大众所知。门外汉只需一点努力与能力，便可取得令人尊敬（即使并不可观）的结果。但如果想在此基础上更进一步，则需更多实践与智慧。"投资与理财世界的复杂性吸引我们用深邃的目光去洞察这一切，这自然需要更大的勇气、更多的理性，而这一切都源于对投资理财知识与智慧的热爱。

投资与理财是一种生活方式的选择，它贯穿于人的一生。本教材以个人家庭为研究对象，按照弗兰科·莫迪利安尼的储蓄生命周期理论，讲解人生关键节点的财务需求，立足我国国情，反映人们对美好生活的向往。通过学习本教材，帮助读者树立正确的理财观念，建立投资理财新思维；熟悉基本的理财知识，提高投资理财素养；掌握典型的理财工具，具备投资理财基本技能。

本教材是国家级一流本科课程（线上一流课程）"投资与理财"的配套教材。在"数字＋教学"背景下，纸质教材与数字化教学资源融合形成的新形态教材已成为教材建设的一种新趋势。为更好地阐述投资与理财的基本理论和方法，作者结合多年教学与科研工作实际，以及从事投资与理财的实践，注重理论与实务相结合，反映投资与理财理论研究和实践的新成果，在参阅了大量书籍文献的基础上编写了此书。本教材于 2019 年 4 月被立项为浙江省普通高校"十三五"新形态教材建设项目。

较目前已有的投资与理财教材，本教材具有以下几个特点：

1. 以个人生命周期为主线，架构教材内容。将投资与理财的知识点嵌入到生命周期的场景之中，让读者"身临其境"，体会学习的乐趣。结合关键人生节点的理财需求，精心设计教材内容。

2. 以典型理财问题为导向，构建"知识立方体"。凝练生命周期不同阶段的典型理财问题，充分发挥网络信息技术优势，探讨投资理财路径，反思投资与理财中的"误区"和"盲区"，提升理财智慧。

3. 以学习者自主学习为中心，重构知识体系。注重读者在线自主学习的体验，以"知识立方体"为基本单元，构建一个完整的投资与理财知识体系，供读者定制个性化学习方案，提高自主学习的效果。

4. 以慕课规范为指引，便于读者情景化学习。每个"知识立方体"的视频平均时长约 13 分钟，配套 PPT 课件、拓展阅读资料、自测题、答案讲解等可以通过扫描二维码阅读，注重趣味性和参与性，将互联网、多媒介、智能与社交技术等融为一体。

本教材既可作为高等院校金融学类专业的教材或教学参考书，也可作为大学通识课教材，还可以作为社会公众了解投资与理财知识的参考书。在教学使用过程中，教师可根据授课对象对内容进行删减。

本教材得以完成，首先要感谢浙江工商大学出版社的支持，感谢浙江工商大学出版社鲍观明社长、谭娟娟编辑、李兰存编辑为本教材的出版所付出的辛勤劳动。本教材由浙江工商大学周春喜教授主编，在编写过程中，浙江工商大学楼迎军教授、施建祥教授提供了诸多建设性的意见和建议，楼迎军教授编写了第 3 章、第 4 章的初稿，并提供了大量的素材(资料)，在此特别表示感谢。嵌入教材中第 1 章一第 5 章的视频讲解由楼迎军教授完成，第 6 章、第 8 章和第 10 章的视频讲解由周春喜教授完成，第 7 章和第 9 章的视频讲解由施建祥教授完成。本教材编写参考并引用了大量的相关文献和资料，吸收了国内外相关文献的有益观点，在参考文献中已经标注了一部分，也可能有遗漏，在此一并深表感谢！由于编写时间较紧，编者水平有限，教材中难免会有疏漏或不足之处，恳请广大读者指正。

周春喜

2022 年 8 月

# 目　录

# 第1章　现代生活中的投资理财

1.1　马斯洛需求层次理论折射出的理财观

1.2　财富不仅靠历史的累积，更需未来收入的贴现

1.3　投资理财中的金融资产

1.4　创业投资三特质

## 导入语

管子曰："仓廪实则知礼节，衣食足则知荣辱。"马斯洛的需求层次理论认为，人都潜藏着从低到高不同层次的需求，当某一层次的需求满足了以后，就会向高一层次发展。人在不同的生命周期阶段有不同的财务状况、不同的资金需求，这决定着人生各个阶段的投资理财目标不同。投资理财的目的就在于解决不同人生节点的财务问题，追求更加丰富多彩的人生，其终极命题就是如何有效地安排个人有限的财务资源，实现其一生生命满足感的最大化。

## 学习目标

通过学习本章，理解马斯洛的需求层次理论；掌握财富不仅靠历史的累积，更需未来收入贴现的理念；理解投资理财中金融资产的内涵与金融资产的特性；了解创业投资的三特质，在此基础上树立正确的投资理财观。

## 思维导图

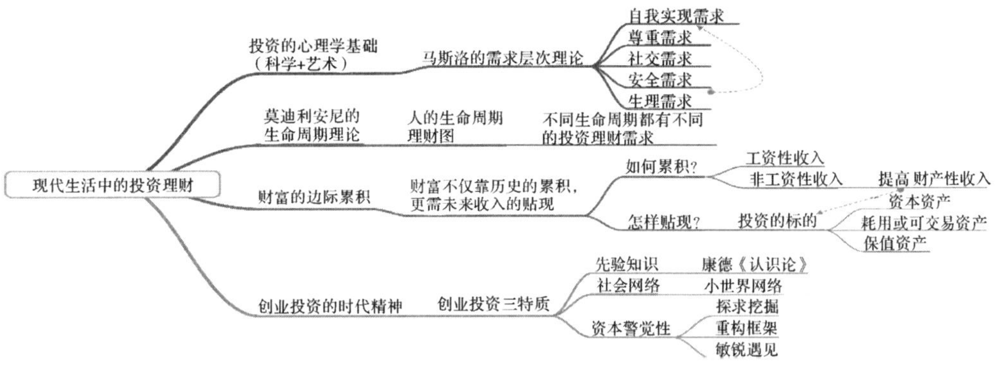

## 1.1 马斯洛的需求层次理论折射出的理财观

### 1.1.1 马斯洛的需求层次理论

视频：马斯洛需求层次理论折射出的理财观

PPT 课件

生活在这个世界上，每个人都有自己的人生目标，都在追求各自的人生价值。由于人所处的时代不同、环境不同、角色不同、阅历不同，对人生价值的认识存在差异，自然会持有不同的人生态度，这便造就了芸芸众生的多彩人生。看世事沧海桑田，品人生雨雪风霜。可以说，人的一生是一个不断满足自身的各种物质财富和精神生活需求，追求整个生命阶段效用最大化的过程。尽管在人的一生中会面临多种多样的需求选择，但是，一般而言，人们总是先在满足较低层次需求的基础上，再去追求较高层次的需求。正是基于这一社会现象，美国社会心理学家亚伯拉罕·哈罗德·马斯洛提出了著名的需求层次理论，他认为人都潜藏着五种不同层次的需求，即从低到高分为：生理需求、安全需求、社交需求、尊重需求和自我实现需求。这五个层次的需求可以分为两级：一是生理需求、安全需求和社交需求，通过外部条件就可以满足，属于较低级的需求；二是尊重需求和自我实现需求，通过人的内在因素才能满足，是高级的需求。

值得注意的是，各个层次的需求相互依赖，存在一定程度的交叉和重叠。在不同时期，五个层次需求表现出来的迫切程度并不相同。人最迫切的需求是激励人行动的主要原因和动力。某一层次的需求相对满足了，就会向高一层次需求发展，追求更高层次的需求成为驱使行为的动因。任何一种需求都不会因为更高层次需求的满足而消失。一般而言，高层次的需求得到满足之后，低层次的需求仍然存在，只是对行为影响的程度减小而已。尽管有人会认为，对人生的探讨是精神层面的话题，但是生活毕竟是现实的、具体的。人们在不断追求满足更高层次需求的过程中，物质财富的获取、保护和运用是一个无法回避的问题。因此，个人家庭对财富管理不可或缺。

**资料卡 1-1**

**亚伯拉罕·哈罗德·马斯洛**

亚伯拉罕·哈罗德·马斯洛(Abraham Harold Maslow)，1908 年 4 月 1 日出生于美国纽约，美国社会心理学家、比较心理学家，第三代心理学的开创者，提出了融合精神分析心理学和行为主义心理学的人本主义心理学。如图 1-1 所示。

图 1-1 亚伯拉罕·哈罗德·马斯洛
(1908.04.01—1970.06.08)

1926 年入康奈尔大学，后转至威斯康星大学攻读心理学；1934 年获博士学位后留校任教；1935 年在哥伦比亚大学任研究助理；1937 年任纽约布鲁克林学院副教授。

1951 年被聘为布兰戴斯大学心理学教授兼系主任；1967 年任美国人格与社会心理学会主席和美国心理学会主席。

主要成就：提出了人本主义心理学、马斯洛需求层次理论。

代表作品：《动机和人格》《存在心理学探索》《人性能达到的境界》。

(1)生理需求

生理上的需求是人类维持自身生存的最基本要求，包括饥、渴、衣、住等方面的要求。人需要有一份收入用于满足基本生活需要，就是对自我保障日益迫切的需求。若生理需求不能满足，人类的生存就成了问题。生理需求是最强烈的不可避免的最底层的需要，也是推动人们行动的强大动力。当一个人为生理需求所控制时，其他一切需求均退居次要地位。“仓廪实而知礼节，衣食足而知荣辱”，只有衣、食这些最基本的需要满足到维持生存所必需的程度后，其他的需要才能成为新的激励因素。

(2)安全需求

人生道路充满了不确定性，这种不确定性增加了人们对安全的渴望。每一个在现实中生活的人，都会产生安全感的欲望、自由的欲望。就个人家庭而言，为了应对现实社会经济生活中的不确定性，既要求劳动安全、职业安全和生活稳定，也需要充分的风险管理与保障，参加社会保险，购买商业保险，希望免于灾难，希望未来有保障等。安全需求比生理需求较高一级，当生理需求得到满足以后，就会寻求安全需求。

**即问即答**

人们购买商业保险的行为属于马斯洛需求层次理论中的哪一层次需求？

即问即答

(3)社交需求

当生理需求和安全需求得到满足后，社交需求就会凸显出来，进而产生激励作用。社交需求包括对友谊、爱情，以及隶属关系的需求。一方面，个人渴望得到家庭、朋友、同事的关怀、爱护和理解，是对友情、信任、温暖、爱情的需要；另一方面，人都希望成为某组织或群体中的一员，并相互关心和照顾。

社交需求比生理需求和安全需求更细微、更难捉摸。它与个人性格、阅历、民族、生活区域、生活习惯、宗教信仰等有关，这种需求往往难以察悟，无法度量。但一个人或家庭的财富水平在很大程度上决定了一个人的社交范围，而随着社交范围的扩大也会提升财富水平。

(4)尊重需求

人都希望自己有稳定的社会地位，希望个人的能力和成就得到社会的认可。尊重需求可分为自尊和受到他人尊重两种。自尊是指一个人在各种不同情境中表现出的自我肯定，充满信心，独立自主；受到他人尊重是指一个人希望有地位、有威信，受到别人的信赖和得到高度评价。为了这种需求，人们通过投资股票、基金、房产、实业等赚取更多的财富，不断提高自身价值；通过接受专业教育提高认知水平；通过向社会捐赠财物奉献爱心，获得他人和社会的尊重。尊重需求得到满足，能使人对自己充满信心，对社会满腔热情，体验到自身活着的用处和价值。

(5)自我实现需求

人生是一个追求生命满足感的过程,也是一个自我实现的过程,这是最高层次的需求,具体指实现个人理想、抱负,最大程度发挥个人的能力,完成与自己能力相称的一切事情的需要。自我实现需求是在努力挖掘自身的潜力,使自己越来越成为自己所期望的人。自我实现包括两个方面:一是实现自我的经济价值,获得经济上的自由,即努力满足自己的物质需要,在提高工作收入的同时善于用各种理财工具增加自身财富;二是实现自我的社会价值,即个人对社会的贡献和创造,把更多时间和金钱用于慈善事业,希望更好地发挥自身的才能、奉献社会。需要注意的是,为满足自我实现需求所采取的途径则因人而异。比如,在现实生活中,一些富裕人士随着个人财富的积累,社会责任感不断增强,希望通过捐赠来体现自身的社会价值。

在人的一生中,人们希望能够满足各个层次的需求:在满足温饱的前提下,追求的是安全无虞;当基本的生活条件获得满足之后,则寻求社交需求,希望得到他人或社会的认可或尊重;在此基础上进一步追求人生的最终目标——自我实现。而这一切需求的满足,无不与投资理财密切相关。投资与理财的目的就在于追求更加丰富多彩的人生,其终极命题就是如何有效地安排个人有限的财务资源,实现一生生命满足感的最大化。

**即问即答**

一渔夫在海边晒太阳,一位绅士走过来对他说:"天气这么好,为什么不去捕鱼呢?"渔夫说:"先生,捕鱼干什么呢?""捕鱼你就能挣很多钱啊!"渔夫说:"挣钱又为了做什么呢?""挣钱,你就可以买一艘更大的船。""先生,买大船又做什么呢?""这样你就可以打更多的鱼,挣更多的钱。""那又能怎么样呢?""这样你就可以像我一样,在海边晒太阳。"渔夫说:"先生,我现在正在这样做呢。"请用需求层次理论解释渔夫和绅士所说的晒太阳有什么区别?

即问即答

### 1.1.2 储蓄生命周期理论

美籍意大利经济学家弗兰科·莫迪利安尼于1954年首次提出储蓄生命周期理论,该理论从居民个人有计划的生命周期行为来讨论储蓄问题。莫迪利安尼认为,消费者消费任何一件商品,只是为了得到一定的效用。个人只能从现在与未来的消费中,以及由前辈传给的资产中获得效用。消费者一生的总效用是他目前和未来总消费的函数。从个人消费行为看,消费者总想把他一生的全部收入在消费上作最佳的分配,使得他在一生的消费中所获得的总效用最大。因此,理性人为追求一生总效用最大化,会选择在一生中平滑消费以维持平稳的生活水平。

按照边际效用递减规律,要使消费者在一生中获得的总效用最大化,消费者会选择一个与过去平均消费水平接近的消费安排。消费支出不会随着现期收入的改变而有大幅变动,而会根据人的一生收入和财富总量来安排不同时期的消费支出。因此,消费者在不同生命周期阶段的消费相对平稳,而收入会随着消费者在整个生命周期中的职业发展状况而发生较大的改变。一般情况下,在踏上工作岗位之前几乎没有收入;在参加工作以后,随着职业的发展，收入水平不断提高，到退休前期达到顶峰；在退休以后，依靠养老金生活，可支配收入大幅下降。因此，伴随年龄的增加，个人收入总体上呈“倒 U 形”趋势变动，如图 1-2 所示。

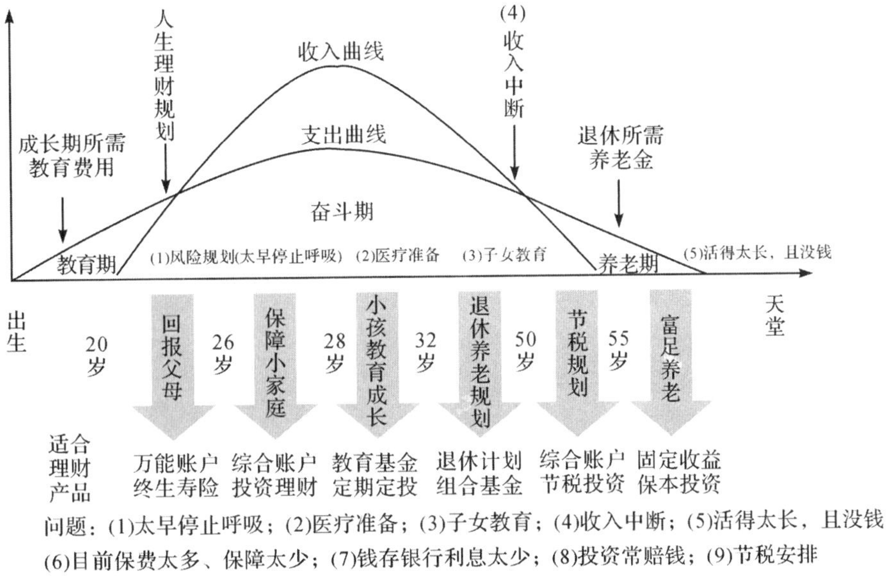


**图 1-2　人的生命周期理财图**

在生命周期的不同阶段，收入与消费支出并不匹配，当收入高于消费支出时，人们将进行储蓄以积累财富；而当收入不足以支付消费支出时，人们将进行赤字或耗费已有的储蓄。青年阶段的消费支出水平往往会高于收入水平，需要父母养育，可能会出现家庭赤字；进入中年阶段后，随着收入水平的提高，收入高于消费支出，家庭财富有较大的结余，这些结余会用于养育子女，并且为老年阶段进行养老做准备。迈入老年阶段以后，收入水平大幅下降，消费支出会大于收入，消费支出中的一部分来自中年阶段的储蓄。因此，储蓄生命周期理论暗含了消费者在整个生命周期中财富的变化，即随着年龄的增加，消费者总财富逐渐增加，到退休后，总财富又逐渐减少。

生命周期不同阶段的收入、消费和储蓄特征，可以看作家庭中不同年龄阶段成员的经济行为特征。其中，家庭中年人口的收入大于消费支出，对家庭储蓄有正向影响；孩子和老人没有收入或者收入水平较低，消费支出大于收入，对家庭储蓄有负向影响。家庭从形成到成长、成熟再到衰亡的过程，不仅体现了家庭人口规模变动，更体现了家庭人口年龄结构的变动。因此，家庭的收入、消费和财富水平也会随之发生相应的改变，这些均会对家庭资产配置产生重要影响。对生命周期的不同节点而言，财务状况不同，资产选择偏好存在差异。年轻人主要考虑住房，随着年龄的增加和收入水平的提高，有一定财富积累的中年人可能会投资股票、债券、基金等有价证券。随着年龄的增加，居民风险厌恶程度提高，老年人逐渐开始选择养老储蓄，更多考虑银行理财、债券等低风险资产。

人在不同的生命阶段有不同的财务状况、不同的资金需求，这决定了人生各个阶段的投资理财目标不同。投资与理财需考虑不同生命阶段的财务状况与理财目标，有效地进行规划设计。虽然每个人的家庭状况、财务状况和性格特征各不相同，但是处于相同生命周期阶段的家庭往往具有相似的理财目标、收入状况和风险承受能力。因此，储蓄生命周期理论是投资与理财规划的基础。

## 资料卡 1-2

### 弗兰科·莫迪利安尼

弗兰科·莫迪利安尼(Franco Modigliani),1918 年 6 月 18 日出生在意大利罗马的一个犹太家庭,意大利籍美国人,如图 1-3 所示。17 岁时进入罗马大学,1939 年获得了罗马大学法学学士学位,1944 年获新社会研究学院社会科学硕士学位,1942—1944 年在巴德学院担任讲师,1944—1948 年担任新社会研究学院经济学助理教授,1949—1950 年担任伊利诺伊大学经济学副教授,1950—1952 年担任伊利诺伊大学经济学教授,1952—1960 年担任卡内基理工学院经济学与产业管理教授,1960—1962 年担任西北大学经济学教授,1962—1970 年担任麻省理工学院经济学与财务教授。

图 1-3　弗兰科·莫迪利安尼
(1918.06.18—2003.09.25)

弗兰科·莫迪利安尼对经济学理论做出了两个重要贡献:

一是提出家庭储蓄的生命周期理论。该理论认为家庭的储蓄是与家庭生命周期相联系的,且具有一定的规律。探讨了在人生的不同生命周期影响人储蓄习惯的不同因素,认为在个人的生命终结阶段,都正好用完他一生所积蓄的财富。这一理论在研究家庭和企业储蓄中得到了广泛应用。

二是与美国经济学家默顿·米勒(Merton H · Miller)共同提出了公司资本成本定理,即莫迪利安尼-米勒定理(MM 定理)。这一定理提出了在不确定条件下分析资本结构和资本成本之间关系的新见解,并在此基础上发展了投资决策理论。

这两方面的贡献是密切联系的,两者都说明家庭财富管理的必要性和重要性,且都可看成莫迪利安尼对金融市场作用的广泛研究的重要成果。

代表作品:《国民收入和国际贸易》(1953 年)、《计划生产、存货和劳动力》(合作,1960 年)、《通货膨胀条件为稳定住宅建设而采取的新的抵押设计》(1975 年)、《莫迪利安尼文集》:《宏观经济论文集》(第一卷)、《储蓄的生命周期假说》(第二卷)、《财政理论及其他论文集》(第三卷)。

## 即问即答

按照人的生命周期理财图,下列表述合理的是(　　)。(多项选择题)

A. 退休所需的养老金需在退休之前积攒

B. 从参加工作到退休这段时间是财富创造的重要时期

C. 在奋斗期,增加收入比减少开支的财富积累效果更显著

D. 人的一生从摇篮到坟墓都需要考虑保险

E. 投资贯穿于人的一生,只是不同阶段的投资策略应有所区别

即问即答

### 1.1.3 家庭生命周期

人从出生到死亡会经历婴儿、童年、少年、青年、中年和老年六个时期。由于婴儿期、童年期和少年期没有独立的经济来源，因此这三个时期不是投资理财的重要时期，而青年期、中年期和老年期则是进行投资理财的三个重要时期。

(1)青年期

青年期可细分为单身期和家庭与事业形成期。

①单身期。指从参加工作至结婚的这段时期，一般为2—8年。在这个时期，年轻人刚刚开始参加工作，收入较少但花销较大，要买衣服、租房子、谈恋爱、准备结婚等。而该时期又往往是个人资金的原始积累期，这个时期的年轻人应该在努力工作、扩大收入来源的同时，着重攒钱，为建立家庭做准备。与此同时，由于年轻，抗风险的能力较强，可以考虑拿出一小部分资金，尝试进行投资，比如投资股票和基金，为自己中年后的投资积累经验。在这个时期，保险同样很重要，由于经济能力有限，可以考虑购买一些保费比较便宜的保障型保险，比如意外伤害保险等。

②家庭与事业形成期。指从结婚到新生儿诞生的这段时期，一般为1—3年。在这个时期，个人事业初步形成，两个人组建了家庭，经济收入有了一定的增加，生活开始走向稳定，但伴随着孩子的出生，家庭的经济负担也在加重。尽管家庭的财力仍然不算雄厚，但呈现蒸蒸日上之势。此时，家庭最大的支出是购房，一般采用贷款的方式买房，对此夫妻二人要进行仔细的规划，使月供负担控制在家庭经济能力可以承受的范围之内(一般不超过家庭月收入的30%)。如果是贷款购房，可以考虑购买定期寿险，如果借款人在还款期间身故或者残疾，丧失还款能力时，保险公司会代为偿还剩余的贷款本金。在孩子出生后，还要开始为孩子积累教育费用，为减轻孩子接受高等教育时的资金压力，而投保教育保险是一种较好的方式。

(2)中年期

中年期可以细分为家庭与事业成长期和退休前期。

①家庭与事业成长期。指从子女出生到子女完成教育参加工作的这段时期，一般为18—28年。人到中年，事业开始逐步走向成功，收入日见丰厚，虽然日常支出也在增多(负担孩子的大学教育费用、赡养父母等)。但是，收入的增长速度要比支出增长更快。这个时期首要的任务是还清房贷，其次是加大投资力度(特别是风险性投资)，为家庭储备未来的养老金。这一时期，也需给自己投保养老保险，为退休养老做好充足的储备。此外，如果要进行长期投资，投资连结保险也是不错的选择。再有，人过40岁，身体开始走下坡路，疾病开始主动找上门，因此尽早为自己投保重大疾病保险和医疗保险也显得尤为重要。为了防止自己过早离世给家庭的生活水平造成影响，为自己投保大额的定期寿险也是较好的选择。

②退休前期。指从子女参加工作到个人退休之前的这段时期，一般为10—15年。在这一阶段，孩子已经完成学业，参加工作，经济开始独立。此时，家庭收入丰厚，支出减少，财务状况良好。这一时期，最重要的是准备好养老金，然后是在力所能及的情况下为子女准备适当的婚嫁费用。这个时期，在资产组合中要逐渐减少风险性投资的比重，增加安全性投资的比重，获取安全、稳定的投资收益。

(3)老年期

老年期也称退休期，指退休后的这段时期。进入退休期，肩负的家庭责任减轻，锻炼身体、休闲娱乐是生活的主要内容。家庭收入减少，而休闲时间、医疗费用增加，其他日常开支减少。此时，家庭的风险承受能力下降，对资金的安全性要求远高于收益性。因此，在资产配置上要进一步减少风险性投资的比重，甚至不进行风险性投资。

在这一时期，家庭最主要的目标就是安度晚年，享受人生的美好。在拥有足够养老金的前提下，可以投保终身寿险，有计划地做好财产传承方案。

### 1.1.4 家庭生命周期阶段的投资理财需求

投资理财活动需与家庭生命周期相结合，只有考虑了家庭生命周期不同阶段的财务状况、投资理财需求，才能做到有的放矢，取得最佳的投资理财效果。表1-1具体说明了家庭生命周期不同阶段的投资理财需求。

表1-1 生命周期不同阶段的投资理财需求

| 生命周期 | 家庭模型 | 财务状况 | 投资理财需求 |
|---|---|---|---|
| 单身期 | 青年家庭 | (1)刚步入社会，收入低、花销大<br>(2)没有太大的经济负担<br>(3)消费多以自我为中心<br>(4)娱乐导向，更多地花费在服饰、美食、旅游和约会方面 | (1)租赁房屋<br>(2)满足日常消费支出<br>(3)偿还教育贷款<br>(4)储蓄和提高自身价值<br>(5)小额投资尝试<br>… |
| 家庭与事业形成期 | | (1)比较富裕<br>(2)消费以夫妻为中心<br>(3)主要为购买家常用品，以及享受性的消费，如休闲、度假等<br>(4)家庭最大的支出为购房支出 | (1)购买房屋<br>(2)子女出生和养育<br>(3)建立应急备用金<br>(4)增加收入<br>(5)风险保障<br>(6)储蓄和投资<br>(7)退休基金<br>… |
| 家庭与事业成长期 | 中年家庭 | (1)家庭主要的消费期<br>(2)家庭最大的开支是家庭建设支出、医疗费用、子女教育和生活费<br>(3)积极积累财富，关注理财绩效 | (1)购买房屋、汽车<br>(2)子女教育投资<br>(3)增加收入<br>(4)购买保险<br>(5)储蓄与投资<br>(6)养老金储备<br>… |
| 退休前期 | | (1)家庭达到稳定状态，子女完全独立<br>(2)资产逐渐增加，负债逐渐减轻<br>(3)个人事业、经济状况达到顶峰状态，是财富积累的高峰时期<br>(4)正视退休现实，扩充养老资金 | (1)提高投资收益的稳定性，本金的安全比获得高收益更重要<br>(2)养老金安排，为有尊严的晚年生活做准备<br>(3)财产传承<br>… |

续　表

| 生命周期 | 家庭模型 | 财务状况 | 投资理财需求 |
| --- | --- | --- | --- |
| 退休期 | 老年家庭 | (1)对那些经济收入较高、有一定积蓄的家庭来说,有一种“补偿消费”的心理,弥补过去没有充分消费的缺憾,如夫妻外出旅游<br>(2)妥善运用养老基金,尽量开源节流<br>(3)以身体健康为消费导向<br>(4)坚持身体、精神第一,财富第二 | (1)保障财产安全,安全比回报更重要<br>(2)遗产安排<br>(3)建立信托<br>(4)准备善后费用<br>… |

**即问即答**

张同学刚研究生毕业步入社会,他有哪些理财需求?

即问即答

## 1.2　财富不仅靠历史的累积,更需未来收入的贴现

### 1.2.1　我国古代理财智慧

视频:财富不仅靠历史的累积,更需未来收入的贴现

PPT 课件

“理财”一词最早可以追溯到《易经·系辞》:“何以聚人曰财。理财正辞,禁民为非曰义。”这里的“理财”,重在理国之财,但也包含了理家之财。《史记》中提倡的“上则富国,下则富家”,范蠡的“既已施之国,吾欲用之家”,都说明了理财的重要性。纵观我国数千年的历史长河,先贤们提出了许多值得后人认真研究思考的理财思想。从管子的“仓廪实则知礼节,衣食足则知荣辱”,到王安石的“聚天下之人,不可以无财;理天下之财,不可以无义”,再到《尚书·洪范》中“五福”的论述,《大学》中的对联“洪范五福先言富,大学十章半理财”等,无不体现了先人的理财智慧。一般认为,在我国,以家庭或个人致富为基本目标的理财思想,萌芽于春秋时期,初步形成于战国时期,到西汉中期臻于成熟,其标志是司马迁所著《史记》的问世。其中,《史记·货殖列传》蕴含着丰富的家庭理财智慧,是我国家庭理财发展史上一个重要的里程碑。

长期以来,我国重农抑商,以小农经济为主,商业并不占主导地位。以家庭为单位生产、生活,精耕细作,男耕女织,农业和家庭手工业结合,生产的主要目的是满足家庭基本生活的需要和交纳赋税,是一种自给自足的自然经济,也是我国封建社会农业生产的基本模式。由于我国幅员辽阔,周边少数民族众多,天灾与人祸频繁出现。从春秋战国时期的陶朱公范蠡到清代有名的红顶商人胡雪岩,我国历史上通过理财获得巨额财富的人才比比皆是。无论是从前还是现在,财富对个人家庭的吸引力从未减弱。各种理财思想潜移默化地影响着百姓的生活,先贤们倡导的勤劳致富、开源节流等已成为家庭财富积累的主要手段,储蓄、购置田地,以及低买高卖已成为常见的家庭理财方式。《后汉书》中就有关于储蓄以应对不测的记载:“古者急耕稼之业,致耒耜之勤,节用储蓄,以

备凶灾。”北宋大文豪苏轼在被贬为黄州团练副使后，每每收到俸禄之时，都会将其分成数份悬于梁上，每日取用，剩下的就储存起来等。而儒学思想也一直影响着人们，将“家有恒产”作为人生的奋斗目标，对于颇具商业头脑或是家产丰厚的财主更是如此，将大量的钱财用于购置田亩、房屋等。

今天，投资与理财已成为人们的一种生活态度、一种生活方式的选择。但对于我国古人而言，尤其是大多数普通老百姓来说，更多的是将理财作为生存的一道保障，在缺乏收入时能够帮助家庭渡过难关。司马光的“善治财者，养其所自来，而收其所有余，故用之不竭，而上下交足也”，就是这个道理。因此，在古人看来，勤劳致富是一种美德，开源节流是财富创造的重要途径，财富主要靠历史积累。

**资料卡 1-3**

**我国古代的理财思想**

初到黄，廪入既绝，人口不少，私甚忧之。但痛自节俭，日用不得过百五十。每月朔便取四千五百钱，断为三十块，挂屋梁上，平日用画叉挑取一块，即藏去叉，仍以大竹筒别贮用不尽者，以待宾客。

——苏轼《答秦太虚书》

论其有馀不足，则知贵贱。贵上极则反贱，贱下极则反贵。贵出如粪土，贱取如珠玉。财币欲其行如流水。

——司马迁《史记·货殖列传》

**即问即答**

“贵上极则反贱，贱下极则反贵”，这句话从经济学角度看说明了什么道理？

即问即答

## 1.2.2 我国财富管理现状

现代意义上的理财是在人类社会进入“金融经济”时代开始的，并在近些年得以快速发展。改革开放以来，我国经济发展经历了长达 40 多年持续的高速增长。经济的快速发展和社会进步使得不同市场主体的财富水平得到了前所未有的提升，出现了一大批通过经商、创业、投资，或者发挥自身的专业特长等成长起来的中产阶级和富裕阶层，他们自然需要寻求财富的保值与增值。

一方面，在人们拥有更多收入与财富的同时，也面临着巨大的工作压力和生活压力，如就业风险、婚姻变故、子女教育等，而购置房产、风险管理、养老保障等人生节点上的财务问题需要依靠自身的努力来解决，投资理财已成为影响居民家庭生活质量和财富增长的重要因素；另一方面，伴随着我国经济的快速发展和金融市场的不断完善，无论是财富管理行业还是财富管理市场，无论是财富管理机构还是财富管理产品，都在迅猛发展，比如我国财富管理行业的涵盖范围和业务类别就已经涉及银行、券商、保险、公募和私募基金、信托、期货、第三方理财、互联网金融和民间借贷等众多领域。近年来，由于网络技术的推广和普及，一大批基于互联网技术、大数据应用和网络平台的财富管理产品脱颖而出，进一步拓宽了投资理财的边界。可以说，我国的投资理财正在进入一个大发展、大兴旺、大繁荣的新时代，也就是人们所说的大资管时代，或者泛资管时代。

从未来的趋势和发展方向来看，我国的财富管理行业有着极为广阔的发展空间和更加美好的发展前景。统计数据显示，截至2021年末，银行理财产品余额约29万亿元，信托资产规模为20.55万亿元，保险资金运用余额23.23万亿元，公募基金规模25.56万亿元，证券公司及其子公司私募资产规模8.24万亿元，基金管理公司及其子公司私募资产规模7.39万亿元，基金公司管理的养老金规模3.96万亿元，期货公司及其子公司私募资产规模3,549亿元，私募基金规模20.27万亿元，资产支持专项计划规模2.25万亿元，合计约140.80万亿元。2021年5月17日，招商银行和贝恩公司联合发布了《2021中国私人财富报告》，报告指出，2020年我国个人可投资资产规模已达241万亿元，2018—2020年年均复合增长率为13%。2020年可投资资产在1,000万元以上的高净值人群数量达262万人，2018—2020年年均复合增长率为15%。从发达国家的经验来看，如美国和日本，其理财市场的资产规模一般是GDP的2—3倍。按照2021年我国GDP为114.37万亿元的2—3倍计算，理财市场规模应为228.74万亿—343.11万亿元，这表明未来我国的财富管理市场还有较大的增长空间。

### 1.2.3　居民家庭财富差异

改革开放以来，我国人均收入不断提高，其中城镇居民人均可支配收入由1979年的405元提升到2021年的33,616元，农村居民家庭人均纯收入由160.20元提升到2021年的18,931元，城乡收入的差距在绝对量上不断扩大，二者之间的差距已由244.80元扩大至14,685元，二者之间的相对差距虽然在近几年出现缩小的态势，城乡收入比由2009年的最高点3.33下降至2021年的1.78，但是，相对差距依然较大。

除收入以外，居民家庭所拥有的财产对贫富差距的影响越来越大，而且近年来逐渐向少数人群聚集，这种财产不平等程度的加深，进一步拉大了贫富差距。中国人民银行调查统计司城镇居民家庭资产负债课题组（以下简称“中国人民银行调查统计司课题组”）发布的《2019年中国城镇居民家庭资产负债情况调查》显示，我国城镇居民家庭资产以实物资产为主，住房占比近70%，远远超过发达国家。目前，城镇居民家庭户均拥有住房1.5套，住房拥有率为96%，即便是收入最低的20%的家庭，住房拥有率也达到了89.1%。房产已成为我国绝大多数家庭主要的财富来源，许多家庭财富都与房地产深度捆绑。近年来，房地产价格的快速上涨，特别是一、二线城市房地产价格的飙升，导致了贫富差距的分化，这种分化不仅体现在有房者和无房者之间，还体现在不同城市之间的分化，过高的房价会使贷款买房者提前透支未来的收入，使买房者“贫困化”。从全社会财富的分布来看，家庭资产分化明显。前1%的家庭拥有全社会财富的17.1%，前10%的家庭拥有全社会财富的49%，前20%的家庭拥有全社会财富的64.5%，前40%的家庭拥有全社会财富的82.6%，最后20%的家庭只拥有全社会财富的2.3%。一般来说，平均值越接近中位数，分布就越均匀。目前，我国城镇居民家庭平均资产为317.9万元，家庭资产中位数为163万元，家庭资产平均值是中位数的近两倍，意味着家庭资产在不同阶层的分布并不均匀，反映了存在较大的贫富差距。

另外，金融资产也对贫富差距的扩大起到了推动作用，而且出现金融资产逐渐向高收入家庭集中的趋势。根据国家统计局公布的数据，20世纪80年代初期，体现全国收入差距的基尼系数，1978年为0.32，1995年为0.45，2002年为0.41，2008年为0.49，2012年为0.47，2021年为0.47。财产不平等程度已明显高于收入不平等程度。

## 知识链接

**基尼系数**

基尼系数(Gini coefficient)，又称洛伦茨系数，是20世纪初意大利经济学家基尼于1912年提出的定量测定收入分配差异程度的指标。它是根据洛伦茨曲线找出的判断分配平等程度的指标。

国际上通常以基尼系数衡量一个国家或地区居民收入的差异程度。基尼系数介于0—1之间，基尼系数越大，表示不平等程度越高。一般将0.4视为贫富差距的警戒线。基后系数若低于0.2，表示收入绝对平均；在0.2—0.3时，表示收入相对平均；在0.3—0.4时，表示收入相对合理；在0.4—0.5时，表示收入差距偏大；而超过0.5时，表示收入分配严重不均。改革开放初期，我国的基尼系数保持在0.3左右，此后呈不断上升的趋势，到2008年达到0.49，然后呈现逐渐下降的态势。2021年我国基尼系数下降至0.47左右，但依然处于较高的位置，同时也高于发达国家0.24—0.36的水平。

### 1.2.4 居民家庭收入

#### 1.2.4.1 收入构成

按照统计部门的口径，人均可支配收入由工资性收入、财产性收入、经营性收入和转移性收入四部分构成。

(1)工资性收入

工资性收入指就业人员通过各种途径得到的全部劳动报酬和各种福利，包括受雇于单位或个人、从事各种自由职业、兼职和零星劳动所得的全部劳动报酬和福利。

(2)财产性收入

财产性收入指住户或住户成员将其所拥有的金融资产、住房等非金融资产和自然资源交由其他机构单位、住户或个人支配而获得的回报，并扣除相关的费用之后得到的净收入。具体指家庭拥有的动产(如银行存款、有价证券等)、不动产(如房屋、土地等)所获得的收入，包括出让财产使用权所获得的利息、租金、专利收入，以及财产营运所获得的红利收入、财产增值收益等。

(3)经营性收入

经营性收入指住户或住户成员从事生产经营活动所获得的净收入，是全部经营收入中扣除经营成本费用、生产性固定资产折旧和税收之后得到的净收入。

(4)转移性收入

转移性收入指国家、单位、社会团体对住户的各种经常性转移支付和住户之间的经常性转移收入。包括养老金或退休金、社会救济和补助、政策性补贴、救灾款、经常性捐赠和赔偿、医疗费报销、住户之间的赡养收入,本住户非常住成员寄回带回的收入等。

**即问即答**

下列属于财产性收入的是(　　)。(多项选择题)

A. 李先生长期定投基金,获利 200 万元

B. 方先生因工作表现突出获得公司奖励 5 万元

C. 张先生业余时间从事滴滴专车运输,每月收入 2 万元

D. 王先生出租房屋收入 20 万元

即问即答

1.2.4.2　工资性收入和财产性收入

勤、俭是我国的传统美德,古代不少思想家都认为勤和俭是家庭致富的根本条件,而司马迁认为,单纯依靠勤俭,只可免贫,而不足以致富。在现代社会,更是如此。对一般家庭而言,收入来源主要是工资性收入和财产性收入(经营性收入)。有 80%的人认为工作是最大的保障,因此他们整日为工作而拼搏,却始终未能致富,一旦风险来临,现有的财富也会随之失去。而 20%的人之所以富裕,是因为他们的收入是多元化的,而且相当一部分来自财产性收入。除工资收入以外,还有通过资金运作或出让财产使用权产生的收入,包括创办企业,取得经营利润;投资不动产,取得财产性收入;投资金融产品,获取资本利得。

工资性收入和财产性收入相当于一个人的两条腿,两条腿走路才能走得更加稳健、更加迅速。况且工资性收入有时间、数量的限制,而财产性收入没有时间、数量的限制。因此,成为富人的思路很简单,就是增加财产性收入。那么怎么增加财产性收入呢?答案是学会投资与理财!

1.2.4.3　提高财产性收入

前段时间网上流传一篇微博"吴晓波:我观察了 10 年才发现,那些很努力却没有成就的人都有一个特点",这个特点是什么呢?归纳起来有两点:一是他们只有工资性收入,缺少财产性收入;二是他们没有负债,缺乏杠杆的撬动。

对现实中的每一个家庭或个人而言,除了工资性收入以外,应该重视财产性收入。只有财产性收入达到一定比例,财务自由的曙光才有可能出现。当财产性收入占到家庭收入的绝大比例之后,就可以摆脱对职业的依赖,对未来越来越自信,会开始考虑如何过一种自己喜欢的生活。

如果一个家庭的收入来源主要是工资性收入,财富积累慢并且有限。比如老张是一名出租车司机,开了三十年的车,所有的钱都是油门踩出来的,赚到的钱有限,除去日常开支以外,余下的部分存入银行,用于积攒孩子的学费、将来买房和退休养老之需。几十年下来存款貌似增加了,但通货膨胀更厉害。所以,老张的存款可能被通货膨胀吞吃掉一大半。

如果换一种理财方式，十多年前老张用按揭贷款方式购房，出三成首付，其余向银行按揭贷款，将每月结余资金的一部分用于归还房贷月供。随着房屋价格的上涨，不仅老张的家庭资产在不断增加，而且他每月归还的月供还可以抵御通货膨胀。几年或十几年后，老张的按揭贷款还清了，家庭财富也增加了。接下来，老张可以用收入结余或再去买房，或投资一些理财产品，让钱生钱，这样老张家的财产性收入就会不断增加。

有人说，负债是敢于对未来负责。当前我国经济处于长期的增长通道，伴随着经济的快速发展，财富的增长与货币的贬值并生性现象已成自然。如何利用财务杠杆效应，放大资产收益率已成为个人财富增长的第一要义。对于一位有可持续收入的人来说，无论是出租车司机还是公司白领，维持一定的家庭负债是必需的，前提是保证财务安全，即未来的收入能够覆盖债务支出。在商业社会中，一个敢于负债的人，其实是一个敢于对未来负责的人。

**即问即答**

按照吴晓波的观点，从家庭理财的角度看，所谓的富人与穷人的区别主要体现在哪几个方面？

即问即答

## 知识链接

**财务杠杆**

财务杠杆是一个应用很广的概念。在物理学中，利用一根杠杆和一个支点，就能用很小的力量抬起很重的物体，而财务杠杆是指利用债务资金可以成倍地提高资产收益率水平。由于财务杠杆受多种因素的影响，在获得财务杠杆利益的同时，也伴随着财务风险。

财务杠杆有以下几种观点：

一是将财务杠杆定义为“企业在制定资本结构决策时对债务筹资的利用”。此时，财务杠杆又称为融资杠杆、资本杠杆或者负债经营，强调财务杠杆是对负债的一种利用。

二是认为财务杠杆是指在筹资中适当举债，调整资本结构给企业带来额外收益。如果负债经营使得企业每股利润上升，便称为正财务杠杆；如果使得企业每股利润下降，通常称为负财务杠杆。在此，财务杠杆强调的是通过负债经营而引起的结果。

另外，也有财务学者认为财务杠杆是指在企业的资金总额中，由于使用利率固定的债务资金而对企业主权资金收益产生的重大影响。与第二种观点对比，这种定义也侧重于负债经营的结果，但其将负债经营的客体局限于利率固定的债务资金。

### 1.2.5 财富的创造靠未来收入的贴现

耶鲁大学金融学教授陈志武经常提问，为什么很多人勤劳而不富有？他说原因在于他们只知道省钱、存钱，没有财产性收入。

陈志武教授在他的课程中讲道，在没有金融市场的传统社会里，财富是一个狭义的东西，是过去剩余收入的累积。当我们说“张三很富有”，意思是他过去赚了很多钱，没有花完留下来了，这是过去收入的概念。但是，如今有了金融市场之后，财富不再只是过去剩余收入的累积，更重要的是包括了未来收入的贴现值。也就是说，今天说到的财富是过去收入和未来预期收入之和。

#### 1.2.5.1　金融时代的精神

每年《福布斯》发布全球亿万富豪榜，位列榜单的富豪们的身家让人觉得都是天文数字。例如 2022 年全球共有 2,668 名亿万富翁，上榜者的财富总额达到 12.7 万亿美元。榜单显示，特斯拉 CEO 埃隆·马斯克以 2,190 亿美元财富登顶榜首，亚马逊创始人杰夫·贝佐斯以 1,710 亿美元财富位居第二，法国奢侈品巨头 LVMH 集团掌门人伯纳德·阿尔诺及家族以 1,580 亿美元财富位列第三，比尔·盖茨以 1,290 亿美元财富排第四，沃伦·巴菲特以 1,180 亿美元财富居第五，农夫山泉创始人钟睒睒以 657 亿美元财富排在第 17 位，字节跳动创始人张一鸣以 500 亿美元财富居第 25 位。他们的财富是什么？他们是怎么获得的？显然，富豪们的财富并不是过去收入的合计，而是他们持有公司股权的价值。而公司股权价值是市场对公司未来收入贴现估值的结果。当然，贴现值是否能真正成为今天的资本，取决于这些公司股权是不是已经上市交易。只有通过资本市场上的股权交易才能把股权价值转变为现金，才能用于消费，或者再投资。既然未来收入能以这种方式变成今天的财富，那么，财富量可能是巨大的，因为未来有无限的可能！也正因为未来是无限的，提供太多的想象空间，金融泡沫、财富泡沫就难以避免，金融危机和由此引发的经济危机会时有发生。

也许很多人可能会问，钟睒睒、张一鸣等都是靠创业而成为亿万富翁的，没有做金融投资，是不是金融投资对他们没有用？其实，对于工薪阶层而言，不仅要有资产，还应进行金融投资。耶鲁大学陈志武教授举过一个经典的例子，如果以 1925 年末作为起点、2014 年底作为终点，假定当初你有一万美元做投资，而且每年利息和分红都重新投入同样的金融产品，那么，这 89 年里，如果一直把钱投在短期美国国债，到 2014 年底就成了 21 万美元；如果投资的是美国大公司股票，今天就有 5,316 万美元，而如果一直投资小公司股票亦即小盘股，最终会有 2.7419 亿美元！从这个例子可以看出，不同的投资安排收益差异较大，而且面临的风险也大为不同。

**即问即答**

购买彩票是投资吗？为什么？

即问即答

#### 1.2.5.2　未来收入的贴现

历史证明，后工业化社会的经济增长主要靠负债滋养，拿未来作抵押，而不是靠过去积攒的储蓄。对个人家庭财富的积累来说也是如此，比如购买家庭住房主要通过银行按揭贷款，即先向银行借钱把住房买下来，然后用未来的收入逐月归还银行贷款，而不是等到攒足了房款，再去买房。

从财富积累的速度上看，财富的历史累积，做的是加法；而未来收入的贴现做的是级数，级数比加法的效果更显著、更重要。因此，谁能够把握更多的未来收入贴现，谁就能在现在拥有更多的发展机会。

年轻的时候想明白许多事情，然后用一生的岁月来坚守。最伟大的投资家也会随着岁月而消失，但某些投资的原则却亘古不变。

## 知识链接

### 贴　现

贴现(Discount)是指商业承兑汇票的持票人在汇票到期日前，为了取得资金，贴付一定利息将票据权利转让给银行的票据行为，是银行向持票人融通资金的一种方式。

折现是指将未来某时点的资金折算为现在价值的过程。由于资金是有时间价值的，例如今天的1元钱和一年后的1元钱在价值上是不同的。如何把一年后的1元钱和今天的1元钱在价值上进行比较呢？那就要把一年后的1元钱折成今天的价值，这叫折现。公式是：

一年后1元钱在今天的价值＝一年后的1元钱/$(1+t)$

两年后1元钱在今天的价值＝两年后的1元钱/$(1+t)^2$

三年后1元钱在今天的价值＝三年后的1元钱/$(1+t)^3$

n年后1元钱在今天的价值＝n年后的1元钱/$(1+t)^n$

其中，t指折现率，是指将未来有限期预期收益折算成现值的比率，体现资金的收益与风险水平；本金化率和资本化率或还原利率则通常是指将未来无限期预期收益折算成现值的比率。

由于贴现是将未到期的汇票提前向银行申请兑现，其本质是一种折现，因此通常用贴现来表述折现。

## 即问即答

从财富积累的速度上看，财富的历史累积做的是加法；而未来收入的贴现做的是级数，级数比加法的效果更显著、更重要。(　　)(判断题)

A. 正确

B. 错误

即问即答

视频：投资理财中的金融资产

PPT课件

## 1.3　投资理财中的金融资产

### 1.3.1　资产

资产是一个具有多角度、多层面的概念，既有会计学中的资产概念，也有经济学中的资产内涵。

从会计角度看，资产是由过去交易、事项形成，并由会计主体拥有或者控制的、预期会给企业带来经济利益的资源。它具有以下三个基本特征：

①必须是现实的资产。

②必须是会计主体拥有或能够加以控制的经济资源。

③在未来会为会计主体带来经济利益。

从经济学角度看,资产是具有货币价值的经济资源,即特定经济主体拥有或控制的,具有内在经济价值的实物和无形的权利。具体包括:

①资本资产。这类资产的特点是未来能够产生预期收益,其价值取决于未来产生的利息、股息和最终价值所能实现的现金流量,比如股票、债券、基金等。

②耗用资产。这类资产的特点是能够满足人们的生产、生活需要,其价值取决于市场供求情况,比如石油、钢铁、谷物等。

③保值资产。这类资产具有稀缺性、收藏性和艺术性等特点,其价值取决于人们的支付意愿,比如艺术品、奢侈品和贵金属等。

投资与理财中涉及的资产的内涵比较接近于经济学中的资产,即由特定权利主体拥有或控制的,并能给特定权利主体带来未来预期收益的经济资源,包括具有内在经济价值,以及市场交换价值的所有实物和无形的权利。

因此,资产具有以下几方面特征:

①资产是一项由过去的交易或者事项形成的资源。资产必须是现实的资产,而不能是预期的资产,即过去的交易或者事项(包括购买、生产、建造行为)获得的一种资源。

②资产必须由某一主体拥有或控制。依法取得财产权利是经济主体拥有并支配资产的前提条件。对于一些以特殊方式形成的资产,经济主体虽然对其不拥有所有权,但依据合法程序是能够实际控制的,按照实质重于形式原则的要求,应当将其作为经济主体资产予以确认;对于有关定理、公式等,属于社会共有财富,无从判断其价值;对于太阳光、雨水等自然资源,只有被某个经济主体所控制,才能确认为资产。

③资产预期会带来经济利益。资产是可以给经济主体带来现金流入的资源,它既可能是一种权利,也可能是一种获利能力。资产的价值取决于其未来的获利能力,获利能力强,其价值就高。

### 1.3.2　金融资产

宏观经济学将资产分为实物资产和金融资产两类。

(1)实物资产

实物资产具体指经济生活中所创造的用于生产物品或者提供服务的资产,比如机器设备、房屋建筑物、原材料和库存商品等。实物资产代表一个经济体的生产能力,决定一个社会的财富水平。

(2)金融资产

金融资产是实物资产所产生收入的要求权,比如股票、债券、基金,以及期货、期权等金融衍生工具。金融资产是投资者财富的一部分,不是社会财富的组成部分,但对生产有间接作用。金融资产体现了所有权和经营权的分离,使得资金流向具有较好投资机会的企业,也代表持有者的财富,比如股票是股份公司发给股东作为入股凭证以获取股息收益的一种有价证券。股票价值取决于未来取得股息、红利的多少,将未来股息、红利折算到今天的现值总和,就是股票的价值。股票具有无期性、股权性、风险性、流动性等特点。债券是政府、企业、银行等债务人为筹集资金,按照法定程序发行并向债权人承诺于指定日期还本付息的有价证券。债券的价值取决于未来的利息和赎回本金的折现值。

金融资产包括一切提供到金融市场上的金融工具。不论是实物资产还是金融资产,只有当它们是持有者的投资对象时方能称作资产,如孤立地考察中央银行所发行的现金和企业所发行的股票、债券,就不能说它们是金融资产,因为对发行它们的中央银行和企业来说,现金、股票和债券是一种负债。因此,不能将现金、存款、股票、债券等简单地称为金融资产,而应称为金融工具。

投资者在金融市场上决定购买哪一种金融工具,总会全面地考虑它们可能带来的权利和义务。投资者一般会考虑以下四个因素:

①实际期限。指债务人必须全部偿还债务之前所剩余的时间。

②流动性。指金融工具迅速变为货币而不致蒙受损失的能力。流动性与偿还期呈负相关,即偿还期越长,流动性越低;反之亦然。流动性与债务人信誉呈正相关,即债务人信誉越高,流动性越强,反之亦然。

③安全性。指是否遭受损失的风险。安全性主要表现在两个方面:一是不履行约定的按时支付利息或偿还本金的风险;二是市场的风险,即由于市场利率上升而造成的金融工具市场价格下降的风险。

④收益率。指净收益与本金的比率。金融资产与实物资产都是持有者的财富,随着经济的发展和人们收入的增加,金融资产持有的比重会逐步提高;同时,为了既获得较高收益又尽量避免风险,人们对金融资产的选择和对各种金融资产的投资组合也越来越重视。

## 资料卡 1-4

**以下例子来自拉里 J. 普拉瑟等编著的《投资学题库与题解》。**

假设你发现一只装有 100 亿美元的宝箱。问:

(1)这是实物资产还是金融资产?

(2)社会财富会因此增加吗?

(3)你会更富有吗?

(4)有没有人因为这个发现而受损呢?

如果 100 亿美元是美国政府印刷的,答案又会是什么呢?

**【解析】** (1)这个宝箱是金融资产;(2)整个社会的财富不会因为这个发现而增加;(3)个人的财富会增加;(4)金融资产代表了实物资产的要求权,当宝箱的发现者要求获得更多实物资产时,社会上其他人能获得的实物资产就变少了。

如果 100 亿美元是美国政府印刷的,答案会是什么呢?

凯恩斯认为,当政府或者个人把这 100 亿美元消费出去,随便干点什么,哪怕是建造金字塔也行,那么建造金字塔的承包商,以及工人就能获得工钱而进行消费,他们的消费行为又可以带动其他行业的繁荣……以此类推,从而产生一个“乘数效应”。于是,当初投入的 100 亿美元,可以为实物资产带来数倍的增长,最终增加了每个人的福利,得到皆大欢喜的结果。

如果我们的政治家由于受到古典学派的熏陶太深而想不出更好的办法,那么造金字塔、地震甚至战争也可以起到增加财富的作用。如果财政部把用过的瓶子塞满钞票，并把塞满钞票的瓶子放进已开采过的矿井中，然后用城市垃圾把矿井填平，并且听任私有企业根据自由放任的原则把钞票再挖出来（当然，要通过投标来取得在填平的钞票区开采的权利），那么失业问题便不会存在，而且在受到由此而造成的反向的推动下，社会的实际收入和资本财富很可能要比现在多出很多。

——凯恩斯《就业、利息与货币通论》

让建筑毁于战火或地震，让人们玩藏宝与寻宝这种无聊的劳动居然也能增加社会财富，那么究竟是哪里的推理出了问题呢？原因在于，凯恩斯的理论诞生于 20 世纪 30 年代的大萧条时期，当时美国的失业率高达 25%。在这一特殊前提下，所谓的“乘数效应”的确存在。即便如此，“乘数”的最大财富效应，也不过是限制在那 25% 的人获得充分就业机会后，所能增加的产出范围之内。如果社会中的失业率较低，并且失业者大多为自愿性失业（比如有些人宁愿待业在家，也不愿意去从事修建金字塔这样的体力工作），那么所谓的“乘数效应”就不成立。在这种情况下，政府开支所创造的就业机会，其实是从其他行业转移过来的。当一些人受到政府开支创造出来的项目所带来的利润激励，去参与修建金字塔这样的形象工程，或者类似建了拆、拆了建这种无聊劳动的时候，必然就不能去生产更多的汽车、家电、服装等人们需要的消费品。最终结果就是，政府的开支扭曲了价格信号，错配了社会资源，破坏了经济秩序，减少了社会实物资产的产出，造成经济停滞；同时，过多的货币发行又必然会导致通货膨胀——这就是传说中的滞胀！

通过上述分析可知，如果是美国政府印刷了 100 亿美元，那么答案是：

(1)这是一笔金融资产。

(2)当不存在大量“非自愿性失业”的时候，整个社会的实物资产不会因为这笔金融资产而增加（甚至可能会减少）。

(3)政府的财富会增加。

(4)金融资产代表了实物资产的要求权，当政府通过印钱来占有更多实物资产时，社会上其他人能获得的实物资产就会变少。

## 1.4　创业投资三特质

视频：创业投资三特质

PPT 课件

当前，我国政府大力提倡“大众创业、万众创新”（以下简称“双创”），“双创”被视作中国新常态下经济发展的“双引擎”之一。在 2014 年 9 月的夏季达沃斯论坛上，李克强总理发出“大众创业、万众创新”的号召，提出要在 960 万平方千米的土地上掀起“大众创业”“草根创业”的新浪潮，形成“万众创新”“人人创新”的新态势。2015 年 3 月 2 日，国务院办公厅发布《关于发展众创空间推进大众创新创业的指导意见》；2015 年 6 月 11 日，国务院颁布《关于大力推进大众创业万众创新若干政策措施的意见》；2015 年 6 月 17 日，政府又发文支持农民工和大学生等创业。后来，李克强总理在首届世界互联网大会、国务院常务会议和各种场合中频频阐释“双创”这一关键词。每考察一地，李总理几乎都要与当地年轻的“创客”会面，鼓励大家创新和创业，希望激发民族的创业创新精神。

雷军曾说：“站在风口上，猪都会飞。”一大批创业者跳进了移动互联网这个风口，很多人都以为只要踩对了风口，创业就能成功，但是大部分都失败了。罗川艺在接受猎云网专访时说：“我觉得，创业比风口更重要的是‘猪’！”优秀的“猪”具有领先一步发现风口的能力，但绝不会盲目跟从。

### 1.4.1 先验知识

一般认为，人们无论是想问题、搞研究，还是作决策、谋发展，都或多或少受到“先验知识”的影响与制约。先验知识是创业者或潜在创业者识别创业机会的一个重要的影响因素。什么是先验知识？主要指一个人从语言知识、文化知识、科学知识等方面获得的对客观世界的感悟与认知，并把它储存于大脑里，帮助理解和解释新的信息、新的知识。当个人获取新的知识时，大脑会自动调取已有的先验知识，若能从中找到相似或相关之处，则新的知识就被大脑接纳。否则，对新知识的理解就会失败，亦即人们常说的听不懂、看不懂。

在认知论中，有两种知识或论点：第一种认为事物的结论来源于前提假设；第二种认为事物的结论一定是基于观察和经验的结果。先验知识不依赖于经验，比如“2＋2＝4”或者“A＋B＝B＋A”；恒真命题“所有的单身汉一定没有结婚”；以及来自纯粹理性的推断“本体论证明”。后验知识依赖于经验或者经验性证据，无论是基于自己的经验还是他人的观察和实验，就像进化理论。对于这两种知识，人们持有很多观点，两者之间的关系成了现代哲学下经典的问题。

康德定义的“先验知识”，是无须试验、无须观测，先天就有的知识。人们只能从这种神圣的先天知识演绎出适合具体案例的次一等的知识，即“后验知识”。由此，先验知识指独立于或先于任何特殊经验的知识，或者通过逻辑和数学推导获得的知识。在哲学上，它使人联想到人类头脑包含有若干内在的特征，它可为人类理性和悟性提供基础。而后验知识是指只有通过走进世界，亲身观察才能获得的知识，比如杭州今天的气温是 18 摄氏度等。

事实上，人们更容易注意到与他们已有知识相关的刺激。例如对于企业家而言，丰富而广泛的生活经验是识别潜在商业机会的主要决定因素，这有助于企业家识别新信息的潜在价值。每个人都有自己独特的先前经验和先前知识，构成了不同于他人的知识走廊。这种特异性解释了为什么有些人更容易找到一些特定的机会，然而有些人对到手的机会却茫然不知。

先验知识包括两个维度：特殊兴趣和工业知识。前者是指对某一领域及其相关知识的浓厚兴趣，后者是企业家在多年工作中积累的知识和经验。在识别创业机会中起关键作用的还有四种先验知识，即特殊兴趣与产业知识的结合、关于市场的知识、关于服务市场方式的知识和关于客户问题的知识。有研究表明，机会识别首先基于先验知识，而且先验知识不仅用于寻找机会，更重要的是它还系统地联系着整个认知过程中知识体系结构的匹配关系。

即问即答

**即问即答**

先验知识指独立于或先于任何特殊经验的知识，请你用通俗的语言和举例说明先验知识。

## 1.4.2　社会网络

社会网络是一种基于“网络”（节点之间的相互连接）而非“群体”（明确的边界和秩序）的社会组织形式，也是西方社会学从 20 世纪 60 年代兴起的一种分析视角。随着工业化、城市化的推进，以及 5G 等通信技术的兴起，社会呈现越来越网络化的趋势。社会网络革命、移动革命、互联网革命并列为新时期影响人类社会的三大革命。社会网络是指社会个体成员之间因为互动而形成的相对稳定的关系。社会网络关注的是人们之间的互动和联系，社会互动影响着人们的社会行为。

社会网络是由许多节点构成的一种社会结构，节点通常是指个人或组织。社会网络代表各种社会关系，经由这些社会关系把从偶然相识到紧密结合的各种人群或组织串联起来。社会关系包括朋友关系、同学关系、生意伙伴关系、种族信仰关系等。

（1）小世界（Small-world）网络

小世界现象是指世界上所有互不相识的人只需要很少中间人就能建立起联系。如图 1-4 所示。1967 年，哈佛大学的心理学教授斯坦利·米尔格拉姆做过一次连锁信件实验，尝试证明平均只需要五个中间人就可以联系任何两个互不相识的美国人。这种现象，并不是说任何人与其他人之间的联系都必须通过六个层次才会产生联系，而是表达了一个重要的概念：任何两个素不相识的人，通过一定的方式，总能够产生必然联系或关系。显然，由于联系方式和联系能力的不同，实现个人期望的机遇将会有明显的区别。

在社会学中，小世界网络可以用数字图谱来表达，图 1-4 中大部分的结点不与彼此邻接，但大部分结点可以从任一其他点经少数几步就可到达。若将一个小世界网络中的点代表一个人，而连结线代表人与人认识，则这个小世界网络可以反映陌生人由彼此共同认识的人而联结的小世界现象。直观地讲，网络就是由一些点和连接这些点的线段构成的。这些线段可以有方向，也可以没有方向（双向）。“小世界”之所以“小”，是因为人与人之间的距离短。茫茫人海中的两个陌生人，总是多少有些关联。小世界又是许许多多个小小的世界交叠，表现出人类总是一群人一群人地聚在一起。现实中的社会、生态等网络都是小世界网络，在这样的系统里，信息传递速度快，并且少量改变几个连接，就可以剧烈地改变网络的性能，如对已存在的网络进行调整，如蜂窝电话网，仅仅改动少数线路，就可以显著提高性能。

**图 1-4　小世界（Small-world）网络**

(2)社会网络规模与机会识别

社会关系网络能带来承载创业机会的有价值信息,创业者个人社会关系网络的深度和广度影响着机会识别。通常情况下,掌握了大量社会与专家联系网络的人,会比那些拥有少量社会网络的人容易得到更多机会。因此,社会网络广的创业者能显著识别更多的机会,网络规模与创业的新想法和认知机会显著呈正相关。

众所周知,关系是人与人的连接,具体可以分为强关系和弱关系。强关系就是和你拥有亲密关系的人,弱关系指仅有点头之交。在复杂的社会网络中,弱关系比强关系更加重要。只有强关系,社会网络就会被独立成众多可以被各个击破的孤岛。而弱关系使圈子和圈子之间得以连接,社会关系才得以形成一张大网。同理,社会网络规模分为强关系网络和弱关系网络,强关系网络一般是由亲属和亲密的朋友构成,弱关系网络由熟人、老乡、一般朋友等构成。研究发现,社会关系网络是个体识别创业机会的主要来源,与强关系相比,弱关系更有助于个体识别创业机会。

(3)社会资本

社会资本是相对于经济资本和人力资本的概念而提出的。它是指社会主体(包括个人、群体、社会甚至国家)间紧密联系的状态及其特征,其表现形式包括社会网络、规范、信任、权威、行动的共识,以及社会道德等方面。社会资本存在于社会结构之中,是无形的,它通过人与人之间的合作进而提高社会效率和社会整合度。

微观层面和中观层面的社会资本研究,主要着眼于个体行动者的关系指向特征及其自身社会地位状况对其所能获取的社会资本的影响,或者是关注行动者所在的社会网络整体的结构性特征及网络间的互动、制约对个体社会资源获取能力的影响。由于社会资本是蕴含于社会团体、社会网络之中,个人不能直接占有和运用它,只有成为该网络的成员,或建立起网络连带,才能接近与使用该资本。

社会资本是人与人之间的联系,存在于人际关系的结构之中。社会资本与物质资本、人力资本一样,这种个人与他人之间的联系可以给个人带来预期收益。社会资本往往是针对某种组织而言的,某人在该组织中社会资本的多少反映了他与组织中其他人之间的人际联系,长期来看,可以给他带来额外的利益,其外在体现在声誉、人缘、口碑等等。

社会资本是社会组织的特征,诸如信任、规范和网络等,它们能够通过促进合作来提高社会的效率。社会信任长期以来一直都是伦理道德的核心,它维持了经济发展的动力。由此可知,社会资本是联系创业者和创业机会的纽带与桥梁,创业者需通过自己的社交网络获得有关创业机会的信息。创业者自身社交网络的规模大小、多样性、强度及密度将对机会识别产生重要的影响。

### 1.4.3 资本警觉性

资本警觉性指个体识别和把握有价值的商业机会的能力,以及个体对有价值的商业机会的风险感知和决策能力。

创业机会识别是一项先天技能或一种认知过程。有些人认为,创业者有第六感,使他们能看到别人错过的机会。多数创业者以这种观点看待自己,认为他们比别人更警觉。警觉很大程度上是一种习得性的技能,拥有某个领域更多知识的人,倾向于比其他人对该领域内的机会更警觉。因此，资本警觉性不是人人都具备的，需要创业者具备一定的创业经历或者实践性的知识积累。

资本警觉性既有知识、经验，也有对信息的加工，以及鉴别的能力。资本警觉性的三个维度如下：

①探求挖掘——从市场当中捕捉商机的能力。

②重构框架——对信息的把握和分析能力。

③敏锐预见——对于商业信息把握的敏锐性。

## 资料卡 1-5

### Amazon 的风险投资

杰夫·贝佐斯(Jeff Bezos)，创办了全球最大的网上书店 Amazon(亚马逊)。1999 年杰夫·贝佐斯当选《时代》周刊年度人物，2018 年 3 月 6 日，福布斯 2018 富豪榜发布，杰夫·贝佐斯以 1,120 亿美元的身家首登首富之位。如表 1-2 所示。

表 1-2　Amazon 风险投资

| 每股价值 | 时间 | 资金来源 |
|---|---|---|
| $ 0.001 | 1994 | 贝佐斯开设亚马逊网站(筹 1 万美元，借 4.4 万美元) |
| $ 0.171 | 1995 | 父母投资 24.5 万美元 |
| $ 0.1287— $ 0.3333 | 1995/8 | 两个天使资本投资 54,408 美元 |
| $ 0.3333 | 1996 | 创业投资天使资本共投资 93.7 万美元 |
| $ 0.3333 | 1996/5 | 兄弟姐妹投资 2 万美元 |
| $ 2.3417 | 1996/6 | 创业投资公司投资 800 万美元 |
| $ 18 | 1997/5 | IPO 发行 3 百万股，募集 4,910 万美元 |
| $ 52.11 | 1998 | 发行 2.36 亿美元公司债券，用以偿还 7,500 万美元贷款，其余资金补充公司流动资金 |

## 拓展阅读

□《红楼梦》中的两极财富观

□《骆驼祥子》中的两极财富观及其启示

□曾国藩"另类"家族财富管理经验及启示

□胡雪岩的家族财富管理案例

□李鸿章家族财富传承策略及其启示

□吴晓波：我观察了 10 年才发现，那些很努力却没有成就的人都有一个特点

□姚洋：一则关于中国经济增长的短故事

拓展阅读资料

## 本章小结

### ■主要术语

财富管理　需求层次理论　生命周期理论　财务杠杆　贴现　财产性收入　金融资产　创业投资　先验知识　社会网络　资本警觉性

### ■主要观点

通过学习本章,我们已经知道了马斯洛的需求层次理论;明白了财富不仅靠历史的累积,更需未来收入的贴现;理解了投资理财中金融资产的内涵与金融资产的特性;了解了创业投资三特质,在此基础上逐步树立正确的投资理财观。以下几个方面的内容,作为本章的重点,应该掌握好。

□马斯洛提出的需求层次理论认为,人都潜藏着五种不同层次的需要,即从低到高分为生理需求、安全需求、社交需求、尊重需求和自我实现需求。某一层次的需求满足了,就会向高一层次的需求发展。在人的一生中,人们希望能够满足各个层次的需求:在满足温饱的前提下,追求的是安全无虞;当基本的生活条件获得满足之后,则要求得到社会的尊重,并进一步追求人生的最终目标——自我实现。而这一切,无不与投资理财密切相关。理财的目的就在于追求更加丰富多彩的人生。理财的终极命题就是如何有效地安排个人有限的财富资源,实现其一生满足感的最大化。

□生命周期理论是投资与理财规划的基础。人在不同的生命阶段有不同的财务状况、不同的资金需求,这决定着人生各个阶段的投资理财目标不同。投资与理财需考虑不同生命阶段的财务状况与理财目标,有效地进行规划设计,只有考虑了生命周期不同阶段的理财需求,才能取得最佳的效果。

□勤俭只可免贫,而不足以致富。对现实中的每一个家庭或个人而言,除了工资性收入以外,应该重视财产性收入,并在保证财务安全的前提下利用财务杠杆。只有财产性收入达到一定比例,财务自由的曙光才有可能出现。当财产性收入占到家庭收入的绝大比例之后,就可以摆脱对职业的依赖,对未来越来越自信,开始考虑如何过一种自己喜欢的生活。

□财富不仅靠历史的累积,更需未来收入的贴现。后工业化社会的经济增长主要靠负债滋养,拿未来作抵押,而不是靠过去积攒的储蓄。从财富积累的速度上看,财富的历史累积,做的是加法;而未来收入的贴现做的是级数,级数比加法的效果更显著、更重要。年轻的时候想明白许多事情,然后用一生的岁月来坚守。最伟大的投资家也会随着岁月而消失,但某些投资原则却亘古不变。

□“站在风口上,猪都会飞。”“我觉得,创业比风口更重要的是‘猪’!”创业投资者应具有领先一步发现风口的能力,但绝不应盲目跟从。因此,创业投资者应具有先验知识、社会网络和资本警觉性这三个特质。

## 自测题

自测题

### ■客观题

**(一)单项选择题(下列每小题的备选答案中,只有一个符合题意的正确答案,请将你选定的答案字母填入题后的括号中。)**

1. 马斯洛提出了著名的需求层次理论,即人的需求从低级到高级可以分为五个层次,其中最高层次是(　　)。

A. 生理需求　　B. 尊重需求　　C. 社交需求　　D. 自我实现需求

2. “仓廪实而知礼节,衣食足而知荣辱”,按照马斯洛的需求层次理论,反映出了人们的(　　)。

A. 生理需求　　B. 安全需求　　C. 社交需求　　D. 自我实现需求

3. 一个人实现了自我的经济价值,获得了经济上的自由,将更多的时间、金钱和精力奉献给社会,体现了马斯洛需求层次理论中的(　　)。

A. 安全需求　　B. 社交需求　　C. 尊重需求　　D. 自我实现需求

4. 按照马斯洛的需求层次理论,家庭购买商业保险的需求属于(　　)。

A. 生理需求　　B. 安全需求　　C. 社交需求　　D. 自我实现需求

5. 下列资产中,其价值取决于未来预测股息、利息和最终价值所能实现的现金流量的资产是(　　)。

A. 耗用或可交易资产　　B. 资本资产　　C. 保值资产　　D. 虚拟资产

6. “人需要有一份用于满足基本生活需要的收入”,按照马斯洛的需求层次理论,这种需求属于(　　)。

A. 生理需求　　B. 安全需求　　C. 社交需求　　D. 自我实现需求

7. “土豪”捐款,按照马斯洛的需求层次理论,属于(　　)。

A. 安全需求　　B. 社交需求　　C. 尊重需求　　D. 自我实现需求

8. 以下几种情况,达到了财务自由的是(　　)。

A. 月收入 30,000 元,全部为工资收入,月支出 25,000 元

B. 月收入 50,000 元,其中 40,000 元是工资收入,10,000 元是投资收入;月支出 30,000 元

C. 月收入 70,000 元,其中 50,000 元是工资收入,20,000 元是投资收入;月支出 80,000 元

D. 月收入 35,000 元,其中 15,000 元是工资收入,20,000 元是投资收入;月支出 20,000 元

9. 人生的目标多种多样,就一般意义上的理财目标分为两个层次,家庭理财要实现的首要目标是(　　)。

A. 财务自由　　B. 财务安全　　C. 工资最大化　　D. 收入最大化

10. 人生的目标多种多样,就一般意义上的理财目标分为两个层次,家庭理财要实现的终极目标是(　　)。

A. 财务自由　　B. 财务安全　　C. 工资最大化　　D. 收入最大化

11. 要实现财务自由,需要使(　　)成为个人或家庭收入的主要来源。

A. 工资收入　　B. 利息收入　　C. 偶然收入　　D. 投资收入

12. 在投资理财中，只有实现(　　)，才能达到人生各阶段收入支出的基本平衡。
A. 财务规划　B. 财务安全　C. 自我实现　D. 财务自由
13. 投资理财要解决的首要问题是(　　)。
A. 财务预算　B. 收支相抵　C. 财务安全　D. 财务自由
14. 在人的一生中，人们希望能够满足各个层次的需求：人们在满足温饱的前提下，追求的是安全无虞；当基本的生活条件获得满足之后，则要求得到社会的尊重，并进一步追求人生的最终目标(　　)。而这一切，无不与投资理财密切相关。
A. 财务安全　B. 财富传承　C. 自我实现　D. 财务自由
15. 理财的目的就在于追求更加丰富多彩的人生，家庭理财的终极命题就是如何有效地安排个人有限的财务资源，实现其一生(　　)的最大化。
A. 生命满足感　B. 投资收入　C. 工资收入　D. 财富
16. (　　)是指个人或家庭对自己的财务现状有充分信心，认为现有的财富足以应对未来的财务支出和其他生活目标的实现，不会出现大的财务危机。
A. 风险保障　B. 财务平衡　C. 财务安全　D. 财务自由
17. 老王是一名企业员工，现年52岁，他最重要的理财需求是(　　)。
A. 现金管理　B. 准备养老金
C. 注重消费支出的安排　D. 遗产安排
18. 每年《福布斯》杂志会定期发布全球富豪榜，位列榜单的富豪们的身家都是天文数字，他们的财富主要是(　　)。
A. 房产　B. 股权　C. 保险　D. 银行存款
19. 先验知识指独立于或先于任何特殊经验的知识。下列不属于先验知识的是(　　)。
A. 2＋2＝4　B. 所有的单身汉一定没有结婚
C. 自由落体理论　D. 仁义礼智非由外铄我也，我固有之也
20. 下列不属于资本警觉性三个维度的是(　　)。
A. 探求挖掘　B. 服务市场
C. 重构框架　D. 敏锐预见

**(二)多项选择题(下列每小题的备选答案中，有两个或两个以上符合题意的正确答案。请将你选定的答案字母填入题后的括号中。)**

1. 马斯洛提出了著名的需求层次理论，他指出人类的需求像阶梯一样从低到高依次往上，在低层次需求满足后会追求高层次的需求，具体的需求层次包括(　　)。
A. 生理需求　B. 安全需求　C. 尊重需求　D. 影响他人需求
E. 自我实现需求
2. 马斯洛的需求层次理论提出人的五种需求，其中通过外部条件就可以满足的需求包括(　　)。
A. 生理需求　B. 安全需求　C. 尊重需求　D. 影响他人需求
E. 自我实现需求
3. 金融资产是投资者财富的一部分，但不是社会财富的组成部分，它对生产有间接作用。下列属于金融资产特点的是(　　)。

A. 实物资产所产生收入的要求权，比如证券属于金融资产
B. 所有权和经营权的分离
C. 使得资金流向具有较好投资机会的企业
D. 代表持有者的财富
E. 代表一个经济体的生产能力，决定一个社会的财富水平

4. 社会网络规模分为强关系网络和弱关系网络，其中，弱关系网络一般是由(　　)构成。
A. 亲属　B. 亲密的朋友　C. 熟人　D. 老乡
E. 一般朋友

5. 马斯洛的需求层次理论提出人的五种需求，其中通过内部因素才能满足的需求包括(　　)。
A. 生理需求　B. 安全需求　C. 尊重需求　D. 社交需求
E. 自我实现需求

6. 在我国四大名著《红楼梦》中，贾府中代表人物的理财观点各不相同。你认为下列表述比较适当的是(　　)。
A. 李纨注重现金为王　B. 王熙凤擅长权益投资
C. 林黛玉强调开源节流　D. 秦可卿持收支平衡观
E. 探春注重不动产投资

7. 按照吴晓波的观点，从家庭财务的角度看，低收入群体与他们从事的职业其实没有关系，而在于下列(　　)指标。
A. 低收入群体只有力气，没有资本　B. 低收入群体只有工资性收入，缺少财产性收入
C. 低收入群体的负债率为零　D. 低收入群体缺乏社会资本
E. 低收入群体缺乏知识

8.《骆驼祥子》反映了民国时期我国社会民众的生活现状，从财富管理视角来看，下列表述适当的是(　　)。
A. 祥子注重现金为王　B. 高妈擅长权益投资
C. 方太太重视银行储蓄　D. 刘四爷注重证券投资
E. 祥子有应急储备理念

9. 马斯洛提出了著名的需求层次理论，即人们的需求可以分为(　　)，人们对于财产的需求也建立在该理论基础之上。
A. 生理需求　B. 安全需求　C. 社交需求　D. 尊重需求
E. 自我实现需求

10. 人从出生到死亡会经历婴儿、童年、少年、青年、中年和老年六个时期，属于理财规划重要时期的是(　　)。
A. 婴儿期　B. 少年期　C. 青年期　D. 中年期
E. 老年期

11. 家庭与事业成长期是指从子女出生到子女完成教育参加工作的这段时期，下列(　　)属于这个时期的主要理财内容。
A. 还清房贷　B. 增加投资力度(特别是风险性投资)

C. 储备养老金　　D. 投保养老保险
E. 遗产安排

12. 按照统计部门的口径，人均可支配收入由（　　）等部分构成。
A. 工资性收入　　B. 财产性收入
C. 经营性收入　　D. 转移性收入
E. 财产继承收入

13. 下列哪些资产的价值取决于未来的收益？（　　）
A. 股票　　B. 债券　　C. 谷物　　D. 艺术品
E. 黄金

14. 下列关于资本警觉性说法正确的是（　　）。
A. 资本警觉性人人都具备
B. 资本警觉性指个体识别和把握有价值的商业机会的能力，以及个体对有价值的商业机会的风险感知和决策能力
C. 资本警觉性既包括知识、经验，也具备对信息的加工与鉴别的能力
D. 资本警觉性的三个维度为：探求挖掘、重构框架、对于商业信息把握的敏锐性
E. 资本警觉性可以提高效率

15. 下列有关财务杠杆的表述正确的是（　　）。
A. 财务杠杆可以成倍地提高资产收益率
B. 财务杠杆受多种因素影响，在获得财务杠杆利益的同时，也伴随着财务风险
C. 财务杠杆是指通过适当举债来提高资本回报率
D. 如果适当负债使得资本回报率上升，称为正财务杠杆
E. 财务杠杆强调稳健

16. 下列有关股票的表述正确的是（　　）。
A. 股票是股份公司发给股东的入股凭证
B. 股票是股东获取股息、红利的一种凭证
C. 股票价值取决于未来取得股息、红利的多少
D. 将未来股息、红利折算到今天的现值总和就是股票的价值
E. 股票是公司承诺于指定日期还本付息的有价证券

17. 下列有关债券的表述正确的是（　　）。
A. 债券是金融资产
B. 债券是一种有价证券
C. 债券价值取决于未来取得利息的多少
D. 将未来利息和赎回本金折算到今天的现值总和，就是债券的价值
E. 债券是发行者向债权人承诺于指定日期还本付息的有价证券

18. 社会网络规模与创业的新思路和认知机会显著呈正相关。社会网络规模分为强关系网络和弱关系网络，下列属于强关系网络构成内容的是（　　）。
A. 亲属　　B. 亲密的朋友　　C. 熟人　　D. 老乡
E. 同学

19. 树立正确的投资与理财观念很重要，下列属于正确的投资观念的是(　　)。

A. 收益和风险均衡的观念　　B. 长期的观念

C. 投机的观念　　D. 成本的观念

E. 尊重市场的观念

20. 家庭净资产越大，说明拥有的财富越多。提高家庭净资产的方式包括(　　)。

A. 工资薪金增加　　B. 提高投资收益

C. 接受馈赠　　D. 买彩票

E. 接受继承

**(三)判断题(请将你的判断结果填入题后的括号中。你认为正确的，填"√"；你认为错误的，填"×"。)**

1. 一位农民企业家暴富后，虽然文化基础离接受大学教育的要求差距很大，但只要有可能也会去积极努力向大学申请荣誉博士学位，或通过"捐款"获得荣誉学位，这种心理体现了马斯洛需求层次理论的自我实现需求。(　　)
2. 商业银行将客户划分为普通客户、贵宾客户、高净值客户，体现了马斯洛需要层次理论。(　　)
3. 由于每个人的家庭状况、财务状况和性格特征各不相同，处于相同生命周期阶段家庭的理财目标、收入状况和风险承受能力也不同。(　　)
4. 随着房屋价格的上涨，按揭买房不仅可以增加家庭资产，而且每月归还的月供还可以抵御通货膨胀的影响。(　　)
5. 创业者的先验知识是识别机会的认知基础。(　　)
6. 按照凯恩斯理论，在一个国家内部，高收入者的消费倾向比低收入者要低。因此，随着资本拥有者收入的提高，居民的平均储蓄率必然上升。(　　)
7. 小世界现象是指世界上所有互不相识的人需要很多中间人才能建立起联系。(　　)
8. 曾国藩通过基本生活支出将货币资本转化为人力资本和社会资本，实现家族财富管理的有形资本传承向无形资本传承的转变。(　　)
9. 从理财角度看，贫困人群与富裕人群之间一个主要的区别是贫困人群只有劳动性收入，缺少财产性收入。(　　)
10. 从财富积累的速度上看，财富的历史累积做的是加法；而未来收入的贴现做的是级数，级数比加法的效果更显著、更重要。(　　)

## ■主观题

1. 如何理解投资理财是一种生活方式的选择？
2. 如何理解理财的首要目标是财务安全，终极目标是财务自由？
3. 如何理解钱是最伟大的自由工具？
4. 如何理解股票、债券等金融资产的价值是对未来收入的折现？
5. 购买保险是投资吗？

## 讨论题

□一般而言,你不理财,财不理你;但有时你理财了,财未必会理你。为什么?

□有一种观点认为:"回报率越高,赚钱的概率越小",你怎么看?

## 案例分析

很多人都看过这样一则报道:台湾女孩曾琬铃和她的美国老公 Jeremy 出生于普通家庭,过去他们和大多数人一样:认真读完大学,找一份工作,有多余的钱就存起来,等待每年的年假,然后再回到工作岗位,继续奋斗。2012 年 10 月曾琬铃和 Jeremy 达到了财务自由的目标,他们提前退休,成为了行走天地宽的自在背包客。可是,他们依靠什么来生活呢?一对平凡的夫妇是如何实现财务自由的?在这里,我们不做详细介绍,有兴趣的朋友可以去网上了解一下他们的故事。我们能成为曾琬铃和 Jeremy 吗?我们离财务自由有多远?

是的,我们也可以。即使你一个月只挣 5,000 元,只要认真存钱,45 岁时也能够实现财务自由。

不信?跟着我们算一算。小林和小芳是一对生活在中国的夫妇,今年 25 岁,现在他们每个月的家庭收入是 1 万元,一年挣 12 万元。小林和小芳也想在 45 岁提前退休,前提是他们得存下一笔钱帮助他们实现财务自由。

对小林和小芳来说,有两个挺有利的条件:一是他们还年轻,收入增长的潜力很大,我们假设前 10 年他们的收入增长快一些,年均增长 10%,后 10 年收入增长速度稍微慢一些,年均增长 7%。二是他们挺会过日子的,虽然不像 Jeremy 他们那样一个月能存 70%的收入,小林和小芳每个月存下一半收入的问题并不大。再做一个假设,他们每年存下来的钱都投在低风险的稳健理财产品中,年化收益率稳定在 5%,这一点即使对于毫无投资经验的人来说也是非常容易实现的。那么,在小林和小芳 45 岁的时候,就能够存到 444.6 万元。到那时,就算不工作,靠着这笔钱,他们每年也能赚到 22 万元的投资收益,轻轻松松实现财务自由!

你怎么看?

**□问题**

什么是财务自由?如何理解财务自由?它与财产性收入有什么关系?如何实现财务自由?

**□考核点**

财务自由、财产性收入。

## 推荐书目

□陈志武,《财富的逻辑 1——为什么中国人勤劳而不富有》,西北大学出版社,2014 年版。

该书从"深度"(勤劳和技术创新引发的单位时间生产率的上升)、"广度"(市场开放导致单位物品价值量上升)、"长度"(良好的证券市场将未来收入现期化)三大维度,解析财富创造力的源泉;更进一步指出,财富创造力的发挥,取决于一国的制度品质,包括产权保护体系、契约执行体系，以及保障市场交易安全的其他制度。可以说，制度的品质，决定财富创造力的大小。

**□迈克尔等，《弗兰科·莫迪利安尼：不曾停歇的思维》，华夏出版社，1980 年版。**

该书介绍了莫迪利安尼的生平，并对其具有影响力的思想及理论做出解释与评价，包括储蓄生命周期假说、公司理财领域著名的 MM 定理、稳定性政策、经济计量模型构建与预测，以及他对当代经济学发展所留下的遗产与重大影响。

## 自我评价

| 学习成果 | 自我评价 |
| --- | --- |
| 我已经明白了马斯洛的需求层次理论、生命周期理论，以及不同生命周期阶段的理财需求 | □很好　□较好　□一般　□较差　□很差 |
| 我已经知道了财产性收入对财富创造的重要性、明白了财富不仅靠历史的累积，更需未来收入的贴现 | □很好　□较好　□一般　□较差　□很差 |
| 我已经初步掌握了投资理财中金融资产的内涵，理解了投资理财中的金融资产特性 | □很好　□较好　□一般　□较差　□很差 |
| 我已经明白了创业投资三特质 | □很好　□较好　□一般　□较差　□很差 |

# 第2章　应对通货膨胀的理财技巧



## 导入语

2018年，委内瑞拉发生了超级通货膨胀，一只鸡售价1460万玻利瓦尔，一卷厕纸卖260万玻利瓦尔。物价飞涨，货币价值暴跌，使得消费者不得不花大量的钱来购买日常必需品。1976年诺贝尔经济学奖获得者米尔顿·弗里德曼说："通货膨胀是而且只能是由于货币数量的增长速度快于产出增长速度而造成的，正是在这个意义上，通货膨胀在任何地方都永远只是一种货币现象。"通货膨胀会侵蚀居民家庭财富，虽然很可怕，但是它与经济增长是一对双胞胎，经济快速增长会带来通货膨胀。因此，理解通货膨胀时期的理财哲学，掌握通货膨胀时期资产的选择与配置至关重要。

## 学习目标

通过学习本章，熟悉通货膨胀的含义、类型，以及影响因素；理解通货膨胀对居民家庭财富的影响；掌握通货膨胀时期的理财哲学；明白通货膨胀不仅是一种现象，更是财富分配的技术；学会通货膨胀时期的资产选择与配置。

## 思维导图

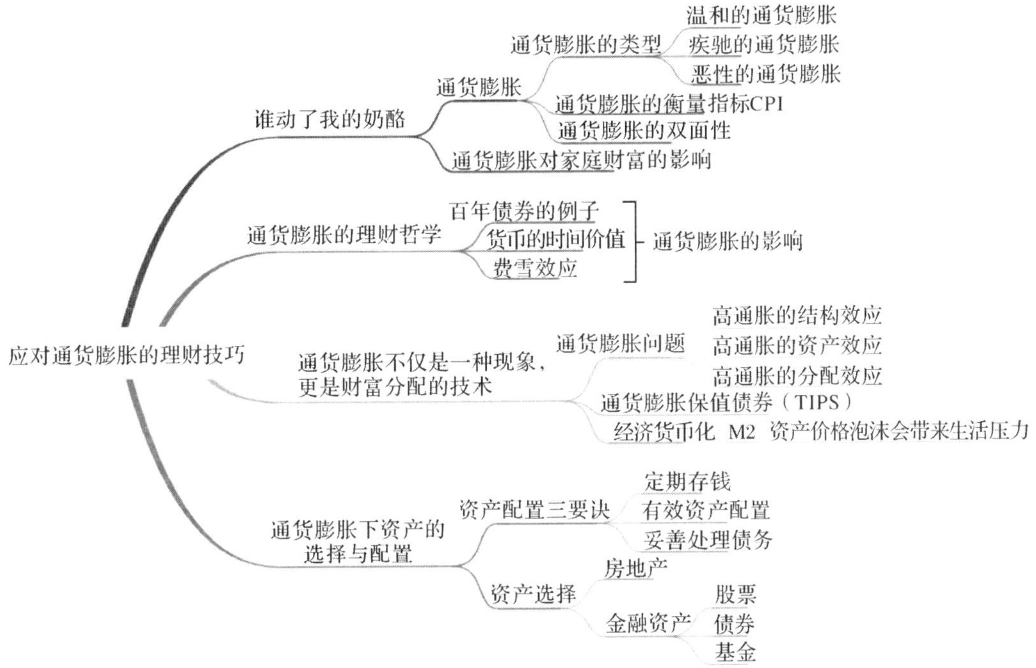


## 2.1　谁动了我的奶酪

视频：谁动了我的奶酪

### 2.1.1　什么是通货膨胀

通货膨胀是指在一定时间内一般物价水平持续而普遍上涨的现象。它与一般物价上涨不同，一般物价上涨是指某个或某些商品因为供求失衡造成的暂时、局部、可逆的物价上涨，不会造成货币贬值。通货膨胀则是由于一国货币贬值引起的该国国内主要商品和服务的价格水平持续、普遍、明显地上涨。

PPT 课件

为什么会出现通货膨胀现象？造成通货膨胀的原因是一国流通的货币量大于本国的有效经济总量，即一国基础货币发行的增长率高于本国有效经济总量的增长率。而一国基础货币发行增长率高于本国有效经济总量增长率的原因包括货币政策与非货币政策两方面。货币政策方面采取宽松的货币政策，用利率、汇率等手段调节经济；非货币政策包括间接投融资为主导的金融体制造成贷款膨胀、国际贸易中出口顺差长期过大、外汇储备过高、投机垄断、腐败浪费提高社会交易成本、经济结构失衡、消费预期误导等。因此，通货膨胀不仅是货币现象，实体经济泡沫也是通货膨胀的重要原因。

货币主义大帅米尔顿·弗里德曼认为通货膨胀是而且只能是由于货币供给数量的增加速度快于产出的增长速度而造成的。从这个意义上讲，无论何时何地，通货膨胀无一例外都是货币现象。

## 即问即答

1976 年诺贝尔经济学奖获得者米尔顿·弗里德曼认为，通货膨胀在任何地方都永远只是一种货币现象。对此你如何理解？

即问即答

## 资料卡 2-1

### 米尔顿·弗里德曼

米尔顿·弗里德曼(Milton Friedmann)出生于美国纽约市一个工人阶级的犹太人家庭，美国著名经济学家，芝加哥大学教授、货币学派的代表人物，1976 年诺贝尔经济学奖得主、1951 年约翰·贝茨·克拉克奖得主，被誉为 20 世纪最具影响力的经济学家及学者之一。

主要成就：创立了货币主义理论，提出了永久性收入假说。

代表作品：《资本主义与自由》《美国货币史》。

如果通货膨胀是由于货币供应过多引起货币贬值、物价持续而普遍上涨的现象，那么，货币供应量增加是否一定会引起通货膨胀？在现实中，货币供给的增加也不一定会带来更高水平的通货膨胀。

图 2-1 表示的是 1996—2020 年我国货币供应量 M1 和 M2 的增速。从广义货币供应量(M2)的增速来看，2009 年是过去 20 多年增长最快的，达到了 28.50%，2010 年的增速也高达 19.70%，2005 年到 2008 年的增速在 15%—20%之间徘徊，2017 年之后，M2 的增速降低到 8%左右。按照通货膨胀是由于货币供应过多引起货币贬值，物价持续而普遍上涨的这一含义，2009 年 M2 的增速最大，那么当年的通货膨胀率应该是最高的。可是实际情况又如何呢？

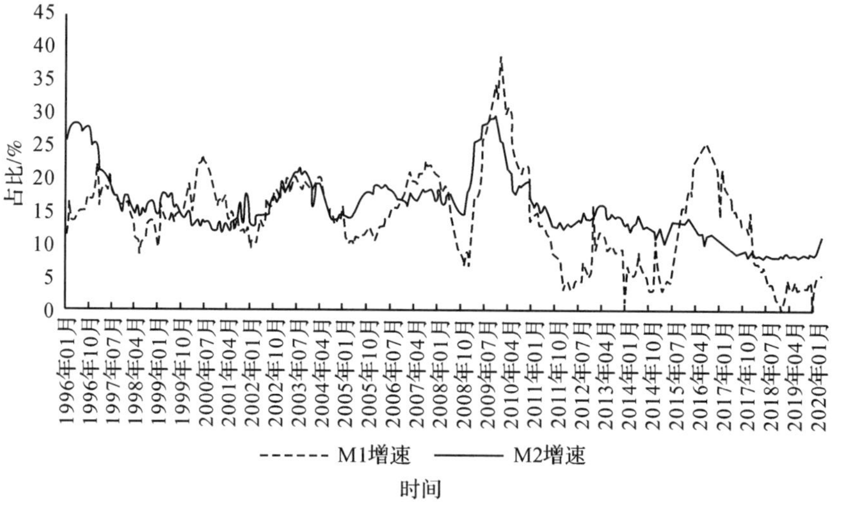


**图 2-1　1996—2020 年我国货币供应量 M1 和 M2 增速**

图 2-2 是 1997—2019 年我国消费者价格指数(CPI)的走势。总体而言，比较平稳。从 CPI 的增速来看，2008 年的增速最高，达到了 5.9%，2009 年的增速只有－0.70%，2010 年

CPI 的增速也只有 3%左右。2017 年以来，M2（如图 2-1 所示）的增速明显低于之前的年份，但是 CPI 却呈现走高的趋势。比较图 2-1、图 2-2 可知，货币供应量增加并不必然会导致消费品价格的上涨，货币供应量和通货膨胀之间存在不对称的问题。

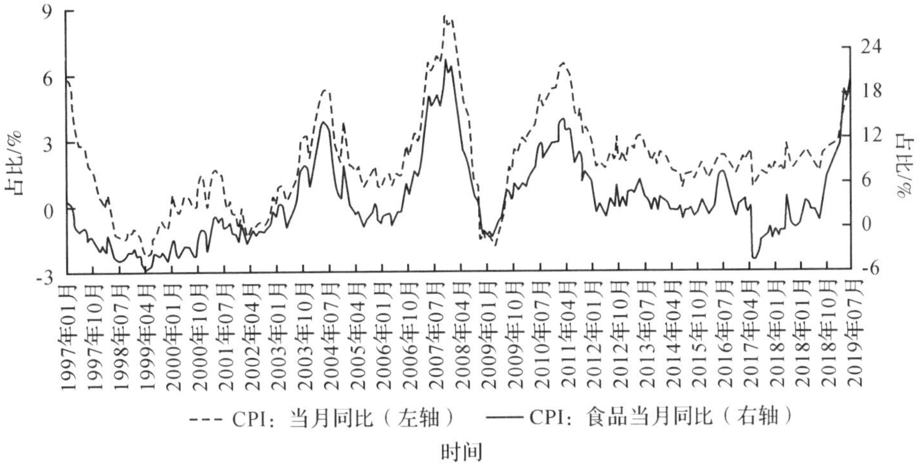


**图 2-2　1997—2019 年我国消费者价格指数(CPI)的走势**

为什么 2009 年广义货币供应量（M2）会快速增长？众所周知，2008 年美国发生了次贷危机，此后席卷全球。美国实行量化宽松的货币政策，其他各国纷纷出台相应的经济刺激计划。2008 年 11 月 5 日，国务院召开常务会议，研究部署进一步扩大内需、促进经济平稳较快增长的措施。会议认为，世界经济金融危机日趋严峻，为抵御国际经济环境对我国的不利影响，必须采取灵活审慎的宏观经济政策，以应对复杂多变的形势，提出实行积极的财政政策和适度宽松的货币政策，出台更加有力的扩大国内需求的措施，加快民生工程、基础设施、生态环境建设和灾后重建，提高城乡居民特别是低收入群体的收入水平，促进经济平稳较快增长。会议决定，2008 年 4 季度至 2010 年末总投资规模为 4 万亿元，其中新增中央投资 1.18 万亿元，占总投资规模的 29.5%，主要来自中央预算内投资、中央政府性基金、中央财政其他公共投资，以及中央财政灾后恢复重建基金等；其他投资 2.82 万亿元，占总投资规模的 70.5%，主要来自地方财政预算、中央财政代发地方政府债券、政策性贷款、企业（公司）债券和中期票据、银行贷款，以及吸引民间投资等。这就是 2009 年 M2 快速增长的重要原因。

回顾 2009 年，全国新房平均价格上涨幅度高达 30%，而当年的 GDP 增速为 9.4%。由于房地产价格的快速增长，2010 年，国务院出台了房地产市场的“国十条”，对房地产市场进行了严格的调控，以遏制房价的快速上涨。根据前述分析可知，货币供给的增加会引发通货膨胀，但是用于衡量通货膨胀的指标 CPI 只包括了一般的消费商品，并未包含股票和房地产等资产。资本是逐利的，货币供给增加会有一部分资金流入房地产市场和资本市场，进而推高房地产价格和股票价格。中国股市具有“牛短熊长”的特征，无法稳定承载更多的货币，但是房地产市场可以稳定承载更多的货币。自 20 世纪 90 年代末住房制度改革以来，我国的房地产市场快速发展，可以说经历了 20 多年的“大牛市”，居民家庭购房热情高涨，大量资金涌入房地产市场，不断推高住房价格。

因此，货币供应增加并不必然会导致消费商品的价格上涨，因为货币还可以流向房地产市场和资本市场，房地产和股票等资产如同一个巨大的“蓄水池”，这个蓄水池可以容纳的货币可能会远远超过消费商品。截至2020年末，我国的广义货币供应量为218.68万亿元，而住房市值达到了418万亿元，住房市值是GDP的4.1倍，占股债房市值的66%。

## 知识链接

**广义货币供应量(M2)**

广义货币供应量(M2)是指流通于银行体系之外的现金加上企业存款、居民储蓄存款，以及其他存款，它包括了一切可能成为现实购买力的货币形式，通常反映的是社会总需求变化和未来通货膨胀的压力状态。近年来，很多国家都把M2作为货币供应量的调控目标。

货币层次的划分：

M0＝流通中的现金，整个银行体系之外的企业，个人拥有的现金之和。

狭义货币(M1)＝M0＋企业活期存款。

广义货币(M2)＝M1＋准货币(定期存款＋居民储蓄存款＋其他存款)。

M3＝M2＋金融债券＋商业票据＋大额可转让定期存单等。

其中，M2减M1是准货币，M3是根据金融工具的不断创新而设置的。

## 即问即答

通货膨胀是由于货币供应过多引起货币贬值，物价持续而普遍上涨的现象。因此，货币供应量增加必然会引起通货膨胀。这个说法对吗？为什么？

即问即答

### 2.1.2 通货膨胀的衡量指标

经济学界对于通货膨胀的解释并不完全一致，一般认为，通货膨胀是指在信用货币制度下，流通中的货币数量超过经济实际需要而引起的货币贬值和物价水平全面而持续地上涨。通俗地讲，就是纸币的发行量超过流通中所需要的数量，从而引起纸币贬值，物价上涨，把这种现象称为通货膨胀。这里的物价上涨不是指一种或几种商品的价格上升，也不是物价水平一时的上升，而是指物价水平在一定时期内持续普遍的上升过程，或者说货币价值在一定时期内持续的下降过程。可见，通货膨胀不是指这种或那种商品及劳务的价格上涨，而是物价总水平的上升。物价总水平或一般物价水平是指所有商品和劳务交易价格总额的加权平均数。这个加权平均数，就是价格指数。

衡量通货膨胀的价格指数一般有三种：消费者价格指数、生产者价格指数、国内生产总值平减指数。

#### 2.1.2.1 消费者价格指数(Consumer Price Index，CPI)

消费者价格指数又称居民消费价格指数，通过一个典型的城市家庭所购买的一揽子产品或服务定价。该指数是反映一定时期内城乡居民所购买的生活消费品和服务项目价格变动趋势和程度的相对数，是对城市居民消费价格指数和农村居民消费价格指数进行综合汇总计算的结果，是一个月内商品和服务零售价格变动系数。通过该指数可以观察和分析消费品的零售价格和服务项目价格变动对城乡居民实际生活费支出的影响程度。如果在一年中，一个典型的城市家庭所购买的一揽子产品或服务支出由 500 元上升到 600 元，消费者价格指数就上涨了 20%。消费者价格指数一般以基年为 100 的物价指数来表示。

消费者价格指数涵盖全国城乡居民生活消费的食品饮料、衣着、居住、生活用品及服务、交通和通信、教育文化和娱乐、医疗保健、其他用品和服务 8 大类、262 个基本分类的商品与服务的最终价格。它与人民群众的日常生活密切相关，在整个国民经济价格体系中具有重要的地位。它也是进行经济分析与决策、价格总水平监测与调控和国民经济核算的重要指标。消费者价格指数变动率在一定程度上反映了通货膨胀或通货紧缩的程度。一般来讲，生活消费品的价格全面地、普遍地、持续地上涨就被认为发生了通货膨胀。2012 年 6 月至 2022 年 3 月中国消费者价格指数(CPI)的走势，如图 2-3 所示。

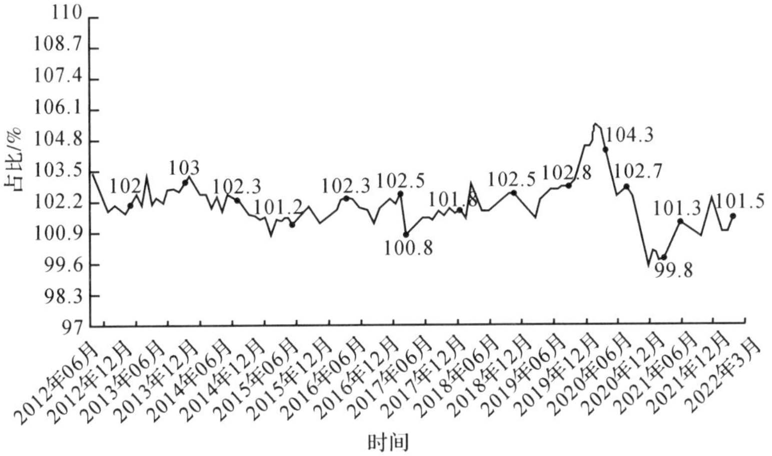


**图 2-3　2012 年 6 月至 2022 年 3 月中国消费者价格指数(CPI)的走势**

### 2.1.2.2　生产者价格指数(Producer Price Index，PPI)

生产者价格指数是衡量企业产品出厂价格变动趋势和变动程度的指数，反映某一时期生产领域价格变动情况的重要经济指标，也是制定有关经济政策和国民经济核算的重要依据。生产者价格指数与消费者价格指数不同，它主要衡量企业购买的一揽子物品和劳务的总费用，由于企业最终要把支出的费用以更高的消费价格的形式转移给消费者，所以，通常认为根据生产者价格指数的变动预测消费者价格指数的变动是可行的。

### 2.1.2.3　国内生产总值平减指数(GDP Deflator)

国内生产总值平减指数是名义 GDP 与实际 GDP 的比值，是衡量 GDP 价格水平变化的一个重要指标。由于名义 GDP 是按现期价格计算的产出，如果所有价格都上涨了一倍，但产品和服务的实际产出不变，则名义 GDP 也会增加一倍，可是人们并没有享受到两倍的产品和服务带来的福利。从经济福利而言，名义 GDP 是一个可能会产生误解的指标。为了更加可靠地计算产出，应当采用基年的价格来进行计算。用不变价格衡量的 GDP 称为实际 GDP，它不会随着物价水平的波动而变动，只有实际产出数量发生变动时实际 GDP 才会变动。因此，实际 GDP 是按基年价格计算产出，剔除了通货膨胀的影响，得到真实的 GDP，进而得出实际 GDP 增长率,客观反映经济增长水平。

假设 2021 年名义 GDP 为 10 万亿元,按照 2010 年的价格水平(基期)为基数计算的实际 GDP 为 9 万亿元,则 GDP 平减指数=10 万亿元/9 万亿元=1.11,表明自 2010 年以来,物价平均上涨了 11%。在通常情况下,物价水平的指标用物价指数表示。如果将基年(2010 年)的物价水平表示为 100,则 2021 年的 GDP 平减指数为 111。

通货膨胀率被定义为物价总水平的增长率。如果 GDP 平减指数从 2021 年的 111 上升到 2022 年的 113,则利用 GDP 平减指数所计算出的通货膨胀率为 1.8%,即:

$$\text{通货膨胀率} = \frac{113-111}{111} \times 100\% = 1.8\%$$

## 2.1.3 通货膨胀类型

### 2.1.3.1 按照物价上涨的速度分类

(1)缓行的通货膨胀

缓行的或温和的通货膨胀又称低通货膨胀,其特点是物价水平缓慢上涨,每年上涨率约为 2%—3%,不易察觉到物价上涨的压力。一般而言,当消费者价格指数 CPI 增幅大于 3% 时,称为通货膨胀。通常把消费者价格指数(CPI)增幅是否达到 3%作为通货膨胀的警戒线。政府通常设定通货膨胀预警线,超过预警线时政府会采取调控政策进行治理,一旦通货膨胀加速,到了疾驰的通货膨胀阶段,政府再想控制就不容易了。

(2)疾驰的通货膨胀

疾驰的或飞奔的通货膨胀又称高通货膨胀,其特点是物价水平以每年 10%—100%上涨,人们对货币的信心逐渐消失,认为物价将日益上涨,纷纷抢购商品,以至于物价更快地上涨。此时,通货膨胀处于加速之中,对人们的日常生活、经济发展产生巨大的影响,但还不至于引起金融崩溃和经济混乱。

(3)恶性的通货膨胀

超级的或恶性的通货膨胀是指物价上涨迅速,每年以超过 100%上涨,货币几乎无固定价值,物价时刻在增长,人们完全丧失了对货币的信心,抢购物资和外币,货币基本丧失了作为交换媒介和价值标准功能。

德国 1920—1923 年发生了恶性的通货膨胀,如果 1922 年 1 月的物价指数为 1,那么 1923 年 11 月的物价指数为 100 亿。1922 年 1 月,一个面包的价格是 163 马克;1923 年 9 月,面包的价格一路攀升到 150 万马克,在恶性通货膨胀的高峰时期,即 1923 年 11 月,一个面包的价格高达 200 亿马克。如果投资者在 1922 年初持有 3 亿马克债券,则在 1923 年末这些债券的票面价值都买不到一片口香糖。

从 1936 年 6 月至 1949 年 5 月,我国国民党政府货币发行额增加了 1,768 亿倍,剧烈的通货膨胀必然导致物价飞涨,同期上海的物价上涨了 138,842 亿倍。1937 年 6 月,全国法币发行量为 14.1 亿元,此时假设某人拥有 12 亿元法币,几乎相当于国民党政府的货币发行总量；到 1942 年，这笔钱则变成中储券 6 亿元[1]；1945 年 10 月，这笔钱又变成法币 300 万元[2]；1948 年 8 月，国民党政府实行第二次币制改革，用金元券取代法币，按 1∶300 万比价收兑，这笔钱只变成了 1 元金元券，按当时的物价可买 5 升米。从 1948 年 8 月至 1949 年 5 月，物价又上涨了 6,441,326 倍，1 元金元券的购买力只相当于 9 个月前的 0.0000001552 元，这时连一粒米也买不到了，一粒米的价格已经变成 130 元金元券了。

**即问即答**

国际上如何界定通货膨胀的警戒线？

即问即答

### 2.1.3.2　按照通货膨胀的原因分类

(1)成本推动型通货膨胀

成本推动型通货膨胀又称成本通货膨胀或供给通货膨胀，是指由于原材料、燃料等投入品价格和工人工资水平上升，而生产效率不变所引发的物价上涨。成本推动型通货膨胀的动因有两个：一是资源性产品，如煤炭、石油、铁矿石和天然气等供给被垄断或供给不足，引发价格上涨。由于资源性等上游产品价格上涨，必然会传递到下游产品，从而推动价格上涨引发通货膨胀。二是由于货币幻觉造成的工资和物价螺旋式上升。由于社会各种因素导致物价上涨推动工资增长的压力一直存在。人们很乐意看到工资增长，而不愿或不能容忍工资长期保持不变，哪怕是货币的实际购买力在下降。而一个部门工资的上涨容易造成攀比效应，其他部门的工资跟着上涨，从而导致全社会的工资上涨。工资上涨推动物价的上涨，这样周而复始形成螺旋式上升。

**知识链接**

**货币幻觉**

货币幻觉是美国经济学家欧文·费雪(Irving Fisher)于 1928 年提出来的，是指人们只是对货币的名义价值做出反应，而忽视其实际购买力变化的一种心理错觉。人们在购物时，常常会忽视那些明显已经被通货膨胀扭曲的信息，冲动地把心理价位抬高到实际价位之上，这就是货币幻觉。货币幻觉可能使潜在买家相信房价会一直上涨，从而认为房地产是不错的投资选择。美国耶鲁大学经济学教授罗伯特·席勒(Robert J. Shiller)认为，正是货币幻觉导致的错误逻辑催生了房地产泡沫，“人们大都只记得几年前买房时的房价，却常常忘记了其他商品的价格，错误地认为房价比其他物价涨幅更大，从而夸大房地产的投资潜力”。因此，理财的时候不应该只把眼睛盯在哪种商品价格下降或是上升了，花的钱少了还是多了，而应关注“钱”的购买力有没有变化。只有这样，才能真正做到精打细算，否则，在货币幻觉

---

[1] 中储券是指在抗日时期汪精卫投靠日本侵略者，在南京设立日伪政权时期的“中央储备银行”所发行的货币，强制按 1∶2 的比价与法币兑换。

[2] 抗战胜利后，国民党政府在沦陷区按中储券与法币 200∶1 的比价收兑中储券。

的影响下，“如意算盘”打到最后却发现自己并没有捡到便宜，甚至可能是吃亏了。

(2)需求拉动型通货膨胀

需求拉动型通货膨胀又称需求通货膨胀，是指一定时期内消费需求和投资需求的增加超过了商品和劳务供应量的增加，导致商品与劳务供不应求，物价上涨。其产生的一个主要原因是政府实施增加总需求的政策，引起消费膨胀和投资膨胀，导致货币持续供应量超过社会商品可供应量增长。这种因社会总需求过度增长，超过了社会总供给的增长幅度，导致商品和劳务供给不足、物价持续上涨，又称为过量需求通货膨胀。

(3)输入型通货膨胀

输入型通货膨胀是指在开放经济中，由于一国经济与国际市场密切相关，当国外商品或生产要素价格上涨时，会通过该国与国际市场的传导途径传播到国内，引起国内物价普遍的、持续的上涨现象。比如，法国发生通货膨胀，德系汽车在法国的销售价格上涨后，德国汽车制造商根据在法国的售价调整其产品在本国的售价，结果会导致德国市场上汽车价格的上涨。输入型通货膨胀与开放经济有密切关系，开放程度越大，发生通货膨胀的概率越大。

(4)结构型通货膨胀

结构型通货膨胀是指生产结构的变化导致总供求关系失衡或者导致部分供求关系失衡而引发的通货膨胀。由于结构失衡而引发的通货膨胀，其传导机制是价格刚性机制和价格攀比机制。结构型通货膨胀是由经济结构、部门结构失调引致的物价总水平持续上涨。具体原因有：①“瓶颈”制约。由于缺乏有效的资源配置机制，使得资源在各行业之间的配置严重失衡，有些行业生产能力过剩，而如农业、能源、交通等行业则严重滞后，形成发展的“瓶颈”。当这些“瓶颈”行业的价格因供不应求而上涨时，便引起其他行业，甚至是生产过剩行业的连锁反应，形成一轮又一轮的价格上涨。②需求移动。原先处于均衡状态的经济结构，在总需求并不过多的情况下，可能因为需求的移动而出现新的失衡，需求增加的行业，价格、工资将上升；而需求减少的行业，由于价格、工资存在刚性，却未必发生价格、工资的下降，其结果是需求的移动导致了物价的总体上升。③部门差异。一国经济可根据劳动生产率增长速度的差异而划分为不同的部门：生产率增长较快的先进部门和生产率增长较慢的落后部门。先进部门的工资上涨率较高，价格上涨较快，由于价格和工资刚性的存在，落后部门的工人往往要求与先进部门的工资上涨率看齐，使其货币工资的整体水平与先进部门的劳动生产率同比例增长。其结果，落后部门的生产成本上升，进而造成物价水平整体上升。

### 2.1.4 通货膨胀的双重性

有人形象地将通货膨胀与经济增长比喻为双胞胎。通货膨胀虽然表现为货币贬值，但是从宏观经济角度来看，它伴随着经济增长而产生。

缓行的通货膨胀为经济增长提供了一个合适的环境，类似于提供了一个好的温度，会促使经济增长。政府可以通过向中央银行借款扩大财政投资，投资增加促进就业，有利于经济发展。在通货膨胀下，产品价格的上涨速度一般快于名义工资的提高速度，从而企业利润增加，这又会促使企业扩大投资，促进经济增长。一方面，通货膨胀有利于富裕阶层的收入再分配，富裕阶层的边际储蓄倾向比较高，因此，通货膨胀会通过提高储蓄率促进经济增长。另一方面，通货膨胀会在不知不觉中降低货币购买力。通货膨胀对现金和银行储蓄存款的影响最大，也会侵蚀货币基金、债券这些消极投资的购买力。

当发生温和的通货膨胀时，投资者应关注资产类市场，因为此时资产的价格总体上呈现上涨趋势。温和的通货膨胀往往伴随着经济的高增长，而经济的高增长有效地支撑资产价格上扬，同时投资成本增加客观上也需要提高预期收益，以平抑成本的增加。再有，通货膨胀意味着商品价格普遍提高，也推动了资产类市场的价格。

一般而言，在经济快速发展时期会出现一定程度的通货膨胀，而适度的通货膨胀也可以促进经济发展。所以，通货膨胀与经济停滞同时出现并不常见。但是，如果实施不当的经济政策，比如中央银行容许货币供应过度增长，政府在商品市场和劳动市场做出过度管制，以及经济产能因负面的供给震荡而减少，再比如石油危机造成石油价格上涨，生产成本上升，利润减少，引致商品价格上升的同时经济放缓，从而出现滞胀。

## 知识链接

### 滞　胀

滞胀（Stagflation）又称为萧条膨胀或膨胀衰退，指经济停滞（Stagnation）与高通货膨胀（Inflation）、失业，以及经济不景气同时存在的经济现象。通俗地说就是指物价上涨，但经济停滞不前，是通货膨胀长期发展的结果。长期以来，资本主义国家的政策目标为经济高增长、低失业率、低通货膨胀率。这个观点是经济学家凯恩斯提出来的，他认为增加货币供给，需求增加，经济增长，失业减少，物价上涨，通货膨胀；减少货币供给，需求减少，经济停滞，失业增加，物价下跌，通货紧缩。凯恩斯理论认为，经济衰退、高失业率与通货膨胀不会同时并存，它们之间有替代关系，反映了通货膨胀与经济衰退、失业之间的此消彼长。但是，20 世纪 70 年代美国等西方发达国家爆发了石油危机，普遍出现了经济衰退、大量失业和严重通货膨胀，以及物价持续上涨同时发生的情况。西方经济学家把这种经济现象称为滞胀。滞胀的出现使人们对凯恩斯主义丧失了信心。

以弗里德曼为代表的货币学派认为，滞胀的形成是因为战后推行凯恩斯主义和相应加强国家干预。他们认为政府过多干预经济导致开支增大，赤字增加，不得不用滥发货币的通货膨胀办法来弥补，同时也削弱了市场机制的作用，反而使物价、工资、生产受到不利影响，造成低效率和高浪费。政府开支增加必然提高税率，打击企业和居民的生产积极性，挫伤人们的储蓄意愿，这些都会造成经济停滞。

一般来说，利用货币政策来解决滞胀的效果不大，因为如果为了控制通货膨胀而提高利率，会导致经济增速进一步减慢，甚至出现负增长；如果为了刺激经济增长而降低利率，则可能引发恶性通货膨胀。利用财政政策来解决滞胀问题的效果较好，比如通过加大财政支出或大规模减税等措施来刺激经济增长，如果辅之以适度提高利率来控制通货膨胀，则效果可能会更好。

**即问即答**

什么是滞胀？它会给经济带来什么样的影响？

即问即答

### 2.1.5 通货膨胀对家庭财富的影响

在投资与理财中，通货膨胀是投资者必须面对的一个基本问题，即投资者要应对通货膨胀带来的购买力损失。通货膨胀对家庭财富的影响主要体现在以下几个方面：

对银行储蓄存款而言，通货膨胀会直接抵消储蓄存款的利息收入，甚至出现银行储户存款实际利息收入为负的现象，导致储蓄存款贬值。因此，在通货膨胀较高时期，资产配置上应尽量减少银行储蓄存款的占比。为了治理通货膨胀，政府一般会通过加息等货币政策进行调控，此时定期存款持有者为了追求新利率的高收益，就可能会考虑将定期存款进行转存，这时需注意定期存款是否临近到期日，如果提取未到期的定期存款转存就不一定合算。

对股票、基金投资而言，良性的通货膨胀对股市有利，而恶性的通货膨胀对股市有明显的抑制作用。我国现行的股票市场还是单边市场，制度建设仍然有待于进一步完善，宽松的货币政策会增加市场的流动性，机构投资者就会有更多的资金入场。在“羊群效应”的影响下中小散户蜂拥而入，促使股票市场短期上涨，基金净值提升。随后机构投资者纷纷抛售股票，致使散户被套，投资信心挫败，股市陷入熊市，投资者难以获利甚至亏损。在此情况下，股票、基金投资需坚持长期投资，有效化解通货膨胀风险。

对债券投资而言，因为债券的价格取决于票面利率、面额、持有期收益率、持有期限和利息支付方式等，从理论上看，通货膨胀会导致利率上升，从而使得债券价格下跌。因此，投资者应在通货膨胀水平较高的时候买进债券，在通货膨胀水平较低的时候卖出债券。事实上，当一个国家的通货膨胀率上升时，会影响债券投资者的收益。如果通货膨胀加剧，对债券投资极为不利。

对黄金投资而言，随着金融市场的不断发展，黄金作为一种投资品种，被越来越多的投资者所认知。对于普通投资者来说，本币大幅贬值时期投资实物黄金是比较明智的选择。就我国目前的情况来看，投资者一定要注意黄金投资的品种和投资机构。国内的黄金投资渠道主要有现货黄金、Au(T+D)、黄金期货，以及纸黄金等。从资产配置的角度考虑，由于黄金与多数资产价格存在负相关的关系，它能平衡投资组合的整体风险，以获得更稳健的收益。所以在通货膨胀加剧的情况下，长期持有黄金是一个较为安全的投资策略。

对房地产投资而言，如果通货膨胀比较温和，房地产市场价格就会快速上扬。此时，对房地产等不动产进行投资就是避免通货膨胀损失的积极办法；如果通货膨胀趋向恶性预期，物价上涨水平超过经济发展水平，则必然会进一步推动房价上升，其结果是产生大量泡沫，使房地产市场逐渐失去理性。

对债权债务而言，通货膨胀有利于债务人。英国经济学家凯恩斯在《就业、利息和货币通论》中指出，在高通货膨胀时期，债务人就是受益人，即拥有存款不如拥有债务更合算。比如，在通货膨胀预期下，银行一年定期存款利率为4.14%，相对8%左右的通货膨胀率来说，由于实际利率等于名义利率减去通货膨胀率，出现负利率会造成资产缩水。而此时，如果选择银行贷款就可以抵御通货膨胀，假如用贷款 10 万元购房，当一年后归还全部贷款时，若通货膨胀率是 8%，这时贷款本金 10 万元因为通货膨胀实际还款的价值只要 9.2 万元。在投资与理财中，住房按揭贷款作为家庭负债的主要来源，当房价大幅上涨的时候，能够显著增加家庭的财富水平。长期通货膨胀预期能够显著提高家庭对住房资产的投资，同时，在这个过程引入住房按揭贷款杠杆。长期通货膨胀预期来自家庭对通货膨胀的一种生活经验，基于家庭资产保值的需求，家庭往往会超配住房资产，从而也会挤出对其他资产的投资。因此，家庭需要适当地提高杠杆率来获得财产性收入，提高家庭资产组合抵抗通货膨胀的能力。

综上所述，在通货膨胀的环境下，任何投资都要从投资者个人的实际情况出发，根据投资者的家庭资产配置状况，以及不同风险偏好，制定投资策略，以应对通货膨胀。同时，还要考虑流动性需求、投资期限、风险承受能力、投资工具的选择等因素，这样既能保持较好的流动性，又可以增加收益，最大限度地减少通货膨胀带来的损失。

**即问即答**

家庭为什么需要适当地提高杠杆率来获得财产性收入？

即问即答

## 2.2　通货膨胀时期的理财哲学

### 2.2.1　百年债券的例子

美国《纽约时报》于 2009 年发表了一篇有关百年债券的短文，2009 年 2 月 13 日新华社刊文介绍了百年债券的由来。

视频：通货膨胀时期的理财哲学

英国前首相温斯顿・丘吉尔的外祖父莱昂纳德・W. 杰罗姆是纽约的股票大王，从事股票和房地产投资，赚取了巨额财富。他热衷赛马，为推广这项运动，计划在莫里萨尼亚和西场（现在的布朗克斯区）之间修建美国第一处赛马场，成为纽约上流社会的聚会场所。由于赛马场和当时纽约市区之间没有直达道路，加之地方政府手头紧张，杰罗姆建议发行债券集资修路。当时为了修造这条通往赛马场的道路募集资金，1868 年到 1873 年，在纽约市郊区莫里萨尼亚和西场两个城镇发行了数千张政府债券。这些债券年息固定，期限不等，至今有的已经到期作废，有的依然有效，期限最长的债券到期时间是 2147 年。

PPT 课件

美国地方政府发行的长期债券期限一般为 30 年，这些债券的期限为什么这么长？当年的历史学家劳埃德・奥尔坦解释杰罗姆的用心：“杰罗姆想要推广赛马这项贵族运动，为此他明白必须吸引富人在赛马场上撒钱。此外，所有人都知道当时纽约市区正不断向北扩展，吞并赛马场附近的郊区只是时间上的问题。所以，地方政府把债券期限大大拉长，希望赛马场所在地并入纽约市区后，把债务转移给市政府。”果不其然，债券发行一年后，莫里萨尼亚和西场就并入纽约市。当时杰罗姆的赛马场也名噪一时，经常爆满。1890 年，赛马场被政府征用，用来修建水库，当年赛马场热闹的场景已成为历史。

自2000年后，纽约梅隆银行代理政府每年分两次向该债券持有人邮寄年息支票。债券专家吉姆·莱班萨说："这称不上地方政府债务管理的最好例子，但135年来，年年还息，分文不差，确实创下了地方政府债券安全性纪录。"纽约市政府审计部门考证，这种债券面值分为500美元（如图2-4所示）和1,000美元两种，当时共发行了27.8万美元，迄今仍有100张左右、总面值6.6万美元的债券尚未到期。纽约市政府每年3月1日和9月1日分两次向债券持有人偿付年息，面值1,000美元的债券年息为70美元。按照现在标准，这些钱不算什么。纽约市政府每年借债70亿美元，平均每年还款37亿美元。但在美国内战时期，70美元可不是小数目，够付一个中产之家住宅的"首付"了。

《纽约时报》算了一笔账，如果在1868年投资1,000美元购买这一债券，债券今年到期，可净赚9,870美元利息，可谓红利滚滚。

**图2-4　1868年发行的面额为500美元的债券**

《纽约时报》对百年债券利息的计算如下：

从1868年到2009年，共141年，利息总计70×141=9,870（美元）。

如果考虑通货膨胀，则百年债券利息：

若通货膨胀率为2%，利息的终值为3,297.26美元；

若通货膨胀率为5%，利息的终值为1,399美元；

若通货膨胀率为10%，则利息的终值为700美元。

《纽约时报》报道中，对利息测算的缺陷在于没有考虑通货膨胀，因为存在通货膨胀，名义上每年可得到70美元的利息，但其购买力不到70美元，且逐年下降。

## 2.2.2　费雪效应

著名经济学家欧文·费雪揭示了预期通货膨胀率与利率之间的关系。费雪指出，当预期通货膨胀率上升时，利率也将上升，即利率随着通货膨胀率的变化而变化。通俗地解释为：假如银行储蓄年利率为5%，某人将100元存入银行，一年后就多了5元利息，这只是理想情况下的假设。如果当年通货膨胀率为3%，那他实际上只多了2元利息的购买力；如果通货膨胀率是6%，那他2022年100元能买到的某商品2023年就需要106元了，而存入银行一年本息和只有105元，他反而买不起该商品了。

利率分为名义利率和实际利率，名义利率是指银行与客户约定的利率，实际利率是考虑通货膨胀的影响而对名义利率进行调整后的利率。名义利率、实际利率与通货膨胀率三者之间的关系是：

$$实际利率=\frac{名义利率-通货膨胀率}{1+通货膨胀率}\approx 名义利率-通货膨胀率$$

货币中性理论表明货币供给的增长将导致价格水平以相同的比例增长，对实际产出水平没有影响。货币的增长变动并不会影响实际利率，实际利率往往是不变的，因为它代表的是实际购买力。当通货膨胀率变化时，名义利率会随之而变化。名义利率的上升幅度和通货膨胀率相等，即预期通货膨胀率提高 1%，名义利率也将提高 1%，这个结论被称为费雪效应或者费雪假设，表明名义利率能够足以补偿货币所遭受的预期购买力损失。

费雪效应表明，物价水平上升时，利率一般有增高的倾向；物价水平下降时，利率一般有下降的倾向。因此，当央行提高货币增长率时，长期的结果是更高的通货膨胀和更高的名义利率。

**资料卡 2-2**

**欧文·费雪**

欧文·费雪(Irving Fisher)，1867 年 2 月 27 日出生于美国纽约州少格拉斯，美国著名经济学家、数学家，经济计量学的先驱，美国第一位数理经济学家，耶鲁大学教授。货币主义、数理经济学的创始人。他在耶鲁大学完成的博士学位论文《价值与价格理论的数学研究》，用定量分析研究效用理论，奠定了他成为美国第一位数理经济学家的地位。费雪的研究领域相当广泛，一生共发表论著 2,000 多种，合著 400 多种，用著作等身来形容并不为过。在 20 世纪 30 年代美国大萧条之前，他借款以优惠权购买兰德公司股份，大萧条爆发后，他的股票成为废纸，损失惨重，最后一贫如洗。尽管人生遭遇坎坷挫折，但他深信人性本善，还是健康地活了 80 岁。

主要成就：对一般均衡理论、数理经济学、物价指数编制、宏观经济学和货币理论都做出了重要贡献。

代表作品：《货币的购买力》《利息理论》等。

**即问即答**

根据费雪效应，利率与通货膨胀率之间存在什么关系？

即问即答

## 2.3　通货膨胀不仅是一种现象，更是财富分配的技术

视频：通货膨胀不仅是一种现象，更是财富分配的技术

### 2.3.1　通货膨胀的经济效应

通货膨胀会对社会经济带来怎样的影响？在理论界存在三种观点：促进论、促退论和中性论。促进论认为通货膨胀具有正的产出效应，促退论认为通货膨胀会损害经济增长，而中性论认为通货膨胀对产出、对经济增长既无正效应也无负效应。由于存在公众预期，在一段时期内人们会对物价上涨做出合理

的行为调整，通货膨胀的各种效应的作用就会相互抵消。

PPT课件

具体而言，通货膨胀的经济效应主要体现在以下几个方面：

(1)强制储蓄效应

通货膨胀的强制储蓄效应是指政府以铸币税的形式取得的一笔本应属于公众的消费资金，包含两层含义：一是强制储蓄是由消费的非自愿减少或强制性减少造成的；二是强制储蓄的形成伴随收入在不同主体之间的转移。强制储蓄效应所说的储蓄是指用于投资的货币积累。作为投资的储蓄积累主要来源于家庭、企业和政府三个部门。在正常情况下，三个部门的储蓄有各自的形成规律：家庭储蓄来源于家庭收入减去消费后的部分；企业储蓄来源于其用于扩大再生产的净利润和折旧；政府的投资如果是通过税收的形式筹集，这部分投资来自家庭和企业，即从家庭和企业两部门的储蓄中挤出来的，全社会的储蓄总量并没有增加，不存在强制储蓄问题。如果政府通过向中央银行借款解决投资资金，则直接或间接地引起货币增发，这就会强制性增加全社会的储蓄总量，结果导致物价上涨。在公众名义收入不变的条件下，消费、储蓄将随物价的上涨而相应减少，其减少的部分大体相当于政府运用通货膨胀实现的强制储蓄部分，这就意味着强制增加全社会的储蓄总量，其结果是物价水平的持续上涨。

促进论者认为通货膨胀的强制储蓄效应是动员资金的有效途径之一。它会引起国民收入在政府与公众之间再分配，从而使整个社会储蓄增加，使公共投资增加，并通过乘数效应扩大实际产出。促进论者坚持通货膨胀能优化资源配置，因为政府通过通货膨胀增加的资金主要用于投资基础设施和基础产业，创造外部经济和社会效益，从而影响资源配置。当然，前述分析是基于充分就业假定的。如果在实际经济运行中，尚未达到充分就业水平，实际 GDP 低于潜在 GDP，生产要素大量闲置，此时，如果政府通过货币发行来扩张有效需求，虽然也是一种强制储蓄，但并不会引起持续的物价上涨。

(2)收入分配效应

在通货膨胀时期，由于货币贬值，名义收入的增加并不意味着实际收入的等量增加，有时甚至出现实际收入下降，即通货膨胀会导致名义收入与实际收入之间产生差异。因此，只有在剔除物价的影响后，才能确定人们实际收入的变化。由于社会各阶层收入来源不同，在物价总水平上涨时，一些人的收入水平会下降，还有一些人的收入水平反而会提高。这种由物价上涨造成的收入再分配，就是通货膨胀的收入分配效应。

①通货膨胀有利于政府，不利于普通民众。政府可以利用通货膨胀征收通货膨胀税。一方面，政府通过货币发行，征收部分铸币税；另一方面，在政府财政困难时，通过货币发行形成通货膨胀，居民名义收入增加，按累进税制，居民向政府按边际税率纳税，即政府对不同收入者征税的税率不同，在增加政府财政收入的同时减少了居民的实际收入。如果政府直接将财政收入进行投资，就促进经济增长；即使用于消费，也会间接促进经济增长。另外，可将职工的部分实际工资转化为企业利润，尤其是当职工的工资增长率低于物价上涨率时，企业便可从中增加一部分积累。而这一切积累往往不是在正常情况下所能实现的。

②通货膨胀有利于利润收入者，不利于固定收入者。一方面，由于社会各阶层的收入来源不同，在物价总水平上涨时，对于以工资收入为主者来说，其名义收入比较固定，实际收入

因通货膨胀而减少，即持有的每一单位收入的购买力随物价水平的上升而下降。虽然，随着物价持续上涨，人们的工资收入也会调整，但是相对于物价上涨，工资的增长往往是滞后的，滞后时间越长，遭受通货膨胀的损失也就越大。相应地，只要存在工资对物价的调整滞后，企业的利润就会增加，那些从利润中得取收入的都能得到好处。另一方面，对于利润收入者而言，通货膨胀导致原材料价格上涨的同时，产品的价格也上涨，而且产品的价格会比原材料价格上涨得更快，获取更多的利润。

③通货膨胀有利于债务人，不利于债权人。通货膨胀可以在债务人和债权人之间发生收入再分配作用。在通货膨胀的环境下，债务人履行债务契约的货币金额名义上没有改变，但因货币贬值，实际偿还的货币减少，使得债权人利益受损，而债务人得益。在债权人中，小额债权人最易受通货膨胀的影响，大额债权人不仅可以采取各种措施避免通货膨胀带来的损失，而且大额债权人往往也是大额债务人，还可享有通货膨胀带来的巨大好处。

## 知识链接

### 铸币税

铸币税是指因掌握货币印制垄断权而获得的收入，它可以用一定时期内投入流通货币的购买力度量。铸币税等于货币增长率与流通中实质货币量的乘积。不论是发达国家还是发展中国家，通货膨胀率越高，政府由此而获得的铸币税越多。

改革开放以来，我国对僵化的价格体制进行了全面改革，价格体制逐步理顺。与此同时，也出现了较明显的通货膨胀。其中，部分原因与宏观调控部门经验不足、措施不得力有关。但是，一个更重要的原因是，当时政府和社会各界都认为价格改革时期出现通货膨胀是不可避免的，温和而适度的通货膨胀有利于经济的长期增长，从而放纵了通货膨胀。中央政府连续多年的财政预算都做出了赤字预算，而赤字预算执行的结果往往大于预算本身，这些赤字通过向中央银行的透支进行了弥补。事实上，政府通过发行货币这个手段征收了铸币税。例如 1978—1992 年，我国政府运用货币发行手段，共征得铸币税约 5,700 亿元。一般而言，如果货币供给增长率较高而通货膨胀率较低的年份，铸币税在财政收入中所占比重就较高，相反则较低。由此，政府通过货币发行这一措施，筹集了大量的资金，这也许是政府获得的一笔成本最低的收入。

## 即问即答

通货膨胀发生时，价格上升会引起本币币值下降，贷款人实质贷款减少。这个说法正确吗？为什么？

即问即答

(3)资产结构效应

一个家庭的资产主要由实物资产和金融资产两部分构成，许多家庭同时还有负债，比如房屋按揭贷款、汽车抵押贷款和消费贷款等。因此，家庭的财富是家庭资产价值扣减债务之后的部分。在通货膨胀的环境下，实物资产的价值随通货膨胀率的变动而相应升降，不同实物资产，以及同一种实物资产在不同条件下，其价值变化幅度有的高于通货膨胀率，有的则低于通货膨胀率。比如随着通货膨胀的持续，房价大幅上涨，持有者财富升值，而金融资产则比较复杂，通货膨胀会导致现金、债券等资产的实际价值低于名义价值，其持有者的财富会贬值。在通货膨胀之下，股票的价值会呈上升趋势。但影响股市的因素众多，所以股票并非通货膨胀中稳妥的保值资产。

不同收入阶层的家庭，持有实物资产、金融资产的形式与占比并不相同。低收入家庭买不起房子，拥有的资产有限，主要是储蓄存款，通货膨胀会使仅有的一点储蓄贬值；而富裕家庭持有的资产种类较多，尤其是股权资产和住房资产，而且还拥有一定的负债，持续的通货膨胀会导致股权资产、住房资产不断升值，需偿还的债务不断减少。因此，通货膨胀会使富人更富，穷人更穷，有“劫贫济富”之说。

(4)产出效应

一是需求拉动型通货膨胀会促进产出，增加就业。经济学家认为，在短期内，温和的或爬行的需求拉动通货膨胀对产出和就业有促进效应。假设总需求增加，经济复苏，造成一定程度的需求拉动的通货膨胀。在这种条件下，产品价格的提高会超过工资和其他资源的价格上涨，由此增加了企业的利润。而企业利润的增加就会刺激企业扩大生产，从而减少失业、增加国民产出。一方面，这意味着通货膨胀的再分配后果会被因更多的就业、产出的增加而获得的收益所抵消。例如，对于一个失业工人来说，如果他只有在通货膨胀条件之下才能得到就业机会，那么显然，他受益于通货膨胀。另一方面，通货膨胀造成的货币幻觉使消费者增加消费。在通货膨胀的情况下，职工的名义工资水平可能比以前提高了，从而消费者往往认为自己的收入水平比以前提高，形成货币幻觉。而消费者认为这种货币收入的增加是短期内的暂时收入，根据恒久收入与暂时收入理论，即收入中的暂时收入部分大部分会转化为消费，那么通货膨胀造成货币幻觉下的所谓的收入增加部分会形成消费部分。消费的增加又会刺激投资者的投资欲望，扩大整个经济产出。另外，在通货膨胀时，职工工资预期调整的滞后和政府有计划的工资政策，导致名义工资增长滞后于物价增长，促使资产所有者获得更多的利润，进行投资，扩大生产。

二是成本推动型通货膨胀会使收入或产出减少，增加失业。假定在原总需求水平下，经济实现了充分就业和物价稳定。如果发生了成本推动型通货膨胀，则原来的总需求所能购买的实际产品数量将会减少。也就是说，当成本推动抬高物价水平时，既定的总需求只能在市场上支持一个较小的实际产出，而实际产出的下降导致失业率上升。政府将会利用积极的政策推进产出增长，从而使得经济在更高的通货膨胀水平上实现充分就业。如果这个过程一直继续，结果就会造成通货膨胀率水平的持续升高，即成本推动型通货膨胀。

三是恶性通货膨胀导致经济崩溃。恶性通货膨胀是由于货币供给过度增长。当中央银行发行货币时，价格水平上升。当中央银行以足够快的速度发行货币时，结果就是恶性通货膨胀。为了抑制恶性通货膨胀，中央银行必须降低货币增长率。但是，在恶性通货膨胀的经济中，中央银行还是选择发行货币。因为大多数恶性通货膨胀都开始于政府税收收入不足以支付其支出，虽然政府可以通过发行债券进行赤字融资，但此时债券发行难以筹资。为了弥补赤字，政府转向自身能够支配的唯一机制——发行货币，结果是快速的货币增长导致恶性通货膨胀。一旦恶性通货膨胀已经发生，财政赤字将更加严重，实际的税收收入随着通货膨胀的上升而减少，政府就更加依赖铸币税，迅速的货币创造引起恶性通货膨胀，恶性通货膨胀又引起更大的预算赤字，更大的预算赤字又引起更快的货币创造。恶性通货膨胀使货币购买力急剧下降，整体物价水平以非常高的速度迅速上升，人们对货币的价值失去信心。当货币变得毫无价值时，人们会渴望用货币来换取实物。恐慌的结果只会进一步加速通货膨胀恶化，整体经济处于崩溃的边缘。

## 2.3.2　通货膨胀保值债券

### 2.3.2.1　含义

通货膨胀保值债券（Treasury Inflation-Protected Securities，TIPS）是由美国财政部发行，票面利率固定不变，本金随着消费者价格指数每年调整，每半年付息一次的固定收益产品。1997 年，美国财政部首次发行 TIPS，目的在于帮助投资者抵消通货膨胀带来的购买力下降的损失，是目前全球规模最大的与消费者价格指数（CPI）挂钩的债券。

普通国债在确定票面利率时，通常需考虑实际收益率、预期通货膨胀率和风险溢价等因素，而 TIPS 在确定票面利率时，只关注实际收益率，它通过本金跟随消费者价格指数的上涨或下跌来改变每期的实际票息收益。正因为如此，普通国债的票面利率往往会高于 TIPS 的票面利率，但其实际收益却不一定，因为 TIPS 具有抵御通货膨胀特性，使得其实际收益率等于，甚至高于普通国债的实际收益率。因此，TIPS 是考虑通货膨胀影响的债券，比普通国债更能反映真实利率。目前，一般将美国 10 年期通货膨胀保值债券（TIPS10）收益率作为衡量美国国债的实际收益率指标，其和名义利率之差可以看作是投资者对年通货膨胀率的预期。

TIPS 收益率的表达式如下：

TIPS 收益率（实际利率）＝同期普通国债利率（名义利率）－通货膨胀率

### 2.3.2.2　基本特征及发行

TIPS 的基本特征是票面利率固定，本金按照美国劳工部的月度非季节性因素调整的消费者价格指数（CPI）进行每年调整。

美国 TIPS 的期限可分为 5 年、10 年、20 年和 30 年四种，其中 20 年期限的 TIPS 在 2010 年以后没有发行过。从 2010 年后的发行规模来看，10 年期的发行规模最大，5 年期的次之，30 年期的最少，这也在一定程度上反映了交易活跃程度。目前，美国财政部每年 4 月发行新的 5 年期 TIPS，一年发行一次，并在 8 月和 12 月竞拍已发行且还在流通的 5 年期 TIPS。同样，新的 10 年期 TIPS 在每年 1 月和 7 月发行，1 月发行的 10 年期 TIPS 在 3 月和 5 月竞拍，7 月发行的 10 年期 TIPS 在 9 月和 11 月竞拍。新的 30 年期 TIPS 在每年 2 月发行，并在 6 月和 10 月竞拍。目前，TIPS 的存量约为 1.6 万亿美元。

### 2.3.2.3　风险与投资对象

TIPS 是由美国财政部发行并担保的，因此，可以将它理解为一种无风险收益类产品。但是，在现实市场中，TIPS 的价格和收益仍然会受到各种因素的影响而波动。TIPS 的主要影响因素包括：①利率风险，TIPS 和普通国债一样，其价格与利率呈反向关系；②市场风险，市场的供求关系会直接对 TIPS 的价格产生影响；③过高的通货膨胀带来的风险，TIPS 的本金会随着消费者价格指数（CPI）的上升而提高，以维持实际收益率，但是当消费者价格指数

(CPI)出现巨大涨幅之后,却会因税收的原因导致票息不足以抵冲税收的增长。

TIPS 主要的投资者为券商、共同基金、对冲基金和外国投资者等。对投资者而言,TIPS 可以消除通货膨胀的风险,这对于投资期限长的机构投资者,比如养老基金、大学捐赠基金等尤其重要。

#### 2.3.2.4 优点

TIPS 可以看作是一种无风险固定收益类产品,在抵御通货膨胀的同时能带来稳定的收益。

对投资者来讲,一是保证了投资者本金和利息在未来的购买力。TIPS 的本金按照通货膨胀做相应调整,因此投资者的本金不会因通货膨胀而贬值。美国财政部每半年支付一次利息,虽然票面利率不变,但由于利息随本金的变化而变化,因而保证了投资者能够获得实际收益;二是降低了投资组合风险。TIPS 的出现,拓宽了投资者的投资渠道,丰富了投资组合的多样性。同时,TIPS 总收益与标准普尔 500 指数、黄金、原油、高盛商品指数等投资品种收益的相关性较低,便于投资者分散投资,增加总收益;三是 TIPS 的波动性相对较低,并且设定了通货紧缩的下限。若发生通货膨胀,本金随通货膨胀相应调整,保证投资者获得实际收益;若发生通货紧缩,投资者的名义收益虽然减少,但实际收益却并未减少。并且如果是债券到期时发生通货紧缩,美国财政部会比较调整后的本金与原始本金金额的大小,按较多的金额对投资者进行支付。

对国家而言,一是增加了政府的融资渠道和融资便利性。TIPS 因其能够保证投资的未来购买力而受到投资者青睐,拓宽了政府的融资渠道与融资便利性,TIPS 可以成为政府融资的重要手段之一;二是增强了美国联邦储蓄系统(简称“美联储”)公开市场操作的能力。TIPS 不仅丰富了公开市场操作的品种,而且债券总量巨大,增加了美联储公开市场操作的空间。

**即问即答**

通货膨胀保值债券(TIPS)是由美国财政部于 1997 年开始发行的可以抵抗通货膨胀影响的债券,与普通债券相比较,这种债券具有什么特点?

即问即答

### 2.3.3 经济货币化

#### 2.3.3.1 经济货币化的界定

自货币产生以来,经济体系便从纯粹的实体经济运行逐步演变为实体经济和货币经济的交融运行,这个过程被经济学家们称为“经济货币化”。随着经济货币化程度的加深,信用的发展,以及各种金融工具的出现,使得整个经济的金融性日益突出,显示出经济金融化特征。如何界定经济货币化的内涵,目前大致有以下几种观点:

①经济货币化是指经济活动中以货币为媒介的交易份额逐步增大的过程,可以用广义货币 M2 占 GDP(或 GNP)的比值(M2/GDP 或 M2/GNP)来表示。

②经济货币化是指作为交换手段的货币的作用逐渐增强,货币渗透到各个经济领域和环节,随着经济转轨进程的推进,货币对经济发展的作用越来越大。

③经济货币化是指一国国民经济中全部商品和劳务的交换,以及包括投入和分配在内的整个生产过程中,通过货币交易来进行的比重及其这个比重的变化趋势。

④经济货币化是指货币经济向非货币经济领域的扩展，即一国生产、流通和消费中通过货币来进行交易部分所占比重不断提高的趋势。

上述对经济货币化内涵的阐述各有侧重，相对而言，比较直观地表述是，经济货币化是指一国国民经济中用货币交易的商品和劳务占其全部产出的比重及其变化过程，运用广义货币（M2）与名义 GDP 的比值来反映经济货币化的程度，该比值越大，说明经济货币化程度越高。

### 2.3.3.2　我国经济货币化进程

在计划经济时期，我国大量的资源要素通过行政手段进行分配，或者是以粮票、布票、肉票甚至物物交换进行交易，导致货币的实际需求与供给相对经济体量不足。改革开放以后，我国从计划经济向市场经济转轨，工业品、消费品、土地、住房等逐步实现了商品化。农村联产承包责任制的开展，乡镇企业的兴起，个体经济的发展，现金交易的市场主体不断增加，使得经济快速货币化。这一时期虽然货币超额供给，但是通货膨胀率却较低，说明超额货币供给的绝大部分都被货币化的经济吸收了，超额货币并不是真正的“超额”，而是被用来满足货币化了的经济需要。从根本上讲，这种现象的出现归因于我国经济中虽然货币投放增长高于经济增长，但在一定程度上货币并没有体现出真实价值，没有参与社会收益的分配。因此，货币投放量的多少与经济和物价的联系并不太紧密。

随着市场经济的深化，流通领域的不断拓展，固定资产投入的高速增长，我国货币投放量远远高于国内生产总值的增长速度。在过去的 40 年，我国的经济货币化整体上呈上升态势，广义货币（M2）与名义 GDP 的比值从 1985 年的 57.1％升至 2020 年的 215.8％，如图 2-5 所示。这表明投放的货币不仅满足了快速增长的国民生产的需求，而且在经济结构调整中，投放的大部分货币起到了经济货币化过程中的替代作用。为什么我国的广义货币（M2）与名义 GDP 的比值会快速增长？有专家认为，该比值的迅速提高，一方面是改革中金融深化的结果，另一方面反映了我国金融资产结构存在问题。随着改革开放的不断深入，我国的储蓄主体由国家转变为老百姓，收入分配向居民倾斜。但是，对居民而言，银行储蓄一直是其主要的财富贮藏渠道，股票、基金等金融资产投资有限，这主要是由于我国资本市场发展相对滞后，现有金融体制和政策的制约造成的。从目前我国经济发展中普遍存在的资金缺口也可以看出，经济主体对经济货币化提出了较高的要求，尽管还存在诸多困难，但我国经济货币化向纵深发展已经成为趋势。

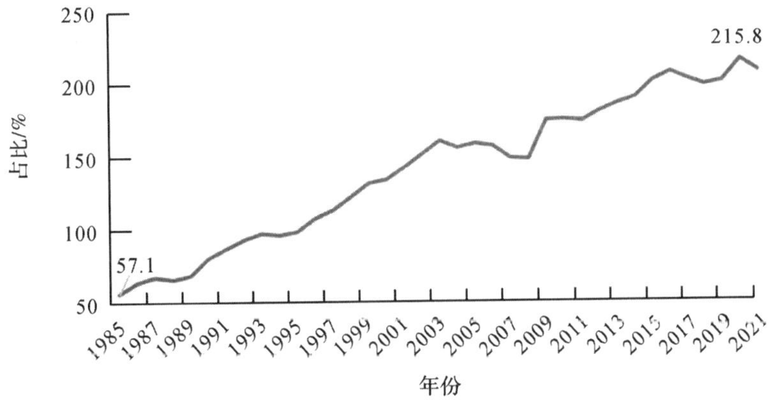


**图 2-5　1985—2021 年我国广义货币（M2）与名义 GDP 之比**

根据金融深化理论和金融发展学说，经济货币化程度能够反映出金融化以货币的形式对经济的影响程度，且在一定程度上体现该国的金融深化程度。图 2-6 为 2020 年末主要经济体广义货币(M2)与名义 GDP 的比值，数据表明我国的经济货币化程度普遍高于发达国家水平。这主要与我国长期依靠投资、出口拉动的经济增长模式和以间接融资为主的金融体系有关。大规模投资和信贷扩张会大大提高货币乘数，引发货币扩张，尤其在房地产领域的信贷扩张增加了大量的货币投放。相比较而言，美国的广义货币(M2)与名义 GDP 的比值较低，主要原因并不是货币供给数量相对较少，而是由经济增长模式和直接融资为主的金融体系决定的。发达国家有相当规模的信用是由银行以外的主体创造出来的，并不计入货币统计。而我国商业信用发展相对滞后，银行信用在金融体系中占据绝对主导地位，这直接导致广义货币(M2)与名义 GDP 的比值较高。

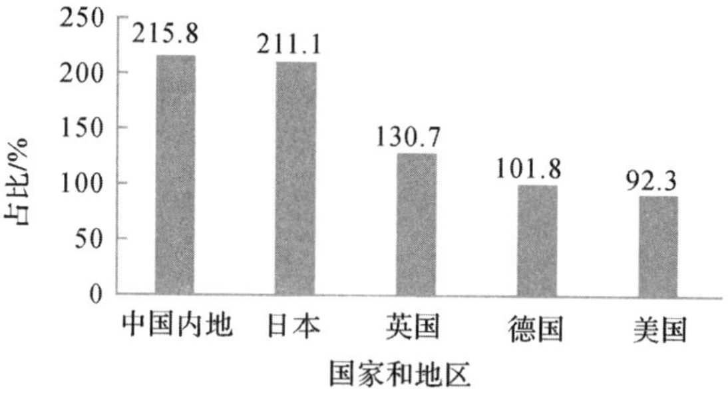


**图 2-6　2020 年末主要经济体广义货币(M2)与名义 GDP 之比**

根据凯恩斯的货币需求理论，货币需求分为交易性货币需求和投机性货币需求。我国的货币化指数高也反映出货币供给除了满足实体经济的货币需求之外，还有大量货币通过信贷规模扩张，游离于实体经济之外，用于满足投机性交易。随着我国经济货币化程度的提高，或将面临经济领域出现泡沫资产、运营效率低下及落后产能过多、贫富差距扩大、房价与物价调控陷入两难、经济体制结构改革阵痛等问题。自 2008 年全球金融危机爆发，我国经济增长放缓，而以房地产为代表的虚拟经济持续繁荣，资本“脱实向房”明显，这也从一个侧面解释了我国为何在近些年频繁不断地调控楼市。降低广义货币(M2)与名义 GDP 比值的最直接方式就是稳定金融政策，从源头控制泡沫资产滋生，引导资金进入绿色产业，提高资金运转效率，最终实现物价稳定和共同富裕。

## 2.4　通货膨胀下资产的选择与配置

### 2.4.1　我国家庭资产配置现状

目前，我国居民家庭的资产配置主要集中在房地产上。中国人民银行调查统计司课题组发布的《2019 年中国城镇居民家庭资产负债情况调查》显示，城镇居民家庭资产中实物资产占 79.6％、户均 253 万元；金融资产占比 20.4％、户均 64.9 万元。在实物资产中，住房、商铺分别占总资产的 59.1％、6.8％，合计计算房地产(住房＋商铺)占居民家庭总资产的 66％。

而美国的情况恰恰相反，只有 24%的居民资产配置到房地产领域；日本的情况与美国类似。美国、日本的居民家庭金融资产配置占比分别为 71%和 63%，远高于我国的 20.4%。

视频：通货膨胀下资产的选择与配置

我国居民家庭的金融资产仍以银行系产品为主。其中，银行理财及信托占比 26.6%、银行定期存款占比 22.4%、现金及活期存款占比 16.7%、股票和基金的占比加起来仅有 10%，低于国际水平。从金融资产结构来看，银行系产品仍占居民家庭金融资产的较大比例，整体看风险较低，偏好较为传统保守，如图 2-7所示。

PPT 课件

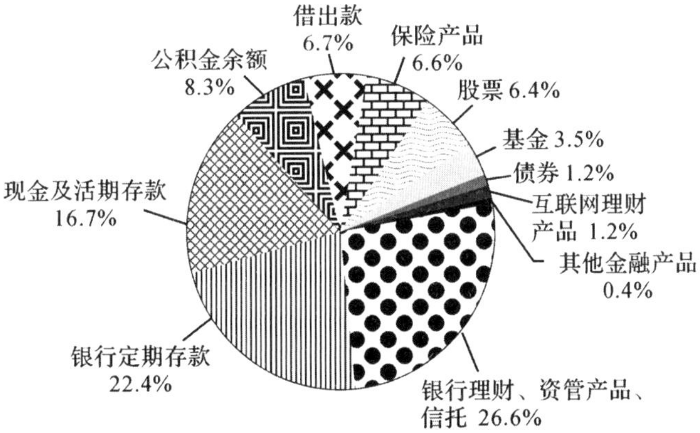


**图 2-7　我国城镇居民家庭金融资产构成**

随着人口老龄化和城市化进程的推进，以及“房住不炒”政策的落实，房地产投资的不确定性在增加，房地产作为一个投资选项虽然仍具有吸引力，但应当明白，一些地方房地产政策的边际放松往往是配合、服务于区域经济发展及政策调整的。

自 2018 年国家推行资管新规以来，银行理财产品的刚性兑付已被打破，银行理财产品的净值波动显著，有些理财产品的净值甚至出现负数，即银行理财产品已经无法保证投资者百分百获得正收益。

近些年来，我国的金融科技和数字金融逐渐兴起，网上移动支付和网络借贷等获得快速发展，移动支付居于全球领先地位。利用金融科技平台发放贷款，也是在这一发展进程中涌现出的新模式。以余额宝为代表的理财产品逐渐为人们所熟悉，线上理财和管理资产已经习以为常。

改革开放以来，随着我国经济的高速增长，居民家庭财富呈现爆炸性增长态势，居民的可投资资产规模可观。据保守估计，居民个人可投资资产已经超过 150 万亿元，家庭权益资产配置的空间非常大。目前，银行理财在向净值化转型，银行理财产品回归“代客理财”的业务本质。2013—2019 年我国有 28 万亿元银行理财向净值化转型，保底型收益持续下降，2,700只理财产品跌破净值，29 家银行理财子公司设立。这意味着银行理财资产投向已经发生变化，非标的类资产的比重一直在下降，而权益资产的比重稳定增加。多家银行也成立了理财子公司，提供专业化的财富管理服务。

此外，有越来越多的 A 股投资者从“股民”转变为“基民”。从 2019 年开始，公募基金进入发展快车道，基金总数和规模再上新台阶，新类型、新主题的公募产品不断出现。2020 年，公募基金新发行1,441只;2021年基金的数量再创新高,新发行1,898只,基金市值规模达25万亿元。2020年A股市场新增投资者1,802万人,2021年新增1,963万人,投资者数量也在持续增加。保险尤其是寿险产品结构出现了一定的变化,偏储蓄型的产品份额占比有所提升,"保险+养老社区"的产品形式、运作模式稳步发展。信托领域的养老产品虽然发展较缓慢,但也逐渐演化出养老理财信托、养老消费信托等五类产品。

### 2.4.2 通货膨胀下资产的选择

通货膨胀不知不觉地侵吞着已有的财富,人们在努力创造财富的同时,需要思考在通货膨胀下如何进行资产选择的问题。图2-8反映的是1美元投资在美国资本市场上不同金融工具的业绩表现。

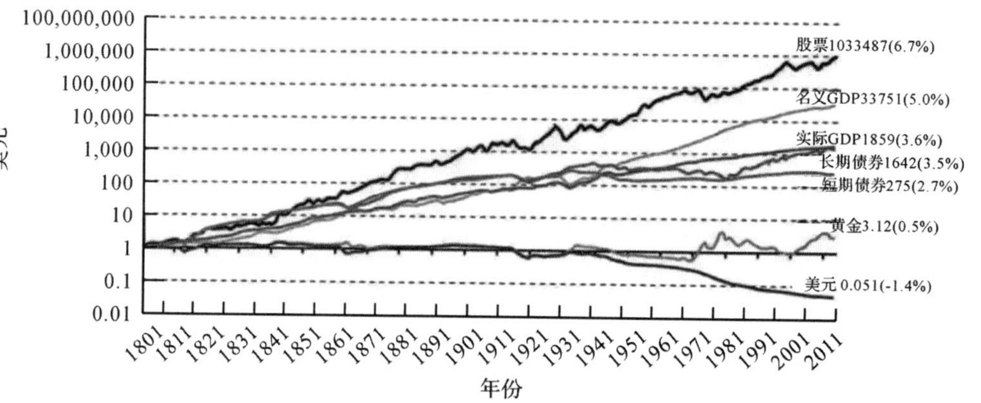


**图2-8　$1投资在美国资本市场的业绩表现**

注:括号内为年化收益率。

该图统计了1801—2011年期间,美国资本市场上股票、长期债券、短期债券的投资效果,并与黄金、美元、GDP进行比较。在1801年,如果投资1美元股票,2011年的价值为1,033,487美元;如果投资1美元长期债券,2011年的价值是1,642美元;如果投资1美元短期债券,2011年的价值是275美元;而作为业绩标准参照的黄金,2011年的价值仅为3.12美元;由于通货膨胀的影响,美元大幅贬值,1801年的1美元,到2011年仅为0.051美元。

从图2-8可以看出,如果在长期资产的选择和配置中,把美国的短期债券当做长期投资工具,它只能抵御通货膨胀所造成的损失。如果想在长期的时间范围内,获取资本的较大增值,就需要进行股票投资或者购买长期债券,这样才能获得超过通货膨胀的收益,最终积累财富。因此,在通货膨胀下,应按照投资目标合理地进行资产选择与配置。

### 2.4.3 家庭资产配置

随着通货膨胀预期的加剧,人们开始进一步担忧家庭财富受通货膨胀的侵蚀,如何配置家庭资产来应对通货膨胀风险已成为财富管理的一个重要内容。

标准普尔曾调研全球十万个资产稳健增长的家庭,分析总结这些家庭的理财方式,得出标准普尔家庭资产配置图,如图2-9所示。该图被公认为是最合理稳健的家庭资产分配方式。设置四个资产账户，并且按照相对合理的比例进行资产分配，以保证家庭资产长期、持续、稳定地增长。

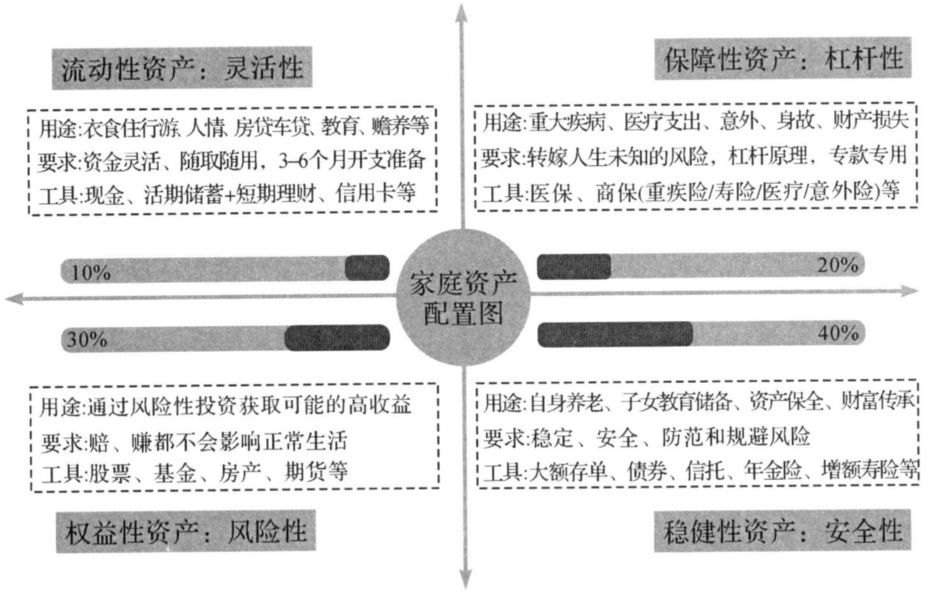


**图 2-9　标准普尔家庭资产配置图**

(1)流动性资产

在家庭资产中，首先要考虑的是满足日常生活需要的现金储备，保障家庭的短期开销，包括衣食住行、礼尚往来、住房按揭月供、车贷还款、子女教育、赡养老人等方面的支出。

需要注意的是，流动性资产虽然重要，但是如果占比过高，则会造成资源的严重浪费，特别是在通货膨胀时期，会严重加速资产的贬值。所以，最佳的流动性资产配置方案是既满足日常生活所需，又为近期确定性的大额现金支出预留好足够的流动资产。

流动性资产一般占家庭资产的 10%，为家庭 3—6 个月的生活费。

流动性资产强调灵活性，资金随取随用。因此，建议配置产品和工具：现金、货币基金、余额宝、银行短期开放式理财产品、信用卡等。

(2)保障性资产

风险无处不在，如果家庭成员中有因疾病或死亡丧失了收入能力，则整个家庭可能会陷入财务危机。巨额的医疗费、护养费、一家老小的生活开支，还有房贷、车贷等，都会增加家庭的财务压力。所以，需要配置一定比例的保障性资产，比如重疾险、医疗险、意外险、寿险等，目的是把将来可能发生意外事故所产生的损失转嫁给保险公司，为家庭提供一把“保护伞”。保障性资产是一种杠杆极强的理财工具，也是每个家庭必不可少的资产配置内容。

保障性资产一般占家庭资产的 20%，为的是专门应对突发的大额开支。这个账户应专款专用，保障在家庭成员出现意外事故、重大疾病时，有足够的资金。

保障性资产具有杠杆性，可以转嫁人生未知的风险。因此，建议配置产品：除医疗保险外，再购买重大疾病保险、意外伤害保险、人寿保险等商业保险。

(3)权益性资产

权益性资产主要指投资于基金、股票、房产等有较高收益的资产,能够钱生钱。因为权益性资产的投资回报与经济发展呈正相关,是“实际经济增长”的体现,可以帮助人们较好地抵抗通货膨胀的风险。如果家庭资产组合中缺少权益性资产,不仅会大幅降低家庭资产组合的预期回报,更会让家庭资产遭受通货膨胀的侵蚀。

权益性资产一般占家庭资产的30%,这部分资金是3—5年,甚至是10年不用的资金,可以用于投资并长期持有,只要有足够的耐心,一般会有不错的收益。

权益性资产强调风险性,由于股票市场波动较大,家庭资产配置应更多关注基金定投。建议配置产品:基金、股票、房地产、期货等。

(4)稳健性资产

稳健性资产是指具有长期收益,即保本增值的资产。主要投资一些较为稳健的标的,例如银行理财、信托、债券等。这些资产不追求高收益,但要能保证本金安全,能够抵御通货膨胀的侵蚀。

稳健性资产一般占家庭总资产的40%。在家庭资产组合中充当“安全垫”的作用,是各种刚性需求如教育、医疗、养老等的安全垫,用来保障子女教育、医疗支出和晚年生活所需。

稳健性资产强调本金安全、收益稳定、持续成长。建议配置产品:银行理财、信托、债券基金、债券等。

综上所述,在家庭的资产配置中,权益性资产是抵御通货膨胀的利器;稳健性资产是家庭资产组合中的“安全垫”;保障性资产担当家庭的“保护伞”;流动性资产是人们生活和远行的必备生存要素。所以,家庭资产需要合理搭配,做到攻守兼备。

## 即问即答

为了应对通货膨胀,在家庭资产配置时,应该权衡资产的(    )。(单选题)

A. 流动性、安全性、功能性

B. 流动性、功能性、收益性

C. 流动性、安全性、收益性

D. 功能性、安全性、收益性

即问即答

## 拓展阅读

□谁释放了通胀的魔鬼?

□通胀去哪了?

□耶伦的难题

□货币超发的偏见与悬案

□通缩是趋势吗?

拓展阅读资料

## 本章小结

### ■主要术语

通货膨胀　广义货币(M2)　消费者价格指数(CPI)　通货紧缩　费雪效应　货币幻觉　滞胀　铸币税　经济货币化　家庭资产配置

### ■主要观点

通过学习本章,我们已经明白了通货膨胀的含义、类型,以及产生的原因;了解了通货膨胀对居民家庭财富的影响、通货膨胀时期的理财哲学;明白了通货膨胀不仅是一种现象,更是财富分配的技术;学会了通货膨胀时期的资产选择与配置。以下几个方面的内容,作为本章的重点,应该掌握好。

□通货膨胀是指在一定时间内一般物价水平持续而普遍上涨的现象,即由于一国货币贬值引起的该国国内主要商品和服务的价格水平持续、普遍、明显地上涨。

□货币主义大师米尔顿·弗里德曼认为通货膨胀是而且只能是由于货币供给数量的增加速度快于产出的增加速度而造成的。从这个意义上讲,无论何时何地,通货膨胀无一例外都是货币现象。

□消费者价格指数(CPI)又称居民消费价格指数,通过一个典型的城市家庭所购买的一揽子产品或服务定价。该指数是反映一定时期内城乡居民所购买的生活消费品和服务项目价格变动趋势和程度的相对数,是对城市居民消费价格指数和农村居民消费价格指数进行综合汇总计算的结果,是一个月内商品和服务零售价格变动系数。通过该指数可以观察和分析消费品的零售价格和服务项目价格变动对城乡居民实际生活费支出的影响程度。一般而言,当消费者价格指数(CPI)增幅大于 3%时,称为通货膨胀。通常把消费者价格指数(CPI)增幅是否达到 3%作为通货膨胀的警戒线。

□通货膨胀不仅是一种现象,更是财富分配的技术。通货膨胀有利于政府,不利于普通民众;有利于利润收入者,不利于固定收入者;有利于债务人,不利于债权人。

□在通货膨胀环境下,任何投资都要从投资者个人的实际情况出发,根据投资者的家庭资产现状,以及不同风险偏好,制定不同的投资策略以应对通货膨胀。同时,还要考虑流动性需求、投资期限、风险承受能力、投资工具的特点等因素,这样既能保持较好的流动性,又可以增加收益,最大限度地减少通货膨胀带来的损失。

## 自测题

自测题

### ■客观题

**(一)单项选择题(下列每小题的备选答案中,只有一个符合题意的正确答案。请将你选定的答案字母填入题后的括号中。)**

1. 1976 年诺贝尔经济学奖获得者米尔顿·弗里德曼认为,通货膨胀是而且只能是由于(　　)而造成的,从这个意义上讲,通货膨胀在任何时候、任何地方都永远只是一种货币现象。

A. 货币数量的增长速度慢于产出增长速度
B. 货币数量的增长速度慢于投入增长速度
C. 货币数量的增长速度快于产出增长速度
D. 货币数量的增长速度快于投入增长速度

2. 截至 2022 年 2 月末，我国广义货币(M2)余额为 223.6 万亿元，这里的 M2 是指(　　)。
A. 流通中的现金
B. 流通中的现金＋企业、机关团体、部队的活期存款＋农村活期存款＋其他活期存款
C. 流通中的现金＋企业、机关团体、部队的活期存款＋农村活期存款＋其他活期存款＋城乡储蓄存款＋企业、机关团体、部队的定期存款
D. 流通中的现金＋企业、机关团体、部队的活期存款＋农村活期存款＋其他活期存款＋城乡储蓄存款＋企业、机关团体、部队的定期存款＋财政金库存款＋银行汇兑在途资金＋其他非银行金融机构存款

3. 现阶段我国货币划分为四个层次：M0、M1、M2、M3，其中通常被称为广义货币的是(　　)。
A. M0　B. M1　C. M2　D. M3

4. 改革开放以来，我国常用(　　)衡量的货币增长速度，如果其超过经济增长速度与通货膨胀率之和，即认为流动性过剩。
A. M0　B. M1　C. M2　D. M3

5. 通货膨胀会使富人更富、穷人更穷，有"劫贫济富"之说。这体现了通货膨胀的(　　)效应。
A. 资产结构效应　B. 收入分配效应
C. 强制储蓄效应　D. 产出效应

6. 通货膨胀会降低现金的购买力，使广大居民的生活水平难以提高，甚至会造成严重的社会动乱。这是通货膨胀的(　　)。
A. 资产结构效应　B. 收入分配效应
C. 强制储蓄效应　D. 产出效应

7. 通货膨胀可以理解为政府以铸币税的形式取得的一笔本应属于公众的消费资金。这是通货膨胀的(　　)。
A. 资产结构效应　B. 收入分配效应
C. 强制储蓄效应　D. 产出效应

8. 因物价上涨引起抢购商品，最后导致物价以更快的速度上涨。这种通货膨胀属于(　　)。
A. 温和的通胀　B. 疾驰的通胀
C. 超级的通胀　D. 恶性的通胀

9. 国际上通常将 CPI 涨幅超过(　　)作为通货膨胀的警戒线。
A. 1%　B. 2%　C. 3%　D. 5%

10. 通货膨胀率被定义为物价总水平的增长率。如果 GDP 平减指数从 2021 年的 112 上升到 2022 年的 115，则利用 GDP 平减指数计算出的通货膨胀率为(　　)。
A. 1.8%　B. 2.68%
C. 2.61%　D. 3%

11. 假如银行储蓄年利率为 3.5%，某人将 100,000 元存入银行，如果当年通货膨胀率为 2%，那这笔存款的实际利率为(　　)。

A. 1.5%　　B. 1.47%　　C. 1.45%　　D. 2%

12. 通货膨胀保值债券(TIPS)是由美国财政部于 1997 年开始发行的可以抵抗通货膨胀影响的债券，这种债券具有(　　)特点。

A. 票面利率浮动、本金固定　　B. 票面利率固定、本金固定

C. 票面利率浮动、本金浮动　　D. 票面利率固定、本金浮动

13. 在美国，(　　)是指期限在一年以内的国债，又称为国库券。

A. Bill　　B. Notes　　C. Bonds　　D. Stocks

14. 在现实市场中，TIPS 的价格和收益会受到各种因素的影响而波动，TIPS 的主要影响因素不包括(　　)。

A. 利率风险　　B. 市场风险　　C. 违约风险　　D. 通货膨胀

15. 下列关于通货膨胀的表述不正确的是(　　)。

A. 货币供应量增加必然会引发通货膨胀

B. 通货膨胀与经济增长是双胞胎，它伴随着经济增长而产生

C. 通货膨胀有利于富裕阶层的收入再分配

D. 良性的通货膨胀有利于股市的发展，而恶性的通货膨胀对股市有抑制作用

16. 通货膨胀发生时，价格上升会引起本币币值(　　)，贷款人实质贷款(　　)。

A. 上升；增加　　B. 上升；减少

C. 下降；增加　　D. 下降；减少

17. 为了应对通货膨胀，在家庭资产配置时，应该权衡资产的(　　)。

A. 流动性、安全性、功能性　　B. 流动性、功能性、收益性

C. 流动性、安全性、收益性　　D. 功能性、安全性、收益性

18. 在家庭资产配置中，下列有关权益性资产的说法错误的是(　　)。

A. 权益性资产主要投资于基金、股票、房产等有较高收益的资产

B. 可以帮助人们较好地抵抗通货膨胀风险

C. 权益性资产强调风险收益

D. 在家庭资产组合中担当“安全垫”

19. 按照标准普尔家庭资产配置，保障性资产是为了保障家庭成员在出现意外事故、重大疾病时，有足够的资金。一般占家庭资产的(　　)。

A. 10%　　B. 20%　　C. 30%　　D. 40%

20. 按照标准普尔家庭资产配置，稳健性资产在家庭资产组合中充当“安全垫”的作用，是各种刚性需求如教育、医疗、养老等的安全垫，用来保障晚年生活，以及用于子女教育、留给子女的资金。一般占家庭资产的(　　)。

A. 10%　　B. 20%　　C. 30%　　D. 40%

**(二)多项选择题(下列每小题的备选答案中，有两个或两个以上符合题意的正确答案。请将你选定的答案字母填入题后的括号中。)**

1. 按照通货膨胀产生的原因分类，通货膨胀可分为(　　)。

A. 成本推动型通货膨胀
B. 需求拉动型通货膨胀
C. 输入型通货膨胀
D. 结构型通货膨胀
E. 温和型通货膨胀

2. 按照物价上涨的速度分类，通货膨胀可分为(　　)。

A. 疾驰的通货膨胀
B. 温和型通货膨胀
C. 输入型通货膨胀
D. 结构型通货膨胀
E. 恶性的通货膨胀

3. 成本推动型通货膨胀产生的原因包括(　　)。

A. 资源性产品供给垄断或供给不足
B. 政府实施增加总需求的政策
C. 国外商品或生产要素价格上涨
D. 货币幻觉造成的工资和物价螺旋式上升
E. 政府实施增加总需求的政策，引起消费增加

4. 一般认为，生活消费品的价格(　　)上涨就被认为发生了通货膨胀。

A. 全面地
B. 温和地
C. 普遍地
D. 疾驰地
E. 持续地

5. 用于衡量通货膨胀的价格指数包括(　　)。

A. 消费者价格指数
B. 生产者价格指数
C. 人均可支配收入指数
D. 国内生产总值平减指数
E. 劳动力价格指数

6. 我国划分的货币层次中，M2 包括(　　)。

A. 现金
B. 单位活期存款
C. 个人储蓄存款
D. 单位定期存款
E. 商业票据

7. 通货膨胀会对社会经济产生收入分配效应，以下说法正确的是(　　)。

A. 通货膨胀有利于政府，不利于普通民众
B. 通货膨胀有利于固定收入者，不利于利润收入者
C. 通货膨胀有利于债务人，不利于债权人
D. 通货膨胀有利于债权人，不利于债务人
E. 通货膨胀有利于金融资产，不利于实物资产

8. 通货膨胀保值债券(TIPS)是由美国财政部发行，目的在于帮助投资者抵消通货膨胀带来的购买力下降的损失。以下关于 TIPS 描述正确的是(　　)。

A. 票面利率固定，本金每年调整
B. 票面利率固定，本金也固定
C. TIPS 的实际收益低于普通国债的实际收益率
D. TIPS 是计入通货膨胀在内的债券，比普通国债更能反映真实利率
E. TIPS 可以看作是一种无风险固定收益类产品，在抵御通货膨胀的同时能带来稳定的收益

9. 对投资者而言，TIPS 的优点包括(　　)。
   A. 保证了投资者本金和利息在未来的购买力
   B. 增加了投资组合的多样性，降低了投资组合风险
   C. TIPS 的波动性相对较低，并且设定了通货紧缩的下限
   D. 增强央行公开市场操作的能力
   E. 增加融资便利性

10. 标准普尔家庭资产配置图被公认为是最合理稳健的家庭资产分配方式，该图将家庭资产设置为(　　)等资产账户，并且按照相对合理的比例进行资产配置，以保证家庭资产长期、持续、稳定地增长。
   A. 流动性资产　　B. 稳健性资产
   C. 权益性资产　　D. 保障性资产
   E. 收益性资产

**(三)判断题(请将你的判断结果填入题后的括号中。你认为正确的，填“√”；你认为错误的，填“×”。)**

1. 通货膨胀在任何地方都永远只是一种货币现象，所以货币供应量增加一定会引起通货膨胀。(　　)
2. 通货膨胀虽然很可怕，但是它与经济增长是一对双胞胎。(　　)
3. 因通货膨胀付出代价的只是弱势群体，中坚力量和高净值人群不受通货膨胀影响。(　　)
4. 通货膨胀的最大受益者是政府，在累进税制下，税额增长高于名义收入增长。(　　)
5. 著名经济学家费雪最早揭示了通货膨胀率与利率之间的关系，当通货膨胀率预期上升时，利率将下降。(　　)
6. 所谓经济货币化是指经济活动中以货币为媒介的交易份额逐步增大的过程。它通常用广义货币(M2)占 GDP(或 GNP)的比值来表示。(　　)
7. Bonds 是指期限在一年以上的国债，又称为长期国债。(　　)
8. M2 指的是广义货币，包括流通中的现金、活期存款、定期存款、财政金库存款等。(　　)
9. 需求拉动型通货膨胀的原因在于产品生产成本的提高，因而推动物价上涨。(　　)
10. 投资理财真正值得关注的应该是考虑了通货膨胀以后的货币实际购买力。(　　)

## ■主观题

1. 阐述通货膨胀对社会经济带来的影响。
2. 归纳通货膨胀的分类并逐一阐述其产生的原因。
3. 如何理解“通货膨胀不仅是一种现象，更是财富分配的技术”？
4. 如何理解通货膨胀与经济增长是双胞胎？
5. 在通货膨胀下，如何对资产进行选择和配置？

## 讨论题

□几十年前就有经济学家把广义货币(M2)称为“笼中虎”，言下之意是高速增长的 M2

随时可能会成为通货膨胀的根源。过去 20 年中国的广义货币增长速度一直很高，从经验上看货币增长对物价的影响最多滞后 10—14 个月，货币超发带来的物价飞涨早应该出现，但现实中并非如此。为什么？

□如何理解通货膨胀对居民家庭财富的影响？

□面对通货膨胀，应如何进行家庭资产配置？请举例说明。

□通货膨胀最终有利于债权人还是债务人？为什么？

## 案例分析

### 陈映霞一家人的财富变迁

1988 年 8 月 15 日晚上，52 岁的上海人陈映霞正在自家狭窄的弄堂小房里，给全家布置战斗任务：丈夫去华联商厦抢购洗衣机，大儿子去淮海路抢购录像机，儿媳妇去第一百货抢购鸭绒被，小女儿去徐家汇抢购肥皂洗衣粉，她自己去豫园抢购金首饰。

“你们要看牢自己的皮夹子，明天务必要买到！”陈映霞大手一挥，宛如指挥战役的将军。

陈映霞一家正在“密谋”的事情，无数上海家庭也都在紧锣密鼓地策划。越来越多的消息在私下里流传，说是到 9 月份，街面上所有能买到的商品，都要进行大涨价。弄堂里有邻居耸人听闻地讲道：“现在能买金镯子的钱，到时候只能买金戒指了。”8 月 16 日大清早，陈映霞一家就奔赴各条战线，结果到处都是人山人海，很多商场不到 10 点就已经卖完全天的货，银行门前更是排起了取款的长队。到了 20 日，部分商品已全部售罄，到了 28 日，食盐和火柴需要凭票供应，铝锅甚至要结婚证才能购买。

涨价是那些年的时髦词，一直要等到很多年后，老百姓才能熟练地用另外一个词“通胀”来代替。

在后来的《中国物价年鉴》中，这一年被重点标记：“1988 年是我国自 1950 年以来物价上涨幅度最大、通货膨胀明显加剧的一年。全年零售物价总指数比去年上升 18.5%，这个上升幅度又是在持续 3 年物价累计上涨 23.7%的基础之上。”

改革开放之后刚刚攒了些许私人财富的中国人，第一次面临“如何抵御通胀”的这个难题。“理财”这个词汇，对绝大多数人还是完全陌生，他们只能依靠给自己储蓄保值的本能，把平时存在银行里的钱，换成保值的黄金和耐用品，以及短缺的消费品。

1988 年，对于普通老百姓陈映霞来说，是抢购生活用品的一年；对于冒险者杨怀定来说，是觅得发财奥秘的一年；对于手眼通天的“倒爷”阶层来说，这是暴富的一年。在这一年，全国商品价差、贷款利差和外汇汇差共计 3,500 亿元，其中 70%流入了“倒爷们”的私人腰包。

对于像陈映霞这种普通的中国百姓来说，他们理财的渠道第一次扩容发生在 1990 年，在这一年的 12 月，深圳和上海先后成立了证券交易所，人人都能开户的股市，成了未来 40 年中国人悲欢喜怒的集聚之地。而在整个 20 世纪 90 年代，股市更是除储蓄外最重要的投资场所。1990 年 12 月，上海人杨怀定以每股 91 元的价格买进 2,000 股“真空电子”，短短几个月就涨到每股 800 元，20 万元变成了 160 万元！那个年代，A 股表现特别猛，比如豫园股份从每股 1 元很快就飙到每股 108 元。巨大的财富增长迅速吸引了社会的关注，逐渐富裕起来的人们对并不熟悉的股市充满着好奇。1992 年 8 月，深圳政府宣布新股认购证发售之后，全国各地的投资者如潮水一般涌向深圳，认购证要用身份证购买，有人甚至背了七千克身份证的包裹来到深圳。

在整个 20 世纪 90 年代，资本市场给了平民老百姓很大的冲击，投资者金融知识肤浅，风险意识缺乏，监管不完善等缺陷无可避免，但就是在这种荒蛮与火热之中，中国百姓完成了对投资与理财的第一次科普，让百姓在银行之外，有了第二种投资理财的选择。

1998 年，陈映霞一家发生了两家大事，一是儿媳妇陆婉翠的单位效益不好，主动申请下岗了；二是陈映霞顶住全家人的反对，在虹口区买了一套商品房。陈映霞老两口已经 60 多岁了，还是住在以前的弄堂里，小女儿在美国留学，儿子陈定夫一家住在嘉定单位分配的房子里。除了石库门老房子的简陋不便外，并没有其他迫切改善住房的需求。已经从单位退休的她，之所以这么折腾，主要是受了在老家温州做教师的侄子陈东来的影响。

这一年，国务院决定将房地产作为经济发展的支柱产业，以“取消福利分房，实现居民住宅货币化、私有化”来推动房地产改革。在温州中学教书的陈东来，突然意识到改变自己命运的时刻已经到了。许多人并没有意识到变化，仍希望好好表现能让厂里分套房。然而，陈东来却在研究了一晚上新政策之后，第二天就把银行里的活期存款都取了出来，筹划买房，随后又怂恿岳父把原本计划购买工厂材料的资金也拿来买房。他们在温州鹿城区买的两处房产，一个月便实现了 20%以上的涨幅。陈东来兴奋地跟亲戚好友们说到，别再存钱了，投资房子的时代到了。陈映霞也接到侄子三番五次的电话，一咬牙一跺脚，把多年的积蓄掏出来，买了一套 3,700 元/平方米的高档商品房。果不其然，房价一波波上扬，半年上涨了近 50%。赚钱效应又吸引了一波又一波的资金。

在这期间，投资基金的诞生，让居民理财的工具箱再次扩容。1998 年 3 月，国泰基金和南方基金先后在上海和深圳成立，随后便发行了开元和金泰两只封闭式基金，成为基金行业的里程碑。2001 年，华安基金发行了中国第一只开放式基金产品华安创新，再次扩容居民的理财工具箱。私募基金也紧跟公募基金发展的脚步。2004 年 2 月 20 日，私募投资人赵丹阳与深国投信托合作，成立“深国投一赤子之心（中国）集合资金信托计划”，被业内视为国内首只阳光私募产品，以“投资顾问”的形式开启了私募基金阳光化的模式。

由于投资工具的便捷和财富效应的吸引力，全国人民的财富观被再次刷新，一批批人开始将银行存款取出，通过证券开户、公募基金、信托理财、私募基金等渠道，跑步进入资本市场。至此，全民炒股和购买基金的热情，在 2006—2007 年大牛市里首次爆发。

楼市、股市、基金等多元化的理财理念和方式，已经变成寻常百姓触手可及的事物。

陈映霞这一代，只能通过储蓄来保值，遇到物价飞涨的时刻，就要全家出动去排队囤货；到了她的下一代，已经拥有楼市和股市这两大投资和理财的渠道；再到陈家的第三代，理财工具更加丰富，理财观念也来到了剧变和颠覆的时代。

在 2009 年，互联网开始挺进金融和理财领域，一大批互联网金融公司先后成立，再次颠覆了中国百姓长期形成的财富观念。2012 年，互联网行业逐渐升温，互联网金融也被写进了政府工作报告。2013 年，创投圈不断传出各大网贷平台千万美元级的融资消息，资本的介入加快了变革的步伐。2013 年 5 月，一款叫作余额宝理财应用正式上线。在上线第四天，它就登上了新闻联播；上线的第六天，用户超过了 100 万人。中国百姓的财富观念，开始被这个小小的应用，划分成了两个截然不同的时代。

2018 年上半年的 P2P 雷爆，究竟会在多大程度上重塑互联网金融行业，目前来说还是未知数。在股市低迷、楼市限购、外汇管制的背景下，2018 年的互联网理财指数在 2017 年 695 点的基础上，是大幅下降？P2P 被明令禁止，依法取缔。

无论如何，互联网渗透理财领域，带来的变化已经实打实地发生了。这个时代的人们，他们动动拇指就能轻易地买到各类金融产品，理财、信托、公募、私募、保险、期货……让中国百姓感到无比便捷，也让他们眼花缭乱。

如此庞大的市场，中国百姓需要更丰富、更多样、更立体的理财工具和渠道。事实上，20 世纪 80 年代的国库券、20 世纪 90 年代诞生的股票、2000 年后如日中天的楼市、2010 年后普及的互联网理财、2020 年后数字经济催生的普惠金融等，这些都是中国百姓赖以抵挡通货膨胀和货币超发的工具。

□**问题**

从这个案例中你读到了哪些信息？有什么体会与感想？

□**考核点**

通货膨胀、股票、房地产、基金、互联网金融、数字普惠金融。

## 推荐书目

□[美]约翰·莫尔丁(John Mauldin)/乔纳森·泰珀(Jonathan Tepper)，《货币围城》，机械工业出版社，2016 年版。

在很大程度上，世界历史就是一部通货膨胀史，我认为这种说法一点都不夸张，通货膨胀通常是政府为自身牟利而设计出来的。

——弗里德里希·奥古斯特·冯·哈耶克

通过连续的通货膨胀过程，政府可以秘密地、不为人知地没收公民财富的一部分。

——约翰·梅纳德·凯恩斯

分散投资是无知者的自我保护机制。

——沃伦·巴菲特

在各国央行实施的这场宏大的货币政策试验中，我们每个人都是试验品。央行行长们为了挽救全球经济崩溃而引入的量化宽松政策、零利率政策、名义 GDP 目标及其他“红色法规”式政策无疑是饮鸩止渴。

没人可以预测未来，这场宏大实验带来的不良影响已经损害到我们的生活质量与未来前景：储蓄者如今能得到的利率近乎为零，而汽油、房租与生活用品的价格稳步攀升。政府债券的收益率如今远低于通货膨胀率，而那些依靠养老金与债券维持退休生活的人为了维持生计愿意接受任何工作。资本市场充满不确定性，投资者追求的风险越来越高，但他们投资的预期收益率却越来越小。无论作为储蓄者还是投资者，你仍然对货币政策盲目崇拜吗？

该书向读者提供了经受时间考验的、能在动荡时期生存并发展下来的投资策略，你还可以学到经过验证的资金管理方法，免受通货膨胀侵袭，通过分散投资降低风险，通过期货管理型基金从贵金属、大宗商品及其他实物资产投资中获利。

## 自我评价

| 学习成果 | 自我评价 |
| --- | --- |
| 我已经明白了通货膨胀的含义、类型，以及产生的原因，了解了通货膨胀对居民家庭财富的影响 | □很好　□较好　□一般　□较差　□很差 |
| 我已经知道了费雪效应，明白了通货膨胀时期的理财哲学 | □很好　□较好　□一般　□较差　□很差 |
| 我已经知道了通货膨胀不仅是一种现象，更是财富分配的技术 | □很好　□较好　□一般　□较差　□很差 |
| 我已经学会了通货膨胀时期的资产选择与配置的基本原理 | □很好　□较好　□一般　□较差　□很差 |

# 第3章　远离投资陷阱:证券投资新思维



## 导入语

巴菲特曾说,“在投资领域里,没有人可以把你三振出局,唯一可能让你出局的是,不断追涨杀跌,错失良机”。他为“吉列”苦等16年,最终迎来了超过800%的高额回报。因为他坚信一个简单的道理,每天一早醒来全世界会有25亿男人要刮胡子。“以时间积累财富”,巴菲特用一生的经验告诉我们财富的奥秘。当人人都在默念芝麻开门的时候,我们细想一下是否有耐心长途跋涉,来到宝库的门前,因为这是赢得财富的第一步。诺贝尔经济学奖获得者威廉·夏普说,“一个成功的投资者,85%归功于正确的资产配置,10%来自选择投资目标的功力,5%必须靠上帝的保佑”。华尔街的古老谚语,“不要把鸡蛋放在一个篮子里,如果一定要放在一个篮子里,就请保管好这个篮子”。美国金融学家奥玎认为,积少成多的交易成本是导致频繁交易投资者财富受损的头号杀手。这些投资原则也许是我们今后进行投资理财的行动指南。

## 学习目标

通过学习本章,理解“耐心是一种美德”;了解投资的收益与风险、奥玎的投资忠告、巴菲特的买入持有策略和巴菲特的投资原则;懂得不要把鸡蛋放在同一个篮子里的投资策略;明白频繁地交易会损害投资者的财富。

**思维导图**

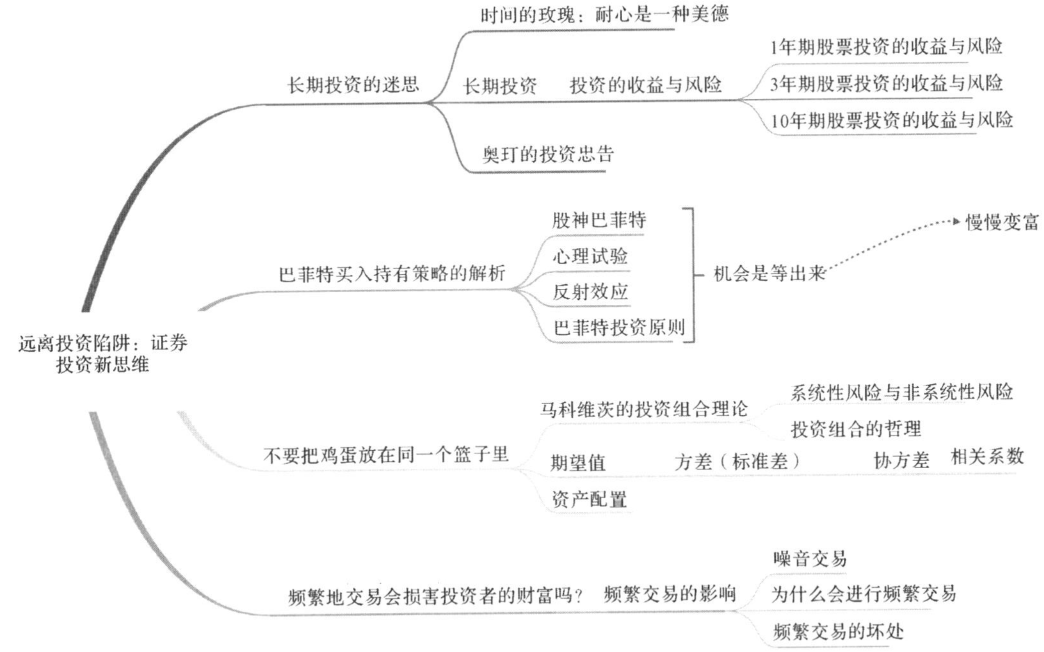


## 3.1　长期投资的迷思

### 3.1.1　时间的玫瑰

视频:长期投资的迷思

投资理财新思维的第一个问题——长期投资的迷思。迷思(Myth)表达的是一些看起来合理,但是需要谨慎反思的东西。长期投资意味着需要长时间忍受投资收益的波动,华尔街有一句古老的谚语——“耐心是一种美德”。

PPT 课件

深圳东方港湾投资管理有限责任公司董事长但斌曾经写过一本小册子《时间的玫瑰》,他在书中列举了几个例子,用来说明长期投资所带来的好处。其中有一个例子是这样的,1896 年,美国道琼斯工业股票指数(DJIA)是由 12 只股票构成的,设想一种场景,如果当时你的股票账户上有 12 万美元存款,将这 12 万美元分别投资于 12 家公司的股票,每个公司购买 1 万美元。那么,110 年后的今天股票账户的市值是多少?假设这 12 家公司有 11 家倒闭了,最后只剩下美国通用电气公司(GE)一家,如果按照 10%的年回报率计算,最终的价值是 3.57 亿美元。何况在这 110 年里,12 家公司中只有美国烟草公司破产。意味着随着时间的推移,你或许会成为世界上最富有的人。但是,你知道在这 110 年当中,美国股市经历了什么?第一次世界大战导致美国纽约证券交易所关闭了五个月,在这五个月中股市丧失了流动性,一旦恢复交易，恐慌的本能就会使人们倾向于抛售股票。如果坚持继续持有，那接下来会遇到什么？1929 年到 1933 年的大萧条，在美国大萧条期间，纽约证券交易所股票市值跌了 89%。众所周知，投资学中有一个非对称效应，即 100 元跌了 50%，剩下的是 50 元，此时如果想涨回到 100 元，就需要 100%的涨幅。现在纽约证券交易所的股票市值只剩 11%，想要回本，收益就得翻好几番。如果经历了大萧条后还是坚持不卖股票；其后还有珍珠港事件，珍珠港事件引起股市暴跌，也坚定持有不卖；还有朝鲜战争，朝鲜战争还不卖；接下来还有肯尼迪遇刺；还有“9·11”恐怖袭击；还有次贷危机、新型冠状病毒感染疫情……总而言之，想让财富穿越上百年的时间是非常困难的，能做到的只有极少数人，也就这极少数人能成为巨额财富的拥有者。1900—2004 年美国道琼斯工业股票指数(DJIA)如图 3-1 所示。

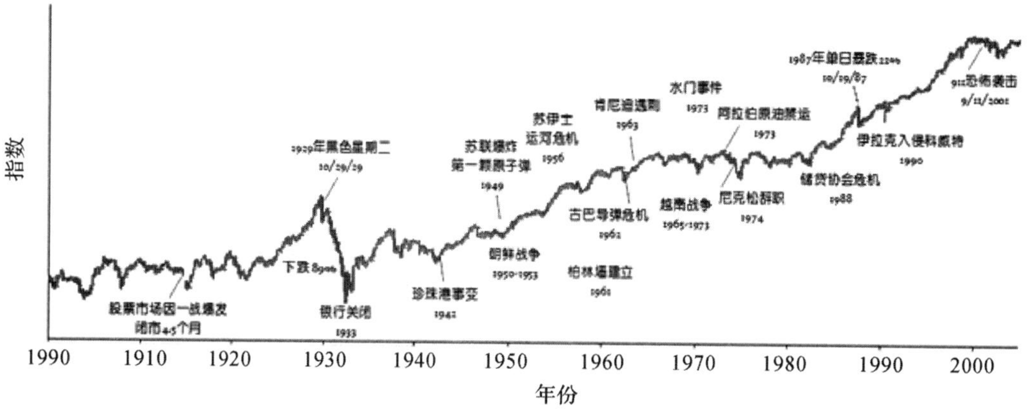


图 3-1 1900—2004 年美国道琼斯工业股票指数(DJIA)

对于普通投资者而言，经历这么多重大事件，还能坚持持有股票确实不太可能。下面通过一个例子，来说明坚持投资的重要性。

有一对双胞胎兄弟，弟弟自幼各方面的表现都优于哥哥。大学毕业参加工作后，哥哥的工作一般，只是公司的一名普通职员，弟弟则在知名企业就职，薪酬优厚。在 20 岁时，哥哥每月从收入中挤出 300 美元购买几只基金，连续买了 10 年，假设这些基金平均的年化收益率是 10%，10 年间总共投资了 3.6 万美元，10 年后得到了 6.3 万美元。看到哥哥不错的投资收益，弟弟从 30 岁开始，也从每月收入中拿出 300 美元购买基金，一直买到退休(65 岁)，总共投资了 35 年，因为弟弟知道，他起步晚了，希望通过投入更多的资金和更长的时间来获取更好的收益，相对于哥哥，弟弟一直有优越感。假设基金投资带给弟弟的平均年化收益率也为 10%，30 岁以后，哥哥基金账户中的资金也一直在投资，只是每月没有追加投资了。在双胞胎兄弟退休时(65 岁)，他们各自基金账户的财富水平如何？计算结果如表 3-1 所示。

表 3-1 双胞胎兄弟投资账户分析

| | 哥哥 | | 弟弟 | |
|---|---|---|---|---|
| 年龄(岁) | 年投资额(美元) | 账户总额(美元) | 年投资额(美元) | 账户总额(美元) |
| 20 | 3,600 | 3,960 | | |
| 21 | 3,600 | 8,316 | | |

**续　表**

| | 哥哥 | | 弟弟 | |
|---|---|---|---|---|
| 年龄(岁) | 年投资额(美元) | 账户总额(美元) | 年投资额(美元) | 账户总额(美元) |
| 22 | 3,600 | 13,108 | | |
| 23 | 3,600 | 18,378 | | |
| 24 | 3,600 | 24,176 | | |
| 25 | 3,600 | 30,554 | | |
| 26 | 3,600 | 37,569 | | |
| 27 | 3,600 | 45,286 | | |
| 28 | 3,600 | 53,775 | | |
| 29 | 3,600 | 63,112 | | |
| 30 | | 69,423 | 3,600 | 3,960 |
| 31 | | 76,366 | 3,600 | 8,316 |
| 32 | | 84,002 | 3,600 | 13,108 |
| 33 | | 92,403 | 3,600 | 18,378 |
| 34 | | 101,643 | 3,600 | 24,176 |
| 35 | | 111,807 | 3,600 | 30,554 |
| 36 | | 122,988 | 3,600 | 37,569 |
| 37 | | 135,287 | 3,600 | 45,286 |
| 38 | | 148,815 | 3,600 | 53,775 |
| 39 | | 163,697 | 3,600 | 63,112 |
| 40 | | 180,066 | 3,600 | 73,383 |
| … | … | … | … | … |
| 60 | | 121,1397 | 3,600 | 720,496 |
| 61 | | 1,332,537 | 3,600 | 796,506 |
| 62 | | 1,465,791 | 3,600 | 880,116 |
| 63 | | 1,612,370 | 3,600 | 972,088 |
| 64 | | 1,773,607 | 3,600 | 1,073,256 |
| 65 | | 1,950,967 | 3,600 | 1,184,542 |
| 总计 | 36,000 | 5,419% | 126,000 | 914% |

从表 3-1 可知,哥哥每月定投 300 美元,每年投资 3,600 美元,10 年总共投入 36,000 美元。30 岁以后不再追加投资,已投资金产生复利效果。到 65 岁时,基金账户拥有 195 余万美元,投资收益率为 5,419%。弟弟比哥哥晚 10 年开始投资,每月定投 300 美元,每年投资

3,600 美元,35 年共投入 126,000 美元。到 65 岁时,基金账户拥有 118 余万美元财富,投资收益率 914%。

通过比较双胞胎兄弟的投资账户可以发现:哥哥比弟弟早 10 年进行基金定投,投资额比弟弟少 9 万美元,但是投资收益却比弟弟多了 76.64 万美元,这就是时间的价值。这个例子告诉我们一个道理,投资要趁早,因为资金具有时间价值,复利能发挥巨大的威力。

## 知识链接

### 货币的时间价值

货币的时间价值是指在不考虑通货膨胀和风险因素的情况下,货币随着时间的推移而发生的增值,即货币经过一定时间的投资和再投资所增加的价值。一般而言,只有当资金进入社会流通中,如存入银行、进行生产经营或证券投资,参与到社会生产过程中,资金才会随着时间的推移而增值。需要注意的是:第一,货币的时间价值产生于生产或流通领域,消费领域不产生时间价值,应将更多的资金投入生产或流通领域而非消费领域;第二,货币的时间价值产生于资金的运动中,只有运动的资金才会产生时间价值,应尽可能让资金进入流通环节,尽量减少资金停顿的时间;第三,货币的时间价值大小取决于资金周转速度,时间价值的大小与资金周转速度呈正相关,应采取有效措施加速资金周转,提高资金使用效率。

货币的时间价值有现值和终值两种表现形式。终值是指现在投入的资金在未来某个时点的价值。现值则是未来某个时点的价值折算到现在的价值。终值与现值是相对的,由现值计算终值就是计算货币的收益;由终值计算现值称为贴现。

衡量货币的时间价值大小通常用利息,利息的计算有单利模式和复利模式两种。

1. 单利

单利是指每期只对原始本金计算利息,不考虑利息再产生的利息。

(1)单利终值。单利终值是指资金经历一定时期以后的本利和。计算公式为:

$$F = P \times (1 + \mathrm{i} \times \mathrm{n})$$

其中,$F$ 表示终值;$P$ 表示现值;i 表示折现率;n 表示期限。

**例 3-1:**王先生现将 100,000 元存入银行,年利率 5%,3 年之后本息和是多少?

$$F = P \times (1 + \mathrm{i} \times \mathrm{n}) = 100{,}000 \times (1 + 5\% \times 3) = 115{,}000(\text{元})$$

(2)单利现值。单利现值是指未来的一笔资金其现在的价值,即贴现值。计算公式为:

$$P = \frac{F}{(1 + \mathrm{i} \times \mathrm{n})}$$

其中,$F$ 表示终值;$P$ 表示现值;i 表示折现率;n 表示期限。

**例 3-2:**王先生需在 3 年后获得本利和 100,000 元,年利率 5%,现在需存入多少钱?

$$P = \frac{F}{(1 + \mathrm{i} \times \mathrm{n})} = \frac{100{,}000}{(1 + 5\% \times 3)} = 86{,}956.52(\text{元})$$

2. 复利

复利是指本金每期产生利息,利息在下期转作本金与原有本金继续计算利息,即“利滚利”。

(1)复利终值。复利终值是指在“利滚利”的基础上,现在一笔资金在未来的本利和。计算公式为：

$$F = P \times (1+i)^n$$

其中，$F$ 表示终值；$P$ 表示现值；i 表示折现率；n 表示期限。

**例 3-3**：王先生现将 100,000 元进行投资，年利率 5%，按照复利计算，3 年之后终值是多少？

$$F = P \times (1+i)^n = 100{,}000 \times (1+5\%)^3 = 115{,}762.50(\text{元})$$

(2) 复利现值。复利现值是指在"利滚利"的基础上未来的一笔资金其现在的价值，即贴现值。计算公式为：

$$P = \frac{F}{(1+i)^n}$$

其中，$F$ 表示终值；$P$ 表示现值；i 表示折现率；n 表示期限。

**例 3-4**：王先生需在 3 年后获得 100,000 元，年利率 5%，按照复利计算，现在需投资多少钱？

$$P = \frac{F}{(1+i)^n} = \frac{100{,}000}{(1+5\%)^3} = 86{,}383.76(\text{元})$$

在实务中，一般只有银行存款的利息采用单利计算，其他的银行理财产品、证券投资、基金产品、按揭贷款等大多数业务均按复利计算利息。因此，在学习投资与理财业务相关知识时，应熟练掌握货币时间价值的计算方法。

**即问即答**

为什么说连续复利最能体现货币的时间价值？

即问即答

### 3.1.2　长期投资面临的波动风险

采取长期投资策略，只要时间足够长，似乎总可以获得比较丰厚的回报。但是，从人性的弱点和风险承受的心理角度看，投资者能够承受吗？这就是长期投资带来的考验。从某种意义上讲，长期投资就是与自己的人性最薄弱的环节做斗争。哲学家尼采曾经说过："人最大的敌人就是自己。"而华尔街的谚语：耐心是一种美德。下面利用 1900—2006 年间标准普尔 500 指数来比较分析持有时间对股票收益与风险的影响。

图 3-2 是按照一年投资期限进行统计，可以发现有一部分年度是正收益，也有一部分年度是负收益，而且亏损的年份还不少。

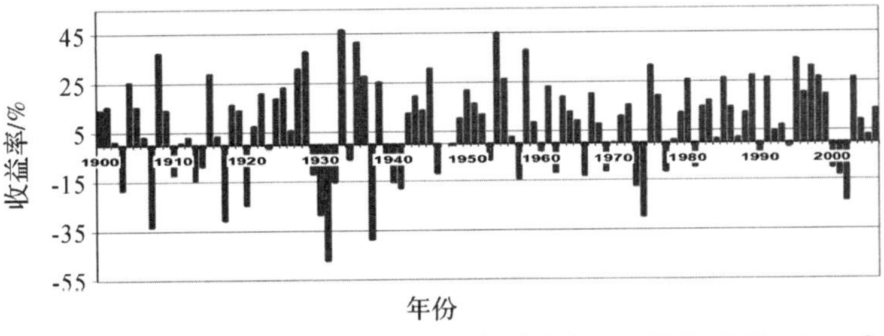


**图 3-2　一年期股票投资的收益和风险（标准普尔 500 指数，1900—2006 年）**

图 3-3 是将投资期限从一年扩展为五年,发现投资为正收益的年份数明显增多了,而投资亏损的年份数明显减少。

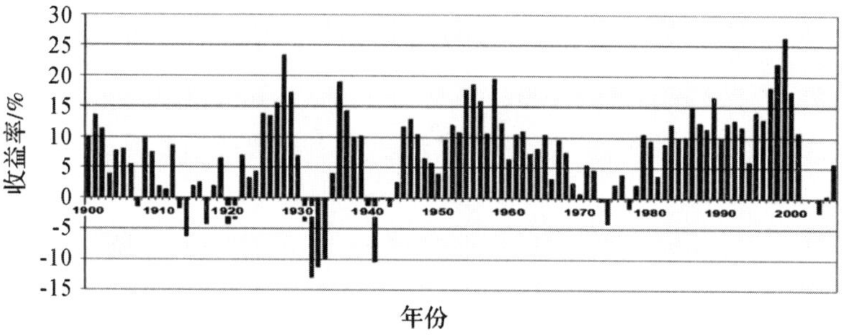


**图 3-3　五年期股票投资的收益和风险(标准普尔 500 指数,1900—2006 年)**

图 3-4 是十年期股票投资的最终收益分布,可以发现,十年期股票投资的收益几乎都为正的,即使有个别年份是负收益,但概率低,而且负收益的幅度也小。从某种意义上讲,是否意味着长期投资确实有它的合理性?

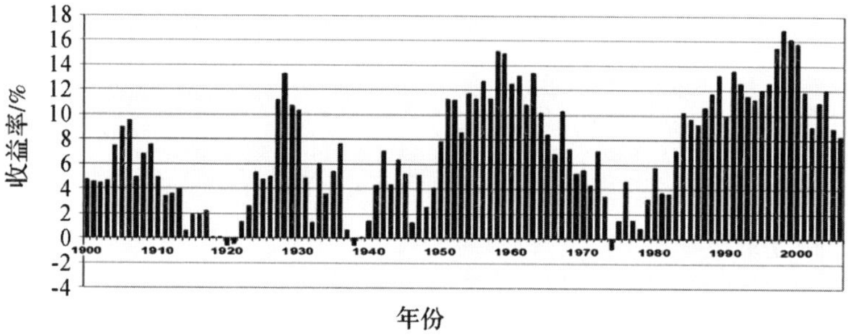


**图 3-4　十年期股票投资的收益和风险(标准普尔 500 指数,1900—2006 年)**

## 即问即答

楼老师说计划七年内退休,所以有七年的期限可以进行投资。有人告诉他,时间因素最重要,并且引用学术研究来说明资产持续持有超过一段时间,它的回报率就接近于统计意义上的独立。也就是说七年的投资期间,好的收益和差的收益年份的因素都会排除,使得投资组合平均回报率变化的风险比短期投资要小。这样的说法合理吗?

即问即答

一般来说,理解投资风险有两个维度:一是损失风险;二是变异风险。所谓损失风险就是收益率小于零的时间占所有投资期间的百分比。而变异风险就是最终收益率分布的标准差,即偏离均值的程度。

### 3.1.2.1　损失风险

根据中心极限定理,影响损失风险大小的因素有三个:

①期望收益。当收益率的期望值越大,即均值越大的时候,损失风险就越小,因为整个收益率分布都倾向于右偏。

②收益率的标准差。收益率的标准差越大，反映出收益率的波动程度越大，损失风险越大。

③持有时间。持有时间越长，损失风险就越小。从损失风险这个维度来看长期投资，只要假定持有时间足够长，收益率的标准差足够小，损失风险就小。假设未来比较长的时间，我国股市从整体上是呈上升趋势，那意味着长期投资有坚实的理论基础。

#### 3.1.2.2　变异风险

变异风险指的是不同时期的收益率并不完全相关，并且时间足够长的话，收益率较差的月份就会被收益率较好的月份相互抵消。所以，从变异风险的角度来考量，长期投资可以减少变异风险。总之，在满足一定的条件下，长期投资所持有的期限越长，理论上既可以降低损失风险也可以降低变异风险，从而使得长期投资在理论上就给出了一个相对完美的解释。

## 知识链接

### 中心极限定理

中心极限定理是统计学中比较重要的一个定理（如图 3-5 所示）。中心极限定理指的是给定一个任意分布的总体，每次从这些总体中随机抽取 n 个样本，一共抽取 m 次。然后，把这 m 组样本分别求出其平均值，这些平均值的分布接近正态分布。

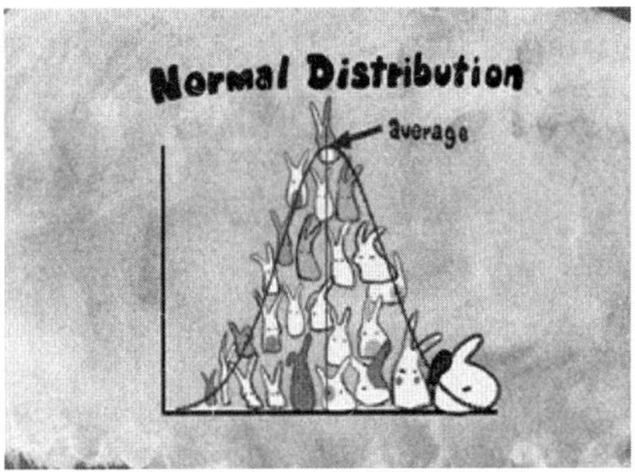

图 3-5　中心极限定理示意图

要注意的是：(1)总体本身的分布不要求正态分布。但如果是掷一个骰子（平均分布），最后每组的平均值也会组成一个正态分布。(2)每组样本要足够大，但也不需要太大。抽取样本的时候，一般认为，每组大于等于 30 个，即可让中心极限定理发挥作用。

启发：无论是什么分布，任取一个随机变量，这个变量接近期望值的概率是很大的，也就是说它接近极值的概率是很小的。重复两次实验取均值呢？可能性大的更大，小的更小。重复 N 次实验，最终导致它的概率符合正态分布。

美国金融学家奥玎（Odean）曾经给普通投资者提出几个合理投资建议：

①进行长期投资。长期投资也许是一种最基本的投资思维，它能够远离投资意识上的那种误区和陷阱。

②买入持有策略，就像巴菲特告诉我们的一样。

③分散化投资。

④注重控制交易成本。

⑤关注交易中产生的税负。

奥玎认为，普通投资者一定要认真思考上述投资建议，然后与自身的投资体验和理解相融合，形成自己的投资理念和投资风格，在更大的程度上避免投资所带来的迷失和陷阱。

## 知识链接

### 金融功能观

在博迪与莫顿等著的《金融学》中，把金融机构的核心功能概括为六项（如图 3-6 所示）：在时间和空间上转移资源；提供分散、转移和管理风险的途径；提供清算和结算的途径以实现商品、服务和各种资产的交易；提供集中资本和股份分割的机制；提供价格信息；提供解决激励问题的方法。

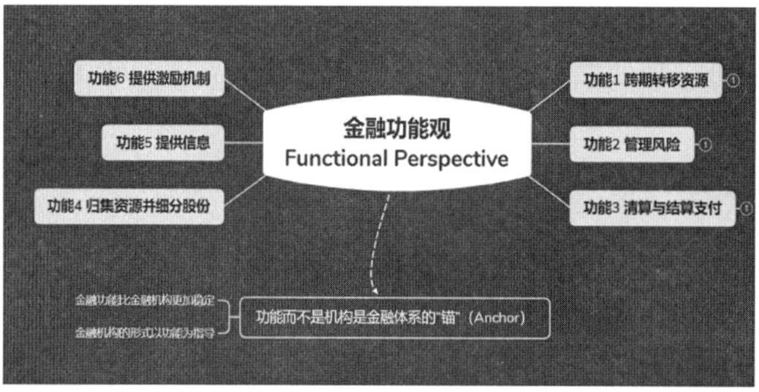


图 3-6　莫顿的金融功能观

金融功能观的理论分析框架可以从金融体系、金融机构、金融活动和金融产品四个层面进行分析。金融体系、金融机构的功能是通过具体的金融活动和金融产品来实现的，因此，金融活动、金融产品的功能差别也就包括了金融体系、金融机构的功能差别。

## 即问即答

金融功能观的六大功能是什么？为什么认为金融功能比金融机构更重要？

即问即答

## 3.2　巴菲特买入持有策略的解析

视频：巴菲特买入持有策略的解析

众所周知，巴菲特是一代股神，是人类历史上充满传奇色彩的富人代表，也体现了创新与投资这两个领域的神秘色彩。巴菲特的投资经历中有着非常骄人的战绩，在其背后有一整套投资哲学、投资原则和投资理念。在其投资哲学中，除了反射原理以外，买入持有策略也是一种令人记忆深刻的投资风格。

PPT 课件

**资料卡 3-1**

**沃伦·巴菲特**

沃伦·巴菲特(Warren E. Buffett),1930年8月30日生于美国内布拉斯加州的奥马哈市,经济学硕士,现任伯克希尔·哈撒韦公司董事长和首席执行官。全球著名的投资家,主要投资品种包括股票和基金。2020年4月,沃伦·巴菲特以675亿美元财富位列2020福布斯全球亿万富豪榜第四。2021年4月,以960亿美元财富位列2021福布斯全球富豪榜第六。2022年4月,以1,180亿美元财富位列2022福布斯全球富豪榜第五。

2022年5月,伯克希尔·哈撒韦公司股东以接近9:1的比例投票支持巴菲特继续担任董事长和首席执行官。

沃伦·巴菲特是全球唯一依靠投资股票等金融资产成为世界富豪的人。1965—2006年间,伯克希尔·哈撒韦公司净资产的年均增长率高达21.46%,累计增长361,156%;同期标准普尔500指数成分公司的年均增长率为10.4%,累计增长幅度为6,479%。为什么巴菲特能创造这样的奇迹呢?巴菲特说:“投资就像滚雪球,重要的是发现够厚的雪和够长的山坡,如果你找到正确的雪地,雪球自然就会滚起来,我就是如此。”这就是巴菲特创造财富的奥秘。大多数人往往只看到他的业绩,却没有去思考业绩背后巴菲特所秉持的投资品格、投资品质和投资习惯。证券投资的策略、投资方法有多种,诸多投资策略、投资方法大家也不陌生,关键是有没有去做,难的是知行合一。

### 3.2.1 巴菲特的投资策略

1941年,巴菲特在他11岁的时候,用攒下的120美元与姐姐合资买了6股诚实服务公司的优先股,最终每股赚了1.75美元,这是巴菲特购买的第一只股票,从此开始了股票投资。从1965到1994年间,巴菲特所投资股票的平均年收益率为26.77%,高于同期道琼斯工业股票指数大约17%,远远高于市场收益率。巴菲特的投资表现出惊人的、持续的、良好的获利能力。

长期以来,巴菲特一直坚持三大投资原则:一是要保住本金;二还是要保住本金,三是谨记第一条和第二条。巴菲特曾经讲过他对投资的理解,他认为在投资领域中,没有人可以把你三振出局,唯一可能让你出局的是不断地追涨杀跌,错失良机。投资机会是怎么来的?是咬着牙静静地等待而来的。投资就是要善于抓住机会,而这种机会并不会经常性地出现在市场波动当中。巴菲特投资哲学的一个观点是慢慢地变富,欲速则不达,这其实也是我们中华民族的智慧。巴菲特说,要买入持有。因为变富是一个过程,而且是一个相对比较缓慢的过程。换句话说,就是时间对于投资结果具有根本性的意义。

当今社会,很少有人愿意把变富当成过程来看,因为都希望能一夜暴富。很显然,一夜暴富不切实际。投资市场有它自己的运行规律,随着时间的推移不断演化。因此,时间作为变量是投资的三大要素之一。财富的增值与保值,并不能一蹴而就。理性的态度把投资与理财当作一种习惯、一种哲学和一种生活方式,当作一种自然而然的存在。巴菲特对长期投资的理念是非常推崇的，几乎在所有合适的场合，他都要宣讲长期投资的思维和理念。巴菲特买了吉列公司的股票，买了华盛顿邮报的股票，买了可口可乐的股票，其中华盛顿邮报和可口可乐就买入持有长达 17 年，吉列公司股票也整整持有了 16 年，最终吉列公司股票给他带来了超过 800％的高额回报。是什么支撑他持有这么长时间？因为他坚持相信一个简单的道理——每一天早上醒来，全世界就会有 25 亿男子要刮胡子，这就是吉列的市场。最简单的消费理念，也会带来最长久的投资价值。只要相信，如果你有一种好的或者不好的体验，也许都能为你的投资标的选择带来某种持续性的影响。所以，在现实中，你对某种产品感到非常满意，就需要谨慎考虑一种可能性，生产这一产品的公司或许就是下一个吉列，因为它能够满足投资者和消费者的口味、价值、偏好，而这就能创造出长期价值。

## 知识链接

### 不确定性、演化与经济理论

阿尔奇安（Alchian）的论文集《经济力量在起作用》（Economic Forces at Work, Liberty Press, 1977）重新发表了他的 18 篇论文，其中有一篇题目为《不确定性、演化与经济理论》（*Uncertainty, Evolution and Economic Theory*, 1950）的论文为经济理论的一些标准假设提出了一种新的、达尔文主义式的辩护理由。如图 3-7 所示。

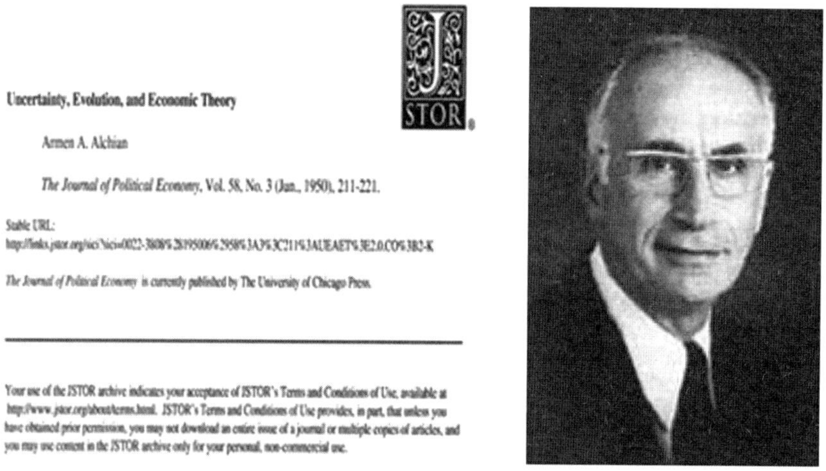


**图 3-7　阿尔奇安和论文 *Uncertainty, Evolution an Economic Theory***

《不确定性、演化与经济理论》是被引用次数最多的 10 篇经济学论文之一，被认为是一篇最重要的经济学论文，具有曼妙无比的思想火花。论文提出了五大论点："利润最大化"不是行动指南；成功基于结果而非动机；偶然性或运气是实现成功的一种途径；偶然性不意味着资源配置随机无方向；通过模仿和试错的个体适应。阿尔奇安在文中为"厂商追求利润最大化"这一经济学基本假设进行了批判。他认为，尽管由于无知或非理性使得某些企业并没有真正实现利润最大化，但市场经济本身就提供了一种选择"适者"和淘汰"不适者"的机制。只有那些"能够"实现利润最大化的企业才能生存，而不去追求利润最大化或无法实现利润最大化的企业都会面临困境甚至被迫破产。阿尔奇安对竞争的理解远比教科书中“完全竞争条件下所有厂商均为价格接受者”的假设更加深刻。竞争的结果并非利益均沾、皆大欢喜,但竞争的过程却是谁也不想失败,这一过程充满了不确定性,并多少带点宿命的色彩。企业间的竞争无时不在,国家间的竞争也日趋激烈。正如美国著名经济学家莱斯特·瑟罗在其《21 世纪的角逐》中所说的,如果说 20 世纪是一个追赶的世纪,那么 21 世纪将是一个角斗的世纪。

阿尔奇安论文中用更一般、更实际和更宽松的前提假设去观察经济现象和提炼经济理论,例如使用“正利润”代替“利润最大化”,因为“利润最大化”在动态的环境中几乎不可能,而实现“正利润”才是企业生存的必要条件。如果将经济竞争看作一个过程——演化的过程以及市场选择的过程,得出的结论是,即使经济主体没有动机,随机决策下观察到的现象与通常有动机下的决策观察到的现象也非常相似(甚至相同)。

### 3.2.2　巴菲特投资策略的价值思考

以时间积累财富是长期投资理念的另外一种表述。如果认为我国经济长期稳定增长是大概率事件,那么我国股票市场就存在投资机会。只要经济长期稳定发展的趋势存在,投资过程中的代价除了本金的时间价值以外,也许只有“等待”,或者“愿意等待”而已。巴菲特也曾说,如果有可能,我愿意一辈子持有,这就是巴菲特的长期投资理念。

巴菲特的长期持有策略说起来容易,但做起来很难。这不仅仅关乎知识,而且也包含智慧。尼采说过:“哲学就是对智慧的爱。”你爱智慧吗?爱智慧就相当于“爱”巴菲特,“爱”巴菲特其实就是爱投资与理财的智慧,学习他的人生智慧和投资思维。巴菲特的成功在于凝练了投资智慧,将其运用到投资实践中,并取得了非凡的成就。时代在发展,巴菲特的投资理念也在不断进步,不断完善。在投资实践中,有一点是可以肯定的,那就是投资者必须要拥抱变化,自我迭代,自我进化。投资没有什么万能的方法,只有适应时代变迁、适合自身的方法才是最好的投资方法。

巴菲特几乎用一生的投资经验告诉我们,财富的奥秘就在于,当每个人都在默念芝麻开门的时候,应该细想一下是否有足够的耐心去长途跋涉,来到宝库的面前,因为这是赢得财富的第一步。投资就是一场苦行僧般的修行,既要克制买股票的冲动,更要忍受持股的寂寞。等待我们的不仅是诗和远方,还有力所能及可以获得的物质财富和精神财富。只要在投资旅程中,有恒心、有毅力,相信那一天总会到来。不要忽视常识的力量,人生最好的投资是投资自己。

**资料卡 3-2**

**沃伦·巴菲特与三位老师**

对沃伦·巴菲特投资理念影响颇深的有三位非凡人物:本杰明·格雷厄姆、菲利普·费雪、查理·芒格。

本杰明·格雷厄姆被认为是金融分析的开山鼻祖,他写下了有关谨慎投资的经典论文和《证券分析》《聪明的投资者》两本经典著作。这两本著作被公认为是“划时代的、里程碑式的投资圣经”。格雷厄姆坚持认为，投资证券必须满足两个条件：一是本金安全，二是满意的回报率。格雷厄姆的杰出贡献是提出了投资普通股的方法论，称为“安全边际”，其思想来自1929年美国的大萧条。他将正确投资的概念简化为“安全边际”，无论是股票，还是债券，他都用这种方法去投资。1976年，格雷厄姆去世后，巴菲特成为格雷厄姆价值投资的代言人。巴菲特是格雷厄姆最为著名的学生，格雷厄姆被巴菲特膜拜为其一生的“精神导师”，“血管里流淌的血液80%来自格雷厄姆”。

菲利普·费雪发明了一套“点系统”，它可以根据企业和管理层的特征区分出合格的公司。费雪认为最好的公司具有的特征是，连续多年其销售收入和利润的成长率高于同行业水平。费雪认为一家公司所在的行业必须“具有足够的市场空间潜力，才能具备多年大规模增长的可能”。费雪注意到，一个公司的研发投入可以为其超出平均的成长提供持续的贡献。很明显，如果一家公司没有在研发上做较大的投入，就不可能取得长期的成功。

查理·芒格与巴菲特不仅仅是工作关系，更是一种与时俱进的共生关系。在芒格加入伯克希尔·哈撒韦之前，他们也经常共同商议投资决策，甚至每天都商量，渐渐地他俩的投资有了更多的相通性。芒格兴趣广泛，在很多领域均有涉猎，包括科学、历史、哲学、心理学和数学等。他认为，有思想的人应该把这些知识运用到投资决策之中。芒格的投资观点是，为一家伟大的公司支付公平的价格，胜过为一家平庸的公司支付便宜的价格。

综上所述，这三位老师从不同侧面影响了巴菲特。格雷厄姆给予巴菲特投资的基础知识——安全边际，以及帮助巴菲特掌控情绪以利用市场的波动带来的投资机会。费雪教会巴菲特更新的、可执行的方法论，让他发现长期的优秀投资对象，以及集中的投资组合。芒格帮助巴菲特认识到购买并持有好企业带来的回报。当我们了解了巴菲特的投资思维与这三位老师的投资智慧之后，对于巴菲特在很多投资上看似令人迷惑的做法自然就有了答案。

## 3.3 不要把鸡蛋放在同一个篮子里

视频：不要把鸡蛋放在同一个篮子里

### 3.3.1 投资者风险偏好

#### 3.3.1.1 风险偏好及其类型

PPT课件

风险偏好是投资者心理上对待风险的一种态度，不同的人对待风险的态度存在显著的个体差异。风险偏好对投资决策有着至关重要的影响和作用，如果投资者对风险的态度和自身的风险承受能力不匹配，做出错误投资决策的概率将会很高。因此，投资者只有准确并清楚地了解与认识自身的风险偏好，才能做出最佳的投资决策，获得最大的投资回报。

风险偏好理论的核心在于，在存在不确定性风险的情况下，投资者将各种不确定性的结果与其发生的概率进行加权求和，得到投资者最终目标的效用水平，即期望效用。投资者的最终目的是实现期望效用的最大化，因此期望效用理论是投资者基于不确定性和风险而进行最优选择的基础理论。

根据投资者面对风险时态度上的个体差异，可将风险偏好划分为风险厌恶型、风险追逐型以及风险中性型三种。

（1）风险厌恶型

风险厌恶是指一个人接受一个有不确定的收益时，相对于接受另外一个更保险但具有更低期望收益的不情愿程度。即风险厌恶是一个人在承受风险情况下的偏好特征，可以用它来度量人们为降低所面临的风险而进行支付的意愿。在降低风险的成本与收益的权衡过程中，厌恶风险的人在相同的成本下更倾向于做出低风险的选择。例如在面对一项投资项目时，如果一个人情愿接受一个较低的预期回报率，而不愿意承担风险获取更高的收益，他就是风险厌恶者。当对具有相同预期回报率的投资项目进行选择时，风险厌恶者一般会选择风险最低的项目。风险厌恶者喜欢结果比较确定的投资，而不喜欢结果不那么确定的投资。

（2）风险追逐型

风险追逐是指在进行投资时，对具有同一期望报酬的投资项目，投资者宁愿选择风险程度更大的投资项目。对于风险追逐者来说，期望值的效用大于风险本身的期望效用。面对具有相同预期收益的投资机会，风险追逐者倾向于选择结果不那么确定的投资机会，而不在意风险较小但收益较低的项目，即选择风险大的投资机会，因为这会带来更大的效用。

（3）风险中性型

风险中性是相对于风险厌恶和风险追逐而言的，风险中性的投资者对自身承担的风险并不要求风险补偿，所有证券的预期收益率都是无风险利率。即风险中性者并不介意一项投资是否具有比较确定或者不那么确定的结果，他们只是根据预期的货币价值来选择投资。

需要强调的是，在现实世界里，投资者尽管在风险偏好方面存在差异，但当套利机会出现时，无论投资者风险偏好如何，都会采取套利行为，消除套利机会后的均衡价格与投资者的风险偏好无关。

为了进一步理解风险厌恶型和风险追逐型对风险的态度，现将两者进行比较分析，如表 3-2 所示。

**表 3-2　风险厌恶型与风险追逐型的比较**

| 风险厌恶型 | 风险追逐型 |
|---|---|
| 视风险为危险 | 视风险为机遇 |
| 高估风险 | 低估风险 |
| 喜欢低波动性 | 喜欢高波动性 |
| 假设最差的情形，强调损失的可能性 | 假设最好的情形，强调收益的可能性 |
| 悲观主义者 | 乐观主义者 |
| 喜欢清晰 | 喜欢模糊 |
| 不喜欢变化 | 喜欢变化 |
| 偏好确定性 | 偏好不确定性 |

#### 3.3.1.2 卡尼曼心理试验

2002 年诺贝尔经济学奖获得者卡尼曼曾经做过一个心理试验，参加实验者被要求对以下两个问题进行选择：

问题一：

①确定的 3,000 美元收入；

②80％的可能会获得 4,000 美元，20％的可能会获得 0 美元。

第一个选项是确定的收入，无须承担任何风险就可以获取，选择第一个选项的可以认定为风险厌恶者；而第二个选项是为了多获得 1,000 美元，要承担失去 3,000 美元确定性收入的风险，选择该选项的可以认定为风险追逐者。实验结果显示，有 68％的人选择第一个选项，说明面对确定性的收益，人们不愿意去承担风险，表现为风险厌恶。

问题二：

①确定的 3,000 美元损失；

②80％的可能会损失 4,000 美元，20％的可能会无损失。

第一个选项是确定的损失，第二个选项是为了不发生损失，要承担再失去 1000 美元损失的风险，选择第二个选项的表现为风险追逐。实验结果显示，有 68％的人选择第二个选项，说明面对确定性的损失，人们愿意去承担风险，表现为风险追逐。

针对上述两个问题，同一批实验参与者，在面对确定性收入时表现为风险厌恶，而损失的不确定性又使得他们表现为风险追逐。

实验结果表明，在上述两种情况下，人们都不愿意放弃已有的或肯定会有的财富。在确定和不确定的收益之间进行选择时，通常选择金额确定但相对较小的收益，而在金额确定但相对较小的损失和金额较大但可能发生也可能不发生的损失之间，还是愿意承担较大损失的风险而不是较小的确定的损失风险。

**即问即答**

有人说："高风险，高收益；低风险，低收益，无风险，无收益"。你如何评价这句话？

即问即答

### 3.3.2 为什么不要把鸡蛋放在同一个篮子里

华尔街古老的谚语："不要把鸡蛋放在同一个篮子里"。在金融学中的表述就是投资组合理论。投资组合理论是美国经济学哈里·马科维茨首次提出的。1990 年，哈里·马科维茨、威廉·夏普、默顿·米勒三位学者因为投资者提供了衡量不同投资风险和收益的工具，以及股票和债券的估价方法获得了诺贝尔经济学奖。投资组合理论符合自然法则，对人们日常生活、投资理财等方面都有现实意义。

怎样理解不要把鸡蛋放在同一个篮子里？或者更准确地说，怎么理解投资组合？举个例子，在一个典型的美国百万富翁的投资组合配置中，也许有 45％的股票、15％的债券、13％的现金、12％的开放式基金、7％的房地产、5％的私募股权基金、2％的对冲基金、1％的商品期货等。这是一种平衡理财观，反映在学术上就是资产组合，给我们的启发在于，永远都不要孤注一掷，尤其在没有准备好抵御风险的情况下,更应把投资做适当的分散,平衡资产配置,目的在于降低投资风险,这就是投资组合的直观表现,或不要把鸡蛋放在同一个篮子里的初衷。

## 知识链接

### 投资组合理论简介

1952 年,美国经济学家哈里·马科维茨(Harry M. Markowitz)首次提出了投资组合理论,并进行系统、深入和卓有成效的研究,将抽象的金融概念用数学的方式表现出来。如图 3-8 所示。

投资组合理论就是指找到收益大、风险小的若干证券组成的投资组合。那么,如何找到收益大、风险小的最优投资组合呢?马科维茨提出,投资者根据期望收益率,以及存在的风险进行投资,在一定的风险水平上,投资者期望收益最大;相对应的是,在一定的收益水平上,投资者希望风险最小。因此,马科维茨把证券的价格波动视作数学中的随机变量,那么期望收益率就是这个随机变量的数学期望,计算单个资产期望收益率的加权平均,权重为相应的投资比例,然后得到这个投资组合的定价,从而确立了证券组合预期收益和风险的均值—方差分析方法和有效边界模型。投资组合通过分散化的投资对冲掉一部分风险。

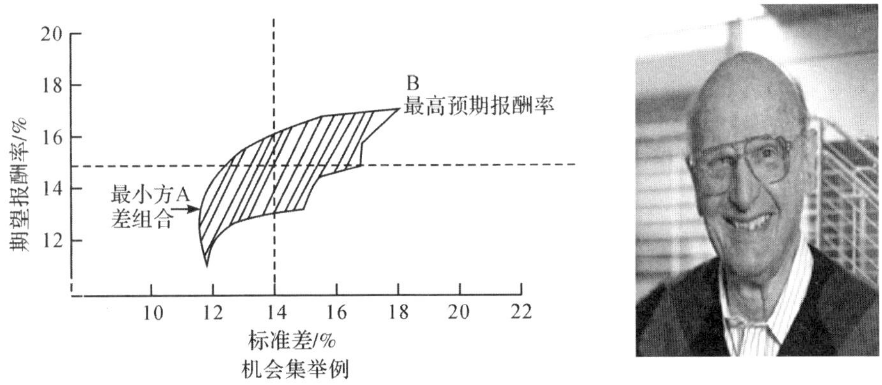


**图 3-8　哈里·马科维茨和投资有效边界思想**

## 即问即答

下列说法正确的是(　　)。(单项选择题)

A. 分散化投资使系统风险减少

B. 分散化投资使风险因素减少

C. 分散化投资使非系统风险减少

D. 分散化投资既降低风险又提高收益

即问即答

### 3.3.3 如何理解投资组合理论？

设想一种情境，如果在一个平静的池塘水面上，扔下两颗小石子，就会发现在平静的水面上出现两个荡漾开去的同心圆。由于振幅不同、相位不同、波幅不同、频率不同，在两个同心圆的结合部，见到的波动状况是不一样的。第一种情况，由于波动的叠加，看到一个更高的波峰和波谷；第二种情况，由于波幅有相位差，会在结合处看到波动削减的迹象，如果恰好振幅相同、波幅相同，相位差 180°，那么在两个同心圆的波动结合处波动相互抵消，水面是平的，如图 3-9 所示。

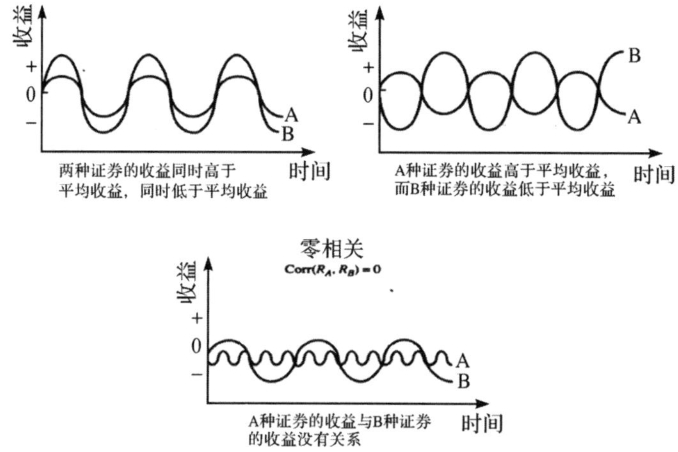


**图 3-9 两种证券的收益波动之间的关系**

投资组合理论的启示在于，当投资组合中的证券资产，相关性比较弱，甚至是负相关的情况下，整个投资组合可以有效降低投资组合的波动风险，也就意味着可以承担较少的风险（在保持一定预期收益的条件下）。从理论上讲，一个投资组合风险的大小，可以用它的方差来衡量，投资组合方差就等于投资组合当中各个证券的方差与协方差之和。

假设一种简单组合的情景，投资组合中只有四种证券，就可以很方便地列出这个投资组合的方差—协方差矩阵，所有方差—协方差相加就是这个组合的总方差，可以用来衡量投资组合的波动性水平，在主对角线上都是方差项，除了主对角线以外都是协方差项，而且围绕着主对角线上下对称。随着证券组合数量的增加，主对角线项数的增加是线性的，而其他的增加是级数的。

投资组合理论认为，当证券组合当中的证券的种类越来越多的时候，证券组合的回报率的方差大小会越来越依赖于证券之间的协方差，而不是证券的方差项。因此，随着证券组合中的证券数量越来越多，决定证券组合风险大小的不是单个证券波动的大小，而是它和证券组合当中其他证券相关性的波动的大小。换言之，这就意味着随着证券组合中的证券数量越来越多，那就更加依赖证券和证券之间的关系而不是证券自身的波动大小。魏格纳在 1971 年的时候曾经做过一个研究，通过增加证券组合中股票的数量，观察整个证券组合风险的波动情况（如图 3-10所示）。随着证券组合当中证券数量的增加，例如证券组合中达到 25 只股票，整个证券组合的风险水平就已经下降到几乎只剩系统性风险的水平。也就是说，一个组合当中有 25 只股票，就意味着它的非系统性风险几乎都已经被完全消除了，只剩下跟证券市场整体波动相关的系统性风险。

不要把鸡蛋放在同一个篮子里，体现出投资组合能够带来的好处：通过增加证券数量，削减投资组合的非系统性风险（但没有办法消除系统性风险），从而降低投资风险，这是投资组合理论最重要的经验和体会。

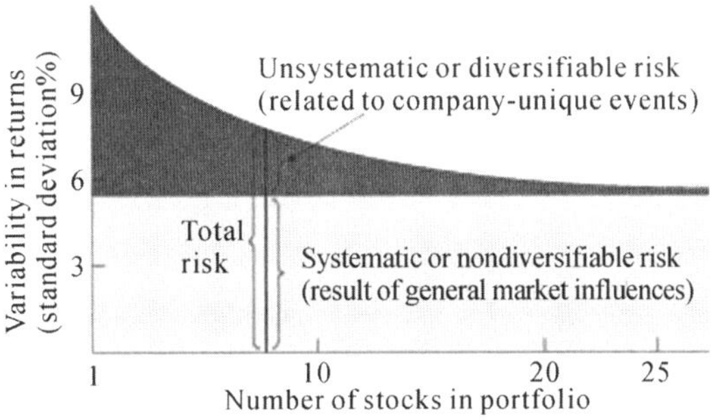


**图 3-10　投资组合的系统性风险与非系统性风险**

综上所述，不要把鸡蛋放在同一个篮子里，在数学模型和实践中都得到了验证，那不要把鸡蛋放在同一个篮子里蕴含着什么样的哲理？做个类比，黑乎乎的石墨和晶莹剔透硬度最高的钻石，从元素的角度来讲都是由碳原子构成的，但由于结构不同，呈现在我们面前的两种物质就不同。证券组合给我们的一个启示是：结构也许远比规模更重要。因此，在构建一个证券投资组合的时候，最重要的是证券投资组合的结构。

中国人常说，一个和尚可以挑水喝，两个和尚可以抬水喝，三个和尚没水喝，这也表明了结构的重要性。还有，俗话说“东方不亮西方亮”。如果投资能够坚持平衡理财，也许能收获满意的投资效益。又如常说“狡兔三窟”，为什么不说“狡兔两窟”？如果狡兔只有两窟，即只有 A 和 B 两个洞口。如果扑住 A 这个洞口，发现兔子不在——“非 A 即 B”——统计学的排中律表明只有一个自由度，一个自由度代表的是确定性。如果狡兔有三窟，就意味着有两个自由度，即从确定性的世界进入了不确定性的世界，而世间万物其实都产生在不确定性当中。在《道德经》中，“道生一，一生二，二生三，三生万物”。“三生万物”以后，才能“天天新、日日新、生生不息”，孕育着无穷无尽的变化，也体现了投资哲学当中不要把鸡蛋放在同一个篮子里的道理。

“不要把鸡蛋放在同一个篮子里”。马克·吐温的原话是，“不要把鸡蛋放在一个篮子里。如果你一定要放在一个篮子里，那就请保管好这个篮子”。

## 即问即答

即问即答

当两项资产收益率之间的相关系数为 0 时，下列有关表述不正确的是（　　）。（单项选择题）

A. 两项资产收益率之间没有相关性

B. 投资组合的风险最小

C. 投资组合可分散的风险效果比正相关的效果大

D. 投资组合可分散的风险效果比负相关的效果小

## 知识链接

### 卡尔·波普尔的“钟与云”

英国科学哲学大师卡尔·波普尔(Karl Popper)于1965年4月21日在美国华盛顿大学做演讲时,提出了“钟与云”的自然哲学辩题。波普尔认为,世界可以被分为两类现象,一类是云,一类是钟。时钟具有一套精确的机制,每个组成部分的功能如何,改变某一组件又会对整体造成怎样的影响,都经严格的试验和测算。相比之下,浮云是由大量随机的和不可预测的个别行为组成的,如果系统发生改变,比如通过升高温度,则可以对整个云进行一般性预测,但几乎无法知晓组成云的单个分子的行为。

就现实而言,这个分类有点简单了。因为钟、云的区别更像是梯度式的,而未必是完全的对立。但我们可以使用这两个隐喻来形容人类看待世界和思考问题的两种方式:你是把世界当成钟问题来处理——万事万物有规律、有秩序、可预测、一成不变,如同钟摆一样精准;还是把世界当成云问题来处理——混乱、无规律、无秩序、不可预测,如幻化万千、变动不拘。

波普尔提出这样的问题,是因为他横跨科学与哲学两个层面。科学家倾向于把一切问题都看成钟的问题,认为它们必有答案;而哲学家则清楚,生命是混浊的,也是灰色的。

事情的关键在于,人们喜欢钟问题而厌恶云问题。曾经一度,人类认为可以把一切问题都当作钟问题来处理,因为世界比较简单。但在今日的复杂系统中,需要把钟思维转换为云思维。真正高明的科学家总是像哲学家一样思考,比如理查德·费曼(Richard P. Feynman)在《发现事情的乐趣》的访谈中说:“我可以忍受怀疑和不确定,以及一无所知。我认为更有趣的生活在于不知道,而不是拥有可能为错的答案。”

## 3.4 频繁地交易会损害投资者的财富吗?

视频:频繁地交易会损害投资者的财富吗

### 3.4.1 频繁地交易会损害投资者的财富

从理论上看,频繁交易者希望短期能获得较小的收益,多次累积后便可获得可观的收益,比如每交易一次只要有0.5%的收益,那一年(按100次交易计算)下来就会有超过60%的收益。但是,这只看到了频繁交易好的一面,却忽略了频繁交易存在的一些弊端:首先,交易是有成本的,不管股票上涨还是下跌,散户买卖股票都是要交佣金、印花税等税费的,由于是频繁交易,散户单次的收益率并不高,交易成本的占比就会比较大;其次,股票市场表现为随机游走,股价涨跌很难预测,一旦出现股价下跌,就会失去已有的盈利,甚至出现本金损失。

PPT课件

频繁交易的投资者往往忽视交易成本的影响,认为每次交易的成本非常小,对投资业绩的影响很小。美国加利福尼亚大学的教授巴波（Brad Barber）和奥玎（Terry Odean）曾经于 2000 年 4 月在美国《金融杂志》上发表了一篇论文《交易有损你的财富》，论文通过检验一家美国券商提供的 66,465 个个人交易账户，得出结论：频繁的交易会损害投资者的财富（如图 3-11 所示）。在这六万多个个人账户中，那些买卖股票越频繁的散户，其净回报越低。所有账户的平均年化收益率比标准普尔 500 指数收益率低 1.5%左右，而那些交易最频繁的散户的年化收益率比标准普尔 500 指数收益率低 6.5%。

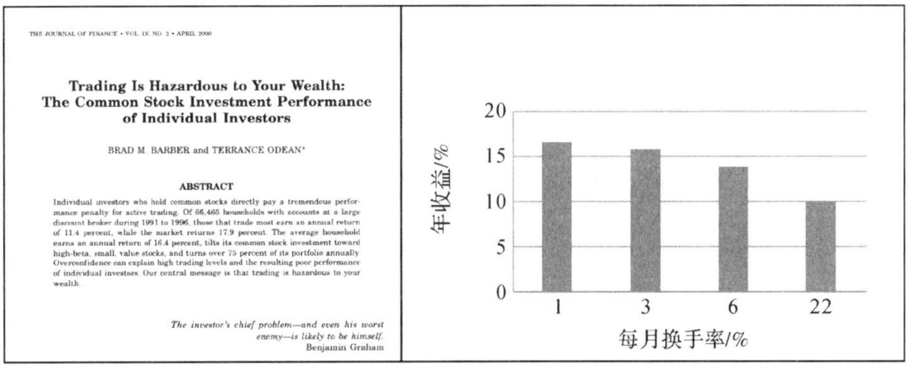
THE JOURNAL OF FINANCE • VOL. LV, NO. 2 • APRIL 2000

**Trading Is Hazardous to Your Wealth: The Common Stock Investment Performance of Individual Investors**

BRAD M. BARBER and TERRANCE ODEAN*

**ABSTRACT**

Individual investors who hold common stocks directly pay a tremendous performance penalty for active trading. Of 66,465 households with accounts at a large discount broker during 1991 to 1996, those that trade most earn an annual return of 11.4 percent, while the market returns 17.9 percent. The average household earns an annual return of 16.4 percent, tilts its common stock investment toward high-beta, small, value stocks, and turns over 75 percent of its portfolio annually. Overconfidence can explain high trading levels and the resulting poor performance of individual investors. Our central message is that trading is hazardous to your wealth.

*The investor's chief problem—and even his worst enemy—is likely to be himself.*
Benjamin Graham



**图 3-11　论文《交易有损你的财富》和美国某券商散户投资者的投资回报（1991—1997 年）**

### 即问即答

美国金融学家奥玎认为，（　　）是导致频繁交易投资者财富受损的头号杀手。（单项选择题）

即问即答

A. 交易成本　　　　B. 买涨不买跌

C. 买错股票　　　　D. 情绪失控

## 3.4.2　频繁交易与噪音交易者

股票市场当中有很多投资者都习惯不断地查看股票价格的变化，频繁进行买卖。有的投资者甚至一年之内交易的次数多达上百次，几乎每个交易日都要进行交易。更进一步，频繁的交易最后演变为投资习惯，从心理学角度看，人只要 21 天就能养成一个习惯。

美国金融学家布莱克（Black）曾经写过一篇论文，将频繁交易者称为“噪音交易者”（Noise Trader）。布莱克认为噪音交易者是把错误的信息作为正确的信息交易的人。投资者为什么会频繁进行交易？主要有两个原因：第一，因为过度自信。过度自信在行为金融学中非常著名，也经常存在于我们的日常生活中。例如有调查表明，70%的汽车驾驶员认为自己的驾驶技术应位于全部驾驶者的前 30%，当然也再次说明“个人理性的总和不一定就是集体理性”。第二，投资者情绪。情绪是指人们在心理活动中对客观事物的态度和体验及其相应的行为反应，是一系列主观认识经验的通称，是多种感觉、思想和行为综合产生的心理状态和生理状态。情绪容易受到市场行情波动的影响，在行为金融学上，将投资者情绪称为从众或者羊群效应。除此之外，由于现代信息交易技术的发展，移动交易终端的普及，使得网络终端下单交易变得越来越简单和便利，在技术层面上也进一步刺激了普通投资者频繁交易的倾向。

## 知识链接

### 噪音交易者(Noise Trader)

噪音交易者(Noise Trader),这是在20世纪80年代针对理性人理论提出的概念。市场上存在着大量的、缺乏真正信息的交易者,他们就是噪音交易者。普通人也就是常说的散户,通常不具备足够的金融学常识,而且得到的市场信息有限。所以,大多数散户的股票交易中并不包含真正的信息,而是噪音。如图3-12所示。

THE JOURNAL OF FINANCE • VOL. XLI, NO. 3 • JULY 1986

**Noise**

FISCHER BLACK*

**ABSTRACT**

The effects of noise on the world, and on our views of the world, are profound. Noise in the sense of a large number of small events is often a causal factor much more powerful than a small number of large events can be. Noise makes trading in financial markets possible, and thus allows us to observe prices for financial assets. Noise causes markets to be somewhat inefficient, but often prevents us from taking advantage of inefficiencies. Noise in the form of uncertainty about future tastes and technology by sector causes business cycles, and makes them highly resistant to improvement through government intervention. Noise in the form of expectations that need not follow rational rules causes inflation to be what it is, at least in the absence of a gold standard or fixed exchange rates. Noise in the form of uncertainty about what relative prices would be with other exchange rates makes us think incorrectly that changes in exchange rates or inflation rates cause changes in trade or investment flows or economic activity. Most generally, noise makes it very difficult to test either practical or academic theories about the way that financial or economic markets work. We are forced to act largely in the dark.

**图3-12　金融学家Black和论文《噪音交易者》**

噪音交易者的大量存在,会让股票市场形成一个反馈,导致股票价格越来越偏离其真实价值,造成系统性的估值偏差。比如说,市场上有很多噪音交易者的估值是乐观的,将导致股票价格持续上涨,而股票价格的上涨又会使得更多的后来者表现出乐观态度,结果股票价格继续上涨,形成泡沫。既然有这样的价格偏差,那么机构投资者是否会从中套利?

按照有效市场假说中的理性人来看,机构投资者自然应该狠赚一笔,套利走人。但实际情况并不是这样。机构投资者也是人在操作,是由基金经理来管理投资者的资金。基金市场的表现及其业绩通常通过相对表现来衡量,也就是说基金经理的业绩评价是基于同行业水平的。当市场陷入狂热,假设一个基金经理判断正确,资产价格被高估,想要逃离市场,或者做空,反手赚一笔。但问题在于,如果这个市场的泡沫一段时间内没有破灭,那么这个基金经理的业绩就会低于同行业水平。而噪音投资者们并不具备洞察市场的能力,他们会认为这只基金表现低迷,从而有赎回基金的冲动。所以,即使知道市场存在错误定价,但是因为我们并不知道资产泡沫什么时候破灭,所以基金经理的第一反应不是为投资者谋福利,而是想办法留住投资者,保住自身的投资业绩和奖金收入。这个时候,基金不是撤离市场,反而是进行投资加码以超过同行的收益水平,最后导致股票市场的价格进一步上升。

### 3.4.3　频繁交易与处置效应

如前所述,频繁交易的坏处主要体现在两个方面:第一,频繁交易需要承担非常高的交易成本。奥玎(Odean)认为积少成多的交易成本,是导致频繁交易投资者财富损失的头号杀手。第二,消耗投资者投入的资金。对于频繁交易的投资者而言,即使每次交易成功和失败的概率相等时,但是投资收益和亏损仍然具有不对称效应,以至于投资者投资账户的资产不断减少。除此之外,还有一个关键就是处置效应。

## 知识链接

**行为金融学中的处置效应**

1998 年,美国行为金融学家奥玎(Odean)在研究了 10,000 个个人投资者的交易记录后发现,投资者更可能卖出那只上涨的股票。当股票价格高于买入价(参考点)(即主观上处于盈利)时,投资者表现的是风险厌恶,希望锁定收益;而当股票价格低于买入价(即主观上处于亏损)时,投资者就会转变为风险追逐,不愿意承认亏损,进而拒绝现实的亏损。当投资者的投资组合中既有盈利股票又有亏损股票时,投资者倾向于较早卖出盈利股票,而将亏损股票继续保留在投资组合中,回避实现损失,这就是所谓的“处置效应”。

处置效应是指投资人在处置股票时,倾向卖出赚钱的股票,继续持有赔钱的股票,也就是所谓的“售盈持亏”效应。这意味着当投资者处于盈利状态时表现为风险回避,而处于亏损状态时表现为风险追逐。

奥玎提出了一个度量处置效应程度的指标,并用该指标验证了美国股票投资者存在着较强的“售盈持亏”的行为倾向,而且这种行为动机不能运用投资组合,减少交易成本和反转预期等理性思维来解释。但是,奥玎发现出于避税考虑,美国股票投资者在 12 月份卖出的亏损股票较多,处置效应在 12 月份表现相对不明显。

处置效应的基本结论是投资者更愿意卖出盈利股票而继续持有亏损股票。与此相关的两个推论是:(1)卖出盈利股票的比率超过卖出亏损股票的比率;(2)持有亏损股票的时间长于持有盈利股票的时间。

处置效应还有一个不太适当的推论是卖出盈利股票的数量超过卖出亏损股票的数量,这一推论不适当的原因是当市场处于牛市时,投资者的投资组合中的大部分股票会处于盈利状态,盈利股票的数量远超过亏损股票,卖出更多的盈利股票是合理的;而当市场处于熊市时,投资者的投资组合中的大部分股票会处于亏损状态,亏损股票的数量远超过盈利股票,卖出更多的亏损股票是合理的,采取推论(1)的比率方式有利于克服上述问题。此外,依据处置效应亦可以推断股市在熊市的成交量应低于牛市的成交量。

综上所述,良好的习惯比所谓千载难逢的机会更重要一些。无论如何,在投资与理财中都要养成良好的投资习惯,克服频繁交易所带来的某种倾向。怎么样克服呢? 一是要在心理和意识上尽量避免随意交易,如果要买和卖,首先要给自己一个有说服力的理由;二是一定要制定长期的投资规划,要在投资思维当中养成一个制订计划的习惯,约束随意的心理波动和行为带来的财富损失,例如图 3-13 所示,通过描绘一个“假想”的股市波动周期,并叠加一个典型的个体投资者的情绪波动，生动地反映了一个普通投资者的心理随着市场涨跌发生变化的过程。在真实的股票市场周期性波动中，经常可以感受到普通投资者心理的变化。越来越多的投资者会认识到心理波动才是自己投资行为的头号敌人，频繁的交易就是其中的一个旧式思维和投资陷阱。

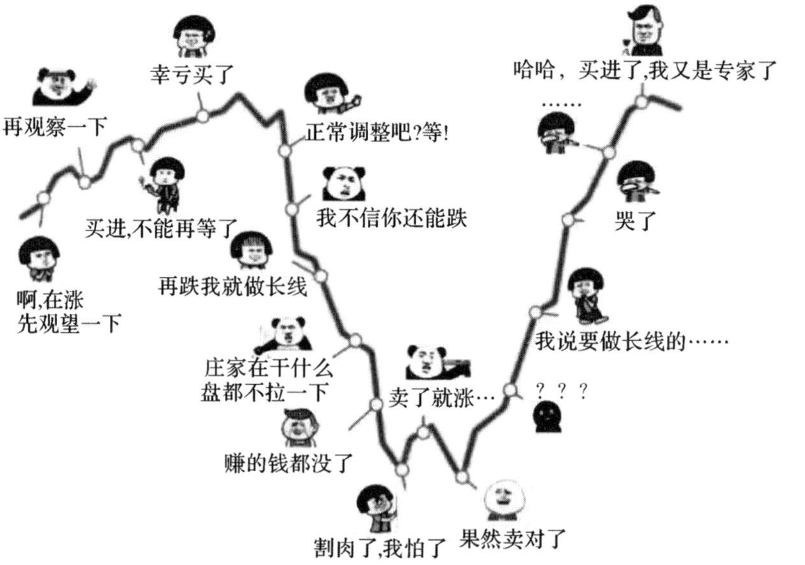


图 3-13 市场波动与投资者情绪

## 即问即答

假设你现在需要卖出正持有的两只股票中的一只来满足现金需要，此时你持有的股票 A 的浮动盈利率为 20%，而股票 B 的浮动亏损率为 20%，你会怎么做呢？

即问即答

## 拓展阅读

□“三种钱”的投资逻辑
□2020 年巴菲特股东大会
□放下心中的贪婪
□典型易诱发认知偏见，均值才最重要
□股市的下跌为何如此惨烈
□股灾带给我们的反思
□前景理论：行为金融学的基石
□心理账户理论可解释许多非理性消费行为

拓展阅读资料

## 本章小结

### ■主要术语

长期投资　货币时间价值　时间的玫瑰　非对称效应　投资组合理论　系统性风险　非系统性风险　均值　方差　协方差　反射原理　不要把鸡蛋放在同一个篮子里　处置效应　频繁交易　噪音交易者

### ■主要观点

通过学习本章,我们已经知道了证券投资思维和投资的重要性;理解了时间的玫瑰,也就是耐心是一种美德;明白了投资收益与风险的关系;了解了美国金融学家奥玎的投资忠告;熟悉了巴菲特的买入持有策略,以及巴菲特的投资原则;懂得了不要把鸡蛋放在同一个篮子里的投资策略和投资组合策略,以及频繁的交易会损害投资者财富。

□理解投资风险有两个维度:一是损失风险;二是变异风险。损失风险是收益率小于零的时间占所有投资期间的百分比。变异风险是最终收益率分布的标准差,就是它偏离均值的程度。依据中心极限定理,持有时间越长,损失风险确实越小。时间足够长的话,收益率较差的月份就会被收益率较好的月份抵消。总而言之,如果在满足一定的条件下,长期投资所持有的期限越长,理论上既可以降低损失风险也可以降低变异风险,从而使得长期投资在理论上给出了一个相对完美的解释。

□投资组合理论认为,当证券组合中的证券种类越来越多的时候,证券组合回报率的方差会越来越依赖证券之间的协方差。不要把鸡蛋放在同一个篮子里,就体现出投资组合能够带来的好处,即通过增加证券数量,削减投资组合的非系统性风险(但没有办法消除系统性风险),通过消除非系统性风险的办法来降低总风险,这是投资组合理论最重要的经验和体会。

□交易是有成本的,不管股票涨与跌,散户买卖股票都是要交税和佣金的,由于是频繁交易,散户单次的收益率并不高,交易成本的占比就较大,这个前提还是在投资没出现失误的情况下,如果投资一旦失算,就会损失掉已有的盈利,甚至出现本金的亏损。频繁交易的投资者往往忽视交易成本的影响,认为每次交易的成本非常小,对投资业绩的影响很小。事实是,频繁的交易会损害投资者的财富。

□良好的习惯比所谓的千载难逢的机会更重要一些。无论如何,在投资与理财中都要养成良好的投资习惯,克服频繁交易所带来的某种倾向。在真实的市场周期性波动中,经常可以感受到普通投资者心理的变化。越来越多的投资者会认识到心理波动才是自己投资行为的头号敌人,频繁的交易就是其中的一个旧式思维和投资陷阱。

## 自测题

自测题

### ■客观题

**(一)单项选择题(下列每小题的备选答案中,只有一个符合题意的正确答案。请将你选定的答案字母填入题后的括号中。)**

1. 小王今年年初投资股票100万元，到年底账面亏损了50万元，收益率为－50%。小王若想在明年赚回本金，需要盈利50万元，即收益率达到100%才可以。这个例子体现了投资收益和损失的（　　）。

A. 高风险性　　B. 高回报　　C. 非对称效应　　D. 高波动性

2. 投资组合理论最初是由美国经济学家（　　）于1952年创立。

A. 沃伦·巴菲特　　B. 哈里·马科维茨

C. 约翰·梅纳德·凯恩斯　　D. 尤金·法玛

3. 美国金融学家奥玎（Odean）认为，（　　）是频繁交易导致投资者财富受损的头号杀手。

A. 交易成本　　B. 买涨不买跌　　C. 买错股票　　D. 情绪失控

4. 按照国际金融市场通行的标准，短期内股价下跌超过（　　）则称为股灾。

A. 10%　　B. 20%　　C. 30%　　D. 50%

5. 股票配资业务是指一些机构或个人给股票投资者提供（　　）的行为。

A. 投资服务　　B. 中介服务　　C. 配股服务　　D. 融资服务

6. “不要把鸡蛋放在同一个篮子里”这句话表达的意思是（　　）。

A. 集中资金，追求高回报　　B. 分散资金，追求高回报

C. 分散风险，减少损失　　D. 集中风险，减少损失

7. “财富效应”是金融学的术语，股市的“财富效应”是指（　　）。

A. 股票市场活跃了，股价上升了

B. 股票市场活跃了，股民多了

C. 股票市场活跃了，投资者赚钱了

D. 股票市场活跃了，投资者赚钱了，股民消费增加了

8. 以下哪一种不是实现风险转移的基本方法（　　）。

A. 保险　　B. 分散投资　　C. 套期保值　　D. 互换

9. 从风险与收益的关系看，证券投资风险可分为系统性风险和非系统性风险，以下选项属于系统性风险的是（　　）。

A. 操作性风险　　B. 市场风险

C. 券商选择不当的风险　　D. 不合规的证券咨询风险

10. 投资者构建证券组合的目的是为了（　　）。

A. 降低系统风险　　B. 降低非系统风险

C. 降低利率风险　　D. 降低市场风险

**（二）多项选择题（下列每小题的备选答案中，有两个或两个以上符合题意的正确答案。请将你选定的答案字母填入题后的括号中。）**

1. 美国金融学家奥玎（Odean）给普通投资者提出的投资建议包括（　　）。

A. 股票是要“炒”的　　B. 买入持有策略

C. 分散化投资　　D. 控制交易成本

E. 注意税负

2. 下列属于反射效应特点的是（　　）。

A. 人们面对损失时有风险追逐的倾向，而对于获利则表现为风险厌恶的倾向

B. 人们在面对获利时,往往小心翼翼,不愿冒风险
C. 人们在面对损失时,人人都变成了冒险家
D. 人们面对损失的痛苦要远远大于获利的快乐
E. 人们在面对获利时,人人都变成了冒险家

3. 下列哪些风险不能通过投资组合来降低(　　)。
A. 战争或骚乱、石油恐慌　　B. 经营风险
C. 汇率波动　　D. 央行调整利率
E. 市场不景气

4. 1990 年第十三届诺贝尔经济学奖由下列哪几位经济学家分享(　　)。
A. 罗伯特・席勒　　B. 默顿・米勒
C. 哈里・马科维茨　　D. 尤金・法玛
E. 威廉・夏普

5. 投资者进行频繁交易的原因主要包括(　　)。
A. 过度相信自己的能力　　B. 有效市场
C. 情绪容易受到市场短期波动的影响　　D. 羊群效应
E. 完全理性

6. 下列属于系统风险的是(　　)。
A. 政策风险　　B. 利率风险
C. 购买力风险　　D. 财务风险
E. 新冠肺炎疫情传播风险

7. 股票往往是投资者重点关注的投资工具,下列关于股票的说法,正确的是(　　)。
A. 股票是一种真实资本　　B. 股票是一种有价证券
C. 股票代表持有人对公司的所有权　　D. 股票是一种法律凭证
E. 股票代表持有者的财富

8. 下列有关长期投资的说法,正确的是(　　)。
A. 长期投资是指不准备随时变现,持有时间超过 1 年的投资
B. 长期投资的目的主要在于获得企业的控制权或股息红利
C. 股权投资是一种长期的权益投资
D. 购买股票是一种长期投资
E. 购买货币市场基金是长期投资

9. 暴跌最重要的原因就是之前的疯涨,只要弄清了股市疯涨的原因,也就基本清楚了股市暴跌的真相。以下哪些属于股市疯涨的原因(　　)。
A. 政策的大力推动　　B. 资金杠杆的野蛮生长
C. 主流媒体的不当引导,扭曲了市场预期　　D. 强制平仓
E. 羊群效应

10. 损失风险是收益率小于零的时间占所有投资期间的百分比。根据中心极限定理,以下哪些因素会影响损失风险的大小(　　)。
A. 期望收益值　　B. 收益率的标准差 $\sigma$

C. 收益率的期望值　　　　　　　　D. 持有时间

E. 协方差

**(三)判断题(请将你的判断结果填入题后的括号中。你认为正确的,填"√";你认为错误的,填"×"。)**

1. 长期投资的目的主要在于获得企业的控制权或股息红利。　(　　)
2. 一般用收益率的期望值来衡量变异风险。　(　　)
3. 著名心理学家卡尼曼的心理试验表明,人们都不愿意放弃已有的或者肯定会有的金钱或财富,而且多数人面临损失选项时的风险承受能力低于面临收益时的情形。　(　　)
4. 巴菲特曾说,在投资领域里,没有人可以把你三振出局,唯一可能让你出局的是不敢追涨杀跌,以至于错失良机。　(　　)
5. 证券投资组合的结构比投资规模更重要。　(　　)
6. 非系统性风险因素会导致所有证券价格波动,且无法事先采取针对性措施予以规避或利用,即使投资组合也不能降低这种风险。　(　　)
7. 在投资组合中,当证券的种类越来越多时,证券组合回报率的方差的大小越来越依赖证券之间的方差而不是证券的协方差。　(　　)
8. 我国股市的基本特征是"牛长熊短"。　(　　)
9. 股票与债券相比较,投资风险更大,其原因在于股票每年的红利不确定,且投资是无限期的。　(　　)
10. 系统性风险因素会导致所有证券价格波动,且无法事先采取针对性措施予以规避或利用,即使投资组合也不能降低这种风险。　(　　)

## ■主观题

1. 如何理解时间在投资理财中的作用与影响?
2. 如何理解长期投资中影响投资收益的风险因素?
3. 如何理解频繁交易可能产生的问题?
4. 如何理解"追涨杀跌"策略的适用情形?
5. 巴菲特的一些投资理念适合于中国的投资市场吗?

## 讨论题

□从长期来看,股票投资更安全了?还是风险更大了?

□在股票投资过程中,最忌讳的是孤注一掷,为什么?

□如何理解华尔街谚语:"耐心是一种美德"?

□你认为频繁的交易会损害投资者的财富吗?

□如何看待借钱炒股?

□为什么人对损失的关注常常大于对收益的关注?

□如何理解"别人都谨慎时,就是你'贪婪'的时候"?

## 案例分析

### 卢·辛普森的“保守而集中”的投资策略

辛普森是巴菲特麾下杰出的投资者。在掌管盖可保险(GEICO)有记录的 20 年(1984—2004)间年均收益率所得 20.3%，而对应期间的标普 500 指数仅 13.5%，其成就非凡，击败了市场的平均收益水平和大多数投资经理。因此，被巴菲特称赞为“财产保险行业里最棒的投资经理”。

辛普森的投资哲学共有 5 条，来自他的“个人档案文件”。

一是独立思考。尽力对传统的知识进行质疑，并努力避开周期性席卷华尔街的非理性行为和情绪。不忽视冷门的公司。

二是投资那些为股东带来高收益的公司。尽力鉴别出那些能稳定地保持高于平均水平盈利能力的公司，剔除那些不能带来正的净现金流的公司。

三是只支付合理的价格，即使面对的是优质企业。如果价格太高，即使世界上最好的企业也不再是一个好的投资标的。

四是进行长期投资。为股东利益而运转的优质公司的股票，代表着能够长期提供高于市场平均水平回报的绝佳机会。频繁买进卖出股票则会大幅削减投资收益。

五是不要过度分散投资组合。投资组合越分散，其收益表现也越倾向于市场平均收益。如果将投资集中在满足投资标准的几家公司身上，只要风险收益比可以接受，明智地承担风险，就有机会获取高额回报。

辛普森是集中投资的典范，但这一过程也是渐进式地发展的。1982 年，盖可保险在 33 个公司上持有价值大约 2.8 亿美元的普通股，后来削减至 8—15 个公司之间。1995 年，辛普森在仅仅 10 只股票上投资了 11 亿美元。辛普森不认为如此集中有什么风险，按照巴菲特的话说：“辛普森始终都投资那些被低估的普通股，这些投资分开来看，是不可能给他带来永久性损失的，合起来看，更近乎零风险。”

辛普森认为，投资组合应当由一系列已经合理估值的公司构成，并且投资者应当有信心地认为，这些公司在三至五年后，规模会变得更大，赢利能力会更强。他将自己描述为“自下而上的择股人”，一个对行业或分散化的不可知者。当他深信某些投资有价值基础时，才会做出投资决定。他坚持自己长期以来精练的投资原则：在内在价值基础上折价投资，公司品质要高，管理层质量也要高。

辛普森认为，跑赢指数的方法，就是找到自己信心十足的证券，然后将资金集中投资在它们身上。“集中投资可能是我唯一能够给投资带来增值的方法。”这意味着他对投资组合调整得很少。

**□问题**

辛普森的“保守而集中”的做法是否意味着“鸡蛋就应该放在同一个篮子里?”

**□考核点**

投资组合、系统性风险、非系统性风险、风险分散。

## 推荐书目

**□但斌，《时间的玫瑰：但斌投资札记》，山西人民出版社，2007 年版。**

不用看盘，不用技术分析，也不用打听消息，只需要常识，你就能够成为中国股市的大赢家，成为这个财富膨胀和转移时代最大的受益者。在大多数股民和投资者看来，这似乎是不可能实现的事情。《时间的玫瑰——但斌投资札记》一书却让我们相信，能为投资者带来巨额收益的，正是这种简单、实用、人人都能学会的股票赢钱操作策略。作者站在一个专业投资者的高度，用价值投资的理念鼓励股民用常识投资，四两拨千斤地把貌似繁杂深奥的股票投资简化为一种易于理解、简单可行的观念。

在该书中，但斌以札记的形式，讲述了他十几年来跌宕起伏的投资经历；分析了自己从技术派向价值投资者的转变，并由此带来的巨额投资收益；通过大量的事例和理性的分析，深入浅出地阐释了股市投资的本质和原则；提供了价值投资的具体方法，如怎样选股、如何调研企业、怎么应对市场波动等等；更提供了他自己股市投资的详细、实用的案例分析。我们为什么要投资？牛市还能持续多久？奥运会之后对股市有何影响？新股民应该注意什么？投资最难的是什么？以上等等问题，读者都能从这些札记中获得十分清晰和颇有价值的答案或启示。

该书还收录了媒体对但斌的四次访谈，进一步阐释了他的投资理念；收录了其影响广泛的访美游记《带一双眼睛去美国》，为本书增添了许多人文气息。随书附送的“但斌谈股市与价值投资 VCD 光盘”，可以使读者充分感受但斌的投资思想和个人魅力。

但斌坚信，中国股市的黄金时代已经来临，只要坚持正确的投资方法，普通投资者也一定能够取得令人意想不到的巨大收益。在这个风起云涌的资本市场，如果你想通过投资来增值自己的财富、改变人生的命运，但斌的投资理念绝不容错过。

**□[美]沃伦·巴菲特、劳伦斯·坎宁安，《巴菲特致股东的信》，机械工业出版社，2018 年版。**

《巴菲特致股东的信》历来是众多巴菲特追随者的经典学习范本，其中体现的大师投资理念值得投资者反复研读。

众所周知，巴菲特每年都会亲自执笔给伯克希尔·哈撒韦公司股东写一封信，迄今已写了 52 年。每一封致股东的信都洋洋洒洒数万言，信中回顾公司业绩、投资策略，还会就许多热点话题表达观点。

1996 年，巴菲特授权劳伦斯·坎宁安教授编撰他的信件，并出版了超级畅销书《巴菲特致股东的信》，书中全部文字原汁原味地保留了巴菲特第一人称的叙述，将其投资思想与管理智慧分为公司治理、财务与投资、投资替代品、普通股、兼并与收购、估值与会计、税务等主题。从此，坎宁安教授成为巴菲特的御用编辑，并得到巴菲特的授权进入伯克希尔进行深度调研采访，并创作姊妹篇《超越巴菲特的伯克希尔》一书，专门论述伯克希尔的经营管理之道。

相较于前三版，《巴菲特致股东的信：投资者和公司高管教程》第 4 版保留了原来的架构和哲学，增加了巴菲特最新的年报分析的内容。这些新增的内容被编入了书中的相应篇章，它们有机地融为一体，丝毫不影响读者在阅读过程中获得对于稳健企业和投资哲学的整体印象。为了帮助读者区分书中哪些部分是新增的内容,在书末的“注释”部分标注了这些内容是选自哪些年度的致股东的信件。

20 年来,本书四版获得了无数赞誉,但最有价值的莫过于巴菲特本人的评价:“坎宁安做了一项伟大的工作,他整理呈现了我们的理念。这本书比任何一本关于我的传记都要好,如果让我选一本书去读,那必定是这一本。”

该书收录了投资大师沃伦·巴菲特写给股东的信,探讨的主题涵盖管理、投资及评估等,其中核心的精神是由格雷厄姆和托德提出的,书中论述了公司治理、公司财务与投资、普通股、兼并与收购及会计与纳税等内容,是一本既精练又富于实用性和教育性的投资手册。特别是,虽然这是一本讲投资的书籍,但内容并不枯燥,而是精彩绝伦、妙趣横生,使读者能够从中领略到一个崭新的投资世界。

巴菲特认为到目前为止还没有哪一本关于他的书超过这本,其实不仅是巴菲特本人对此书喜爱,从当当的销量榜上不难看出,喜欢这本书的大有人在。

## 自我评价

| 学习成果 | 自我评价 |
|---|---|
| 我已经理解了“耐心是一种美德”,明白了投资的收益与风险,理解了奥玎(Odean)的投资忠告 | □很好　□较好　□一般　□较差　□很差 |
| 我已经熟悉了巴菲特的买入持有策略,理解了巴菲特的投资原则 | □很好　□较好　□一般　□较差　□很差 |
| 我已经理解了“不要把鸡蛋放在同一个篮子里”的投资策略,明白了投资组合的哲理 | □很好　□较好　□一般　□较差　□很差 |
| 我已经理解了频繁地交易会损害投资者财富的道理 | □很好　□较好　□一般　□较差　□很差 |

# 第 4 章　时间的玫瑰:基金定投



## 导入语

爱因斯坦曾将“时间复利价值”称之为世界第八大奇迹,也就是说基金定投能发挥复利价值的作用。在职业生涯早期便开始投资,时间复利价值的神奇魔力可以进一步放大尽早投资的重要性。只要投资者坚持基金定投,就可助投资者实现成家立业、子女教育、颐养天年等目标。通常来说,投资者必定为获得更高的收益而承担更大的风险。投资的多样化能够为投资者提供“免费的午餐”,同时还可以在不牺牲回报率的情况下降低投资风险。基金定投可以起到“小积累,大财富”的作用。

## 学习目标

通过学习本章,理解俾斯麦的独特理财观;明白金融资产与土地、森林等实物资产的区别;掌握聚沙成塔、集腋成裘的基金理财功能;了解证券投资基金的分类、收益与风险;区别战略性资产配置与战术性资产配置;理解证券投资基金定投的好处,以及证券投资基金定投的策略。

## 思维导图

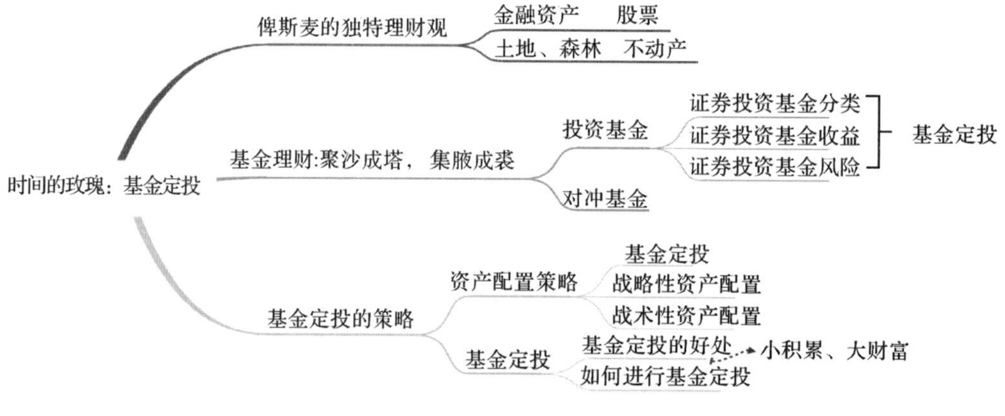

## 4.1　俾斯麦的独特理财

视频:俾斯麦的独特理财

PPT 课件

经济学大师保罗·萨缪尔森(Paul Samuelson)在其《经济学》译本(第 12 版)中曾经说过:“你的一生中,从摇篮到坟墓,你都会碰到经济学的严酷真理。你谋取一生的收入要涉及经济学,作为消费者花费这笔收入也是如此,在重要的储蓄和投资事务中——对于你的辛劳所得要加以妥善处理——经济学不会保证使你成为天才,但是,没有经济学,你简直非吃亏不可。”投资与理财最终的成功一定不是靠什么秘诀,而是因为遵循了理性的规则。如图 4-1 所示,个人储蓄与投资决策需要结合生命周期理论进行科学决策。

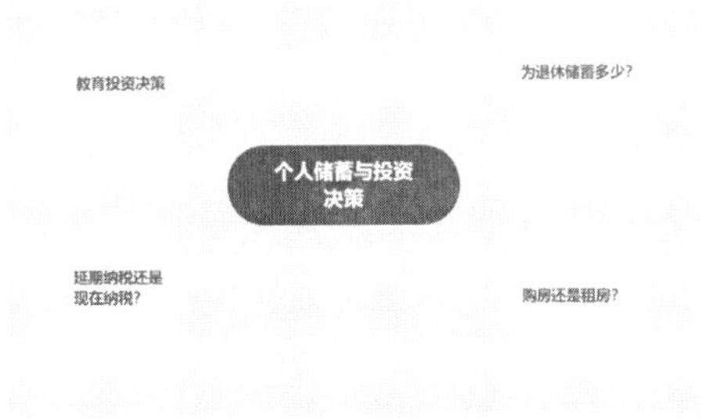


**图 4-1　个人储蓄与投资决策**

### 4.1.1　俾斯麦的理财观

被称为“铁血首相”的俾斯麦,被认为是 19 世纪最卓越的政治家之一。他在担任普鲁士首相期间,通过一系列战争,统一了德国,并成为德意志帝国的第一任总理。俾斯麦不仅仅有辉煌的政治功绩,也具有非常独特的理财观念。俾斯麦在其一生中,不仅获得了巨大的政治声望,同时通过投资也累积了巨额财富。

俾斯麦投资的主要标的物是土地和森林,尤其是可以轮流砍伐树木的森林。在俾斯麦看来,证券投资是增长财富最快的方法,但土地和森林才是固定并传承财富的最佳选择。他坚信只有土地和森林才能使财富延续,因为土地和森林会随着人口的增长而成为稀缺资源,其价值会不断升高,因此他将投资所得的利润用于购买土地和森林。根据历史数据,在那个时期德国土地的增值每年约为 2%,木材价格每年上涨 2.75%,而同期的通货膨胀率几乎是零。因此,从林场获得的实际收益每年大约是 4.75%,即使以后出现比较明显的通货膨胀,俾斯麦也确信土地和木材也会随之升值,在他看来这是一种稳妥的投资方法。

后来,事实也证明俾斯麦的理财方向和投资策略是正确的,而且具有高度的前瞻性和预见性。尤其是接下来的 50 年间,德国战火频频,工厂与证券毁之一炬,通货膨胀飙升,经济萧条接踵而来,但是森林和土地却一直稳定地增值,表现出比其他任何资产都更能保值增值的特质。

俾斯麦投资土地和可以轮伐的森林,就类似于当下人们对房地产等不动产投资的理解。

自20世纪末，我国推行住房制度改革以来，居民家庭所拥有的财产对贫富差距的影响越来越大，而且逐渐向少数人群聚集，财产不平等程度加深，进一步拉大了贫富差距。目前，我国城镇居民家庭资产以实物资产为主，住房占比近70%，远远超过发达国家。房产已成我国绝大多数家庭主要的财富来源，许多家庭财富都与房地产深度捆绑。近年来，房地产价格的快速上涨，特别是一、二线城市房地产价格的飙升，导致了贫富差距的分化。

## 资料卡4-1

**威廉皇帝对俾斯麦的评价**

您，罗恩将军，磨亮了宝剑；您，毛奇将军，正确使用了宝剑；您，俾斯麦伯爵，多年来如此卓越地掌管我的政策，每当我感谢军队时，就特别地想到你们三位。

——威廉一世在德意志帝国成立庆功宴会上的祝酒词

## 即问即答

如何理解威廉·配第曾说："劳动是财富之父，土地是财富之母"？

即问即答

### 4.1.2 理财是固化财富的有效方式

李嘉诚有句名言："决定房地产价值的因素，第一是地段，第二是地段，第三还是地段。"李嘉诚指出了购房最需考虑的重要因素是地段。房子住久了不满意，可以进行改造，但是住房的自然地理位置却是无法改变的。类似"面朝大海、春暖花开"绝版地段的住房，是稀缺资源，贬值的可能性很小。这类住房如果真的要说它有风险，那也许只有海啸。不过真的有海啸也没有关系，因为可以通过购买保险来转移风险。购买房地产就是一种固定资产投资，地段的核心价值是存在发展的机遇和未来的可能。

毫无疑问，相对于别的工具，土地和房产能够更好地固化财富。从某种意义上讲，现代信用货币最终只不过是表征财富和资产的一种符号，货币的内在价值在变化。如图4-2所示。

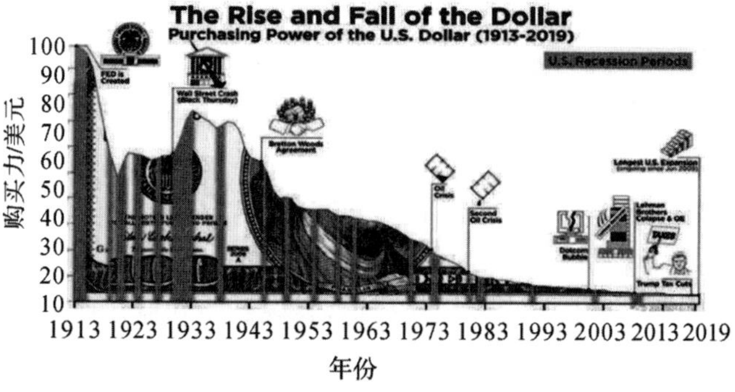


图4-2 美元购买力的变化

在图 4-2 中,美元失去了 95%的购买力,哪怕是最稳定的货币——英镑,在过去的 300 年里也失去了 99.5%的购买力。随着投资标的的不同,也许就有了骑在马背上还是跟在马后面的区别,但是有一些资产的稀缺性却一直存在。

**资料卡 4-2**

**三分饥寒**

叔叔一直对水生说:"水生,吃饭不要吃全饱,留个三成饥,穿衣不要穿全暖,留个三分寒。这点饥寒就是你的家底,以后你饿了就不会觉得太饿,冷了就不会觉得太冷。"

——路内《慈悲》

富不过三代。也许,俾斯麦可能担心自己的后代,由于理财知识的缺乏或者其他原因,不知道如何管理财富,就算是当代最伟大的公司,最终也有衰老的时候。譬如,曾经赫赫有名的柯达公司。

**柯达公司的衰落**

1975 年柯达生产了世界上第一台数码相机。2005 年,柯达是世界第一的数码相机生产商,产值接近 60 亿美元。但当数码相机从奢侈品变成普通品的时候,悲剧就开始了。很多人指责柯达领导层没有快速响应行业的变化。但问题是,如果快速响应了这种变化,一定能改变柯达的命运吗?从任何一个角度看,柯达都得倒下了,因为它已经完成了自己的使命,实现了自己的价值。世界 500 强的平均寿命是 40—50 年,柯达已经远远超出了(Eric Sherman)。

投资与理财是一种决策与行动的逻辑。要想拥有超过几代人的有效财富管理,在任何时候也许都是一种奢望。俾斯麦喜欢拥有林场,有他独特的财富观,底层逻辑是他认为只有土地和森林这样的财富才是生生不息的,不需要过多的投资天赋和知识就能够进行管理。

从前的人,依靠儿女成群。现在的你,依靠的是年轻时候的自己。年轻时,在有充分保障的基础上,投资未来才是最稳健的依靠。也许我们的后代没有理财的能力,但是只需要教给他们一些投资与理财的逻辑思维与方法,学习和借鉴俾斯麦购买土地和森林的逻辑,投资你可以看到和能够把握的稀缺资源,这也许就是俾斯麦独特理财观念的启示。

**即问即答**

你从俾斯麦购买土地和森林的投资逻辑中学到了什么?

即问即答

## 4.2　基金理财:聚沙成塔,集腋成裘

视频:基金理财:聚沙成塔,集腋成裘

### 4.2.1　投资选择问题

在日常生活中,人们都有月收入,比如工资、津贴、分红、遗产、馈赠等,这

些收入在满足日常开支以后的结余部分，一般会考虑储蓄或投资。如图 4-3所示。

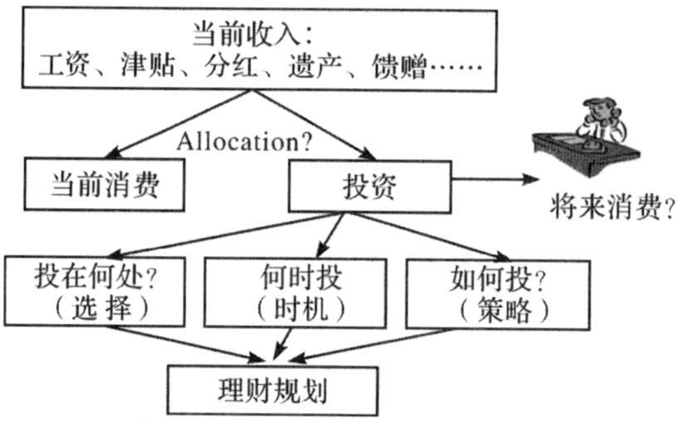


PPT 课件

**图 4-3　基金投资的决定与行动**

投资涉及三个最基本的问题：一是投在何处？即投资资产选择的问题；二是何时投？意味着投资时机的选择问题；三是如何投？就是投资策略的问题。如果把"投在何处"理解为选择投资资产的判断能力，把"何时投"理解为选择投资时机的能力，"如何投"就是投资战术或投资方法的选择能力，例如采取积极的投资策略、抑或消极的投资策略等。

美国宾夕法尼亚大学沃顿商学院的西格尔教授(Seigel)分析了过去 200 多年在美国市场上几个大类资产的回报率，见图 2-8。

根据图 2-8，首先看现金资产，1801 年的 1 美元，200 多年之后是 0.051 美元，贬值了 95%，原因这是通货膨胀导致的；其次看黄金，1801 年的 1 美元黄金，200 多年之后是 3.12 美元，虽然保值了，但是升值有限；再看短期债券和长期债券，短期债券 200 多年涨了 275 倍，长期债券 200 多年涨了 1,600 多倍，似乎涨得挺多的；最后来看股票，如果在 1801 年投资 1 美元到美国股市，200 多年后的价值是 103 万美元，除去通货膨胀的影响，年化收益率为 6.7%，产生了惊人的投资回报。由此可见，不同资产的投资回报差异巨大，选择资产的投向十分重要。

对我国居民家庭而言，改革开放以后，伴随着经济的快速发展，人均可支配收入快速增加，居民家庭财富呈现爆炸式增长的态势。尤其是 20 世纪末推行住房制度改革以来，房地产的投资属性表现异常突出，居民家庭购房热情高涨，房价飙升，房地产投资带来了十分丰厚的回报。同时，我国资本市场也从萌芽到全面发展，股票、债券、基金、期货渐渐为人们所熟悉，并逐渐成为居民家庭的投资工具。中国人民银行调查统计司发布的《2019 年中国城镇居民家庭资产负债情况调查》显示，城镇居民家庭户均总资产 317.9 万元，家庭资产以实物资产为主，住房占比近七成，居民家庭住房拥有率达到 96.0%，有一套住房的家庭占比为 58.4%，有两套住房的家庭占比为 31.0%，有三套及以上住房的占比为 10.5%，户均拥有住房 1.5 套。相比于住房等实物资产，我国居民家庭所拥有的金融资产分化明显，居民家庭更偏好无风险金融资产，户均金融资产 64.9 万元，占家庭总资产的 20.4%。拥有金融资产最多的前 10%的家庭所拥有的金融资产占所有样本家庭的 58.3%，而拥有实物资产最多的 10%的家庭拥有的实物资产占所有样本家庭的 47.1%。可见，居民家庭中金融资产的不均衡程度更显著。

由此可以看出，我国城镇居民更加倾向于投资房地产等实物资产。究其原因可能主要表现在以下几个方面：

(1)住房的居住属性

房子是用来住的。一方面,衣食住行是人们最基本的物质生活需要,住房是生活必需品,能够提高生活质量,对中国百姓而言,只要有能力都想去改善居住条件。而且,对普通百姓而言,住房也是财富的象征。另一方面,由于教育资源的不均衡,出现了学区房,自有产权房是在好学区上学的必要条件,使得人们对住房趋之若鹜。

(2)住房是实物资产

相比股票、基金、债券等收益权凭证而言,住房是看得见摸得着的,除了满足使用性能以外,还具有保值、增值功能。房地产的市场价格与社会经济发展紧密联系在一起。随着区域经济的快速发展,住房的经济位置会发生改变,原来郊区偏僻的地方,几年以后可能成为中心位置或核心区块,从而推动住房价格快速上涨。自住房制度改革以来,我国的房地产市场没有经历过像样的调整,房地产价格一路上涨,只要买房基本上都是稳赚不赔,这更加坚定了人们的购房信心。

(3)投资住房的收益稳定

投资住房的收益主要来源于房屋租金收益和资产增值。随着经济的发展,居民的可支配收入不断增长,除了日常开支外,大家对资金保值增值的需求日益增长。而国内的投资渠道相对匮乏,目前人们普遍能接受的投资方式主要是房地产和股市。虽然我国资本市场已经建立,经过 30 多年的发展逐渐成熟,但是居民在资本市场上的赚钱效应较弱。投资股票等金融资产经常被套,而投资商品房的预期收益稳定,投资回报远远超越股市,使得人们热衷于买房。

(4)投资住房能够抵抗通货膨胀

一般而言,投资住房会办理住房按揭贷款。随着经济的发展,尤其在量化宽松的政策下,容易发生通货膨胀。通货膨胀会导致货币的购买力下降,例如 10 年前的月供 5,000 元,与现今的月供 5,000 元不等价,因此通货膨胀对借款人有利。更何况通货膨胀会导致大类资产的要求回报率降低,房地产等大类资产的价格上涨。

由于我国各地区经济发展不平衡,住房价格在地区间出现了较大的差异,在一线城市、东部沿海地区房价表现为持续大幅增长。近年来,受房地产调控政策的影响,房价有一定的波动,住房投资的回报存在不确定性。根据美国、日本的历史经验,在房地产回报不明朗的前提下,居民资产配置重心会从房地产转向股票、基金等金融资产,这将为基金行业发展带来新机遇。

在各种金融投资工具中,最为大家关注的是股票、债券和投资基金。下面对这三种投资工具作一个比较,如表 4-1 所示。股票反映的是所有权关系;债券反映的是债权债务关系;投资基金反映的是信托关系。在资金投向上也不同,股票募集的资金直接投向企业,用于公司的生产经营;债券是募集主体通过债务方式直接融资,资金投向实业;投资基金是在金融市场上购买其他证券品种,属间接投资。此外,三者的投资收益与风险也不同,在一般情形下,证券投资基金因为带有组合投资和分散投资的特点,波动性比单个证券投资品种相对平稳一些,但是这也只是一般意义上的,而股票的价格波动大,债券价格波动小一些。

表 4-1　投资基金、股票与债券的关系

| | 投资基金 | 股票 | 债券 |
|---|---|---|---|
| 反映的经济关系 | 信托关系：一种受益凭证，投资者购买基金份额后成为基金受益人，基金管理人不承担投资损失风险 | 所有权关系：一种所有权凭证，投资者购买后成为公司股东 | 债权债务关系：一种债权凭证，投资者购买后成为债权人 |
| 资金投向 | 间接投资：主要购买股票、债券等 | 直接投资：主要投向实业 | 直接投资：主要投向实业 |
| 投资收益与风险 | 通过投资组合，能够有效分散风险，风险适中，收益相对稳健 | 价格波动大；高收益、高风险 | 价格波动较小；低收益、低风险 |
| 投资回收方式 | 按基金净值赎回基金单位 | 只能在二级市场转让 | 到期赎回本金和利息 |
| 投资渠道 | 基金公司、证券公司、信托公司、银行 | 证券公司 | 债券发行机构、证券公司、银行 |

如何看待投资基金这种工具？证券投资基金作为一种金融创新工具，它能够做到严格细分投资者的风险偏好特征与金融市场的基本面，能够更充分地体现投资者风险偏好的一致性与信息比较优势的结合。例如，按照风险偏好一致性程度的高低排序，可以发现商业银行存款最低，投资基金次之，对冲基金风险偏好的一致性程度最高。

### 4.2.2　基金投资

投资基金作为一种大众集合投资的理财工具，具有明显的优势。普通投资者可以运用货币市场基金代替传统储蓄，货币市场基金具有良好的流动性，可以随时变现，而且比银行储蓄存款具有更高的回报。开放式基金因为具有市场选择性强、流动性好、透明度高和便于投资等特点深受广大基民青睐。封闭式基金在封闭期内，投资者不能进行申购和赎回，有利于基金经理做长期的投资策略，平滑短期市场的波动，更加专注长期回报，使得投资者更容易坚持长期投资，获得低风险下更高的收益。基金定投具有的强制性储蓄的优点，也是一种被广泛推崇的投资策略。聚沙成塔，集腋成裘，基金投资确实可以积蓄十分可观的财富，真正体现出货币的时间价值。

以美国为例，美国现在大约有 9,600 万人，但有 5,490 万个家庭拥有美国共同基金，基金资产占到美国家庭金融资产的 47%。现今 1/3 的美国人是共同基金持有人，有 50%的美国家庭持有共同基金。从过去 200 年的基金投资回报率来看，即使是普通的偏股型基金，如果投资组合表现不错，每年大约能够实现近 6%的实际回报率，确实有很好的长期投资绩效。

**资料卡 4-3**

**美国共同基金的基金规模**

根据美国投资公司协会（Investment Company Institute，ICI）发布的《2022 美国基金业

年鉴》(2022 *Investment Company Fact Book*),美国市场的共同基金在 2017 年共有 11,188 只,2021 年基金公司的总数为 1.6 万只(如图 4-4 所示)。这 5 年多的时间里,美国基金公司数量较为稳定。从结构上来看,因为 ETF 基金公司数量的增长较为明显,而共同基金、封闭式基金和单位投资信托公司的数量都有不同程度的下降。在规模上,受益于 2021 年市场的整体上行,各类型基金公司的规模均有抬升,其中共同基金和 ETF 占据主要市场规模。

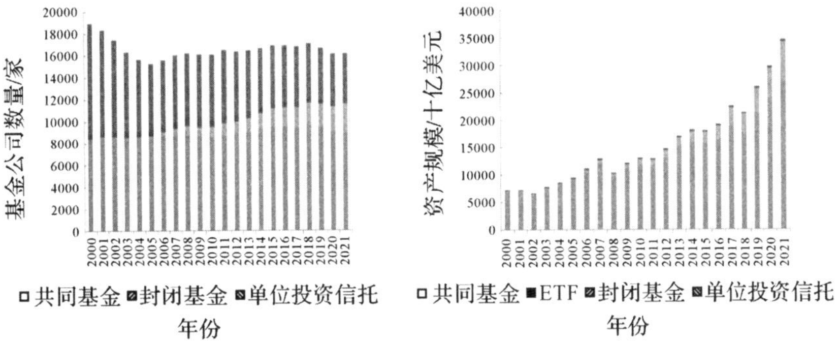


**图 4-4　美国共同基金的家数和资产规模**

资料来源:ICI. 中金公司研究部,注:数据截至 2021 年末。

---

在大资管时代与低利率的环境下,全球的资产管理行业正在高速发展。2020 年,全球资产管理规模已经突破 100 万亿美元,同比增长达 11%,每年资产净流入占年初资产规模的比例基本保持在 3%左右。

在我国,伴随着金融市场和资本市场的快速发展,居民家庭收入急剧增加,叠加国内"住房不炒"的常态,未来财富管理需求十分迫切。2018—2020 年,我国资本市场产品规模年复合增长率高达 27%,推动居民投资方向的重心从不动产和银行理财产品转向资本市场与境外投资。随着资管新规的出台,叠加当前低利率的市场环境,公募基金已成为"净值化产品"的领头羊。从资金管理规模来看,当前公募基金与银行理财的差距正在逐步缩小,实际上已经超过了银行理财的规模,这也是我国公募基金的未来发展趋势之一。截至 2022 年 9 月末,我国公募基金管理人 154 家,基金数量 10,123 只,基金规模 27.06 万亿元。如表 4-2 所示。

**表 4-2　我国公募基金规模现状(截至 2022 年 9 月末)**

| | 封闭式基金 | 开放式基金 | 其中<br>股票型基金 | 其中<br>混合型基金 | 其中<br>货币市场基金 |
|---|---|---|---|---|---|
| 基金数量(只) | 1,238 | 8,885 | 1,942 | 4,358 | 357 |
| 基金份额(亿份) | 30,376.47 | 214,058.83 | 18,224.21 | 39,304.19 | 110,780.62 |
| 净值(亿元) | 32,235.76 | 238,389.48 | 24,073.80 | 52,141.93 | 110,925.42 |

从表 4-2 可知,开放式基金的规模远超过封闭式基金,已成为大众理财中最具活力的理财工具。

## 资料卡 4-4

### 开放式基金对现代金融理论的突破

在金融发展史上，银行、证券、保险、期权、期货、信用卡、网络银行等都是人类金融工具创新的里程碑，开放式基金也属于这样一个里程碑。开放式基金的发展引起了经济学家对传统金融理论的反思，促进了现代金融理论的突破。

突破之一：开放式基金引发一个国家金融结构的巨大变化。

在银行的资产负债表上，负债方是存款，资产方是贷款。一个社会如果全部是这种资产负债结构，那么资产和负债之间，期限永远不匹配，风险永远不匹配，两边的市场价值永远不相等。按照功能金融的观点，最理想的是全社会的负债方是基金，资产方是证券，证券有充分的流动性。基金投资者不再存款，而是购买基金，那么这个社会的金融结构就优于商业银行或类似商业银行的金融机构。

突破之二：开放式基金与存款的关系。

开放式基金是存款与证券投资之间的一种新型的合约形式。在传统的《货币银行学》教材中，存款合约和证券投资合约是完全不同的，前者是债权合约，后者是股权合约，而且金融监管对存款和证券也完全不同。但是开放式基金的出现对这种传统概念产生了冲击。因为每一个基金单位都包含了或有可能包含了无数多单位极小的证券组合，就是说每一个基金单位中包含着 N 种证券的组合。从理论上讲，这 N 种证券组合所形成的一个基金单位，显然它的风险比个人直接投资证券要小得多，比存款还是要大一些，这就是基金的相对稳定性，在风险系数方面使证券投资组合逐步向存款靠近。用一个正态分布来描述，就可以看出，越是分散化的基金，就是说一个单位基金包含的 N 种证券越多，那么这个基金单位风险系数就越趋同于存款。这个命题的提出很重要，而且对银行业而言是一次革命。存款合约和基金合约有着本质的区别，基金合约属于信托合约，不属于债权合约，但是当 N 趋于无穷大，基金合约就几乎类同于存款合约。从某种意义上讲，开放式基金使存款和证券投资的概念越来越模糊了，这种模糊对人类有重大的意义。

突破之三：打破了长期、定期与活期的概念。

在目前所有的金融合约中，从期限结构看，都存在长期、定期和活期的区分。开放式基金把这些期限区分打破了，这也是为什么说开放式基金是里程碑的原因之一。如果基金不仅投资于股票、债券，还可以投资于许多有期限或活期的金融衍生品种，这样开放式基金不仅是证券资产的重新组合，实际上开放式基金可以把任何有期限的资产进行重组，进行期限的重新安排，开放式基金就可以满足投资者的流动性需求。所以，从各国的情况看，开放式基金赎回的期限较短。开放式基金满足了人们在资产期限安排上的各种需求，更符合投资者的流动性偏好。其理论突破在于：开放式基金体现多种资产组合的充分流动性。流动性、风险性和收益性的搭配，在开放式基金里就显得比其他种类的金融合约更加合理，更加充分。

突破之四：基金收益率与利率的关系。

众所周知，一个国家的利率结构中总有一个基准利率，这个基准利率一般来说是一种无风险的、纯属表示时间偏好的利率期限结构，如美国的国债利率。按理证券价格所形成的收益率与这个国家的利率期限结构的关系是:证券价格对利率本身不会产生很大影响,但利率对证券价格有影响。经济学家在分析利率期限结构时,一般不注重证券价格。开放式基金的发展改写了这种关系。可以随时赎回的开放式基金使得很多证券的收益率中和了,使基金单位自身收益率(价格)在时间序列中形成了长期的、平衡的、波动幅度不大的一种收益率。基金的收益率正好在股票价格收益率和存款利率之间,根据一些国家的统计,大部分基金的收益率高于存款利率。尤其是开放式基金的收益率,由于每天计算基金净值,就越类似于某种利率的变换,而且普通投资者慢慢地把它当作了一种收益水平。

## 4.2.3　投资基金的概述

投资基金是随着证券市场的发展而产生的,它起源于英国的信托公司。1868 年,英国成立了海外及殖民地政府信托基金,被称为基金的雏形。1924 年,美国波士顿成立马萨诸塞投资信托基金,是第一只开放式基金,也是世界上真正意义上的投资基金。经过 100 多年的发展,投资基金已成为国际资本市场和货币市场最重要的投资工具之一。20 世纪 90 年代以来,投资基金在我国得到迅速发展。1998 年 3 月 23 日,开元、金泰两只封闭式证券投资基金公开发行上市,标志着我国基金的发展进入了一个新的历程。2001 年 9 月,我国第一只开放式基金"华安创新"诞生,实现了从封闭式基金到开放式基金的历史性跨越。作为资本市场上重要的机构投资者,投资基金不仅有利于克服个人分散投资的种种不足,而且成为个人投资者分散投资风险的最佳选择,从而极大地推动了资本市场的发展。

### 4.2.3.1　什么是投资基金

投资基金就是基金管理公司通过发行基金份额,汇集众多分散投资者的资金,由基金托管人(即具有资格的银行)托管,基金管理人管理和运用资金,从事股票、债券等金融工具的投资,并将投资收益按份额进行分配的一种间接投资方式。可以通俗地表述为,通过汇集众多投资者的资金,交给银行保管,由基金经理负责投资于股票和债券等证券,以实现资金保值、增值目的的一种投资工具。

从以上定义可以看出,投资基金是一种收益共享、风险共担的集合投资工具。在此定义中,基金有两个关键的特征:一是组合投资,投资组合理论表明组合投资策略能够有效降低投资风险,基金就是一种以组合投资作为原则的投资工具;二是按资分配,按照出资份额进行收益共享和风险共担,具有相对平等的收益和风险分配机制,基金法规也能保证基金投资者以出资额为限,对所承担的债务承担有限责任。

## 知识链接

**基金发展的理论分析**

投资者能否实现收益最大化,归根结底取决于两个因素:一是信息比较优势;二是风险偏好一致性的程度。与完全竞争、强势有效、无摩擦的理想金融市场假设不同,在现实金融市场中,信息是不完全的、不对称的,投资者对信息的掌握程度是决定其投资回报与风险的关键因素。从投资回报和风险来看，个人投资往往不是最优的，与个人投资相比，机构投资者能通过分工和规模实现更高程度的效率，因为在信息收集与信息分析的效率和成本上占据明显优势。因此，与商业银行等金融中介的兴起一样，个人通过机构投资者进行间接投资，是工业社会以来金融市场投资者结构演进的主流趋势。

然而，因为存在委托一代理的关系，间接投资将引起风险偏好一致性的损失。委托投资者的风险偏好将被机构投资者扭曲，导致投资者效用的丧失。主要存在两个因素降低了风险偏好一致性：一是系统因素与制度因素；二是信息不完全、不对称下的逆向选择与道德风险问题。

---

在美国，投资基金也称为共同基金，它与我国的证券投资基金有较大的差别。美国共同基金以公司型基金为主，而我国证券投资基金则以契约型基金为主。从法律意义上看，美国的共同基金其实就是基金公司，例如投资者买了美国富达基金的股票，就是买了美国富达基金。而契约型基金不具备法人资格，也不表现公司型基金的所有权关系，而是体现信托关系。

证券投资基金有许多的细分子类，体现不同的投资风格。美国共同基金分为 21 类，其下又按照不同基金类型进行细分。每只基金需要出具详尽的招募说明书，招募说明书记载投资目标、投资范围、投资策略和投资方法等信息披露内容，同时也起到了细分投资者的作用。譬如，某只基金发布了募集资金公告，只有那些认同、接受和喜欢某个特定投资风格的潜在投资者，才有可能去购买这只特定基金，而这只特定风格基金的投资者因此就具有了相对一致的风险偏好。从某种程度上讲，投资基金会比商业银行存款，更符合大多数投资者对投资对象的一种良好替代。

在美国，成为对冲基金的投资者或者合伙人，按照美国证券交易委员会（SEC）的规定，必须是合格的顾客（Qualified Clients），即满足 SEC 的标准要求，单次投资运用资金余额必须在 75 万美元以上，个人净资产要达到 1,500 万美元以上，才有可能成为合格投资者。由此可见，对冲基金投资者拥有比商业银行、证券投资基金的投资者更高的风险偏好一致性，从群体上来讲就更像是一类人。

**即问即答**

按照风险偏好一致性程度的高低，风险偏好的一致性程度最高的是什么基金？

即问即答

#### 4.2.3.2 投资基金的特点

（1）集合理财，专业管理

投资基金通过汇集众多投资者的资金，积少成多，有利于发挥资金的规模优势，降低投资成本。投资基金由基金管理人进行投资管理和运作，基金管理人一般拥有大量的专业投资研究人员和强大的信息网络优势。其中，投资研究人员不仅具备广博的投资分析和投资组合理论知识，而且在投资领域也积累了相当丰富的经验，能够更好地对证券市场进行全方位的动态跟踪与分析。专业管理能够克服普通投资者在信息、时间、精力及专业知识等方面的不足，将资金交给基金管理人管理，让中小投资者也能享受到专业化的投资管理服务。

(2)组合投资,分散风险

我国《证券投资基金法》规定,基金必须以组合投资的方式进行基金的投资运作,从而使"组合投资、分散风险"成为基金的一大特色。中小投资者由于资金量小,一般无法通过购买不同的股票分散投资风险。根据投资组合的基本原理,基金管理人通常会购买几十种甚至上百种股票,进行分散化投资,起到分散投资风险的作用。投资者购买基金就相当于用很少的资金购买了一篮子股票,某些股票下跌造成的损失可以用其他股票上涨的盈利来弥补。因此,可以充分享受到组合投资、分散风险的好处。

(3)小额投资,费用低廉

投资基金最低投资额一般较低。在我国,每份基金单位面值为人民币 1 元,投资者可以根据自己的财力购买基金份额。由于基金集中了大量资金进行证券交易,券商的佣金费率低廉。按照国际市场上的一般惯例,基金管理公司收取的管理费一般为基金资产净值的 1%—2.5%,投资者购买基金需缴纳的费用通常为认购总额的 0.25%,低于购买股票的费用。许多国家和地区对基金在税收上也给予一定的优惠。我国《个人所得税法》明确规定,个人投资者申购和赎回基金单位取得的差价收入,暂不征收个人所得税;投资者从基金分配中取得的收入,暂不征收个人所得税。总之,投资基金的费用较低。

(4)利益共享,风险共担

基金投资者是基金的所有者。基金投资人共担风险,共享收益。基金投资收益在扣除相关费用后的盈余全部归基金投资者所有,并按照各投资者所持有的基金份额比例进行分配。为基金提供服务的基金托管人、基金管理人只能按规定费率收取一定比例的托管费、管理费,并不参与基金收益的分配。

(5)严格监管,信息透明

为切实保护投资者的利益,增强投资者对基金投资的信心,中国证监会对基金业实行严格的监管,对各种有损投资者利益的行为进行严厉的打击,并要求基金公司进行较为充分的信息披露。在这种情况下,严格监管与信息透明也就成为基金的一个显著特点。

(6)独立托管,保障安全

基金管理人负责基金的投资操作,本身并不经手基金财产的保管。基金财产的保管由独立于基金管理人的基金托管人银行负责。这种相互制约、相互监督的制衡机制对投资者的利益提供了重要的保护。

## 知识链接

### 领略基金投资的策略

1.收益率。假如你有 100 万元,收益 100%后资产达到 200 万元,如果接下来亏损 50%,则资产回到 100 万元,显然亏损 50%比赚取 100%要容易得多。

2.涨跌停。假如你有 100 万元,第一天涨停板后资产达到 110 万元,然后第二天跌停,则资产剩余 99 万元;反之第一天跌停,第二天涨停,资产还是 99 万元。

3.波动性。假如你有 100 万元,第一年赚 40%,第二年亏 20%,第三年赚 40%,第四年亏 20%,第五年赚 40%,第六年亏 20%,资产剩余 140.5 万元,六年年化收益率仅为 5.83%,

甚至低于五年期凭证式国债票面利率。

4.每天1%收益率。假如你有100万元,每天只需要挣1%就离场,那么以每年250个交易日计算,一年下来你的资产可以达到1,203.2万元,两年后你就可以坐拥1.45亿元。

5.每年200%收益率。假如你有100万元,连续5年每年200%收益率,那么5年后你也可以拥有2.43亿元个人资产,显然这样高额收益是很难持续的。

6.10年10倍收益。假如你有100万元,希望十年后达到1,000万元,二十年达到1亿元,三十年达到10亿元,那么你需要做到的年化收益率为25.89%。

7.补仓。如果你在某只股票10元的时候买入1万元,如今跌到5元再买1万元,持有成本可以降到6.67元,而不是你想象中的7.50元。

8.持有成本。如果你有100万元,投资某股票盈利10%,当你做卖出决定的时候可以试着留下10万元市值的股票,那么你的持有成本将降为零,接下来你就可以毫无压力地长期持有了。如果你极度看好公司的发展,也可以留下20万元市值的股票,你会发现你的盈利从10%提升到了100%,但此时股票如果下跌超过了50%,你还是有可能亏损。

#### 4.2.3.3 投资基金分类

根据不同的标准,投资基金可以划分为不同的种类。

(1)按照组织形态不同,分为公司型基金和契约型基金

公司型基金是指按照公司法规定设立的、具有法人资格并以营利为目的的证券投资基金公司,基金通过发行基金股份成立投资基金公司的形式设立。

契约型基金是指按照信托契约原则,通过发行带有受益凭证性质的基金而形成的证券投资基金组织,即由基金管理人、基金托管人和投资人三方通过基金契约设立,不具有法人资格。我国的证券投资基金均为契约型基金。

公司型基金与契约型基金的比较如表4-3所示。

**表4-3 公司型基金与契约型基金的比较**

| | 公司型基金 | 契约型基金 |
|---|---|---|
| 成立依据 | 公司法 | 证券投资基金法 |
| 运作依据 | 公司章程 | 基金合同 |
| 成立方式 | 发行股份 | 发行受益凭证,签订合同 |
| 基金的性质 | 是一家公司,具有法人资格 | 是信托资产,不具有法人资格 |
| 投资者地位 | 基金的股东 | 委托人 |
| 最高权力机构 | 股东大会 | 持有人大会 |
| 投资管理人 | 雇用专业投资公司 | 委托专业投资公司 |
| 托管人 | 注册登记机构 | 一般由商业银行托管 |
| 负债 | 与普通公司一样可以向银行借款 | 通常不向银行借款 |
| 存续期限 | 一般无期限 | 封闭式,有固定期限 |

(2)按照资金募集方式不同,分为公募基金和私募基金

公募基金是指以公开发行的方式向社会公众投资者募集基金资金,并以证券为投资对象的证券投资基金,具有公开性、可变现性、高规范性等特点。

私募基金是指以非公开方式向特定投资者募集基金资金,并以证券为投资对象的证券投资基金,具有非公开性、募集性、大额投资性、封闭性和非上市性等特点。

公募基金与私募基金的比较如表 4-4 所示。

**表 4-4　公募基金与私募基金的比较**

| | 公募基金 | 私募基金 |
|---|---|---|
| 发行对象 | 面向社会投资者,公开发行 | 面向少数特定的投资者,非公开发行 |
| 投资比例是否受限制 | (1)对同种股票有 10% 的投资比例限制<br>(2)不能做金融衍生品交易和跨市场的套利 | (1)不受投资比例限制,一旦发现价值低估的股票,可以重仓配置<br>(2)可以做金融衍生品交易和跨市场的套利 |
| 基金公司收入来源 | 不提取业绩报酬,只收取管理费 | 收取业绩报酬,一般不收管理费 |
| 排名压力 | 要考虑每季度、半年、年终的排名,对基金经理的压力较大,标准是大盘指数 | 绝对收益,没有排名压力,更容易实现长期稳定的业绩增长 |
| 规模 | 基金规模一般较大,可以是百亿元的巨无霸 | 大多数规模很小,国内很少有上 10 亿元的私募基金 |

(3)按照基金运作方式不同,分为封闭式基金和开放式基金

封闭式基金属于信托基金,基金规模在发行前已确定,在发行完毕后的规定期限内固定不变,有固定的存续期,一般在证券交易所上市交易,投资者通过二级市场买卖基金单位,只需缴纳佣金,不需缴付申购费。

开放式基金规模不固定。设立基金时,发行的基金单位总数不固定,可以连续发行;投资者可以随时申购、赎回基金单位;申购或赎回基金单位的价格按基金的净值计算。一般不上市交易,通过银行、券商、基金公司申购和赎回,需要支付申购费。我国《开放式投资基金证券基金试点办法》规定,开放式基金可以收取申购费,申购费率不得超过申购金额的 5%,通常在 1%左右,申购不同的基金的申购费可能会因为申购金额的大小而有所差异。

封闭式基金与开放式基金的区别如表 4-5 所示。

**表 4-5　封闭式基金与开放式基金的区别**

| | 封闭式基金 | 开放式基金 |
|---|---|---|
| 存续期限 | 有一个固定的存续期,一般在 10—15 年 | 一般是无期限的 |
| 规模限制 | 基金规模固定,在封闭期限内不能申购或赎回 | 基金没有规模限制,投资者可以随时申购或赎回,基金规模会随着申购赎回而增加或减少 |

续 表

| | 封闭式基金 | 开放式基金 |
|---|---|---|
| 交易场所 | 在证券交易所上市交易 | 投资者在直销中心、证券公司、银行申购或赎回 |
| 价格形成方式 | 交易价格主要受二级市场供求关系的影响,有折价 | 买卖价格按基金份额净值交易,无折价 |
| 信息披露 | 每周至少公布一次净值 | 每个交易日公布净值 |
| 激励约束 | 激励约束关系很弱 | 持有人通过申购、赎回激励约束基金管理人 |
| 赎回压力 | 不能卖回给发起人,没有赎回压力 | 随时面临赎回压力,须注重流动性等风险管理,要求基金经理有较高的投资管理水平 |

(4)按照投资目标的不同,分为成长型基金、收入型基金和平衡型基金

成长型基金以资金长期成长为投资目标,一般投资于信誉好、长期盈利的公司,或者有长期成长前景的公司,追求资产的稳定、持续的长期增值,重视资金长期成长。

收入型基金主要投资于可带来现金收入的有价证券,以获取当期的最大收入为目的,以追求基金当期收入为投资目标。其投资对象主要是绩优股、债券、可转让大额存单等收入比较稳定的有价证券。

平衡型基金主要投资于债券、优先股和部分普通股,在投资组合中有比较稳定的组合比例,一般是25%—50%用于优先股和债券,其余的投资于普通股,其风险和收益介于成长型基金和收入型基金之间。

(5)按照投资对象的不同,分为货币型基金、债券型基金、股票型基金和混合型基金

货币型基金是指投资于货币市场上短期有价证券的基金。货币基金只投资于货币市场工具,例如国库券、央行票据、银行定期存单、短期国债等。本金稳定,投资风险小,收益率较低。一些平台开展T+0业务,流动性好,是一种准储蓄类产品,常用作现金管理工具。

债券型基金是指以国债、金融债、信用债等债券作为主要投资对象的基金,其资产的80%需要投资于债券。根据具体的投资标的不同分为纯债基金、一级债基金、二级债基金、可转债基金等。相对于股票基金而言,投资风险较低,收益率较低。

股票型基金指主要投资于股票的基金,其股票仓位有规定,一般不能低于80%。投资风险大,收益率较高。

混合型基金是可以投资股票、债券、货币市场工具的一种灵活型基金,其投资股票的仓位可以在0—100%,市场行情差的时候可以空仓休息,这类基金目前比较受基金公司和投资人喜爱。根据股票、债券投资比例,以及投资策略的不同,混合型基金又可以分为偏股型基金、偏债型基金等多种类型。

(6)按照投资理念的不同,分为主动型基金和被动型基金

主动型基金是通过实施积极的管理策略,以获取超越市场表现为目标的一种投资基金。基金经理通过预测市场和证券价格的走势,寻找错误定价的证券,希望获得超过市场平均水

平的收益率。即基金经理通过精选个股,寻求超额收益。主动型基金的交易成本较高,管理费用也相应较高,以补偿基金管理人进行积极管理而付出的劳动。

被动型基金,又称指数基金,一般选择特定指数的成分股进行投资,不主动要求超越市场的表现,而是试图复制指数的表现。因此,被动型基金是一种以拟合目标指数、跟踪目标指数变化为原则,实现与市场同步成长的基金。在西方发达国家,它与股票指数期货、指数期权、指数权证等指数产品一样,受到证券交易所、证券公司、信托公司、保险公司和养老基金等各类机构的青睐。

(7)其他类型基金

①交易所开放式指数基金(Exchange Traded Fund,ETF)。ETF是一种跟踪标的指数变化,在交易所上市的开放式基金。投资者可以通过买卖ETF,实现对指数的买卖。从本质上讲,ETF属于开放式基金的一种特殊类型,它综合了封闭式基金和开放式基金的优点,投资者既可以向基金公司申购或赎回基金份额,同时又可以像封闭式基金一样,在证券交易所按市场价格买卖ETF份额。

②上市型开放式基金(Listed Open-Ended Fund,LOF)。LOF发行结束后,投资者既可以向基金公司申购或赎回基金份额,也可以在证券交易所按市场价格买卖LOF份额。投资者在享受交易便利的同时,还能获得比开放式基金交易成本低的好处。LOF存在套利机制,在证券交易所的价格由市场供求关系决定的,而在场外的申购、赎回按照申请当天的基金净值结算,当两者的偏差大于交易成本时,投资者就可以在两个市场之间进行套利。

③基金中的基金(Fund of Funds,FOF)。FOF的投资标的是其他基金,而不是直接投资股票或债券,即FOF是投资基金的基金,这类产品的投资组合由基金组成,以此来进一步规避投资风险,FOF型基金的收益相对稳健,适合风险承受能力较低的投资者,例如许多养老基金产品都是FOF。

④合格境内机构投资者基金(Qualified Domestic Institutional Investori,QDII)。QDII基金是在一国境内设立,经该国有关部门批准从事境外证券市场的股票、债券等有价证券投资的基金。QDII基金的认购渠道与一般的开放式基金类似,基金管理人会针对不同的基金类型、不同的认购金额设置不同的认购费率。QDII基金不得有下列行为:购买不动产;购买房地产抵押按揭贷款;购买贵重金属或代表贵重金属的凭证;购买实物商品;除应付赎回、交易清算等临时用途外,借入临时资金的比例不得超过基金、集合计划资产净值的10%;利用融资买入证券,投资金融衍生品除外;参与未持有基础资产的卖空交易;从事证券承销业务;中国证监会禁止的其他行为。

#### 4.2.3.4　投资基金的申购与赎回

(1)基金认购

基金认购是指在基金成立前的募集期间购买该基金的行为。新发行基金的认购价格为1元,考虑到募集期间要吸引投资者购买,认购费率较低。投资者在认购期内可以多次认购,已经正式受理的认购申请不能撤销。进入封闭期后,无法采取任何操作。如果需要赎回,必须等到封闭期结束后才可以进行赎回操作。

基金的认购方式:开放式基金一般采取金额认购;封闭式基金和LOF基金有场内和场外两种认购方式,场外认购与开放式基金一致,按照“金额认购、份额确认”的方式进行,场内认购则采用“份额认购、份额确认”方式;QDII 基金可以用人民币认购,也可以用美元等外币认购。

当基金募集规模超过规模上限时,则按比例配售。例如,投资者认购某基金 10 万元,该基金发售限额 20 亿元,募集期有效认购金额 40 亿元,那么该投资者的认购实际成交金额为 5 万元。

(2)基金申购

基金申购是指在基金成立以后,在资金运作期间购买基金的行为。此时基金净值已经反映了基金的投资运行情况,单位净值不一定是 1 元,可能高于或低于 1 元。投资者在基金存续期间,向基金管理人购买基金单位时,要支付手续费,即申购费。通行的申购费计算方法为:

申购费用=申购金额×申购费率

净申购金额=申购金额-申购费用

基金申购按照“金额申购、未知价交易、份额确认”的方式进行,即在申购基金时无法确定买入的成交价格,买入价格是购买当日的基金净值(我国基金净值按照证券交易日 15:00 的基金价格确定),基金份额在第二个工作日确认,即“T 日申购,T+1 日确认”。一般情况下,基金份额按下列公式计算确定:

净申购基金金额=申购基金金额/(1+申购基金费率)

申购基金费用=申购基金金额-净申购基金金额

申购基金份额=净申购基金金额/T 日基金净值

例如,投资者申购某基金 10,000 元,申购费率 1.5%,申购当日的净值为 1.2000,则净申购基金金额=10,000/(1+1.5%)=9,852.2 元,申购基金费用=10,000-9,852.2=147.8 元,申购基金份额=9,852.2/1.2000=8,210.2 份。

在申购基金时,可以根据自身投资需要,进行每天、每周、每月定期投资。当日申购的基金份额在 15:00 之前都可以随时撤销申请,在 15:00 以后则无法撤销申请。有时,基金公司会公告基金限购或暂停申购。其主要原因是:①基金公司控制基金规模,保护持有人利益;②基金规模增长过快,加大了基金经理的管理难度;③基金经理认为市场到了高位,投资性价比较低;④QDII 基金外汇额度受限。

(3)场内买入基金

对于可以在二级市场上市交易的基金,可以直接选择在证券交易所场内买入,此交易需要开设股票账户。交易所开放式指数基金、上市型开放式基金、封闭式基金均可以在证券交易所场内买入。场内买入有以下几个特点:

①与买卖股票一样,按实时价格成交。

②交易价格受两方面因素的影响:一是底层资产,二是基金的供求情况。所以,价格与基金净值经常不一致,存在折溢价,有套利空间。

③不受基金限购的影响,场内购买金额不受限制。

④部分场内基金是 T+0 日交易,当天任意买入、卖出,次数不限,例如债券 ETF、黄金 ETF、跨境 ETF 等。

⑤费率比场外购买的低。场内买卖收取的是交易佣金,与股票佣金类似,而场外收取的是申赎费,比场内的佣金要高。

⑥场内买入基金的分红只能是现金分红，不能红利再投，场外可以选择红利再投或者现金分红。

在证券交易所场内买入基金有不少优点，比如交易便利、费用低，但缺点也很明显，一些投资者容易频繁操作。因此，场内买入更适合波段操作，适合于有一定投资经验的投资者。

(4)基金赎回

基金赎回是指投资者把持有的基金全部或部分卖出转变成现金的行为。在基金申购买入成功以后，第二个工作日便允许进行赎回操作，赎回时按照份额提交赎回申请。在赎回基金的时候，无法确定卖出的成交价格，卖出价格按照卖出当日的基金净值确定。

假设一个月后，投资者赎回该基金，赎回费率是 0.5%，当日净值是 1.4000 元，那么赎回总额＝赎回份额×T 日基金净值＝8,210.2×1.4000＝11,494.3(元)，赎回费用＝赎回总额×赎回费率＝11,494.3×0.5%＝57.5(元)，赎回净额＝赎回总额－赎回费用＝11,494.3－57.5＝11,436.8(元)。

在基金赎回确认上，遵循“T 日赎回，T＋1 日确认”。需要注意的是，如果是 T 日 15:00 后提交赎回申请，则是按照 T＋1 日的基金净值赎回，这样 T＋2 日才能确认。另外，赎回申请在当日15:00前可以撤销，在 15:00 以后则无法撤销申请。

(5)基金转换和转投

基金除了赎回以外，还可以进行基金转换或基金转投。基金转换是将赎回持有基金和申购新基金二合一的行为实现无缝对接，这样可以节省交易时间，一般在 T+1 日确认。在费用上需要交纳转出基金的赎回费和两只基金的折价申购费补差。基金转换一般只能在同一基金公司旗下的部分基金之间进行。基金转投是指属于不同基金公司旗下的基金进行转投，即赎回已持有的某基金，同时申购另一公司的基金，基金转投依然是为了节省时间，一般在 T＋2 日确认，具体还要以基金交易界面提示为准。在费用上，正常收取转出基金的赎回费和买入基金的申购费。

#### 4.2.3.5　基金分红

基金分红是指基金公司将基金收益的一部分派发给基金投资人。基金分红本身不会创造收益，可以理解为把投资人账面上的资金变现一部分给投资者。当基金分红时，会在除权日当天将每份基金分红的金额在当天的基金净值中扣除，由于这部分用来分红的收益已经派发了，所以当天的基金净值会“下跌”，但实际并不是“下跌”，而是由分红引起的净值减少。投资的公募基金是否分红，主要看基金合同约定。一般来说，当基金收益达到一个预定标准时，基金管理人可以进行基金分红。

目前，基金分红有现金分红和红利再投资两种方式。红利再投资是货币基金默认的分红方式，分红的资金直接用于增加持有份额；而现金分红是非货币基金的默认分红方式，其分红的资金会发放至投资者关联的银行账户中。现金分红和红利再投资两种分红方式的区别在于，现金分红意味着落袋为安，而选择红利再投资则需要承担基金亏损的风险。另外，红利再投资一般不收申购费，现金分红后如果再申购基金则需支付申购费。基金是长期投资工具，如果投资者看好后市，或对所持基金后续表现有信心时，选择红利再投资比较好，因为分红的资金可以免申购费转换成基金份额，再投资份额还可分享市场上涨收益。如果投资者对后市缺乏信心，选择现金分红可以规避投资风险，现金红利转购货币基金还可享有货币基金的收益。

4.2.3.6 基金销售

基金销售分为直销和代销。直销是指基金公司直接进行基金销售，投资者可以在基金公司的销售部门或者网站购买。代销是指由银行或证券公司仅销售基金。

直销与代销相比，具有以下优势：一是手续费低，一般为 0.6%，有的只有 0.3%；二是直销的基金可以在基金公司旗下的基金中自由转换，而且有费率优惠，一般单向收费，只需要支付申购费，免除赎回费；三是节省转换时间，投资者如果进行基金转换，当天就可以确认，省去了赎回和重新申购的资金在途时间，节约了时间成本。

当然，直销也有许多不足之处，比如购买不同基金公司的基金，需要逐个去基金公司网站开户，比较麻烦；平时查阅基金，需要去不同基金公司的网站，也不方便，还有网络交易的安全性也是一个问题。

## 4.3 基金定投的策略：比较与选择

视频：基金定投的策略：比较与选择

### 4.3.1 家庭资产配置

众所周知，对个人家庭而言，资产可以分为两类：一类是实物资产，如房产、艺术品、收藏品等；另一类是金融资产，如股票、债券、基金和现金等。由于各种资产的属性不同，表现出来的收益与风险存在较大的差异。各类资产的收益与风险如图 4-5 所示。

PPT 课件

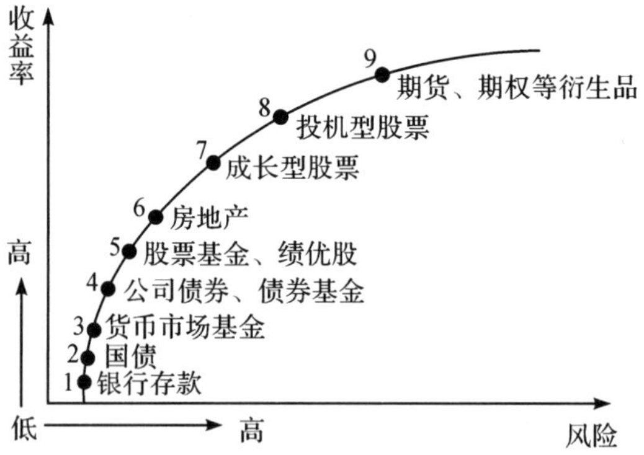


**图 4-5 各类资产的收益与风险**

投资者如何进行家庭资产配置？《华尔街日报》通过定期调查经纪公司来了解它们对资产配置的偏好。早在 1921 年，《华尔街日报》就曾向投资者建议一种所谓的最优投资组合：25%投资于稳健型债券、25%投资于稳健型优先股、25%投资于稳健型普通股，其余的 25%则投资于投机性证券。最近的调查显示，有的公司推荐的资产配置为 80%的股票、10%的债券和 10%的现金；有的则是 40%的股票、55%的债券和 5%的现金；《华尔街日报》提出的标准资产配置为 10%的现金、35%的债券和 55%的普通股。1952 年，作为现代资产组合理论的创始人马科维茨(H. Markowitz)发表了一篇仅有 14 页的论文——《资产组合选择》。1959

年,马科维茨又将其理论系统化,出版了《资产组合选择》(*Portfolio Selection*),试图分析家庭和企业在不确定的条件下,如何配置金融资产使财富得到最适当的投资,从而降低风险。该书的出版标志着现代投资组合理论的诞生。

资产配置是指为了实现投资目标,选择不同种类的资产进行投资,在获取预期回报的同时降低风险,即投资者在一个投资组合中选择资产的类别并确定其比例的过程。对于个人家庭而言,根据财富水平、投资动机、投资目标、风险偏好、税收等因素来确定投资组合中的资产类别及其占比,并在随后的投资期内根据各资产类别的价格波动情况,及时动态地调整资产配置组合权重,或者在某一类别的资产中再作细分选择,以寻求风险控制和投资收益最大化。因此,通过资产配置,分散投资风险,减少投资组合的波动性,使资产组合的收益趋于稳定。

从时间跨度和风格类别上看,资产配置可分为战略性资产配置、战术性资产配置和资产混合配置。

(1)战略性资产配置

战略性资产配置,又称消极配置。如果投资者认为市场是有效率的,意味着从长远的角度看,市场是不可以战胜的,承认市场的有效性。如果没有办法比市场跑得更快,次优的选择就是和市场跑得一样快,只要能够紧盯市场和追踪市场,意味着可以采用较低的成本获取与市场相同或相似的投资回报。战略性资产配置会重点考虑指数型产品等,倾向于一种长期持有的策略,不在意市场短期的波动,不会频繁地进行买入卖出交易。例如,有一位金融学教授,狂热地信奉现代投资组合理论,他把全部资金都投在了股票指数基金上。因为他认为自己的工作收入稳定,只有疾病和死亡才能影响到其预期收益,这就填补了他在投资组合中债券和现金储备的空白。

(2)战术性资产配置

战术性资产配置,又称积极配置。如果投资者认为短期内市场是无效的,意味着投资者可以通过低买高卖的方式来获得超额报酬。这种策略也称为把握时机的策略,其前提是:当时的市场是无效或者是低效状态,在理论上存在战胜市场的机会,可以通过交易来获得差价。战术性资产配置会重点考虑市场机会,在意市场短期波动,倾向于频繁交易。例如,在现实中进行基金投资时,某个时候基金净值相对较低,而预期未来市场趋势向好,则低位买进,高位卖出基金。

(3)资产混合配置

加里・布林森(Gary Brinson)博士和他的同事做过一个研究,充分揭示了资产配置在共同基金和退休基金投资业绩中的重要作用。研究显示,90%以上的基金业绩差异是由资产配置造成的。这意味着从收益率和风险角度来看,决定投资于哪类资产远比选择哪个具体证券进行投资要重要得多。这也从一个侧面说明了投资基金的重要性,因为基金就是基金经理做的资产组合。资产混合配置可以说是战术性资产配置和战略性资产配置投资策略的补充。

现在要考虑的是,如何进行基金投资。基金投资可以分为一次性投资和定期定额投资(基金定投)。如果投资者认为短期之内市场是无效的,存在高抛低吸的机会,则会通过低买高卖的方式来获得超额报酬。问题是如何把握低点、高点的机会?是否有能力把握低点、高点的机会？在华尔街流传着这么一句话："要在市场中准确地踩点入市，比在空中接住一把飞刀更难。"而基金定投就是投资者在固定的日期，以固定的金额申购基金，通过这种类似于银行零存整取的"傻瓜式"投资，应对择时的困难。基金定投可以起到以不变应万变的作用。

## 知识链接

**周洛华对金融学的哲学思考——为什么估值总是错的？**

中国人民大学重阳金融研究院副院长周洛华曾经提出这样的问题：如果估值总是对的，世界会怎么样？在资本市场上，我遇到过各种风格的投资者，有坚持价值投资的，有偏好量化投资的，有研究K线做技术分析的，有挖掘题材故事的，这些投资者都非常固执地坚持己见，不太容易听取不同意见。

估值是对整个社会组织中的科学研究、组织管理、风险损失和主动进取的各种活动的激励机制。因此，估值并不需要让股市中的投资人去理解，估值的涨跌变化不是让你去赚钱的，你一旦能够理解估值，说明了这个估值，反而就没有激励作用了。从某种意义上说，估值对于投资人来说，一定是不可理喻的，因为这个估值不是为你显示的。

我们能够准确地分析数据、模拟场景和预测估值并使之与市场价格一致的话，股票市场的投资人和实体经济的企业家面临同样一个估值，在这个价格水平上，对于企业家没有激励，他们用现成的价格把各种资源组织起来之后，形成一个上市公司，抛售时，没有任何获利空间。由于缺少潜在竞争对手，已经上市的企业可能因缺乏竞争而慢慢失去生命力，持有这些已上市公司股票的投资人，最终会因为企业的竞争力下降而亏损。"全过程、全对冲，误差项归零"是金融学的黑洞，是死亡寂静的火星，而不是争风吃醋的狮群。

金融学的无套利均衡，不是资本市场的"因"，也不是实体经济的"果"。哦！不对，我甚至不该用因与果的逻辑关系表达这个句式，无套利均衡是一个生态系统的进化机制，从混沌初开时就已然存在，这种机制就是伊戈尔曼说的"不可说的真理显示着自身"，只能映射在人或者动物身上，激励我们全力以赴去推动世界进步。一旦我们能够"说出"（准确地描写未来）这个只能被"显示"（无法准确描写）的真理，进化机制就消失了。

如果估值包括"说出"与"显示"两个部分，那么哪些是可以说出的呢？可立即出售的金融资产，经审计的净资产、现金和等价物，或者再大胆一些，在信心和假设的基础上把未来可预见的现金流贴现，这些都是你能够响亮地说出的估值。在大多数情况下，这个估值和市场上的股票价格相距甚远，股票实际价格和理论估值之间的差距，就是资本市场对我们的"显示"。我猜想，这种"显示"是一种促进社会进步的激励与约束机制。

美国作家弗兰纳里·奥康纳有一句话："上升的一切必将会汇合。"我赞成，所以我们唯一不够的东西就是思考（thinking）。

### 4.3.2 基金定投策略分析

#### 4.3.2.1 基金定投

基金定投是定期定额投资的简称，即在固定的时间（每日、每周、每双周、每月），以固定的金额投资到选定的开放式基金中。众所周知,低点买入、高点卖出是投资的基本思路,看起来似乎挺简单的,但执行起来非常困难。对长期投资者而言,在股票行情低迷时,本应是介入良机,但由于人性的弱点,此时非常恐惧,不敢买入,况且股票市场变幻莫测,价格走势难以预测。因此,要想在基金投资中克服择时困难,获取廉价的筹码,采取基金定投不失为一个好的办法。如果采取分批买入,可以均衡成本,积累低廉的筹码,在投资中立于不败之地。

## 资料卡 4-5

### 基金的择股能力与择时能力

平时挑选主动型基金的时候,更多的是看它的长期收益率。但收益率的来源比较复杂,有一些是择股能力,有一些是择时能力,还有一些完全是凭运气。而这三者的可持续性是不同的,择股能力与基金经理背后的研究团队有很大的关系,有些基金经理跳槽之后收益率就会下降;择时能力完全是基金经理的个人能力;至于好运气,早晚是要"还"回来的。

2018 年,民生财富管理研究中心曾经做过一个关于基金经理择时能力和择股能力对基金收益影响的研究,分析了 338 位任职三年以上的在职基金经理过往的业绩波动情况。运用经典的研究方法分析了基金经理的业绩与择股能力、择时能力和运气的关系。研究表明,基金经理的业绩跟择股能力的关系更强,与择时能力基本无关。换句话说,股票选得好,业绩就好,但想要通过高抛低吸、升降仓位来提高收益,效果不明显。

高抛低吸在理论上是可行的,看起来很简单。但实际上,所有的研究都表明:择时能力对长期收益没有帮助。也许它有点违背直觉,但至少近几十年来,最优秀的投资大师中,几乎没有通过择时来获得更多收益的。

## 即问即答

王先生工作多年有一定的积蓄,想进行基金投资增加财富,看到某基金以往的累计收益率走势,涨跌似乎有些规律。所以决定采取一次性买入和卖出基金的投资策略,谈谈你对此的看法。

即问即答

#### 4.3.2.2　基金定投的微笑曲线

如果股市在一段时间内,呈现先下跌再回升的走势,对于基金定投而言,就可以勾画出一条微笑曲线,如图 4-6 所示。在这个过程中,如果坚持基金定投,那么就意味着在市场下跌时拣到了许多"便宜货",有效地摊薄了投资成本,一旦市场行情好转,基金定投账户也就很快扭亏为盈。

如何理解基金定投的微笑曲线?举一个例子,如果你有 10 元钱去买苹果,贵的时候 10 元/斤,此时只能买到 1 斤苹果;便宜的时候 5 元/斤,则可以买到 2 斤苹果。在苹果价格下跌时,可以买到更多数量的苹果,折算下来,苹果的平均单价降低了。

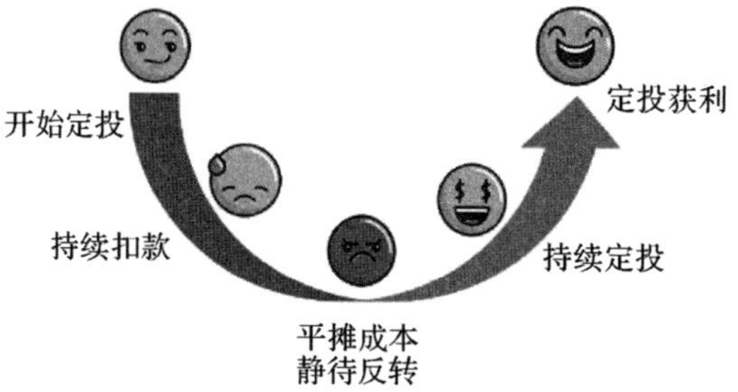


图 4-6　基金定投微笑曲线

为了说明基金定投的微笑曲线的优势，下面将基金定投与基金一次性投资进行比较分析。

假设基金市场经历了先下跌后上涨的过程，基金净值由 1.60 元跌到 1.25 元，再跌到 1.00 元，后回升到 1.20 元，最后涨到 1.60 元，投资额为 40,000 元。为了简化计算，申购费忽略不计。

如果投资者采取一次性投资策略，在基金净值为 1.60 元时买入该基金，则基金份额为 40,000/1.60＝25,000(份)，基金净值由 1.60 元跌到 1.25 元，浮亏 8,750 元(40,000－25,000×1.25＝8,750)；基金净值再跌到 1.00 元，浮亏 15,000 元(40,000－25,000×1.00＝15,000)；基金净值回升到 1.20 元，浮亏 10,000 元(40,000－25,000×1.20＝10,000)；基金净值最后到 1.60 元，浮亏为零，此时回本了。投资者经历了下跌中的煎熬，最后没有获得收益。

如果投资者采取基金定投策略，将 40,000 元分四次投资，每次 10,000 元，则基金份额为：初始基金净值为 1.60 元时，购入基金份额 6,250 份(10,000/1.6＝6,250)；基金净值由 1.60 元跌到 1.25 元，购入基金份额 8,000 份(10,000/1.25＝8,000)，浮亏 2,187.50 元(10,000－6,250×1.25＝2,187.50)；基金净值再跌到 1.00 元，购入基金份额 10,000 份(10,000/1.000＝10,000)，浮亏 5,750 元(20,000－(6,250＋8,000)×1.00＝5,750)；基金净值回升到 1.20 元，购入基金份额 9,000 份(10,000/1.11＝9,000)，浮亏 900 元(30,000－(6,250＋8,000＋10,000)×1.20＝900)；基金净值最后到 1.60 元，此时已购入基金份额合计 33,250 份，基金价值 53,214 元(33,259×1.60＝53,214)，浮盈 13,200 元(53,200－40,000＝13,200)，投资收益率为 33%(13,200/40,000＝33%)。

#### 4.3.2.3　基金定投的好处

(1)强制储蓄，复利效果

通过基金定投可以起到强制储蓄的作用。办理了基金定投后，每月或每周需要购买基金份额，这就要求从月收入中预先留出购买基金的部分，余下的才能用于消费支出。这样长年累月的积累，就起到了强制储蓄的作用。符合理财中“优先付给自己”的原理，这对“月光族”而言，十分有必要，大家一定要养成基金定投的好习惯。

基金定投计划的收益按复利计算。即本金所产生的利息滚入本金继续衍生收益，产生“利滚利”的效果。随着时间的推移，复利效果越明显。由于基金定投的复利效果需要较长时间才能充分展现，因此不宜因市场短线波动而随便终止。只要长线持有，市场短期下跌反而是累积更多便宜筹码的时机,一旦市场反弹,长期累积的基金筹码就可以一次获利。

(2)平抑风险,降低成本

投资者很难适时把握买卖基金的时点,可能常常是在市场高点买入,而在市场低点卖出,造成投资亏损。采用基金定期定额投资方式,不论市场行情如何波动,每个月或每周固定某一天定额投资基金,账户自动扣款,自动按照基金净值计算买入基金的份额,可以克服择时困难。在基金净值低点位置,可以买到更多的基金份额,降低投资成本;在基金净值上涨时,已有份额可以赚取收益。

(3)避免追涨杀跌,适合长期投资

有一些投资者比较自信,喜欢追涨杀跌,持有基金的时间非常短,这是人性使然,从较长时间来看,往往容易造成基金亏损。基金定投可以克服人性的弱点,避免人为因素的干扰,不追涨杀跌,也不做波段交易。对于我国股市而言,从长期来看应是震荡上升的趋势,因此定期定额非常适合长期投资理财计划。

(4)无须择时,随时开始买入

基金定投不用担心择时的问题,只要现在有了一笔闲钱,就可以开始基金定投。如果基金定投首次在基金净值高位,那么基金净值从高位往下走,坚持定投,就会形成漂亮的微笑曲线。如果基金定投首次在基金净值低位,则随着基金净值的升高,已有基金份额不断赚取收益。

## 拓展阅读

□德国“铁血宰相”的理财术

□大类资产配置策略

□基金定投,贵在坚持

□四个真实案例告诉你:基金定投很不错

□基金定投,应该怎么设置止盈点

□美国对冲基金发展和监管状况及中国的借鉴

□迎战“余额宝”,银行力推货币基金“转型自救”或成双刃剑

□巧用基金定投创造美好人生

拓展阅读资料

## 本章小结

### ■主要术语

货币时间价值　复利　土地　森林　共同基金　资产选择　风险偏好　基金定投　择时能力　择股能力　资产配置　战略性资产配置　战术性资产配置

### ■主要观点

通过学习本章,我们已经大致理解了作为“时间的玫瑰”的基金定投策略;学习了俾斯麦的独特理财观,明白了金融资产与土地、森林等实物资产的区别;掌握了聚沙成塔、集腋成裘的基金理财功能;理解了证券投资基金的分类、收益与风险;学会了区别战略性资产配置与战术性资产配置,懂得了基金定投的好处,以及基金定投的策略。

□理财规划是一种决策与行动的逻辑。要想拥有超过几代人的有效资产管理，在任何时候也许都是一种奢望。俾斯麦喜欢拥有土地和林场有他的独特财富观，底层逻辑是他认为只有这种财富才是生生不息的，不需要过多的投资天赋和知识就能够管理。只需要教给他们一种技巧：那就是学习和借鉴俾斯麦的购买土地和森林的逻辑思路，就是投资可以看到和把握的固定资产，这也许就是俾斯麦独特的理财观念带给我们重要的启示。

□证券投资基金作为一种金融创新工具，它能够做到严格细分投资者的风险偏好特征和金融市场的基本面，能够更充分地体现投资者风险偏好的一致性与信息比较优势之间的结合。例如，按照风险偏好一致性程度的高低排序，可以发现商业银行理财产品最低，投资基金次之，对冲基金风险偏好的一致性程度最高。

□随着大众投资时代的来临，资本市场的快速发展，投资基金将成为普通投资者理想的投资工具。采用基金定投的方式，将资金间接投资于期望和心仪的领域与标的，达到投资共享的结果。“聚沙成塔，集腋成裘”，投资基金将与储蓄一样成为大众理财中影响最为深远且最具有发展潜力的理财工具。

□基金定投策略的好处显而易见。第一，手续简便，投资的门槛较低，符合大多数普通投资者的要求；第二，适合年轻人轻松理财，年轻人在起步阶段可用投资资金不多，基金定投策略可以帮助年轻人拥有更长的投资期限，能够更好地通过复利方式，让钱能够生钱，体现货币的时间价值；第三，通过基金定投的方式，能够熨平市场波动所带来的成本问题。

## 自测题

自测题

### ■客观题

**(一)单项选择题(下列每小题的备选答案中，只有一个符合题意的正确答案。请将你选定的答案字母填入题后的括号中。)**

1.(　　)认为土地是财富之母，并在投资实践中付诸行动，赚取巨额财富。

A. 丘吉尔　　B. 罗斯福　　C. 俾斯麦　　D. 戴高乐

2. 以下哪项不是降低风险偏好一致性的因素(　　)。

A. 系统因素与制度因素　　B. 道德风险问题

C. 逆向选择问题　　D. 直接投资

3. 按照基金运作方式不同，证券投资基金可以划分为(　　)。

A. 私募基金和公募基金　　B. 上市基金和不上市基金

C. 开放式基金和封闭式基金　　D. 契约型基金和公司型基金

4. 一般来说，开放式基金的申购赎回价格是以(　　)为基础计算的。

A. 基金单位资产净值　　B. 基金市场供求关系

C. 基金发行时的面值　　D. 基金发行时的价格

5. 某证券投资基金的资产 80％投资于可流通的国债、地方政府债券和公司债券，20％投资于金融债券，该基金属于(　　)。

A. 货币市场基金　　B. 债券基金

C. 成长型基金　　D. 股票基金

6. 以资本长期增值为目标,主要投资于有较大升值潜力的小公司股票和新兴行业股票。这类基金属于(　　)。

A. 收入型基金　B. 成长型基金　C. 平衡型基金　D. 对冲基金

7. 下列适合保守的投资者和退休人员配置的基金是(　　)。

A. 收入型基金　B. 成长型基金

C. 平衡型基金　D. 对冲基金

8. 下列投资工具反映所有权关系的是(　　)。

A. 股票　B. 债券　C. 基金　D. 国债

9. 下列投资工具反映债权债务关系的是(　　)。

A. 股票　B. 债券　C. 基金　D. 信托

10. 下列投资工具反映信托关系的是(　　)。

A. 股票　B. 债券　C. 基金　D. 期货

11. (　　)一般选定特定指数的成分股进行投资,不主动要求超越市场的表现,而是试图复制指数的表现。

A. 成长型基金　B. 收入型基金

C. 被动型基金　D. 主动型基金

12. 下列投资工具中,风险偏好一致性最高的是(　　)。

A. 商业银行理财产品　B. 共同基金

C. 证券公司股票　D. 对冲基金

13. (　　)是以获取当期的最大收入为目的,主要投资于绩优股、债券等收入比较稳定的有价证券。

A. 成长型基金　B. 收入型基金

C. 被动型基金　D. 主动型基金

14. 以下说法正确的是(　　)。

A. 封闭式基金的交易不是在基金投资人之间进行

B. 封闭式基金的交易只能在基金投资人之间进行

C. 开放式基金投资人向交易所申购或赎回基金单位

D. 开放式基金投资人向托管人申购或赎回基金单位

15. 按基金的组织形态不同,基金可分为(　　)。

A. 契约型基金和公司型基金

B. 开放式基金和封闭式基金

C. 债券基金和股票基金

D. 成长型基金、收入型基金和平衡型基金

16. (　　)是指在运作中使用做空、套期和套利等方法对风险进行对冲的投资基金,一般通过非公开方式发行,面向少数机构投资者和富有个人投资者募集资金,投资于证券市场,其投资目标更有针对性,并能够根据客户的特殊需求量体定做。

A. 固定收益证券　B. 对冲基金

C. 期货　D. 私募股权基金

17. 某投资者在制订基金投资计划，经过了解后发现属于风险承受能力强、追求高回报的投资者，他适合投资（　　）。

A. 成长型基金　　B. 收入型基金

C. 平衡型基金　　D. 主动型基金

18. 按照投资目标不同，基金可分为（　　）。

A. 契约型基金和公司型基金　　B. 开放式基金和封闭式基金

C. 债券基金和股票基金　　D. 成长型基金、收入型基金和平衡型基金

19. 根据投资对象的不同，证券投资基金的划分类别不包括（　　）。

A. 股票基金　　B. 国债基金

C. 债券基金　　D. 指数基金

20. 下列有关基金定投说法错误的是（　　）。

A. 基金定投是作为战术性资产配置和战略性资产配置两种策略的补充方法

B. 基金定投的起点低，方法简单，有时候也称为小额投资计划

C. 基金定投能规避基金投资所固有的风险，从而保证投资人获得收益

D. 基金定投是引导投资人进行长期投资、平均投资成本的一种简单易行的投资方式

**（二）多项选择题（下列每小题的备选答案中，有两个或两个以上符合题意的正确答案。请将你选定的答案字母填入题后的括号中。）**

1. 下列能够固化财富的投资产品包括（　　）。

A. 股票　　B. 债券　　C. 住房　　D. 土地

E. 森林

2. 下列属于不动产所具有的特性的是（　　）。

A. 自然位置固定　　B. 保值与增值

C. 使用长期性　　D. 投资大量性

E. 低流动性

3. 证券投资的三大品种是指（　　）。

A. 股票　　B. 黄金券　　C. 债券　　D. 投资基金

E. 期货

4. 下列金融工具筹集的资金直接投向企业的是（　　）。

A. 股票　　B. 债券　　C. 基金　　D. 期货

E. 期权

5. 下列属于基金定投的特点的是（　　）。

A. 起点低　　B. 手续简单　　C. 专家理财　　D. 平摊投资成本

E. 复利效果

6. 下列表述正确的是（　　）。

A. 股票反映的是所有权的关系

B. 证券投资基金具有组合投资的特点

C. 债券反映的是债权债务的关系

D. 证券投资基金反映的是资金信托的关系

E. 证券投资基金具有分散风险的作用,因而风险最小

7. 下面有关战术性资产配置策略描述正确的是(　　)。

A. 战术性的资产配置策略是一种长期的策略,承认市场是有效的

B. 认为短期之内市场是无效的,投资者可以通过在短期之内低买高卖某类资产的方式来获得超额报酬

C. 当市场是无效或者是低效市场状态,意味着在理论上是有机会战胜市场的

D. 如果认为市场是有效率的,意味着从长远的角度市场是不可以战胜的

E. 低买高卖,赚取差价

8. 投资基金具有(　　)等特点。

A. 集合理财,专业管理　　B. 组合投资,分散风险

C. 小额投资,费用低廉　　D. 利益共享,风险共担

E. 独立托管,保障安全

9. 开放式基金的发展引发了经济学家对传统金融理论的反思,促进了现代金融理论的突破,表现在以下(　　)方面。

A. 开放式基金引发一个国家金融结构的巨大变化

B. 开放式基金是存款与证券投资之间的一种新型的合约形式

C. 开放式基金体现多种资产组合的充分流动性

D. 基金收益率与利率的关系

E. 投资风险与收益的均衡

10. 对冲基金是指采用对冲交易手段的基金,也称避险基金或套期保值基金,具有(　　)特点。

A. 投资效应的高杠杆性　　B. 投资活动的复杂性

C. 筹资方式的私募性　　D. 操作的隐蔽性和灵活性

E. 投资回报的低风险性

**(三)判断题(请将你的判断结果填入题后的括号中。你认为正确的,填"√";你认为错误的,填"×"。)**

1. 俾斯麦坚信投资纸质证券是赚快钱的好办法,因此,他将树木森林和土地等变卖去投资股票,以赚取更多的财富。(　　)

2. 土地的价值就是地租的本金化结果。(　　)

3. 土地、森林、住房这类资产具有的一个共同点是稀缺性、长期性或永久性,将其每期收益折现反映出其价值。(　　)

4. 按照基金的组织形态,基金可分为公司型和契约型两种,我国的证券投资基金均为公司型基金。(　　)

5. 开放式基金是指基金规模在发行前已确定,在发行完毕后和规定的期限内,基金规模固定不变的投资基金。一般在证券交易所上市交易,投资者通过二级市场买卖基金单位。(　　)

6. 对冲基金就是利用对冲手段进行交易的基金,也称为避险基金。(　　)

7. 由于货币市场基金具有流动性好、收益率高于银行储蓄存款的特点,因此,家庭理财可以

考虑以货币市场基金替代银行储蓄。（　）

8. 战略性资产配置是一种积极的投资策略，认为短期市场是没有效率的，投资者可以在短期内"低进高出"某类资产而获得超额报酬。（　）

9. "余额宝"对接天弘基金旗下的"天弘增利宝"，"理财通"对接华夏基金旗下的"财富宝"，都属于货币市场基金。（　）

10. 假设证券投资基金的年投资回报率为10%，本金比原来多出一倍，需要经过10年时间。（　）

## 讨论题

□与投资金融资产相比较，房地产投资有什么特点？

□你认为在购房决策时应重点考虑哪些影响因素？

□如何看待证券投资基金、股票和债券三大投资品种的投资风险？

□为什么对冲基金的风险偏好一致性更高？

□基金定投有哪些好处？

□你对年轻人进行基金投资有什么建议？

## 案例分析

### 寻找"失宠"的公司

集中全力购买那些"失宠"的公司，就是那些半死不活行业中的杰出公司，或因为经济的周期性而被市场忽略其真正价值的公司。

——菲利普·A.费雪

投资大师菲利普·A.费雪毕生致力于成长型股票的研究，他的理论掀起了美国股市长时期的"成长型投资"热潮。费雪深受众多金融投资人士和基金经理人的推崇。巴菲特说："他的投资血统85%来自格雷厄姆，15%来自费雪。"

费雪认为，应该选择那些具备成长能力的公司作为投资目标，尤其是要集中全力购买那些"失宠"的公司。这些公司或因整体市场走势低迷而被牵制，或因市场一时偏见而被忽视，致使其股票价格远远低于自身真正的价值，但它们都是能给人带来巨大回报的潜力股，因此应该抓住机会果断买进。

费雪购买"得州仪器"就是一个很好的例子。当时，美国投资者经常非理性投资，最为流行、最受追捧的就是"太空股"，凡是和太空沾边的公司都被炒得火热。而费雪却留意到一些冷门公司，它们有着优秀的业绩，只因与太空无关而投资者寥寥，导致这些公司的股票价格远远低于其内在价值。费雪于1955年买进得州仪器，正是看中了它的高科技和研发性能具有良好的升值潜力。果然到1962年，得州仪器股值已升了14倍，这时费雪没有急着卖出；随后股票距离最高点暴跌80%，他仍不为所动；直到他发现得州仪器的成长性已经开始下降，方始卖出，共获利20倍。

"找到真正杰出的公司，抱牢他们的股票，度过市场的波动起伏，不为所动，这样远比买低卖高的做法赚得多……"这些"真正杰出的公司"，即使一时迫于市场误判或盲视而"失宠”，也终会在一定的契机诱发下拨云见日，到那时投资者就可以赚得盆满钵满了。同时，费雪也特别强调买进时机同样很重要，对此他亦有过教训。1969 年，在股市高涨的时间点上，他买入了自己认定的成长股，之后一路下跌，而他根据“三年守则”坚持抱牢，虽然后来市场走好，股票也逐步赢利，但是费雪反思这种方式并非最佳方式，即使是有升值潜力的成长型投资也应考虑一个相对更低的价格。而当有多个可选的投资目标时，更应挑选那个相对于价值，其股价最低的公司，以使投资风险降到最低。

□**问题**

如何理解费雪投资“真正杰出的公司”的做法？谈谈你的观点。

□**考核点**

投资价值、成长型投资、长期投资。

## 推荐书目

□丹尼尔·卡尼曼，《思考，快与慢》，中信出版社，2012 年版。

该书作者丹尼尔·卡尼曼，普林斯顿大学尤金·希金斯心理学荣誉退休教授，普林斯顿大学伍德罗·威尔逊公共及国际事务学院荣誉教授。凭借着与阿莫斯·特维斯基对决策制定问题的开先河之研究，卡尼曼获得了 2002 年的诺贝尔经济学奖。

在书中，卡尼曼带领我们体验一次思维的创新之旅。他认为，我们的大脑有快与慢两种作决定的方式。常用的无意识的“系统 1”依赖情感、记忆和经验迅速做出判断，它见闻广博，使我们能够迅速对眼前的情况做出反应。但“系统 1”也很容易上当，它固守“眼见即为事实”的原则，任由损失厌恶和乐观偏见之类的错觉引导我们做出错误的选择。有意识的“系统 2”通过调动注意力来分析和解决问题，并做出决定，它比较慢，不容易出错，但它很懒惰，经常走捷径，直接采纳“系统 1”的直觉型判断结果。

为了使读者真切体会到“系统 1”和“系统 2”这两个主角的特点，卡尼曼介绍了很多经典有趣的行为实验，指出我们在什么情况下可以相信自己的直觉，什么时候不能相信；指导我们如何在商场、职场和个人生活中做出更好的选择，以及如何运用不同的技巧来避免那些常常使我们陷入麻烦的思维失误。

该书将会彻底改变你对思考的看法。

## 自我评价

| 学习成果 | 自我评价 |
| --- | --- |
| 我已经理解了俾斯麦的独特理财观，明白金融资产与土地、森林等实物资产的区别 | □很好　□较好　□一般　□较差　□很差 |
| 我已经掌握了聚沙成塔、集腋成裘的基金理财功能，理解证券投资基金的分类、收益与风险 | □很好　□较好　□一般　□较差　□很差 |
| 我已经学会了区别战略性资产配置与战术性资产配置，理解基金定投的好处，以及基金定投的策略 | □很好　□较好　□一般　□较差　□很差 |

# 第5章　避险资产的反思:贵金属投资



## 导入语

古人语“盛世藏古董,乱世买黄金”。从经济学角度看,古董属于不可再生的稀缺性资源,它的供给只停留在历史印记当中,加上一些不可预知的损坏和各种原因导致不再流通,其供给量是逐渐减少的。而人类对古董的需求,尤其处于经济复苏和繁荣阶段,不断在增加。因此,古董价格总体呈现上升趋势。黄金曾作为货币流通,虽然人类已经告别金本位制,但其作为贮藏价值、保值手段、避险属性却一直存在。最重要的一点是黄金的价值是被全球各国所认可的,任何时候任何地点都具备非常强的流通性,特别是当爆发全球性危机时黄金价格飙涨。作为居民百姓,通过购买黄金保值并非想象中那么简单。因为黄金和美元的关系决定了黄金无法直接和人民币挂钩,黄金价格的高低更多地受制于国际财团和国外货币政策。近十年来,我国物价上涨的幅度远低于货币的新发行量,简单地从CPI指数增幅小于M2的增幅就显而易见了。因此,购买黄金不会带来确定性的资产保值、增长。

## 学习目标

通过学习本章,了解货币的演变与货币的本质,以及“金银天然不是货币,货币天然是金银”的内涵;理解金本位货币制度、布雷顿森林体系;明白黄金资产的收益与风险;辨析黄金的投资属性与常见的黄金投资产品;掌握黄金等贵金属的投资策略。

## 思维导图

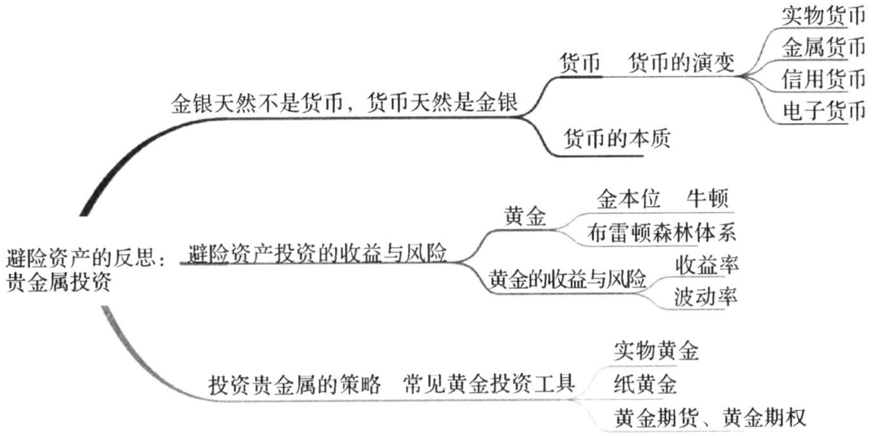


# 5.1　金银天然不是货币,货币天然是金银

视频:金银天然不是货币,货币天然是金银

PPT 课件

马克思在《政治经济学批判》一书中,对金银这类贵金属作了精辟的论述:"自然界并不出产货币,正如自然界并不出产银行家或汇率一样。但是,由于资产阶级生产必须把财富在一种唯一的物的形式上作为物神结晶起来,金银就成了这种财富的相应的化身。金银天然不是货币,但货币天然是金银。一方面,银质或金质的货币结晶不仅是流通过程的产物,而且实际上是流通过程留下的唯一产物;另一方面,金和银是现成的自然产物,它们既直接是前者又是后者,没有任何形状的差别可以区分。"

金银其本质上只是一种天然金属,在人类诞生之前便在自然界中以矿石的形式存在。随着人类社会的发展,金银作为一种金属材料,在工业生产中当作原料使用,并有装饰美化生活的作用。最初出现在市场上只是一般的普通商品,从其使用价值而言,金银与铜、铁、小麦、面包等物品一样,是可被人们利用的物质,它的作用仅此而已,金银与货币之间没有必然的联系。在人类历史的长河中,牲畜、布帛、贝壳等都曾充当过一般等价物。只有当商品交换发展到一定历史阶段,客观上要求有一种固定的一般等价物,且当一般等价物集中到金银上,由金银固定地充当一般等价物时,金银才是货币。因此,金银天然不是货币,金银作为货币是商品交换发展到一定阶段的产物。

然而,在人类社会处在商品经济发展阶段,金银是货币的最佳选择,或者说是作为一般等价物的最佳载体。这是因为在出现社会分工,需要进行商品交换之后,要求有一种能够充当一般等价物的商品能与其他各种商品交换,这种能够充当一般等价物的特殊商品称为货币。作为货币的商品必须具备一定的条件:本身有相当价值;经久耐用,磨损小,能多次反复使用;体积小,便于携带。在人类历史上,中国的贝壳、布帛等,国外的牛皮、盐、铁等充当过一般等价物的都未能全面满足上述三个条件。几百年前,人们曾普遍将铜作为货币,可是随着商品交换规模和范围的不断扩大，加上铜本身价值并不大，且易磨损，铜作为货币的缺点也暴露无遗。而当金银，特别是金出世后，由于储量相对稀少，化学性质稳定，具有金属色泽，体积小，价值昂贵，质地均匀，久藏不坏，便于分割和携带，这样金银就成为人类社会中最适宜充当货币的商品。因此，从一般等价物的角度而言，货币天然是金银。金银作为最佳的货币商品，是社会生产和商品经济发展的必然结果。

现今，社会经济在不断发展，商品交换的规模和范围不断扩大，金银当作货币流通使用已成为历史，而由纸币及有价证券替代，目前朝着数字货币发展。但是，直至今天，金银仍发挥着货币的其他功能，即储藏手段、世界货币及最后的支付手段，黄金还是一国财富的象征。

### 5.1.1 货币的职能及其演进

货币是商品交换长期发展的产物。在原始社会末期，出现了最初的商品交换。随着社会生产力的发展，产生了社会分工，物物交换不断扩大，逐渐出现了一般等价物。当商品交换范围扩大到一定程度，客观上要求一般等价物能够固定在一种特殊商品上，这种特殊商品就成了货币。因此，货币的本质就是一般等价物，是人们普遍接受的用于支付商品、劳务和清偿债务的工具，可以充当价值尺度、交换媒介、储藏手段、延期支付标准和世界货币。

#### 5.1.1.1 货币的职能

(1)价值尺度

价值尺度是货币最重要、最基本的职能。货币在表现商品的价值并衡量商品价值量的大小时，执行价值尺度的职能，即把一切商品的价值都表现为一定的货币量。这是因为货币本身也是商品，具有价值。各种商品凝结着社会劳动，劳动时间是衡量商品内在的价值尺度。这种内在的价值可以比较，但自身却无法表现出来。在商品交换过程中，当货币执行价值尺度职能，以自身价值作为尺度来衡量其他商品的价值，使各种商品的价值都表现为一定量的货币时，货币就成为商品价值的外在表现。在现实生活中，价值尺度就是价格标签，例如人们去超市购买酸奶，货架上酸奶的价签就是货币在执行价值尺度的职能。

(2)交换媒介

在商品交换中，当货币充当商品交换的媒介实现商品的价值时，就执行交换媒介的职能。在货币出现以前，商品交换采取物物交换的形式。货币产生以后，变成以货币为媒介的商品流通，它使商品交换变成两个过程，任何一个商品生产者都要先卖出商品换回货币(W－G)，然后再用货币去买回需要的商品(G－W)。由这两个过程构成的商品交换，货币充当交换活动的媒介物。

(3)储藏手段

当货币暂时退出流通领域而处于静止状态，被当作独立的价值形态和社会财富而保存起来时，就执行储藏手段职能。货币储藏手段职能是人们在现实生活中逐渐发展并完善的。最初表现为简单的货币储藏，生产者把多余的产品换成货币，目的是用货币保存自己的剩余产品。随着商品生产的发展，商品生产者为便于能随时购买维持生产和生活的商品，货币储藏主要表现为取得交换价值的储藏。当商品流通扩展到一切领域，谁占有了货币，谁就可以购得一切所需的物品，这时的货币储藏就表现为社会权力的货币储藏。但任何目的的货币储藏,都必须是具有价值实体的足值的货币。

(4)延期支付标准

货币的延期支付标准职能最初是适应商品生产和商品交换的需要而产生的。由于不同商品的生产周期长短不一,产地距销售地远近各异,为保证再生产过程的连续进行,部分商品生产者有赊销商品的要求,希望到约定日期再清偿债务,在这个钱货分离的过程中,货币作为独立的价值形式便执行了延期支付标准的职能。随着商品交换和信用经济的发展,货币执行延期支付标准职能日益普遍,不仅仅在商品流通领域屡见不鲜,而且进入了人们日常生活之中,比如用于偿还欠款、上交税款、银行借贷、支付租金、发放工资、捐款、赠与等等。

(5)世界货币

世界货币是指在世界市场上作为一般等价物的货币。随着国际交往不断扩大,货币在世界市场上流通,便具有了世界货币的职能。世界货币除具有价值尺度职能外,还执行如下职能:作为购买手段,在国际间用以购买外国商品;作为一般支付手段,用以偿付国际债务、支付利息和其他非生产性支付等,以平衡国际间的收支差额;作为社会财富的代表,用以支付战争赔款、输出货币资本等,从一国转移到另一国。一般而言,在贵金属货币流通的条件下,充当世界货币的是足值的金和银,而不是地域铸币。在现代信用货币制度下,主要由在国际上可以自由兑换成其他国家货币的硬通货来充当世界货币。但是,各国仍会贮藏一定数量的黄金,以作为世界货币的准备金,用来平衡一国的国际收支。

综上所述,货币的各种职能是随着商品生产和交换的发展逐步发展起来的。货币最先具有的职能是价值尺度和交换媒介。商品在进入流通之前,先由货币表现和衡量其价值,执行价值尺度的职能;在流通过程中,货币作为交换的媒介,执行交换媒介的职能。这是货币的两种基本职能。货币作为社会财富的一般代表,退出流通领域作储藏备用,从而具有储藏手段的职能。随着商品赊销交易的出现,货币不再执行流通手段职能,而只是到了约定的付款日期才被用于清偿债务,执行延期支付的职能。储藏手段、延期支付标准和世界货币是由货币的基本职能衍生出来的附加职能。

**即问即答**

货币的各种职能是随着商品生产和交换的发展逐步发展起来的,货币的基本职能是什么?

即问即答

### 5.1.1.2　货币的演进

(1)实物货币

实物货币通常称为商品货币,是最简单也是最基本的货币形式。实物货币本身具有价值,其商品本身价值和货币价值相等。实物货币是人类最早的货币形态。在人类发展史上,有多种商品如米、布、皮革、木材、贝壳等,都在不同时期扮演过货币的角色。但这些实物货币都有其缺点,比如体积笨重、不能分割、携带不方便等,无法充当理想的货币。金属具有实物货币不可替代的优越性,比如价值稳定、质地均匀、易于分割、保存,体积小、价值大、便于携带等。实物货币只是与原始的、落后的生产方式相适应,随着商品生产的不断扩大和商品流通速度的加快，商品交换的快速发展，货币材料逐渐转到那些适合充当一般等价物的金属身上，出现了金属货币。

(2)金属货币

金属货币是指以金属作为货币材料，充当一般等价物的货币。由于金属矿藏的开采，以及手工业的发展和熔炼技术的发明，金属在商品交换中逐步成为主要对象，从而使金属成为货币材料。金属货币的演化经历了由贱金属到贵金属，由称量货币到铸币，由私人铸币到国家铸币的演变过程。

金属货币最初是贱金属，多数国家和地区使用的是铜。贱金属虽然与初步发展起来的商品经济相适应，但是后来出现了货币材料与生产资料、生活资料争夺原材料的问题，而且由于贱金属价值量的降低，不适应大宗交易。随着贵金属的开采和冶炼技术的提高，于是货币材料由铜过渡到银和金。金属货币最初是以条块形状流通的，每次交易时要称其重量，估其成色，这时的货币称作称量货币，英镑的"镑"，五铢钱的"铢"都是重量单位，从中可以看出称量货币的踪迹。称量货币不便于交易，难以适应商品生产和交换快速发展的需要。随着社会第三次大分工——商人阶层的出现，一些信誉好的商人就在货币金属块上打上印记，标明其重量和成色，便于流通，于是出现了最初的铸币，即私人铸币。当商品交换突破区域市场的范围之后，金属块的重量和成色就要求有更权威的证明，此时国家便开始管理货币，并凭借其政治权力铸造货币，于是有规定重量和成色的、铸成一定形状的国家铸币就出现了。

我国最早的金属货币是商朝的铜贝。商代在我国历史上也称青铜器时代，当时发达的青铜冶炼业促进了生产的发展和商品的交易活动。于是，在当时最广泛流通的贝币过渡到了青铜币。但是，这种用青铜制作的金属货币制作粗糙，设计简单，形状不固定，没有使用单位，在市场上也未达到广泛使用的程度。由于其外形像作为货币的贝币，因此人们大都将其称为铜贝。据考古材料分析，铜贝产生以后，是与贝币同时流通的，铜贝发展到春秋中期，又出现了新的货币形式，即包金铜贝，它是在普通铜币的外表包一层薄金，既华贵又耐磨。铜贝不仅是我国最早的金属货币，也是世界上最早的金属货币。

(3)代用货币

在金属货币流通的制度下，由于贵金属携带困难，且受到币材产量的限制，如金矿、银矿分布及开采量的限制。工业革命后经济迅速发展，流通中所需货币数量急剧增加，实物货币币材的增长量远不能满足流通的需要。此时，政府或银行为缓解货币供应的不足，克服大额交易携带不便的困难，发行一种代替实物货币的纸币或等值存单，代表实物货币在市场上流通，这种纸币或等值存单就称为代用货币。代用货币之所以能在市场上流通，发挥交换媒介的作用，是因为它背后有充足的金银货币作为保证，以满足代用货币随时兑换金属货币或贵金属的需求，如美国在1933年以前，联邦储备委员会发行的钞票及国库金券可以随时兑换成等值黄金。与金属货币相比较，代用货币具有发行成本低、易于携带、节省金银等优点。

代用货币最早出现在英国。在中世纪之后，英国的金匠为顾客保管金银货币，他们所开出的本票形式的收据，可以在流通领域进行流通；在顾客需要时，这些收据随时可以得到兑换，这是原始的代用货币。货币作为流通手段的特性是充当交换媒介，是交换的手段，而不是交换的目的。对于交易者来说，他们所关心的并不是流通手段本身有无价值或价值量的大小，而是能否起媒介作用。

(4)信用货币

信用货币是以信用作为保证，通过一定的程序发行、充当交换媒介和支付手段的货币形态，是货币发展中的现代形态。在金属货币流通的后期，金银的开采难以满足商品流通的需要，同时随着信用制度的不断发展，商品流通对货币作为支付手段的要求不断提高，于是就出现了信用货币，并促进信用货币不断发展。

银行券、票据、纸币、电子货币以及数字货币等均属信用货币。信用货币本身的价值低于货币价值，而且不代表任何金属货币，作为一种信用凭证，完全依靠政府信用和银行信用。信用货币是目前世界上几乎所有国家都采用的货币形态。

信用货币具有以下基本特征：

①由中央银行代表国家发行的，是一种价值符号，本身不具有价值，黄金基础已经消失。

②信用货币实际上是中央银行债务凭证，信用货币流通也就是中央银行债务的转移。

③信用货币是法定货币，由中央银行发行的，强制流通使用。

④国家通过中央银行控制和管理信用货币的流通，把货币政策作为实现国家宏观经济目标的重要手段。

(5)电子货币

电子货币是现代商品经济高度发达和银行转账清算技术不断进步的产物，是货币作为支付手段不断进化的表现，代表着现代信用货币形式的发展方向。电子货币是以计算机系统储存和处理的存款，以银行电子划拨系统记录和转移存款货币，以电汇的方式替代处理大量纸张的手续，以无支票的自动清算替代现钞和票据的支付。在当代市场经济中，尤其是信用制度发达的国家，存款货币占比越来越多，现钞货币越来越少，这为银行通过计算机系统划拨资金提供了空间和可能。

电子货币是一种储值或预付产品，可以分为智能卡和网络货币，比如银行的储蓄卡、信用卡等。电子货币较之运用现钞和票据来完成大规模的商品交换更节约、更方便、更准确、更安全。电子货币是无形的信用货币，是信用货币的新形态，是对传统纸币的革命。

(6)数字货币

数字人民币，字母缩写按照国际使用惯例暂定为“e-CNY”，是由中国人民银行发行的一种数字形式的法定货币，由指定运营机构参与运营并向公众兑换，以广义账户体系为基础，支持银行账户松耦合功能，其实质与现在通行的纸币或硬币完全相同，具有价值特征和法偿性，支持可控匿名①。数字人民币不依托银行账户和支付账户，只要装有数字人民币钱包，就可以使用央行数字人民币。

数字人民币具有以下几个方面的特征：

第一，法定货币。数字人民币是由中国人民银行发行，国家信用背书、具有法偿能力的法定货币。与比特币等虚拟币相比，数字人民币是法定货币，与纸币等值，其效力和安全性是最高的，而比特币是一种虚拟资产，没有任何价值基础，也不享受任何主权信用担保，无法保证价值稳定。这是央行数字货币与比特币等加密资产的最根本区别。

第二，双层运营体系。中国人民银行不直接对公众发行和兑换央行数字货币，而是先把

① 可控匿名是指数字人民币在使用中是否匿名，以及能在多大程度上匿名，取决于相关部门的规定。

数字人民币兑换给指定的运营机构，比如商业银行或者其他商业机构，再由这些机构兑换给公众。运营机构需要向人民银行缴纳100%准备金，也就是1∶1兑换。这种双层运营体系和纸钞发行基本一样，因此不会对现有金融体系产生大的影响，也不会对实体经济或者金融稳定产生大的影响。

第三，以广义账户体系为基础。在现行数字货币体系下，任何能够形成个人身份唯一标识的东西都可以成为账户。比如说车牌号就可以成为数字人民币的一个子钱包，通过高速公路收费站或者停车的时候进行支付过路费或停车费。这就是广义账户体系的概念。

第四，支持银行账户松耦合。不需要银行账户就可以开设数字人民币钱包，对于一些农村地区或者边远山区群众、来华境外旅游者等，没有或者不便持有银行账户的，也可以通过数字钱包享受相应的金融服务，有助于实现普惠金融。

第五，其他个性化设计。包括：①双离线支付。可以像纸钞一样在飞机、邮轮、地下停车场等网络信号不佳场所实现电子支付需求；②安全性更高。如果真的发生了盗用等行为，对于实名钱包，数字人民币可提供挂失功能；③多终端选择。对于不愿意用或者没有能力用智能手机的人群，可以选择IC卡、功能机或者其他的硬件设备；④多信息强度。根据掌握客户信息的强度不同，把数字人民币钱包分成多个等级。如大额支付或转账，需通过信息强度高的实名钱包；⑤点对点交付。运用数字货币智能合约的方式，可以实现定点到人交付。如民生资金可以发放到百姓的数字钱包上，从而杜绝虚报冒领、截留、挪用的行为；⑥高可追溯性。在有权机关严格依照程序出具相应法律文书的情况下，进行相应的数据验证和交叉比对，为打击违法犯罪提供信息支持。即使腐败分子通过化整为零等手段，也难以逃避监管。

与支付宝、微信支付相比，数字人民币具有独特优势：

第一，无限法偿性。数字人民币是中央银行发行的数字形式的法定货币，由国家信用背书，任何人都不能拒绝接受；支付宝、微信是以银行账号为基础，以手机应用程序和网络为工具的第三方支付平台，其本身不具备货币发行权，也不可能发行货币，只是提供一种支付服务端口。

第二，可控制匿名性。数字人民币能够满足消费者匿名支付的需求，利用可控匿名机制，中国人民银行可以掌握全量信息，利用大数据、人工智能等技术分析交易数据和资金流向，防范和打击洗钱、恐怖融资和逃税等违法犯罪行为，有效维护金融稳定；支付宝、微信在支付的过程中，相关数据和信息，由支付宝和微信平台控制（中央银行、银联和信联也掌握部分信息）。

第三，可离线转账。数字人民币使用最新的双离线技术，即使在没有手机信号的情况下，依然可以使用，即数字人民币可以实现无网络支付；支付宝、微信支付需要以网络（Wi-Fi或手机信号）为基础，高度依赖网络。

第四，无需绑定银行账户。数字人民币在支付时不需要绑定任何银行账户，只要装有数字人民币钱包，就可以使用中央银行数字人民币；支付宝、微信支付需要绑定用户的银行账户，只有绑定银行账户以后才能使用。

第五，交易可追溯。从理论上讲，中央银行对数字人民币的所有交易都是可追溯的，即使遇上诈骗“陷阱”，依据清晰的支付转账路径，也可以追回款项；支付宝、微信支付如若出现错误，只能由相关平台进行后期纠错和处理。

第六,额度限制较宽松。数字人民币在进行同名持有人银行账户转账时,中央银行不仅不收费,而且在转账额度上也会更为宽松;支付宝、微信支付在进行充值、提现时,不仅有严格的额度限制,有时还会收取转账费用。

**即问即答**

数字人民币是什么货币？它与支付宝支付有什么区别？

即问即答

## 5.1.2　货币制度

在现代经济社会,各国货币通常都是纸币、铸币和存款货币三者同时流通,前两者总称为通货。由各种货币依据等价关系所构成的体系与秩序,成为一国的货币制度。货币制度的核心是货币的标准和计量单位,即所谓的货币本位。在多种货币并存的情况下,充当计算单位或基本单位的货币,称为本位货币。一个国家或地区需要通过法律形式对本位货币的名称(如我国的元、英国的英镑、美国的美元等)、种类、法偿性、价值或等价关系作出规定。

本位货币具有两个特点:

①具有无限的法偿性。所谓法偿性是法律赋予本位货币的一种属性,是法律赋予的强制流通的能力,无论支付额大小,任何人不得拒绝接收。其他货币,如辅币或支票作为支付手段,接受者可以拒绝。

②是一切交易行为的最后支付工具。市场上的交易以本位货币作为最后的支付工具,任何人均不得要求改用其他货币支付。在某些情况下,虽然其他货币可以在市面上流通,但接受者可以要求以本位货币支付。

概括来讲,一国的货币本位制度是指国家以法律形式确定其本位货币的价值,赋予其在市场上强制流通的能力,并将本位货币作为商品买卖、劳务交换、债务清偿及会计核算的计量单位的一种货币制度安排。

### 5.1.2.1　货币制度的类型

在货币制度发展史上出现过四种不同的货币制度,根据时间顺序依次为银本位制、金银复本位制、金本位制和不兑换信用货币制度。

(1)银本位制

银本位制是历史上最早出现的,也是实施时间最长的一种货币制度。银本位制以白银为货币材料,银币为本位货币,可自由铸造,具有无限法偿性。银行券可自由兑换白银,白银可自由输出和输入。

(2)金银复本位制

随着商品经济的发展,在商品交易中对金银这两种贵金属的需求都增加了,由于白银的价值含量低,主要用于小额交易,黄金则用于大宗买卖,形成了白银和黄金都作为主币流通的局面,产生了金银复本位制。白银和黄金同时作为货币材料,金银铸币都是本位货币,都可以自由铸造,具有无限法偿性,可自由输出和输入,金银铸币之间、金银铸币与货币符号之间都可以自由兑换。金银两种金属货币同时流通会出现“劣币驱逐良币”的现象,金银复本位制是一种不稳定的货币制度。

## 知识链接

### 格雷欣现象

16世纪，英国伊丽莎白财政大臣格雷欣(Gresham's)观察发现一个现象：在铸币流通时，消费者会保留储存成色高的货币，使用成色低的货币进行市场交易、流通。在金和银同为本位货币的情况下，一国要为金币和银币之间规定价值比率，并按照这一比率无限制地自由买卖金银，金币和银币可以同时流通。由于金和银本身的价值是变动的，而两者兑换比率保持不变，出现了实际价值高的货币(良币)被熔化、收藏或输出而退出流通领域，而实际价值低的货币(劣币)反而充斥市场，即出现了“劣币驱逐良币”的现象。比如，当金和银的兑换比率为1∶15，由于银的开采成本降低，其价值下降时，人们就会按上述比率把银兑换成金，并将金贮藏，出现了银充斥于货币流通，最后银排斥了金。如果情况相反，即银的价值上升，而金的价值下降，人们就会用金按上述比例兑换成银，并将银贮藏，流通中就只有金币了。这就是说，实际价值较高的良币渐渐为人们所贮存，离开了流通市场，使得实际价值较低的劣币充斥市场。

“劣币驱逐良币”虽然是经济学中一个古老的原理，但是，“劣币驱逐良币”的现象不仅在铸币流通时代存在，在纸币流通中也会出现。大家都会把肮脏、破损、残缺的纸币或者不方便存放的劣币尽快花出去，而留下整齐、干净、崭新的纸币。同样，在现实生活中，“劣币驱逐良币”的现象也比比皆是。例如，在平日乘公共汽车或地铁上下班时，规矩排队的人总是被挤得东倒西歪，来了几趟车也上不去，而不守秩序的人倒常常能够捷足先登，争得座位或抢得时间，最后，遵守秩序排队上车的人越来越少，车辆一来，众人都争先恐后，不守秩序的人越来越多。

(3)金本位制

金本位制是指以黄金为本位币的货币制度。在金本位制下，每单位的货币价值等同于若干重量的黄金(即货币含金量)；当不同国家使用金本位时，国家之间的汇率由它们各自货币的含金量之比——金平价来决定。金本位制于19世纪中期开始盛行。在历史上，曾有过三种形式的金本位制：金币本位制、金块本位制、金汇兑本位制。其中金币本位制是最典型的形式，从狭义角度来说，金本位制就是指金币本位制度。

①金币本位制。金币本位制是以黄金为货币金属的一种典型的金本位制。其主要特点是：金币可以自由铸造、自由熔化；流通中的辅币和价值符号(如银行券)可以自由兑换金币；黄金可以自由输出和输入。在实行金本位制的国家之间，根据两国货币的黄金含量计算汇率，称为金平价。

②金块本位制。金块本位制是指由中央银行发行、以金块为准备，即具有一定含金量的银行券在市面流通，并负责以官价兑换黄金的货币制度。它与金币本位制的区别在于：其一，金块本位制以纸币或银行券作为流通货币，不再铸造、流通金币，但规定纸币或银行券的含金量，纸币或银行券可以兑换为黄金；其二，规定政府集中黄金储备，允许居民当持有本位

币的含金量达到一定数额后兑换金块。

③金汇兑本位制。金汇兑本位制是指以银行券为流通货币,通过外汇间接兑换黄金的货币制度。金汇兑本位制与金块本位制的相同之处在于规定货币单位的含金量,国内流通银行券,没有铸币流通。但规定银行券可以换取外汇,不能兑换黄金。本国中央银行将黄金与外汇存于另一个实行金本位制的国家,允许以外汇间接兑换黄金,并规定本国货币与该国货币的法定比率,从而稳定本币币值。

金本位制用黄金来规定所发行货币代表的价值,每一货币单位都有法定的含金量,各国货币按其所含黄金的重量而形成一定的比价关系。金币可以自由铸造,任何人都可按法定的含金量,自由地将金砖交给国家造币厂铸造成金币,或以金币向造币厂换回相当价值的金砖。金币是无限法偿的货币,具有无限制支付手段的权利。各国的货币储备是黄金,国际结算也使用黄金,黄金可以自由输出或输入,当国际贸易出现赤字时,可以用黄金支付。由此可见,金本位制具有自由铸造、自由兑换、自由输入输出三大特点。随着金本位制的形成,黄金承担了商品交换的一般等价物,成为商品交换过程中的媒介,金本位制是黄金的货币属性表现的高峰。

英国是最早实行金币本位制的国家。1717 年,著名物理学家艾萨克・牛顿在担任英国皇家铸币厂厂长期间,提出只有黄金才是货币,并将每盎司黄金的价格固定在 3 英镑 17 先令 10.5 便士。1797 年,英国宣布铸币条例,发行金币规定了含金量,银币处于辅币地位。1816 年,英国通过了《金本位制度法案》,以法律的形式承认了黄金作为货币的本位来发行纸币。1819 年又颁布条例,要求英格兰银行的银行券在 1821 年能兑换金条,在 1823 年能兑换金币,并取消对金币熔化及金条输出的限制。从此,英国实行了真正的金币本位制。到 19 世纪后期,金币本位制已经在资本主义各国普遍采用,它已具有国际性。由于当时英国在世界经济体系中的突出地位,实际上形成了一个以英镑为中心,以黄金为基础的国际金本位制度。这种国际金本位制度持续了 30 年左右,到第一次世界大战爆发时宣告解体。在金本位制度盛行时期,黄金是各国最主要的国际储备资产,英镑则是国际最主要的清算手段,黄金与英镑同时成为各国公认的国际储备。英镑之所以与黄金具有同等重要的地位,是由于当时英国强大的经济力量,伦敦成为国际金融中心,英国也是国际经济与金融活动的重心,于是形成一种以黄金和英镑为中心的国际金本位制,也有人称之为英镑汇兑本位制。

第一次世界大战前的国际货币体系,是典型的国际金本位货币体系。这个国际货币体系大约形成于 1880 年,延续至 1913 年,它是在资本主义各国间的经济联系日益密切,主要资本主义国家实行金币本位货币制度之后自发形成的,其形成基础是英国、美国、德国、荷兰,一些北欧国家和拉丁货币联盟(由法国、意大利、比利时和瑞士组成)等实行的国内金币本位制。

随着主要资本主义国家之间矛盾的激化,破坏国际货币体系稳定性的因素也日益增多。英国在拿破仑战争期间、美国在南北战争期间都曾经停止黄金与纸币的兑换。到 1913 年末,英国、法国、美国、德国、俄罗斯五国占有世界黄金存量的 2/3,绝大部分黄金为少数强国所占有,这就削弱了其他国家货币制度的基础。由于全世界约有 60%的货币以黄金的形成集中于各国中央银行,各国多用纸币在市面流通,从而影响货币的信用,而一些国家为了准备战争,政府支出急剧增加,大量发行银行券,于是银行券兑换黄金越来越困难,这就破坏了自由兑换的原则。在经济危机时，商品输出减少，资金外逃严重，引起黄金大量外流，各国纷纷限制黄金流动。由于维持金币本位制的一些必要条件逐渐遭到破坏，国际货币体系的稳定性也就失去了保证。第一次世界大战爆发后，各国停止银行券兑换黄金，并禁止黄金输出，出现了严重的通货膨胀。在战争期间，各国实行自由浮动的汇率制度，汇率波动剧烈，国际货币体系的稳定性已不复存在，于是金币本位制宣告结束。

第一次世界大战以后，资本主义国家曾出现一个相对稳定的时期，主要资本主义国家的生产先后恢复到战前水平。各国企图恢复金本位制，但是，由于金铸币流通的基础已经遭到破坏，以至于不能恢复典型的金本位制。当时除美国以外，其他大多数国家只能实行没有金币流通的金本位制，也就是金块本位制和金汇兑本位制。金块本位制和金汇兑本位制由于不具备金币本位制的一系列特点，也称为不完全或残缺不全的金本位制。该制度在1929—1933年美国大萧条的冲击下，也逐渐被各国放弃，各国纷纷实行了不兑换信用货币制度。

第二次世界大战后，建立了以美元为中心的国际货币体系，这实质上是一种金汇兑本位制，美国国内不流通金币，但允许其他国家政府以美元向其兑换黄金，美元是其他国家的主要储备资产。但其后受美元危机的影响，该制度也逐渐开始动摇，至1971年8月美国政府宣布停止美元兑换黄金，并先后两次将美元贬值后，这个残缺不全的金汇兑本位制也崩溃了。

综上所述，金本位制崩溃的主要原因有三个：其一，黄金生产量的增长幅度远远低于商品生产增长的幅度，黄金不能满足日益扩大的商品流通需要，这就极大地削弱了金铸币流通的基础。其二，各国的黄金存量不平衡。1913年末，美国、英国、德国、法国、俄罗斯五国占有世界黄金存量的2/3。大部分黄金存量被少数强国所掌控，必然导致金币的自由铸造和自由流通受到限制，削弱其他国家金币流通的基础。其三，第一次世界大战爆发，黄金被参战国集中用于购买军火，并停止自由输出和银行券兑现，最终导致金本位制的崩溃。

金币本位制是一种稳定的货币制度。黄金自由发挥世界货币的职能，促进了各国商品生产的发展和国际贸易的扩展，促进了资本主义信用事业的发展，也促进了资本输出。金本位制自动调节国际收支，促进了资本主义经济的繁荣和发展。在金本位制下，汇率固定，消除了汇率波动的不确定性，有利于世界贸易的开展。各国央行有固定的黄金价格，从而货币实际价值稳定，没有一个国家拥有特权地位。但是，金本位制限制了货币政策应付国内均衡目标的能力，只有货币与黄金挂钩才能保证价格稳定。货币供应受到黄金数量的限制，不能适应经济增长的需要。黄金生产不能持续满足需求，中央银行无法增加其国际储备。当一国出现国际收支赤字时，往往可能由于黄金输出，出现货币紧缩，从而引起生产停滞和工人失业，给黄金出口国造成较大的经济压力。

## 资料卡 5-1

### 艾萨克·牛顿

艾萨克·牛顿(Isaac Newton)，1643年1月4日出生于英格兰林肯郡，爵士，英国皇家学会会长，著名的物理学家、数学家，经典力学、微积分的奠基人。

1661年入剑桥大学三一学院，1665年获得学位，当时因伦敦暴发大瘟疫，剑桥大学为了预防瘟疫而关闭,此后的两年里,牛顿在家中继续研究微积分学、光学和万有引力定律。1669年被授予卢卡斯数学教授席位。1689年当选为英国国会议员。1689—1690年期间和1701年为英国皇家科学院的成员。1696年担任英国皇家铸币厂厂长和监管,一直到去世。1703年担任英国皇家学会会长,任职长达24年。1705年被安妮女王封为爵士。

主要成就:在1687年发表论文《自然定律》,对万有引力和三大运动定律进行了描述,奠定了此后三个世纪物理世界的科学观点,并成为现代工程学的基础。通过论证开普勒行星运动定律与引力理论间的一致性,展示了地面物体与天体的运动都遵循着相同的自然定律,为"太阳中心说"提供了强有力的理论支持,并推动了科学革命。在力学上,牛顿阐明了动量和角动量守恒的原理,提出牛顿运动定律;在光学上,发明了反射望远镜,并基于对三棱镜将白光发散成可见光谱的观察,发展出了颜色理论;在数学上,牛顿与戈特弗里德·威廉·莱布尼茨分享了发展出微积分学的荣誉,证明了广义二项式定理,提出了"牛顿法"以趋近函数的零点,并为幂级数的研究做出了贡献。在经济学上,牛顿提出金本位制度。

代表作品:《自然哲学的数学原理》《光学》。

---

(4)不兑换信用货币制度

不兑换信用货币制度又称不兑换纸币本位制,是指不与任何金属保持固定的比价关系,而以不可兑换的纸币为本位货币的制度。这种货币由政府授权中央银行发行,通过法律赋予无限法偿性。由于货币不与黄金、白银等金属保持等价关系,黄金、白银就失去了自发调节货币流通的作用,货币供应量不受黄金、白银产量的约束,具有较大的供应弹性。正因为货币供应由国家控制,可以无限制地扩大,货币会因发行过多而贬值,进而导致通货膨胀。

不兑换信用货币制度是20世纪70年代中期以来各国实行的货币制度,其特点是:

①流通中的货币是信用货币,主要由现金、银行存款构成,体现某种信用关系。

②现实中的货币是通过金融机构的业务投入到流通中,与金属货币通过自由铸造进入流通有本质的区别。

③国家对信用货币的管理调控成为维持经济正常运行的必要条件,这种调控主要由中央银行运用货币政策来实现。

**即问即答**

请你列举现实生活中"劣币驱逐良币"的现象。

即问即答

#### 5.1.2.2　我国的货币制度

我国现行的货币制度是"一国多币"的特殊货币制度,即大陆实行人民币制度,我国香港、澳门、台湾实行不同的货币制度,表现为不同地区有各自不同的法定货币。各种货币限于本地区流通,货币之间可以兑换,人民币与港元、澳门元之间按以市场供求为基础决定的汇率进行兑换,澳门元与港元直接挂钩,新台币主要与美元挂钩。

人民币是我国大陆的法定货币,人民币主币"元"是我国的货币单位,具有无限法偿性;人民币辅币与人民币主币一样具有无限法偿性。人民币由国家授权中国人民银行统一发行与管理，是不兑换的信用货币，并以现金和存款货币两种形式存在，现金由中国人民银行统一发行，存款货币由银行体系通过业务活动进入流通。

1994 年以前，人民币汇率一直由国家外汇管理局制定并公布。1994 年 1 月 1 日人民币汇率并轨以后，实施以市场供求为基础的、单一的、有管理的浮动汇率制。中国人民银行根据前一日银行间外汇市场形成的价格，公布人民币兑美元等主要货币的汇率，各银行以此为依据，在中国人民银行规定的浮动幅度内自行挂牌。

中国人民银行对人民币发行与流通的管理，主要体现在发行计划的编制、发行的管理、反假币，以及票样管理和人民币出入境管理等方面。

### 5.1.3 布雷顿森林体系

在两次世界大战之后，西方国家的综合国力发生了较大的变化。欧洲各国的经济在一战、二战期间遭受了重创，战后需要从美国大量购买重建物资，带来了欧洲各国对美元的巨大需求。而美国通过对欧洲国家的经济援助，积累了巨额财富，经济稳步发展，美国迅速和欧洲各国拉开了差距。第二次世界大战结束时，美国的黄金储备已经超过其他所有国家黄金储备的总和，美元大量流入世界各参战国，成为必不可少的国际货币。在此背景下，1944 年 7 月，西方主要国家的代表在美国新罕布什尔州布雷顿森林召开了联合国联盟国家国际货币金融会议，在此会上确立了以美元为中心的国际货币体系。因为此次会议是在布雷顿森林举行的，所以称之为布雷顿森林会议。关贸总协定作为 1944 年布雷顿森林会议的补充，连同布雷顿森林会议通过的各项协定，统称为布雷顿森林体系。另外，布雷顿森林体系建立了国际货币基金组织和世界银行两大国际金融机构，前者负责向成员国提供短期资金借贷，目的是为保障国际货币体系的稳定；后者提供中长期信贷来促进成员国的经济复苏。

5.1.3.1 布雷顿森林体系的主要内容

(1)确立美元与黄金挂钩

各国确认 1944 年 1 月美国规定的 35 美元一盎司①的黄金官价，每一美元的含金量为 0.888671 克黄金，各国政府或中央银行可按官价用美元向美国兑换黄金。为了使黄金官价不受自由市场金价冲击，各国政府需协同美国政府在国际金融市场上维持这一黄金官价。其他国家货币与美元挂钩，其他国家政府规定各自货币的含金量，通过含金量的比例确定与美元的汇率。

(2)实行可调整的钉住汇率制

《国际货币基金协定》规定各国货币兑美元的汇率只能在法定汇率上下各 1%的幅度内波动，若市场汇率超过法定汇率 1%的波动幅度，各国政府有义务在外汇市场上进行干预，以维持汇率的稳定。若会员国法定汇率的变动超过 1%，就必须得到国际货币基金组织的批准。1971 年 12 月，这种即期汇率变动的幅度扩大为上下 2.25%的范围，决定“平价”的标准由黄金改为特别提款权。布雷顿森林体系的这种汇率制度被称为“可调整的钉住汇率制度”。

(3)规定了各国货币兑换与国际结算原则

① 盎司是英美制重量单位，1 盎司等于 1/16 磅，合 28.3495 克。

《国际货币基金协定》规定了各国货币自由兑换的原则:任何会员国对其他会员国在经常项目往来中积存的本国货币,若对方为支付经常项目货币换回本国货币。考虑到各国的实际情况,《国际货币基金协定》作了"过渡期"的规定。《国际货币基金协定》规定了国际支付结算的原则:会员国未经基金组织同意,不得对国际收支经常项目的支付或清算加以限制。

(4)美元为国际储备货币

《国际货币基金协定》中关于货币平价的规定,使美元处于等同黄金的地位,成为各国外汇储备中最主要的国际储备货币。

(5)确立了国际收支的调节机制

国际货币基金组织会员国份额的25%以黄金或可兑换成黄金的货币缴纳,其余则以本国货币缴纳。会员国发生国际收支逆差时,可用本国货币向基金组织按规定程序购买(即借贷)一定数额的外汇,并在规定时间内以购回本国货币的方式偿还借款。会员国所认缴的份额越大,得到的贷款也越多。贷款只限于会员国用于弥补国际收支赤字,即用于经常项目的支付。

#### 5.1.3.2　布雷顿森林体系的积极作用

布雷顿森林体系的建立,对"二战"后国际贸易和世界经济的发展发挥了积极作用。据统计,1948—1960年世界出口贸易总额年平均增长率为6.8%,1960—1965年为7.9%,1965—1970年为11%;而在1913—1938年,年平均增长只有0.7%。布雷顿森林体系的积极作用表现在以下几个方面:

①布雷顿森林体系确立了美元与黄金、各国货币与美元"双挂钩"的原则。美元与黄金挂钩、各国货币与美元挂钩是布雷顿森林体系的两大支柱,它结束了战前国际货币金融领域的动荡混乱状态,使得国际金融关系进入了相对稳定时期。这为20世纪50—60年代世界经济的稳定发展创造了良好的条件。

②美元成为最主要的国际储备货币。弥补了国际清算能力的不足,在一定程度上解决了由于黄金供应不足所带来的国际储备短缺的问题。

③实行了可调整的钉住汇率制。汇率的波动受到严格的约束,使汇率保持相对稳定,这对国际贸易和国际资本流动的正常发展提供了有利条件。

④国际货币基金组织对一些工业国家,尤其是发展中国家的国际收支不平衡,提供各种类型的短期贷款和中长期贷款,在一定程度上缓和了成员的国际收支困难,使其对外贸易和经济发展得以正常进行,促进了国际货币合作和世界经济的稳定增长。

#### 5.1.3.3　布雷顿森林体系的崩溃

虽然布雷顿森林体系对"二战"后世界经济的发展产生了重要的积极影响,但该体系也存在着一些缺陷和不可调和的矛盾。尽管布雷顿森林体系崩溃的原因有多种,但其直接原因是美元危机,根本原因是该体系不能反映西方工业国之间经济发展不平衡的状况,以及体系制度本身的内在缺陷。具体原因体现在以下几个方面:

①美国利用美元的特殊地位,操纵国际金融活动。美元享有特殊的地位导致美国货币政策对各国经济产生重要影响。由于美元是主要的储备资产,享有"纸黄金"之称,美国可以利用美元直接对外投资,购买外国企业,或利用美元弥补国际收支逆差。美国货币金融当局的一举一动都将波及世界金融领域,从而导致世界金融体系的不稳定。

②美元作为国际储备资产带来不可克服的矛盾。以一国货币作为主要的储备资产，必然给国际储备带来难以克服的矛盾，美元的特殊地位导致出现两难困境：如果美国国际收支保持顺差，美元币值稳定，这样就无法保证美元的供应，会断绝国际储备的来源，引起国际清偿能力不足；如果美国国际收支持续出现逆差，美元供应增加，导致美元币值下降，必然影响美元信用，引起美元危机，这是一个不可调和的矛盾。

③存在黄金储量有限与国际结算需求无限增长的矛盾。由于黄金矿藏、开采、冶炼技术的限制，黄金供给的增加缓慢，并且数量有限，远远落后于世界经济增长对黄金的需求，黄金供给与黄金需求之间出现严重的不平衡。黄金储量有限与国际结算需求无限的矛盾交织在一起，共同作用于布雷顿森林体系的运行，使得该体系一开始就潜藏着隐患。

④汇率机制缺乏弹性导致国际收支调节机制失灵。布雷顿森林体系强调汇率的稳定，固定汇率制度使各国难以用调节汇率的办法来调节国际收支，而只能消极地实行外汇管制，或放弃稳定国内经济的政策目标。前者必然阻碍贸易的发展，后者则违反了稳定和发展本国经济的原则。而且，固定汇率有利于美国输出通货膨胀，加剧世界性通货膨胀，不利于各国利用汇率的变动调节国际收支平衡。因此，缺乏弹性的汇率机制不利于各国经济的稳定发展，各国为了自身利益，有突破布雷顿森林体系下固定汇率制的内在动力。

自 20 世纪 50 年代始，上述种种矛盾不断地动摇布雷顿森林体系的基础。同时，美国经历了越南战争、国内失业、通货膨胀等危机，美国黄金储备已不足以清偿其美元债务，国际贸易收支严重失衡。在此压力之下，1971 年 8 月 15 日，美国尼克松政府宣布放弃美元与黄金挂钩。1974 年 4 月 1 日，国际协定正式解除美元与黄金的固定比价关系，以美元为中心的布雷顿森林体系彻底崩溃。

### 5.1.4 牙买加体系

1972 年 7 月，国际货币基金组织(IMF)成立了一个专门委员会，具体研究国际货币制度的改革问题。1974 年 6 月，该委员会提出了一份国际货币体系改革纲要，对黄金、汇率、储备资产、国际收支调节等问题提出了一些原则性的建议。1976 年 1 月，国际货币基金组织理事会在牙买加首都金斯敦举行会议，讨论国际货币基金协定的条款，经过激烈的争论，签订了《国际货币基金协定第二次修正案》，称为牙买加协定。牙买加协定自布雷顿森林体系崩溃后沿用至今。

#### 5.1.4.1 牙买加体系的主要内容

(1)实行浮动汇率制度

牙买加协议正式确认了浮动汇率制的合法化，承认固定汇率制与浮动汇率制并存，成员国可自由选择汇率制度。同时，国际货币基金组织继续对各国货币汇率政策严格监督，并协调成员国的经济政策，促进金融稳定，缩小汇率波动范围。

(2)推行黄金非货币化

牙买加协议作出了逐步使黄金退出国际货币的决定。规定废除了黄金条款，取消黄金官价，成员国中央银行可按市场价格自由进行黄金交易；取消成员国相互之间，以及成员国与国际货币基金组织之间须用黄金清算债权债务的规定，国际货币基金组织逐步处理其持有的黄金。

(3)增强特别提款权的作用

牙买加协议提高了特别提款权的国际储备地位,扩大了其在国际货币基金组织一般业务中的使用范围,并适时修订特别提款权的有关条款。规定参加特别提款权账户的国家可以偿还国际货币基金组织的贷款,使用特别提款权作为偿还债务的担保,各参加国也可用特别提款权进行借贷。

(4)增加成员国基金份额

牙买加协议将成员国的基金份额从原来的 292 亿特别提款权增加至 390 亿特别提款权,增幅达 33.6%。各成员国应缴份额所占的比重也有所改变,主要是石油输出国组织基金份额由 5%增加到 10%。

(5)扩大对发展中国家的资金融通

牙买加协议以出售黄金所得收益设立信托基金,以优惠条件向最贫穷的发展中国家提供贷款或援助,以解决它们国际收支的困难。扩大国际货币基金组织信贷部分贷款的额度,由占会员国份额的 100%增加到 145%,并放宽“出口波动补偿贷款”的额度,由占份额的 50%提高到 75%。

#### 5.1.4.2　牙买加体系的运行

(1)国际储备货币多元化

布雷顿森林体系的国际储备结构单一,美元地位十分突出,而牙买加体系的国际储备货币呈现多元化状态。美元虽然仍是主导的国际货币,但美元地位明显削弱了,由美元垄断外汇储备的情形不复存在。随着德国、日本两国经济的恢复和发展,马克、日元脱颖而出,成为重要的国际储备货币,欧元也成为与美元相抗衡的国际储备货币。

(2)汇率安排多样化

在牙买加体系下,浮动汇率制与固定汇率制并存。一般而言,发达工业国家多数采取单独浮动或联合浮动,但有的也采取钉住自选的货币篮子。对发展中国家而言,多数是钉住某种国际货币或货币篮子,单独浮动的较少。不同汇率制度各有优势和劣势,浮动汇率制可以为国内经济政策提供更大的活动空间与独立性,而固定汇率制则减少了本国企业可能面临的汇率风险,方便生产与核算。各国可根据自身的经济实力、开放程度、经济结构等一系列相关因素权衡利弊得失。

(3)多渠道调节国际收支

一是运用国内经济政策。国际收支作为一国宏观经济的有机组成部分,必然受到其他因素的影响。一国往往运用国内经济政策,改变国内的需求与供给,从而消除国际收支不平衡。比如,在资本项目逆差的情况下,通过提高利率,减少货币发行,以此吸引外资流入,弥补缺口。需要注意的是,运用财政政策或货币政策调节外部均衡时,往往会受到“米德冲突”的限制,在实现国际收支平衡的同时,牺牲了其他的政策目标,如经济增长、财政平衡等,因而内部政策应与汇率政策相协调,才不至于顾此失彼。

二是利用汇率政策调节国际收支。在浮动汇率制或可调整的钉住汇率制下,汇率是调节国际收支的一个重要工具。因为经常项目赤字,本币趋于下跌,而本币下跌、外贸竞争力增加,导致出口增加、进口减少,从而经济项目赤字减少或消失。相反,在经常项目顺差时,本币币值上升会削弱进出口商品的竞争力,从而减少经常项目的顺差。在实际经济运行中,汇率的调节作用受到“马歇尔—勒纳条件”，以及“J曲线效应”的制约，其功能往往令人失望。

三是通过国际融资平衡国际收支。在布雷顿森林体系下，这一功能主要由国际货币基金组织完成。在牙买加体系下，国际货币基金组织的贷款能力有所提高，更重要的是，伴随着石油危机的爆发和欧洲货币市场的迅猛发展，各国逐渐转向欧洲货币市场，利用该市场比较优惠的贷款条件融通资金，调节国际收支中的顺差、逆差。

四是加强国际协调解决国际收支平衡问题。通过国际协调来解决国际收支平衡问题，主要体现在：以国际货币基金组织为桥梁，各国政府通过磋商，就国际金融问题达成共识与谅解，共同维护国际金融形势的稳定与繁荣；发挥新兴的七国首脑会议的作用。西方七国通过多次会议，达成共识，多次合力干预国际金融市场，主观上是为了各自的利益，但客观上也促进了国际金融与经济的稳定与发展。

#### 5.1.4.3 牙买加体系的主要特征

(1)黄金非货币化

黄金与各国货币彻底脱钩，黄金不再是汇价的基础；取消国家之间必须用黄金清偿债权债务的义务，降低黄金的货币作用，使黄金在国际储备中的地位下降，促成多元化国际储备体系的建立。

(2)多样化的汇率制度安排

国际经济合作的基本目标是维持经济稳定，而不是汇率稳定。牙买加体系允许汇率制度安排多样化，并试图在世界范围内逐步使用更具弹性的浮动汇率制取代固定汇率制，并将浮动汇率制合法化。国际货币基金组织把多样化的汇率制度安排分为：硬钉住汇率，比如货币局制度、货币联盟制等；软钉住汇率，包括传统的固定钉住制、爬行钉住制、带内浮动制和爬行带内浮动制；浮动汇率群，包括完全浮动汇率制，以及各种实施不同程度管制的浮动汇率制。

(3)国际储备多元化

在牙买加体系中，国际储备不单只是美元，还可以是黄金、欧元、英镑、日元等国际性货币、国际货币基金组织的储备头寸、特别提款权等。不过，美元仍是各国外汇储备的主要组成部分。由此可见，原有货币体系的矛盾仍然没有得到根本解决。

(4)国际收支调节机制多样化

国际货币基金组织允许国际收支不平衡的国家可以通过汇率机制、利率机制、资金融通机制等多种国际收支调节手段，对国际收支不平衡进行相机抉择。

#### 5.1.4.4 牙买加体系的评价

(1)国际储备多元化

一方面，多元化的国际储备结构为国际经济提供了多种清偿货币，摆脱了布雷顿森林体系下各国货币对单一货币的依赖，货币供应和使用更加方便灵活，较大程度上缓解了储备货币供不应求的矛盾，并解决了“特里芬难题”。另一方面，在多元化国际储备格局下，储备货币发行国享有“铸币税”等多种好处，同时，多元化国际储备缺乏统一的、稳定的货币标准，管理调节复杂、难度较大，可能会造成国际金融的不稳定。

(2)实行浮动汇率制

浮动汇率制能反映各国经济的发展动态，多样化的浮动汇率制度安排能够适应各国经济不同的发展水平,为各国维持经济发展与稳定提供了灵活性与独立性,同时有助于保持国内经济政策的连续性与稳定性。另一方面,浮动汇率制加剧了国际金融市场和体系的动荡,套汇、套利等短线投机活动频发,增大了外汇风险,在一定程度上抑制了国际贸易与国际投资活动,对发展中国家而言,这种负面影响尤为突出。

(3)国际收支调解机制多样化

各种国际收支调节机制相互补充,多种渠道并行,使国际收支的调节更为有效与及时,避免了布雷顿森林体系下调节失灵的尴尬。另外,国际收支调节机制已有的渠道有各自的局限性,牙买加体系并没有消除全球性的国际收支失衡问题。

总之,牙买加体系相对于布雷顿森林体系而言,是一个重大的进步。牙买加体系摆脱了全球通货对美元的依附,美元也逃脱了世界货币的义务。牙买加体系切断了全球金融危机的货币传染链,是一种多赢的结果。在牙买加体系下,各国不仅获得了自由选择汇率机制的权力,更重要的是可以根据国内情况选择货币政策和金融政策。牙买加体系对维持国际经济运转和推动世界经济发展发挥了积极的作用,但它远非一种完美的国际货币制度,只是一种极为复杂的汇率制度安排,仍然存在着一些缺陷,国际货币制度仍有待于进一步改革和完善。

**知识链接**

**特里芬难题(Triffin Dilemma)**

1960 年,美国经济学家罗伯特·特里芬在其《黄金与美元危机——自由兑换的未来》一书中提出的布雷顿森林体系存在着自身无法克服的内在矛盾。“由于美元与黄金挂钩,而其他国家的货币与美元挂钩,美元虽然取得了国际核心货币的地位,但是各国为了发展国际贸易,必须用美元作为结算与储备货币,这样就会导致流出美国的货币在海外不断沉淀,对美国国际收支来说就会发生长期逆差;而美元作为国际货币核心的前提是必须保持美元币值稳定,这又要求美国必须是一个国际贸易收支长期顺差国。这两个要求互相矛盾,是一个悖论。”这一内在矛盾在国际经济学界被称为特里芬难题。

## 5.2　避险资产的投资收益与风险

视频:避险资产的投资收益与风险

### 5.2.1　避险资产的投资价值

#### 5.2.1.1　黄金的避险属性

PPT 课件

常言道:“盛世古董,乱世黄金。”黄金因为具有保值、便于携带、广泛被接受等优点,被人们广泛地作为重要的避险资产,显示其收藏价值。布雷顿森林体系的崩溃并不意味着黄金崩溃。从古至今,世界各地都将黄金、白银视为通行世界无障碍的货币。在尼克松冲击[①]以后，虽然美元与黄金脱钩，但是，各国央行仍然将黄金作为重要的储备资产，大量储存黄金。直到今天，黄金仍然是世界通行的货币。只要手中拥有黄金，在世界各地的银行、首饰商、金商都能够把黄金兑换为当地的货币。黄金可以在世界各国通行无阻，它的货币地位比美元稳固。

那么，作为避险资产的黄金是否具有投资价值？一个基本结论是：从价值投资的角度来看，黄金不具备投资价值。众所周知，价值投资的核心理念在于持有资产本身价值的增值。固定收益资产的价值增长是一个确定性的变量，斜率就是利率。权益资产的背后是上市公司，上市公司的盈利能力是权益资产价值持续上升的基础，权益资产价值增长的斜率就是公司的净资产收益率。因此，价值投资的魅力就在于即使不考虑资产价格的波动变化，持有的资产价值会不断增长，这也是长期资产价格上涨的基石。

巴菲特曾在致股东的信中说，如果把全世界的黄金合起来，可以锻造成一个边长大约 21 米的立方体。按每盎司 1,750 美元计算，这个立方体价值为 9.6 万亿美元。这些钱可以买下美国的所有农田，外加 16 个埃克森美孚公司，还剩 1 万亿美元流动性资金。耕地和石油公司能为股东带来丰厚的红利，而如果买下黄金，你可以深情抚弄这个立方体，但它不会产生任何回馈。因此，在巴菲特看来，投资黄金的人是在玩一个“博傻”游戏，只能期待未来有更傻的人以更高的价格购买。

在现代金融体系下，黄金已经失去了货币属性，黄金的主要价值就在于它的避险属性。那么什么会影响黄金的避险属性呢？最显然的就是发生重大突发性地缘政治事件，比如战争等会使得黄金价格短时间内快速上涨。但是，最近几十年的数据显示，黄金的这种对突发事件的避险价值其实是在逐渐降低的，如 1991 年海湾战争、2003 年伊拉克战争、2022 年俄乌冲突等等，黄金基本都是短期内出现了脉冲式价格上涨，随后又回落，并没有出现趋势性的上涨行情。

#### 5.2.1.2　黄金持有成本

黄金本身不创造价值，是一种无息资产，持有黄金就需承担较高的机会成本。因此，机会成本也是影响黄金价格的最重要的因素之一。从黄金价格的中长期驱动逻辑来看，黄金价格走势取决于黄金的投资需求，并非工业需求和首饰需求。而黄金的投资需求取决于机会成本。持有黄金的机会成本体现在实际利率上，即名义利率减去通货膨胀率的差。如果名义利率越低、通货膨胀率越高，持有黄金的机会成本也就越低，黄金价格就能够上涨，这也是通常所说的黄金抵御通货膨胀的属性。

伴随着全球出现普遍性的货币紧缩，持有黄金的机会成本上升是大趋势，这也将抑制黄金的投资需求。2022 年 6 月 15 日，美联储宣布将联邦基金利率的目标区间从 0.75%—1.00%升至 1.50%—1.75%。这是美联储从 1994 年 11 月以来最大的单次加息幅度，也是逾 27 年来美联储首度一次加息 75 个基点。根据美联储公布的点阵图测算，接下来 4 次美联

---

① 1971 年 8 月 15 日晚上，美国总统尼克松发表了《和平面临挑战：不以战争手段创造经济繁荣》的全国电视讲话，宣布了白宫的新经济政策，即为增加就业、反通货膨胀以及捍卫美元，采取冻结工资与物价 90 天、加征 10%的进口税、直接单方面暂时关闭美元兑换黄金的窗口三大措施。这一事件被人们称为“尼克松冲击”。其中，最受关注的是美元与黄金之间的纽带被斩断，黄金美元的终结。

储议息会议加息空间为 175 个 BP,每次不足 50 个 BP。但是,如果美国通货膨胀持续居高不下,那么点阵图预计的年内利率上限 3%—3.25%的区间还会上移。当前,美国通货膨胀不仅是货币和需求问题,供应冲击会在较长时间内存在,类似于 20 世纪 70 年代滞胀期。除了美联储加息之外,欧元区、英国和多个新兴经济体都在加息,这意味着全球流动性都在收缩,从而带来的是融资成本上升和持有黄金的机会成本上升。目前,市场普遍认为美元实际利率是持有黄金的机会成本。

#### 5.2.1.3　黄金价格与 TIPS10 利率

黄金是无息资产,债券是有息资产。只有在债券的实际利率为负时,黄金的投资价值才能显现。美国 10 年期通货膨胀保值债券(TIPS10)收益率作为衡量美国国债的实际收益率指标,它与名义利率之差可以看作投资者对年通货膨胀的预期。因此,在 TIPS10 利率下行、通货膨胀走高的情况下,黄金将显现出投资价值。一般而言,通货膨胀伴随着经济走强而逐渐走高时,TIPS10 利率也是逐渐走高的,此时黄金并没有投资优势。而当通货膨胀过高时,中央银行开始被动加息,按正常来说,这时候通货膨胀率会逐渐下降,TIPS10 收益率也会伴随短期利率上升而走高,黄金也没有投资优势。当中央银行加息进入后期,TIPS10 收益率作为领先指标,从顶点开始下降,但是通货膨胀率却走平,或者说通货膨胀率下降速度比 TIPS10 收益率下降速度慢,TIPS10 利率逐渐走低。同时,此时因为加息引发经济衰退,股市下跌,大宗商品价格疲软,黄金才显现出更好的投资价值。不过,此时也往往容易出现经济危机。

从长短期来看,黄金走势和 TIPS10 收益率都是近乎对称,如图 5-1 所示。

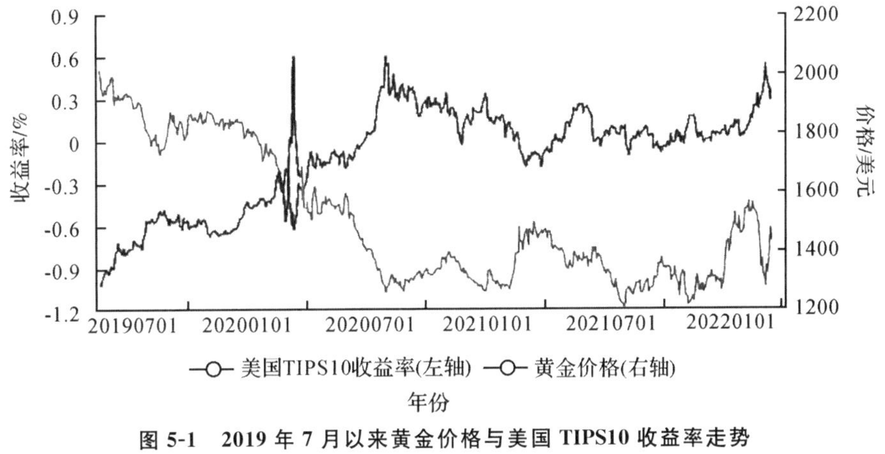


**图 5-1　2019 年 7 月以来黄金价格与美国 TIPS10 收益率走势**

#### 5.2.1.4　黄金的投资价值

许多人从直觉上会觉得黄金可以长久地保值升值,与生俱来对黄金有一种亲切感。从历史经验来看,黄金的投资价值会让人产生怀疑。回顾 1974—2021 年以美元计价的黄金价格走势(如图 5-2 所示),可以发现,如果在 1980 年黄金价格高点每盎司 850 美元买进黄金,可能要等到 2008 年才能解套,被套时间将近 30 年。而且,这仅是按照名义价格计算的,因为持有黄金没有利息收入,持有的机会成本高,如果按照实际价格计算,投资损失可能会更大。因此,长期持有黄金一定可以保值增值的观点不一定正确。

前述讨论的是以美元计价的黄金价格驱动因素,对于我国投资者而言,黄金是一个可以

图 5-2　1974—2021 年黄金价格走势

对冲汇率风险的金融工具。以人民币计价的黄金资产，其价格变化由两部分构成，一是美元计价的黄金价格变化，驱动因素主要是地缘冲突事件、名义利率、通货膨胀率等；二是人民币兑美元的汇率。在目前国内外汇产品稀缺，资本项目下又存在管制的情况下，黄金成了对冲汇率风险的一个金融工具。在人民币兑美元贬值的情况下，人民币计价的黄金价格会比美元计价的黄金价格表现更好。如图 5-3 所示。

图 5-3　2015 年以来人民币计价黄金价格表现

因此，黄金的投资价值主要体现在避险属性和持有的机会成本上，在当前美联储新一轮加息周期开始之时，值得重点关注。从一个更长的时间维度来看，持有黄金不产生任何价值，黄金不具备价值投资的属性，需谨慎看待"长期持有黄金一定可以保值增值"这种观点。

### 5.2.2　黄金的投资收益与风险

罗波特・巴罗和桑杰・米斯拉观察了 1836 年至 2011 年期间，美国市场上的黄金、白银、股票、短期国债和十年期国债的收益和风险，计算了这些金融产品在这将近 200 年期间的回报率和波动率。

从 1836 年到 2011 年，黄金的实际年化收益率（即扣除了通货膨胀之后的年平均收益率）为 1.12%，与白银的 1.23%、短期美元国债的 0.97%相近，远远低于股票的 7.4%，也低于长期国债的 2.87%。如果观察布雷顿森林体系崩溃以后的近 40 年，即 1975 年至 2011 年期间，黄金的实际年化收益率为 3.98%，白银为 5.11%，远高于过去近 200 年的平均收益。相比较而言，股票、短期国债的回报率变化不大。如图 5-4 所示。

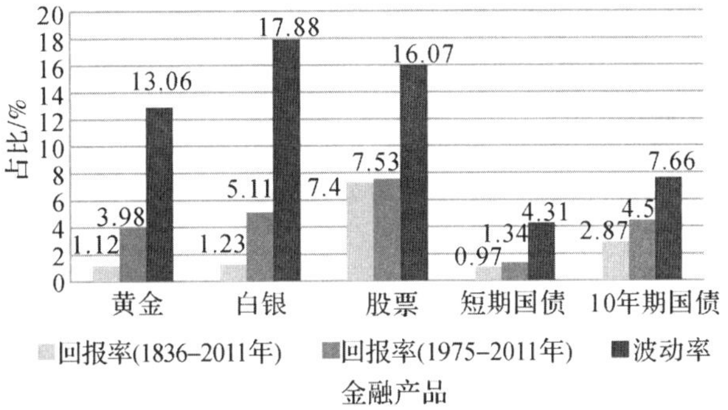


**图 5-4　1836—2011 年美国黄金、白银、股票、国债的回报率和波动率**

从图 5-4 可以看出，如果投资黄金，不仅回报率低，而且风险大。在过去近 200 年的时间里，黄金回报的波动率为 13.06%，比股票的波动率 16.07%略低，但比 10 年期国债的波动率 7.66%高出将近一倍，而股票和国债的回报率是黄金的 7 倍。因此，投资黄金的风险收益比很低。

接下来观察黄金价格的时间序列。图 5-5 显示，在 1800 年至 2000 年期间，黄金的实际价格涨跌互现，经历了一些波动，但 1970 年的价格相较 1800 年不仅没有上涨，反而下跌了一半左右。不过，20 世纪 70 年代以后，黄金价格的波动规律大变，由以前的不温不火，变成了大起大落。1970 年至 1980 年期间，黄金的实际价格上涨了 6 倍左右。考虑到这 10 年间美国的通货膨胀比较高，实际的涨幅就更大。1970 年，黄金的官价是 35 美元每盎司，市场价格高一些。到了 1980 年，黄金价格曾经冲过 850 美元每盎司的高点。短短 10 年时间，黄金的名义价格上涨超过 20 倍。可是，1980 年至 2000 年期间，因美联储抛售黄金，捍卫美元，黄金的价格经历了 20 年的熊市，名义价格从 1980 年的 850 美元每盎司一路下跌到 1999 年的 250 美元每盎司低点，如果考虑通货膨胀因素的话，则下跌幅度可能更大。到了 2000 年之后，黄金迎来了又一轮牛市，2020 年曾经达到 2,074.71 美元每盎司的高位，目前报价 1,780 美元每盎司左右。

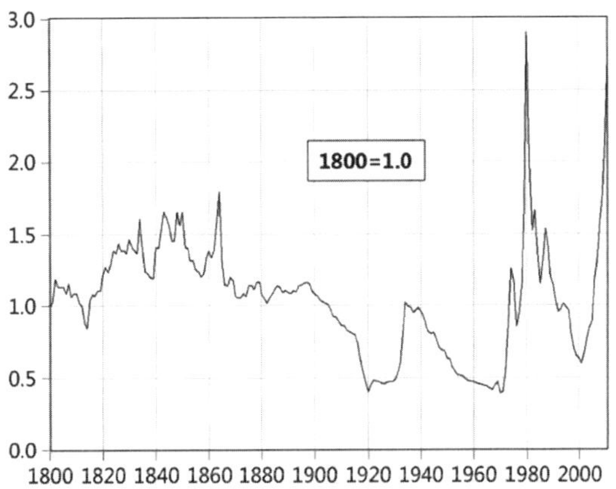


**图 5-5　1800—2011 年黄金价格的时间序列**

那么，为什么 20 世纪 70 年代以来黄金价格波动剧烈，呈现出大起大落？众所周知，布雷顿森林体系崩溃以前，黄金作为货币的锚，是货币发行的基础。黄金的供给稳定，货币的发行也稳定，黄金的价格也相对稳定，这是一套自洽的体系。布雷顿森林体系崩溃以后，货币发行脱离了黄金的约束，发行货币成为各国难以抵抗的诱惑。这样一来，更多的货币追逐更少的黄金和其他资产，以至于黄金价格出现了大起大落。

**即问即答**

如何理解“盛世古董，乱世黄金”？

即问即答

## 5.3 投资贵金属的策略

### 5.3.1 贵金属与贵金属交易

视频:投资贵金属的策略

PPT 课件

5.3.1.1 贵金属

贵金属主要指金、银和铂族金属（钌、铑、钯、锇、铱、铂）等 8 种金属元素。这些金属的特点是密度大（10.4g/$cm^3$—22.4g/$cm^3$）、熔点高（916℃—3,000℃）、化学性质稳定，不易腐蚀，不易引起化学反应，而且大多数拥有美丽的色泽，常被用来制作珠宝或纪念品，而且广泛应用于电子、通信和航空航天等领域。

5.3.1.2 贵金属价格的影响因素

（1）地缘政治因素

国际上重大的政局动荡、战争、恐怖事件等会影响贵金属价格走势。一旦出现政局紧张、战争等，大量机构和投资者会买入黄金寻求避险，从而推动黄金价格上涨。两次世界大战、越南战争、1986 年“伊朗门”事件、2013 年美国对叙利亚动武等预期都曾使黄金、白银的价格发生不同程度的上升。例如，1991 年 8 月 19 日，黄金价格于 1 小时内暴涨 10 美元/盎司；再比如 1992 年海湾战争，黄金价格上涨到 400 美元/盎司，战局受到控制后，黄金价格随即疲软下来。2022 年初至 3 月，由于俄乌战争爆发，避险情绪推动黄金大幅上涨，最高触及 2,070 美元/盎司，随后由于美联储持续加息，黄金持续下跌至 10 月底，最低至 1,614 美元/盎司，从最高位回落 22%。可见地缘政治对黄金价格影响较大。

（2）美元指数走势

在国际贵金属市场上，大多数贵金属以美元报价，美元走势对贵金属行情的影响较大，两者呈负相关关系，即美元涨，贵金属跌；美元跌，贵金属涨。尤其是黄金、白银，这种趋势表现得更加明显。究其原因，一方面是因为黄金与美元都是各国中央银行的重要储备资产，存在一定的替代性。当美元指数表现坚挺，在一定程度上削弱了黄金作为储备资产和保值功能的地位，黄金价格会下跌；另一方面，由于世界黄金市场一般都以美元标价，这样美元贬值势必导致黄金价格上涨。

(3)中央银行政策意愿

中央银行是世界上黄金的最大持有者。国际上的主要国家或经济体,如美国、中国或欧元区的中央银行政策会对黄金市场情绪产生重要影响。各国中央银行的黄金储备意愿同样也会影响黄金价格的涨跌。如果中央银行大量抛售,减少黄金储备时,国际黄金价格就会下滑;反之,如果中央银行增持黄金储备,国际黄金价格就会上涨。

(4)供求关系影响

商品的供求关系决定商品的价值。如果出现了供不应求的情况,那么商品的价格就上涨;如果出现了供过于求的情况,则商品价格就会下跌。贵金属的价格也以供求关系为基础。因此,贵金属价格的走势需要从贵金属及贵金属饰品的供应和需求等方面来进行综合考虑。如果贵金属的产量大幅增加,贵金属价格则可能回落。但如果出现矿工长时间罢工等原因,导致贵金属产量减少或停产,则贵金属价格通常会因供不应求而上涨。经济发展状况也会影响贵金属的供给与需求。当经济向好,人们的收入增加,消费意欲增强,金银首饰成为消费者购买的对象,需求的增长刺激黄金价格的上涨;若经济疲软,人们的收入水平下降,消费者的购买意欲下降,需求减弱,黄金价格随之下滑。

(5)通货膨胀因素

当发生通货膨胀时,人们就会对信用货币失去信心。由于黄金兼具避险保值,以及对抗通货膨胀风险的作用,投资者会选择买入黄金,从而推动黄金价格上涨。从通货膨胀角度来看,需要从长期和短期两个角度分析通货膨胀对贵金属的影响。从长期来看,每年的通货膨胀率如果在正常范围之内,那么贵金属价格走势的波动不会产生较大的影响。如果出现了在短期内物价飙升的情况,人们的内心就会受到冲击,出现抢购贵金属的行为,从而导致贵金属价格上涨。

#### 5.3.1.3 贵金属交易的特点

(1)5 天 24 小时交易

现货黄金交易的时间为每周 5 天、每天 24 小时,均可进行交易。相比较热门的 T+D、期货、股票等交易,交易时间更长,更加方便交易者灵活安排。

(2)保证金交易

现货黄金交易实行保证金制度,一般杠杆较高,许多交易商提供 100:1 的杠杆,这意味着交易者可以利用杠杆功能,将资金“放大”来交易。由于有了杠杆,对交易者的资金门槛要求相对较低。例如,当黄金价格是 1,300 美元/盎司,那么在 100:1 的杠杆下,交易 1 盎司的现货黄金,只需要约 10 美元的保证金。当然,保证金杠杆是一把“双刃剑”,它可以增加盈利机会,也能放大亏损风险。

(3)双向交易

与纸黄金的交易不同,现货黄金交易的特点之一是交易者无论在“金价上涨”还是“金价下跌”的情况下,都拥有交易机会,即永远能找到“牛市”。

(4)零手续费

现货黄金交易一般不收手续费佣金,交易商从买、卖差价中获利。

## 5.3.2 贵金属投资种类

黄金因其耐用、美观和稀有的特性，自古以来就是人们保值增值的有效工具。在贵金属市场中，常见的交易品种以黄金、白银为主，其次是铂金和钯金，即使同一交易品种也有多种投资方式。目前，常见的贵金属投资品种包括实物黄金、纸黄金、现货黄金、现货白银、黄金T+D、黄金期货、铂金、钯金等。

### 5.3.2.1 实物黄金

实物黄金是相对于黄金衍生物而言的，按照是否由国家法定发行，划分为金币类实物黄金和非金币类实物黄金。

(1)金币类实物黄金

金币是黄金铸币的简称。广义的金币是指所有在商品流通中专作货币使用的黄金铸件，比如金锭、金饼、金元宝等；狭义的金币是指以黄金作为货币的基材，按规定的成色和重量，浇铸成一定规格和形状，并标明其货币面值的铸金币。

最初出现的金币，其材质不同，形状各异。先是板状形的，然后又出现了条状形、元宝形等。在古代，由于金币主要是作为一般等价物，充当交换媒介，承担流通的功能，因此，古代的金币是以重量为其价值单位，被称为称量货币，币值与黄金重量相当。伴随着商品交换的发展，货币形式不断演变，称量货币过渡到金属铸币。后来，金币面值与市值逐步分离，国家信用出现在金币上。20世纪之前，金币作为支付手段和流通工具起着举足轻重的作用。20世纪以后，随着社会的进一步发展，世界各国普遍采用纸币来代替流通中的金银币，金银币的支付手段与流通工具的功能大大降低。20世纪70年代末期，黄金非货币化之后，金币基本上已不再具有媒介交换的功能。现如今，金币主要演变成为纪念货币和投资货币，用于收藏和投资。

在现代社会，黄金逐渐走入寻常百姓家，金币的流通交换职能基本上退化。金币的面额和销售价格两者并不一致，通常情况下，后者高于前者较多。由于金币是国家法定发行的货币，而法定金币的主要特征是上面有国名。一个国家发行金币，一般均标注本国国名。所以，对金币概念的界定也主要以是否由国家法定发行作为判断依据。凡是非国家法定的铸金件统称为黄金工艺品，如黄金纪念章、黄金纪念性金条等。

从投资和收藏的角度看，金币分为两种：普通金币和纪念金币。

普通金币是指主要用于黄金投资的法定货币，又称为投资金币或纯金币。例如，我国的熊猫金币和孔雀金币、美国的鹰洋金币、澳大利亚的袋鼠金币、加拿大的枫叶金币等。普通金币分为普制金币与精制金币两种，其中，主要以普制金币为主。普制金币的概念是南非矿业协会在20世纪60年代首先提出来的，后来各国纷纷效仿铸造普制金币，它已成为20世纪70年代黄金非货币化后，黄金在货币领域存在的一种重要形式。在欧美国家，普制金币作为黄金投资的品种之一非常普遍，已成为国际上通行的黄金投资方式。

普制金币与纪念金币、金条等黄金产品的差别主要表现在以下几个方面：

第一，规格简单，含金量明确，价值易计算。普制金币的规格较为简单，一般为1盎司、1/2盎司、1/4盎司、1/10盎司、1/20盎司等种类。纪念金币一般不标注其含金量，而且按官方的规定,其含金量一般都有好几位数。

第二,普制金币升水低,易于投资。普制金币的价格在其含金量的基础上,增加较低升水溢价发行,易于投资。纪念金币升水过高,而且上下浮动频繁,一般被当作收藏品。

第三,技术规格标准,有中央银行或国家法规保证,便于回购。金条尤其是小规格金条,经常需要专门机构检测后才能交易,手续比较繁琐。

第四,挂牌销售和回购。为突出普制金币的投资性,国际通行做法是对其进行挂牌销售和回购。一般金币发行当局要求其经销商(含银行)在销售普制金币的同时,也从事挂牌回购业务。由于变现容易,对投资者有较大的吸引力。

第五,发行量较大,品种也较多。国际上发行普制金币的主要有中国、美国、加拿大、澳大利亚、南非和新加坡等,一般都是通过发行各具本国特色的普制金币,供民众投资。

世界金币市场上较受投资者青睐的普通金币主要有以下品种:

①南非克鲁格兰金币。20 世纪,南非曾是世界上最重要的黄金生产国。1920 年,南非矿业商会建立兰德精炼有限公司,标志着人类步入黄金开采的高峰期。1967 年,为提高黄金销量,南非发行了世界首枚以金衡制盎司标注的普通金币——克鲁格兰金币,金币成色为 22K 金,含金量 91.6652%,币重 1.09 盎司。克鲁格兰金币由南非造币厂生产,分为普制金币和精制金币两种规格,精制金币限量发行,普制金币曾一度成为世界上销量最大的投资金币。虽然克鲁格兰金币是南非法定货币,但硬币本身并不带有面值。金币的价值取决于其含金量,而不是取决于面值。近十年来,南非由于矿企与工会之间的棘手关系等原因导致黄金开采成本上升,造成南非黄金产出规模持续下滑。

②美国鹰洋金币。金币正面为双鹰图案,背面铸有自由女神像,在国际黄金市场上,美国金币又被称为双鹰金币。双鹰金币分为普制金币和精制金币两种规格。1986 年开始发行双鹰普制金币,有 1 盎司(50 美元)、1/2 盎司(25 美元)、1/4 盎司(10 美元)和 1/10 盎司(5 美元)四种规格,含金量为 91.67%。美国历史上发行的金币含金量一般为 90%,币重 33.436 克。双鹰金币在金币市场上的交易十分活跃,1979 年曾创下金币拍卖史上的最高价,一枚 1787 年铸造的金币,拍价高达 72.5 万美元。如今鹰洋金币已成为美国投资者信赖的金融产品。

③加拿大枫叶金币。金币正面为枫叶图案,背面铸有伊丽莎白女王头像。普制金币由加拿大皇家造币厂属下的渥太华造币厂生产。渥太华造币厂是世界上第一家生产出 99.99%的普制金币和 99.999%的精制金币的造币厂。1979 年,加拿大皇家铸币厂开始生产纯度为 99.9%的 1 盎司枫叶金币,面值 50 美元,当时发行量为 100 万枚,直径 3 厘米,厚 2.8 毫米。1982 年将金币纯度提升至 99.99%,1998 年又把金币纯度提升至 99.999%。除纯度提升外,金币的规格也在增加,如 1/4 盎司(1982 年增加)、1/10 盎司(1982 年增加),1/2 盎司(1986 年增加)、1/20 盎司(1993 年增加)、1/15 盎司(1994 年增加,次年取消)及 1 克(2014 年增加)。后来,枫叶金币衍生出不少品种,如金银双金属金币、彩金币、全息图像金币、奥林匹克金币、特殊标记金币和变异枫叶金币等等,这些特别品种的出现,显示出枫叶金币对于市场需求变化的适时反应。

④澳大利亚袋鼠鸿运金币。普制袋鼠鸿运金币由澳大利亚珀斯造币厂生产,1986 年首次发行,因其图案为各种天然金块,故被称为 Gold Nugget。金币规格为 1/10 盎司(15 澳

元)、1/4盎司(25澳元)、1/2盎司(50澳元)和1盎司(100澳元),纯度均为99.99%。Gold Nugget有两个明显特征:一是采用喷砂工艺与反喷砂工艺,形成了具有立体感的视觉效果。二是硬币采用独立的硬塑封装。1989年,金块图案被袋鼠图案取代,从此,袋鼠金币成为澳大利亚普通金币的代表。2011年,珀斯造币厂制成世界上迄今为止最大的金币,重达1吨,面值10,000澳元。在五大投资币中,袋鼠金币属后起之秀,实力不俗。

⑤中国熊猫金币。我国自1982年开始,每年铸造发行一定数量的普制金币。到目前为止,主要有熊猫金币、孔雀金币、彩金虎金币、彩兔金币、金牛金币、万象金币等,其中以熊猫金币最为著名。熊猫金币自1982年发行以来,发行重量已约230万盎司。熊猫金币成色为99.9%,重量分别为1盎司、1/2盎司、l/4盎司、1/8盎司及1/20盎司。由于熊猫金币铸造工艺十分精湛,图案上的大熊猫憨态可掬、栩栩如生,黄金成色标准,因而受到了国际钱币界的一致好评,深得国际金币收藏人士的喜爱,其中不少品种曾获国际钱币界的多种奖项。

纪念金币是一国的中央政府或银行,为某一纪念题材而限量发行的具有一定的重量、成色和面值,并铸成一定形状的铸金货币。与普通金币相比,它是一种有特殊标志的金币。主要分为奖章式纪念金币和特殊纪念意义的金币。奖章式纪念金币是为了让收藏者显示其荣耀事迹并反映其地位而发行的金币,如美国发行的1盎司"双鹰"(Double eagle)奖章式金币就属于这类金币;特殊纪念意义的金币是为了纪念某一特殊事件或特殊人物而发行的金币,如我国为了纪念周恩来总理诞辰100周年而发行的1/2盎司"周恩来"纪念金币,1999年我国发行的"千禧年"纪念金币就属这类金币。由于纪念性的事件与纪念性的人物一般较少,因此,纪念金币的发行次数一般也较少,发行量也有限,加之其设计和工艺水平都比较讲究,因而其价格比普制金币要高。

(2)非金币类实物黄金

非金币类实物黄金是非法定发行的,其发行不需经过中央银行的批准,但其中也有一部分是中央银行以外的权威机构发行的,这一部分也具有购买价值。

跨入21世纪,随着国内黄金市场化的发展,金条、金章等规则形状的实物黄金产品的投资逐渐走入人们的生活,20世纪末发行的跨世纪"千禧年"金条的热销就是例证。在我国民间,人们习惯并形象地把非金币类黄金制品的浇铸型金条称为"小黄鱼",随着黄金市场的逐步开放,禁闭多年的"小黄鱼"又终于"游"到了人们的手中。

从投资和收藏的角度来看,与金币一样,非金币类黄金制品中的规则形状产品也可以分为两种:一种是普通规则型非金币类黄金制品,另一种是纪念规则型非金币类黄金制品。

①普通规则型非金币类黄金制品。是指主要用于黄金投资的非金币类黄金制品,也称为投资金条,它是黄金市场上的主要投资品种。

②纪念规则型非金币类黄金制品。是指为了纪念某一特定事件而发售的非金币类黄金制品。例如,1999年12月,为了纪念"千禧年"的到来,经中国人民银行授权,中国金币总公司面向全国限量发售共计1.5吨的"千禧年"金条;2002年,国内一些商家推出的"贺岁"生肖金条等。纪念规则型非金币类黄金制品一般都铸有精美的图案、精巧的样式。因此,特别适合于收藏、摆设和馈赠亲友。正因如此,无论是"千禧年"金条,还是"贺岁"金条,一经推出,便出现了排队抢购的火爆场面。

按国际惯例,进入市场交易的非金币类黄金制品,在精炼厂浇铸成型时都必须标明其成色和重量,一般还应标有精炼厂的厂名及编号等。

在国际黄金市场上,一般把标准规格的非金币类黄金制品,称为标金。标金也有很多品种,比较常见的有 400 金衡盎司标金、100 金衡盎司标金、1 千克标金、1 金衡盎司标金等等。大于或小于标准规格的非金币类黄金制品,由于在设计和铸造时要多费一些工夫,因此,其打造费用要比标准规格的非金币类黄金制品高一些。一般来讲,非金币类黄金制品越小,其打造费用越贵。因而,小条金的价格一般要比大的非金币类黄金制品的价格高。

(3)实物黄金的投资

家里藏金是我国民间流传下来的一种传统,黄金的保值性和流动性,也使得人们考虑是否需要在家庭投资理财中配置一些黄金。但是,需要注意的是,持有黄金本身并不会产生利息收益。黄金的保值性在于其全球流通性、认可性和不可再生性。目前,黄金每年的消耗量大于每年的产出量,已经是供不应求,这种供需不平衡是黄金升值的基础。现在实物黄金买卖主要包括金条、金币和金饰等交易,出于保值、增值和抵抗通货膨胀等目的购买黄金,金条、金币是比较好的选择;而金饰主要用于穿戴,以观赏为目的,将其作为投资并不是最好的选择。

实物黄金主要在商业银行、黄金公司购买,目前我国各大银行均可以购买或者回购实物黄金,收取的加工费不同。例如,中国工商银行所有网点及融 E 购商城、网上银行等提供实物黄金销售和回购业务;中国银行主要提供纪念币的购买服务,以限量发行为主,品种的稀缺性会带来一定的升值空间;在中国建设银行买入实物黄金的时候需要收取每克 12 元到 16 元的加工费,回购的时候收取每克 16 元的手续费等。

#### 5.3.2.2　纸黄金

纸黄金是一种个人凭证式黄金,投资者按照银行报价在账面上买卖虚拟黄金,通过把握国际金价的走势来赚取黄金价格的波动差价。纸黄金不会发生实物黄金的提取和交割,买卖交易记录只会在个人预先开立的黄金存折账户上体现,因此又称为记账黄金交易。纸黄金交易实际上是一种虚拟的交易,而并不会对黄金实物进行买卖。

投资者通过低买高卖来获取黄金差价利润。相对于实物黄金,纸黄金交易更为方便快捷,交易成本也相对较低,适合专业投资者进行中短线的操作。纸黄金一般是由黄金市场上资金实力雄厚、资信程度良好的商业银行、黄金公司或大型黄金零售商所发行。例如,商业银行出具的定期储蓄存单、黄金汇票和黄金账户存折;上海黄金交易所出具的黄金提货单或黄金仓储单据;黄金企业发行的黄金债券;等等。

纸黄金交易特点如下:

①记账式黄金交易。如果投资实物黄金,购买之后需要安排妥善保存;变现之时又需支付鉴定费等。而纸黄金采用记账方式交易,可以节省实物黄金交易的保管费、储存费、保险费、鉴定费及运输费等费用的支出,降低黄金交易中的额外费用。同时,可利用国际金价换算人民币标价,省去了投资实物黄金的诸多不便。因此,记账式黄金交易不仅为投资者省去了存储成本,也为投资者的投资变现提供了便利。

②与国际金价挂钩。纸黄金与国际金价挂钩,采取 24 小时不间断交易模式。国内夜晚,正好对应着欧美的白日,为上班族的理财提供了充足的时间。纸黄金提供了美元金和人民币金两种交易模式,为外币和人民币的理财都提供了相应的机会。同时,纸黄金采用 T+0

的交割方式，当时购买，当时到账，便于做日内交易，具有更多的短线操作机会。

③加快黄金交易的流转速度。在纸黄金交易过程中，由于个人投资者不发生实物黄金提取和交收的二次清算交割行为，避免了黄金交易中的成色鉴定、重量检测等手续，简化了操作过程，从而加快黄金交易的流通，提高黄金市场交易的速度。同时，客户黄金存折账户的存金既可作卖出交易，也可充作抵押物或保证金向银行申请黄金贷款。因此，纸黄金交易的推出，对参与交易的个人投资者带来了极大的便利。

由于纸黄金交易时，买卖双方成交后清算交收的标的物是一张黄金所有权凭证，而不是黄金实物，因此，纸黄金可以在上海黄金交易所的一级市场内交易，也可以在二级市场上交易。一般情况下，按照纸黄金的发行机构来确定其在哪一类市场上交易。如果是商业银行出具发行，就在商业银行的柜面上买卖交易，并由出具黄金凭证的银行办理过户交收手续；如果是黄金交易所出具发行，则在黄金交易所场内交易，并在黄金交易所清算部办理过户交收手续。

#### 5.3.2.3 现货黄金

现货黄金，又称国际现货黄金或者伦敦金，是一种国际性的投资产品，由各黄金公司建立交易平台，以杠杆比例的形式向做市商进行网上买卖交易。现货黄金以伦敦黄金交易市场和苏黎世黄金市场为代表。投资者的交易记录只在个人预先开立的“黄金存折账户”上体现，而不必进行实物黄金的提取，这样就省去了黄金的运输、保管、检验、鉴定等步骤，其买入价与卖出价之间的差额要小于实物黄金买卖的差价。这类黄金交易没有一个固定的场所，在伦敦黄金市场，整个市场是由各大黄金公司及其下属公司之间的相互联系组成，通过黄金公司与客户之间的电话、电传等进行交易；在苏黎世黄金市场则由三大银行为客户代为买卖并负责结账清算。

现货黄金的交易规则如下：

①现货黄金以美元标价，以英制盎司为计量单位。黄金报价以道琼斯国际报价为准，主要根据伦敦市场的现货黄金价格。

②现货黄金最低交易量为一手/张/单。一手等于 100 盎司，约等于 3.1035 千克黄金。

③保证金交易。只交少量保证金，即可进行大额交易，资金放大量约为 100 倍。

④T+0 交易。开户当天即可交易，而且可以多次交易。

⑤双向交易。既可以买涨，也可以买跌；既可以先买，也可以先卖。因此无论金价走势如何，投资人始终有获利的空间。

⑥即时买卖。只要价格在市，即可即时完成交易，不存在是否有人接单的问题。

⑦黄金交易可以自设安全线，即交单时自定止损点和止赢点。在实际操作中，可以将黄金交易的风险降到小于每日 10%的跌幅。由于黄金交易不设涨停板，因此黄金交易的日升幅率可以大于 10%，日升幅率达 100%的情况也并不少见。

由于现货黄金每天的交易量巨大，因此，没有任何财团和机构能够人为操控如此巨大的市场，现货黄金市场没有庄家，完全靠市场自发调节。市场规范，自律性强，法规健全。

现货黄金是国际性的投资产品，与国际金价实时接轨，不存在溢价的现象，而且在交易日内 24 小时可进行操作，可通过互联网进行杠杆式的双向交易，既能做多也能做空，拥有更多盈利的机会。根据国际黄金市场行情，按照国际惯例进行报价。因受国际上各种政治、经济因素,以及各种突发事件的影响,金价经常处于剧烈的波动之中。在黄金市场上不存在牛市或熊市。不论金价是大起还是大落,对投资者而言都是机会。黄金市场讲究的是行情。行情就是每日大盘的落差,或波幅,即大盘最高价与最低价之间的差价。有差价就有行情,差价越大,行情越好。

#### 5.3.2.4　现货白银

现货白银,又称国际现货白银或者伦敦银,是一种利用资金杠杆原理进行的一种合约式买卖。它不像人们通常所说的一手交钱一手交货,而是要求在交易成交后 1—2 个工作日内完成交割手续,但有些投资者并不在交易后进行白银的实际交割,而只是到期平仓以赚取差价利润。

现货白银交易以美元为货币单位,以盎司为合约单位,价格随市场的变化而变化。交易重量以 1 盎司为单位,即为 1 手,交易以 100 盎司或其倍数为交易单位,投资者可利用 1 盎司的价格购买 100 盎司的白银的交易权,并利用这 100 盎司的白银的交易权进行买涨卖跌,赚取中间的差额利润。

现货白银的交易规则如下:

①5 天 24 小时交易。周一上午 8:00 至周六凌晨 4:00 不间断交易,弥补国际黄金报价波动最频繁的时间段。

②双向获利。上涨可买入获利,下跌可卖出获利,交易多样化。

③T+0 交易。每日可以交易数次,增加获利机会,减少投资风险。

④保证金交易。利用“杠杆”原理,只需最低 5%(按市场波动来确定)的资金投入,放大 20 倍,提高资金利用率。

⑤可提取白银实物。白银和黄金一样具有抵御风险的作用,必要时可以申请提取交割实物白银,以减少投资风险。

⑥无交割时间限制。大大减少了操作成本,持仓多久由投资者把握,不必像期货那样到期后无论价格多少必须交割,大大减少了投资者的操作成本。

⑦全球市场,无庄家操控。现货白银每天的交易量巨大,没有任何财团和机构能够操纵如此巨大的市场,现货白银市场没有庄家操控,完全靠市场机制自发调节。

⑧无涨跌停板限制。现货白银没有涨停板和跌停板,从理论上讲,方向正确一天获利会很丰厚。一旦判断失误,也会造成较大的损失。

⑨银行第三方托管资金,保证安全。交易资金由客户、交易所、银行签署三方协议,直接由第三方银行托管,不经过交易所会员,可靠安全。

⑩信息公开透明,不会被人为操控。现货白银的报价及交易软件均由交易所提供、管理、维护,不会出现人为操控现象。

因此,现货白银是目前国内比较热门的理财产品,面向大众群体,没有资金门槛,24 小时交易,涨跌都可以赚钱,操作空间大,所以很受大众追捧。

#### 5.3.2.5　黄金 T+D

黄金 T+D 是指由上海黄金交易所统一制定的、规定在将来某一特定的时间和地点交割一定数量标的物的标准化合约。T+D 里的“T”是 Trade(交易)的首字母,“D”是 Delay(延期)的首字母。黄金 T+D 交易是由转移价格波动风险的生产经营者和因承受价格风险而获利的风险投资者参加的,在交易所内依法公平竞争而进行的,并且以保证金制度为保障。

保证金制度的一个显著特征是用较少的资金做较大的交易,保证金一般为合约的 6%—9%,与股票投资相比较,投资者在黄金 T+D 市场上投资资金比其他投资要小得多,俗称"以小博大"。

黄金 T+D 的特点是以保证金方式进行买卖,交易者可以选择当日交割,也可以无限期地延期交割。黄金 T+D 的投资者不能在当前价格立即建仓,而是需要先设立一个价格和数量,然后等到市场发现完全吻合的交易对手才能建仓。因为投资者提交建仓申请后需要等待,很多时候会因为等待系统撮合而错失投资时机。黄金 T+D 交易的市场区域仅限国内,成交量及活跃度远不及国际市场。

黄金 T+D 手续费高于期货,低于实物黄金,与股票相当。风险介于期货与股票之间。银行是个人黄金 T+D 业务的"独家代理"。与黄金期货相比较,黄金期货有固定的交割日期,而黄金 T+D 可以一直持仓,没有固定交割日期。

#### 5.3.2.6 黄金期货

黄金期货,又称黄金期货合约,是以黄金为交易对象的期货合同,与一般的期货合约一样,黄金期货合约也载有交易单位、质量等级、期限、最后到期日、报价方式、交割方法、价格变动的最小幅度、每日价格变动的限制等内容。黄金期货合约按计量单位不同,一般可分为两种规格。以芝加哥谷物交易所为例,一种是重 1,000 克、纯度为 99.5%的黄金期货;另一种是重 100 金衡盎司、纯度为 99.5%的黄金期货。黄金期货交易标的应符合国标 GB/T 4134—2003 的规定,含金量不低于 99.95%的金锭。2008 年,上海期货交易所规定,每手黄金期货为 1,000 克。

黄金期货具有以下优点:

①较大的灵活性。采取双向交易机制,可以买涨,也可以买跌。

②较强的流动性。实行 T+0 制度,在交易时间内,随时可以买卖。

③杠杆性。以小博大,只需要较小的资金就可以买卖全额的黄金。

④价格公开、公正。24 小时与国际市场联动,不容易被操纵。

⑤市场集中公平。黄金期货在一个地区、国家的买卖价格,与开放条件下世界主要金融贸易中心和地区的价格是基本一致的。

⑥套期保值作用。即可以利用买卖同样数量和价格的黄金期货合约来抵补黄金价格波动带来的损失,也称"对冲"。

#### 5.3.2.7 黄金期权

期权是一项选择权。期权的买方(支付期权费的一方)有权利在到期日前(美式期权)或到期日(欧式期权)以一定的价格向对方卖出或买入约定数量的产品。

最早开办黄金期权交易的是荷兰的阿姆斯特丹交易所,1981 年 4 月开始公开交易。期权以美元计价,黄金的成色为 99%的 10 盎司黄金合同,一年可买卖四期。之后,加拿大的温尼伯交易所引进黄金期权交易。后来,英国、瑞士、美国都开始经营黄金或其他贵金属的期权交易。

黄金期权分为看涨黄金期权和看跌黄金期权。看涨期权的买者交付一定数量的期权费,获得在有效期内按约定价格买入数量标准化的黄金权利,卖者收取了期权费必须承担满足买者需求,随时按约定价格卖出数量标准化黄金的义务。看跌期权的买者交付一定数量的期权费,获得了在有效期内按约定价格卖出数量标准化的黄金权利,卖者收取期权费,必须承担买者要求随时按约定价格买入数量标准化黄金的义务。

黄金期权是买卖双方在未来约定的价格具有购买一定数量标的的权利,而非义务。如果价格走势对期权买者有利,则会行使其权利而获利。如果价格走势对其不利,则放弃购买的权利,损失只有当时购买期权时的费用。买卖期权的费用由市场供求双方决定。

标准黄金期权合约的内容主要包括:

①交易标的。主要指交易黄金的成色与单位,如成色为 995 的黄金,每手 100 盎司。

②当事人。包括期权的购买方与出售方,双方的权利义务关系一般不进入合约。

③权利金。期权买方支付给期权卖方以换取期权的费用。权利金是期权合约中唯一变化的量,其大小受很多因素的制约。就黄金来看,其价格大小受该合约交易量、整个市场买卖成交量、黄金自身价格走势及合约有效期等多种因素影响。

④约定价格。指买卖双方依据规定买卖黄金的价格,约定价格通常由交易所规定。约定价格又称"敲定价格""协定价格"或"履约价格"。

⑤通知日。指期权买方在决定履行期权合同时,应在到期日前预先通知期权卖方,以便卖方能有充分的时间做好履约准备。

⑥到期日。指期权合约双方当事人预先订立的,期权买方可以行使期权的最终有效期。

⑦停板额。指期权合约每日价格波动幅度与上一交易日价格的限度。

⑧合约月份。买卖双方交付、接受实物黄金以履行合约的月份。

⑨交易时间。指每天买卖期权合约的规定时间。

黄金期权投资的优点主要体现在:

①具有较强的杠杆性,以少量资金进行大额的投资。

②标准合约的买卖,投资者不必为储存和黄金成色担心。

③具有降低风险的功能等。

由于黄金期权买卖涉及内容比较多,期权投资也比较复杂,不易把握,世界上黄金期权市场并不多。我国尚未开放正式的期权交易,也没有实体的期权交易所。人们可以通过以下两个渠道进行期权投资:

①银行渠道。中国银行、交通银行、中国民生银行等都有黄金期权产品,在这些银行可以买卖黄金期权产品。

②国外渠道。通过国外一些期权交易平台进行黄金期权交易,可以利用美国 FEX、澳大利亚 Trader711 等平台进行操作。

举例:中国银行有 1 周、2 周、1 个月、3 个月四种期限的黄金期权产品,而且这些产品均为欧式期权,即到期日才能执行。以中国银行的 A、B、C 三类产品来说明黄金期权产品的投资过程和投资方法。

假设当前国际现货黄金的价格为 915 美元/盎司。

①A 类,平价期权。即买权和卖权的执行价都定为 915 美元/盎司,期权费由银行报价给

出，例如，1 个月买权为 26 美元，1 个月卖权也为 26 美元。看好黄金价格未来 1 个月走势的投资者可以考虑购买这类产品的买权，而看空黄金价格未来 1 个月走势的投资者则可以卖出期权。期权费就可以看作对未来走势的一个投资，如果判断失误，期权费就作为判断失误的成本；如果判断正确就可以获得因此带来的收益。当然如果期权获得的利润不够多，综合来看还是会有亏损。

②B 类，价内期权。即买权和卖权的执行价都定得比当前价格稍低，比如 910 美元/盎司，从而使得当前的买权变为价内期权，即当前执行即有价值，与此同时，卖权则为价外权证。因此，买权的报价比平价期权的买权价格要高，比如为 32 美元（大于 26 美元）；卖权的报价则比平价期权的卖权价格要低，比如为 20 美元（小于 26 美元）。

③C 类，价外期权。即买权和卖权的执行价都定得比当前价格稍高，比如 920 美元/盎司，从而使得当前的买权变为价外权证，当前执行的收益为负，同时卖权成为价内期权。因此，买权的报价比平价期权的买权价格要低，比如为 22 美元（小于 26 美元）；卖权则比平价买权要高，比如为 30 美元（大于 26 美元）。

按照以上数据，购买一份 50 盎司面额，期限为 1 个月的平价买入期权需要的资金为：50 盎司×26 美元/盎司＝1,300 美元，投资者在这 1 个月中可以获得因黄金价格上涨带来的收益。如果投资实物黄金，需要的投资额为 50 盎司×915 美元/盎司＝45,750 美元。需要注意的是，如果判断失误，到期后该份期权的价值就变为零，或者难以弥补期权费的支出，那时投资者就会亏损，而且亏损的金额可以是全部的期权费。

5.3.2.8　铂金

铂金是一种呈天然白色及银亮色泽的贵金属。铂金的年开采量仅为黄金的 1/20，1 盎司铂金需从 10 吨的铂金矿石中历经 5 个月才能提炼出来。一般的铂金首饰通常含有 90％的纯铂金，并被打上“Pt900”的标志。铂金的白色光泽自然天成，除了会溶于王水[①]之中，长期佩戴也不会褪色，几乎不受什么物质的影响。正因为铂金具有这种持久性及高雅的银亮光芒，被称为“贵金属之王”。

南非是出产贵金属的重要国家，铂、铑、钯、黄金等产品在世界上都占有重要的地位。南非的铂金量占到整个世界的 2/3 以上，因此该国铂金的产量变化对国际铂价有举足轻重的影响。全世界仅南非和俄罗斯等少数国家出产铂金，且产量相当稀少，每年产量约只有黄金的 5％，再加上提炼过程较其他贵金属复杂，使得铂金成为众多著名设计师抢手的金属素材。

尽管铂金的价格持续走高，但对于消费者和经销商来说仍然具有吸引力。从生产者角度看，许多企业开始生产铂金首饰，一些原本生产 18K 金和钯金产品的企业转向生产铂金首饰。在基本面强劲的支撑下，铂金价格水涨船高。

### 5.3.3　贵金属投资风险

贵金属作为一种特殊的具有投资价值的商品，其价格受多种因素的影响，如国际经济形势、美元汇率、市场走势、政治局势、原油价格等等，在多重因素的影响下，贵金属价格可能在

① 王水是浓盐酸（HCl）和浓硝酸（$HNO_3$）按体积比 3∶1 组成的混合物。

短期内波动剧烈,从而加大投资者的投资风险。

#### 5.3.3.1　价格波动风险

汇率、油价及国际环境是影响贵金属价格走向的三大因素。例如,黄金价格一般与美元汇率走势相反,当美元贬值时,黄金价格往往上涨,反之亦然;黄金价格又与国际石油价格呈同向变化,一般情况下,油价涨金价涨,油价跌金价跌;黄金还是避险工具,当国际政治局势紧张时,人们往往会投资黄金,当前影响黄金价格最大的国际政治因素就是地缘政治。

#### 5.3.3.2　交易风险

贵金属交易的风险主要包括利用杠杆风险、强制平仓风险和持仓过夜风险。

(1)利用杠杆风险

一些贵金属投资品种可以使用杠杆交易,将小额资金放大进行投资。一方面可以使投资者以较低的成本进入贵金属交易市场,只要判断准确便可以迅速获利;另一方面,利用杠杆交易也将风险放大了若干倍,如果判断失误将面临更大的亏损。

(2)强制平仓风险

当客户的交易保证金不足,并且未在规定时间内补足,或者是客户的持仓数量超出规定的限额时,交易所或交易平台为了防止风险进一步扩大,不得不采取强制平仓。特别是国内白银市场规模仍较小,较少的入场资金可能影响价格走势,因此,其波动幅度会很大,投资风险也就加大。

(3)持仓过夜风险

虽然国内贵金属市场的交易时间长,行情与国际市场接轨,但是仍不能与国际市场全天候运作相比。交易时间长并不意味着每个时间段都有较好的行情,贵金属的价格波动大,早晚的行情可能千差万别,所以持仓过夜有可能深陷泥潭,是不明智的选择。特别是在国内休市的时候,国际市场价格可能已经发生很大变化,持仓头寸面临的风险会更大。

#### 5.3.3.3　技术风险

贵金属投资除了实物黄金、实物白银以外,大都通过电子通信技术和互联网技术来实现。有关通信服务及软、硬件服务由不同的供应商提供,可能会存在信号稳定性方面的风险;交易中心及其会员不能控制电讯信号的强弱,也不能保证交易客户端的设备配置或连接的稳定性,以及互联网传播和接收的实时性。因此,由以上通信或网络故障导致的某些服务中断或延时可能会对投资者的投资产生影响。另外,投资者的电脑系统有可能被病毒和(或)网络黑客攻击,从而使投资者无法做出正确的投资决策或及时执行。上述不确定性因素的出现可能会对投资者的投资产生影响,投资者应该充分了解并承担由此造成的全部损失。

#### 5.3.3.4　不可抗力风险

世界是无常的,任何因交易中心不能够控制的原因,包括但不限于地震、水灾、火灾、暴动、罢工、战争、政府管制、国际或国内的禁止或限制,以及停电、技术故障、电子故障等其他无法预测和防范的不可抗力事件,都有可能会对贵金属投资者的交易产生影响,投资者需充分了解并承担由此造成的全部损失。

## 即问即答

如何看待中国大妈抢购黄金的现象?

即问即答

## 拓展阅读

□黄金价格大起大落,我们还能回到金本位吗?

□货币,信用和黄金双重属性的统一

□古巴故事:良币驱逐劣币

□黄金涨跌背后的力量

□格氏定律与套利

□聚焦黄金投资

拓展阅读资料

## 本章小结

### ■主要术语

货币　一般等价物　金本位　贵金属　黄金　白银　劣币驱逐良币　布雷顿森林体系　牙买加体系　避险资产　黄金投资　实物黄金　纸黄金　现货黄金　现货白银　黄金T+D　黄金期货

### ■主要观点

通过学习本章,我们已经理解了"金银天然不是货币,货币天然是金银";明白了贵金属等避险资产的投资收益与风险;了解了贵金属的投资种类与投资风险;明白了黄金等贵金属的投资策略。以下几个方面的内容,作为本章重点,应该掌握好。

□金银天然不是货币,但货币天然是金银。当商品交换发展到一定历史阶段,由金银固定地充当一般等价物时,金银成了货币。由于金银储量相对稀少,化学性质稳定,具有金属色泽,体积小,价值昂贵,质地均匀,久藏不坏,便于分割和携带,金银成为人类社会中最适宜充当货币的商品。

□布雷顿森林体系确立了美元与黄金、各国货币与美元"双挂钩"的原则,美元成为最主要的国际储备货币,弥补了国际清算能力的不足,在一定程度上解决了由于黄金供应不足所带来的国际储备短缺的问题。

□黄金的投资价值主要体现在避险属性和持有的机会成本上,从一个更长的时间维度来看,持有黄金不产生任何价值,黄金不具备价值投资的属性,长期持有黄金一定可以保值增值的观点需要慎重看待。

□黄金具有耐用、美观和稀有等特性,自古以来黄金就是人们保值增值的有效工具。在贵金属市场中,常见的交易品种以黄金、白银为主,其次是铂金和钯金。即使同一交易品种也有多种投资方式。目前,常见的贵金属投资品种包括实物黄金、纸黄金、现货黄金、现货白银、黄金 T+D、黄金期货、铂金、钯金等。

## 自测题

自测题

### ■客观题

**(一)单项选择题(下列每小题的备选答案中,只有一个符合题意的正确答案。请将你选定的答案字母填入题后的括号中。)**

1.(　　)认为货币是被普遍接受的交换媒介,是购买力的暂时栖息所。

A. 弗里德曼　　B. 熊彼特

C. 凯恩斯　　D. 马克思

2. 下列(　　)不属于保值资产,其价值取决于人们的支付意愿。

A. 字画　　B. 黄金　　C. 收藏品　　D. 石油

3. 下列(　　)的发行不需经过中央银行的批准。

A. 中国熊猫金币　　B.“千禧年”金条

C. 周恩来纪念金币　　D.“千禧年”纪念金币

4.(　　)是指投资者按银行报价在账面上买卖虚拟黄金而获取差价的一种投资方式。

A. 金锭　　B. 纸黄金　　C. 现货黄金　　D. 黄金期货

5.(　　)是支付一定的保证金后,具有可以按照预先确定的价格在预订的日期买入或者卖出一定数量黄金的权利。

A. 黄金期货　　B. 黄金期货 T+D　　C. 黄金期权　　D. 黄金远期

6. 下列不属于黄金期权投资优点的是(　　)。

A. 具有较强的杠杆性　　B. 标准合约

C. 具有降低风险的功能　　D. 实物黄金交割

7. 货币史上曾经用黄金、白银等贵金属来充当一般等价物,下列不属于贵金属特性的是(　　)。

A. 本身也是商品,具有价值　　B. 产量不稳定

C. 不易变质损坏　　D. 质地均匀、易于分割

8. 历史上只将黄金作为货币在国内外市场上自由流通,在国际上是硬通货,可以自由用于进出口交易。这种货币体系通常被称为(　　)。

A. 银本位制　　B. 金本位制

C. 金汇兑本位制　　D. 金银复本位制

9. 作为购买手段,在国际间用以购买外国商品;作为一般支付手段,用以偿付国际债务、支付利息和其他非生产性支付等,以平衡国际间的收支差额;作为社会财富的代表,用以支付战争赔款、输出货币资本等,从一国转移到另一国。以上描述表现的是货币的(　　)职能。

A. 储藏手段　　B. 交换媒介　　C. 世界货币　　D. 价值尺度

10. 第二次世界大战后期为稳定动荡的国际金融市场,西方主要国家在联合国国际货币金融会议上确立了布雷顿森林体系。以下不属于其主要内容的是(　　)。

A. 确立美元与黄金挂钩　　B. 实行可调整的钉住汇率制

C. 规定以黄金作为国际货币　　D. 美元为国际储备货币

**(二)多项选择题(下列每小题的备选答案中,有两个或两个以上符合题意的正确答案。请将你选定的答案字母填入题后的括号中。)**

1. 货币的各种职能是随着商品生产和交换的发展而逐步发展起来的,货币的基本职能包括(　　)。

A. 价值尺度　　B. 交换媒介

C. 储藏手段　　D. 延期支付标准

E. 世界货币

2. 与支付宝、微信等支付相比较,数字人民币具有(　　)等特点。

A. 无限法偿性　　B. 可控制匿名性

C. 可离线转账　　D. 无须绑定银行账户

E. 交易可追溯

3. 黄金作为硬通货有时表现不俗,影响黄金价格涨跌的因素包括(　　)。

A. 地缘政治事件　　B. 美元贬值

C. 朝鲜核试验　　D. 原油价格波动

E. 法国大选

4. 下列属于贵金属特性的是(　　)。

A. 本身也是商品,具有价值　　B. 产量稳定

C. 质地均匀、易于分割　　D. 体积小、价值大、便于携带

E. 不易变质损坏

5. 从近 200 年的美国市场来看,黄金带给投资者的回报率表现为(　　)。

A. 与短期美元国债相近　　B. 远远低于股票

C. 低于长期国债　　D. 黄金投资不仅收益率低,而且风险大

E. 波动率小

6. 下列属于黄金投资渠道的是(　　)。

A. 纸黄金　　B. 现货黄金

C. 黄金期货　　D. 黄金期权

E. 黄金 T+D

7. 下列属于“劣币驱逐良币”现象的是(　　)。

A. 倾向先用旧币、残币支付,将新币收藏

B. 二手车市场充斥着大量劣质车

C. 不守规则者却能占据更大优势

D. 高价值的金币被储藏起来,市场上流通的是价值较低的银币

E. 会挤的人总有位置

8. 数字人民币具有(　　)功能特点。

A. 法定货币　　B. 双层运营体系

C. 以广义账户体系为基础　　D. 支持银行账户松耦合

E. 双离线支付

9. 黄金期货具有以下(　　)优点。
A. 双向交易　　B. 杠杆交易
C. 市场集中公平　　D. 实行 T+1 制度
E. 套期保值

10. 在世界金币市场上较受投资者青睐的普通金币主要有(　　)。
A. 中国熊猫金币　　B. 美国鹰洋金币
C. 加拿大枫叶金币　　D. 澳大利亚袋鼠金币
E. ”千禧年“金币

**(三)判断题(请将你的判断结果填入题后的括号中。你认为正确的,填“√”;你认为错误的,填“×”。)**

1. 在货币发展史上,黄金曾经作为货币的锚,是英镑、美元等货币发行的基础。所以,今天美元的发行必须要有相应黄金的支持。(　　)
2. 从近 200 年的美国市场来看,黄金带给投资者的回报率与长期美元国债相近,远远低于股票。(　　)
3. 俗话说:“盛世古董,乱世黄金”,所以,投资黄金的风险收益比较高。(　　)
4. 自从罗斯福废除金本位后,特别是 1971 年尼克松宣布黄金与美元脱钩之后,黄金便失去了货币的属性,而降格成为大宗商品,渐渐失去了往日的光彩。(　　)
5. 布雷顿森林体系崩溃后,美元发行不再受 35 美元换一盎司黄金的制约。(　　)
6. 纸黄金是一种买卖交易中双方不涉及黄金实物交割,只是在商业银行的会计簿籍上作债权债务记载的一种代理黄金买卖服务。(　　)
7. 黄金首饰虽然包含了较高的加工费,但也有一定的保值功能,是理想的投资工具。(　　)
8. 布雷顿森林体系正式确认了浮动汇率制的合法化,承认固定汇率制与浮动汇率制并存,成员国可自由选择汇率制度。(　　)
9. 黄金本身不创造价值,是一种无息资产,因此,持有黄金几乎没有机会成本。(　　)
10. 与纸黄金的交易不同,现货黄金交易的特点之一是交易者无论在“金价上涨”还是“金价下跌”的情况下,都拥有交易机会,即永远能找到“牛市”。(　　)

## ■主观题

1. 如何理解“金银天然不是货币,但货币天然是金银”?
2. 现在世界各国都早已废弃了金本位,信用货币取代了金本位货币。为什么绝大多数中央银行仍把黄金作为一种储备资产?
3. “盛世古董,乱世黄金”表达的是什么意思?
4. 什么是“劣币驱逐良币”?

## 讨论题

□在人们的普遍印象中,黄金是公认的避险资产,但也有人认为黄金是一种投资资产,你怎么看?

□巴菲特为何看不上黄金?

## 案例分析

2013 年 4 月 15 日，国际黄金价格一天下跌 20%，世界为之哗然。正当国际金价被华尔街大鳄们肆意做空之时，大量中国民众冲进最近的店铺抢购黄金制品，一买就是几千克，她们被称作是抄底黄金市场的“中国大妈”。在这次做空大战中，世界五百强之一的高盛集团率先“举手投降”。在这场“金融大鳄”与“中国大妈”之间的黄金阻击战中，中国大妈“完胜”。

当时，中国大妈们以 1,000 亿元人民币，将 300 吨黄金瞬间扫光，整个华尔街为之震动，华尔街卖出多少黄金，大妈们居然能照单全收。为此，《华尔街日报》甚至专创英文单词“dama”来形容中国大妈。中国大妈对黄金的购买力导致国际金价也创下 2013 年内最大单日涨幅。但是，好景不长，国际金价只是在中国大妈的购买力的支撑之下，暂时止跌回稳。之后，在美联储退出量化宽松(QE4)，以及华尔街大鳄们的反扑下，又继续开始了下跌进程。

2018 年底，国际金价最低跌到 1,200 美元/盎司左右，当年抢购黄金的中国大妈被“深套”。随后，由于美联储暗示可能会退出货币紧缩政策，在此影响下出现探底反弹。抢金的大妈们何时能够解套，便成为大家热议的话题。

现在市场上有两种不同的观点：一种观点认为，本轮国际金价反弹，中国大妈们终于解套了。现在国际黄金为 1,300 美元/盎司，按现在的汇率计算，大致为每克 300 多元，如果按人民币的定价来说，5 年前抢购黄金，应该是不亏不赚。另一种观点认为，当时中国大妈购买的黄金在 1,350—1,450 美元/盎司之间，而现在即使国际金价反弹至 1,300 美元/盎司，离解套还有很远。更何况，当年中国大妈买的并不仅是实物黄金。金饰、金器、纸黄金等各类成本都不一样，但是要抛售，可能要在原来的基础上增加一部分加工费用。所以，中国大妈离解套还有距离。

由于美联储并没有完全退出量化宽松政策，现在对中国大妈当年炒黄金是否亏损展开争论还为时过早。如果后市美元持续贬值，国际黄金价格可能会继续大涨，但是如果美元持续升值，那国际黄金避险功能就没有存在的必要。当然，从现在情况来看，虽然经历了四五年，但中国大妈的亏损已难言解套。

第一，中国大妈们炒黄金被套区域是 1,350—1,450 美元/盎司，而目前国际金价只涨至 1,305 美元/盎司。尽管，中国大妈们当年抄底黄金的成本不同，但多数在 1,400 美元/盎司以上。所以，现在说中国大妈们已解套，只能说是心理上的安慰，每个人持有黄金的成本不同，解套的时间也不会一样。

第二，中国大妈们买入黄金容易，要想将黄金变现并非易事，如果买的是实物黄金肯定要收每克 40—50 元的手续费。而目前，即使国际金价涨了上来，要想攒够手续费兑换，还是有些差距的，起码国际金价要涨到 1,500 美元/盎司，到那时，中国大妈才能悉数解套。

第三，就算是国际金价后市继续上涨，中国大妈一分不亏地跑了出来，还是无法掩盖这些年通货膨胀所带来的损失。因为在这四五年，国内实际通货膨胀率已经不能与当年相提并论了。应该说，中国大妈即使被套四五年能解脱出来，这样的投资也是不成功的冒险。所以，黄金并非如大家想象的那样保值增值。

**□问题**

你怎么看中国大妈抢购黄金事件？黄金是一种怎样的投资理财工具？为什么？

□**考核点**

黄金投资、财富保值增值。

## 推荐书目

**□詹姆斯·里卡兹,《黄金投资新时代》,中信出版集团,2018 年版。**

当货币秩序紊乱时,黄金将起到重要的作用,即使并非单纯的定锚作用,也是重建货币体系中各国谈判的重要筹码。

面临国际货币体系失序和复杂的金融市场时,黄金的表现仍然非常稳健,拥有黄金是抵御当前经济环境和不稳定货币体系的保险和保障。

该书中,作者捍卫黄金在财富储备和货币标准两方面的地位,作者就关于购买多少黄金,以及如何安全存储的问题给出了明确的指引,简短而具有鼓舞性的论点,将永远改变你对这个“野蛮的遗迹”的看法。

该书解释了为什么黄金是在政治不稳定和市场波动时,投资者应该选择的最为安全的投资资产之一,以及投资者应该如何投资黄金。

全球政治不稳定性和市场波动性正日益上升。向来是投资工具的黄金,对于银行和个人而言,已成为最重要的财富保值工具。作者引用历史案例研究、货币理论,以及拥有丰富经验的资深投资者经历来论证:比起 2008 年的金融海啸,下一拨金融崩溃的规模,将呈现指数级增强;迟早会出现黄金的恐慌性买入,但只有中央银行、对冲基金和其他大型市场参与者才能买得到黄金;为国家做好准备依旧为时不晚。如果我们设定一个稳定的非通货膨胀的价格,就会有足够的黄金来支撑金本位制。

## 自我评价

| 学习成果 | 自我评价 |
| --- | --- |
| 我已经了解了货币的演变与货币的本质,理解了“金银天然不是货币,货币天然是金银”的内涵 | □很好　□较好　□一般　□较差　□很差 |
| 我已经了解了金本位货币制度、布雷顿森林体系,明白了黄金资产的收益与风险,理解了黄金的投资属性 | □很好　□较好　□一般　□较差　□很差 |
| 我已经了解了常见的黄金投资产品,明白了黄金等贵金属的投资策略 | □很好　□较好　□一般　□较差　□很差 |

# 第6章　今天花明天的钱：信用卡理财



## 导入语

信用是财富运动时的状况，财富是信用静止时的形态；信用是财富存在的容器，财富是信用容器的内容，信用与财富存在密切的联系。目前，信用卡已成为人们日常生活中不可或缺的支付工具。当你使用信用卡购物时，可以随心所欲，只要总消费金额不超过信用额度即可，每月银行会向持卡人发送对账单，上面有账户余额和最低还款额。你可以选择全额还款，也可以选择最低还款额还款，剩余的欠款和透支利息将累计到下月，成为应付费用的一部分。只要每月按时偿还最低还款额，银行将持续为你提供事先承诺的一定额度的信用消费。

## 学习目标

通过学习本章，明白“聚集信用就是聚集财富”的道理；理解“月光族”困惑的原因；学会估算现金需求；掌握家庭流动性管理的工具；理解信用卡理财的重要性；学会正确使用信用卡理财。

## 思维导图

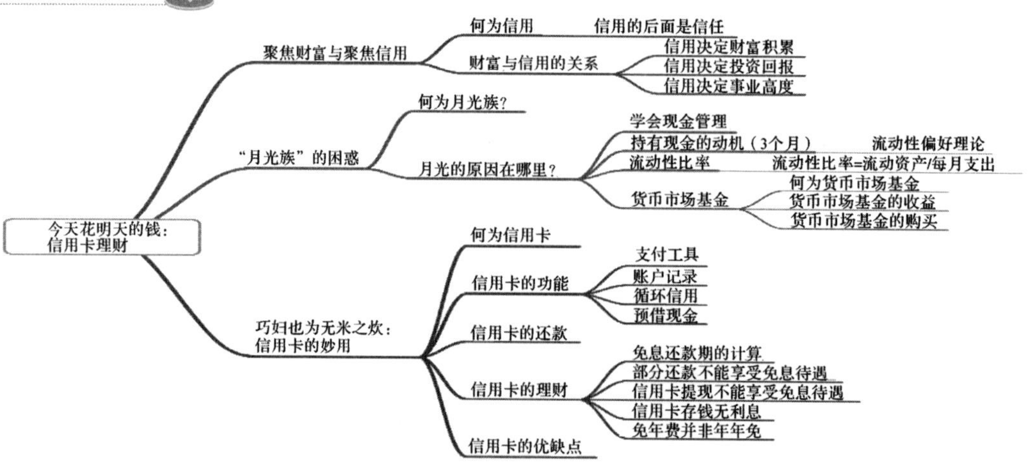

## 6.1　聚集财富与聚集信用

视频:聚集财富与聚集信用

### 6.1.1　聚集信用

PPT 课件

诚实守信是人类最古老的道德准则,是中华民族的优良传统。无论是“人无信而不立”“言必信,行必果”,还是季布的“一诺千金”、晏殊的“树信”、商鞅的“立木为信”、王安石的“聚天下之人,不可以无财;理天下之财,不可以无义”、胡雪岩的“经商重信誉,无德不成商”等等,无不表明诚信是一种美德,理财需要诚信。

一个人如果没有了诚信,即使一时拥有荣华富贵,但最终还会一无所有。万达集团总裁王健林认为:“一个人最大的破产是信用破产!哪怕你一无所有,只要信用还在,就还有翻身的本钱。”

**资料卡 6-1**

**戒　欺**

位于杭州市河坊街的胡庆余堂,里面的招牌、匾额很多,大都是朝外挂的,唯独有一块横匾是朝里挂的,一般人难以发现,那就是面向耕心草堂悬挂的“戒欺”横匾。“戒欺”两个大字是胡雪岩亲笔所写,“凡百贸易均着不得欺字,药业关系性命,尤为万不可欺。余存心济世,誓不以劣品弋取厚利,惟愿诸君心余之心,采办务真,修制务精,不至欺予以欺世人,是则造福冥冥,谓诸君之善为余谋也可,谓诸君之善自为谋亦可。”这是胡庆余堂创始人胡雪岩对经营者的谆谆告诫,是胡庆余堂制药的铁定规则,也是胡庆余堂称雄制药界的原因所在。

在现代经济社会中,信用已经渗透到个人家庭日常生活、企业生产经营的方方面面。在信用体系建设比较完善的国家,一个真正完整的信用记录不仅仅是按时还贷那么简单,它包括一个人或者一家企业日常生活或者经营活动中的各方面的行为。比如,交通违章、不按时缴纳水电煤气等费用、企业偷税漏税等行为,都会影响到信用评判。

在互联网时代,征信的数据源和应用范围不断延伸,网购、支付、理财、互联网行为、社交等数据被逐渐纳入到个人信用信息采集中。征信服务的范围也不再局限于金融机构对信贷数据的提供与反哺,其应用领域拓宽到担保、租赁、保险理财等各类授信活动中,甚至应用到住宿、出行、婚恋等各种生活场景。

**即问即答**

如何理解“人无信不立,业无信不兴,国无信不强”?

即问即答

### 6.1.2 聚集财富

金融是现代市场经济的核心，信用是市场经济的基础，社会信用体系建设对金融业尤为重要，是金融业健康发展的关键和基础。金融的本质是资金跨时间、跨空间的配置，金融风险管理是金融的核心问题。金融风险表现出来的不确定性、传染性和全局性，需要信用信息数据做保障，因此，信用是防范金融风险的“信号灯”和“安全阀”。

值得注意的是，人品比能力重要，金融领域更是如此。虽然金融市场中有股票、债券、基金、信托、不动产等各种各样的金融资产，投资理财工具复杂且专业，但是这些专业理论知识、技能是可以慢慢学会的。能力不高不要紧，重要的是人品要好。可以说，投资其实投的是人品和团队，股权投资最重要的是实际控制人的品行是否可靠，而不仅是他的管理水平和专业能力。

---

**资料卡 6-2**

**一则小故事**

股神巴菲特（如图 6-1 所示）每年都会与大学生进行座谈，在一次交流会上，有学生问他：“您认为一个人最重要的品质是什么？”

巴菲特没有正面回答这个问题，而是给同学们做了一个小测试。他说，假如你的同学都在办公司，现在有一个可以购买你同学公司 10%股份的权利，你愿意买进哪一位同学公司的股份？

图 6-1　沃伦·巴菲特

你会选那个当时读书成绩最好的吗？不一定！

你会选那个最聪明的吗？不一定！

你会选那个精力最充沛的吗？不一定！

你会选那个官二代或者富二代的吗？也不一定！

如果现在再给你一个机会：让你卖出某个同学公司 10%的股份，你会选择卖谁的？

你会选那个当时成绩最差的人吗？不一定！

你会选那个穷二代吗？也不一定！

答案是你可能会选择那个最令人讨厌，不光是你讨厌，其他人也讨厌，大家都不愿意和他打交道的同学的公司股份。

巴菲特对上述问题做了总结，他认为：“投资要投人品，投资就是与靠谱的人一起做事。”

---

聚集财富离不开信用，信用与财富的关系可以这样表述：信用是财富运动时的状况，财富是信用静止时的形态；信用是财富存在的容器，财富是信用容器的内容。如图 4-2 所示。

图 6-2　信用的作用

**即问即答**

如何理解“一个人最大的破产，是信用的破产；一个人最大的财富，是正直、靠谱的人品”。

即问即答

## 6.2 “月光族”的困惑

小马今年 25 岁，硕士毕业后进入一家外资企业任职员，每月税后收入为 6,500 元，由于家在外地，小马租房居住，每月需支付房租 1,000 元，日常开支 1,500 元，除此之外，小马几乎把所有的余钱都用于消费和娱乐，是个典型的“月光族”。最近，小马开始觉得他的消费习惯十分不好，需要加以调整，但又不知道如何改进，十分苦恼。

视频：月光族的困惑

像小马这样的月光族看似活得很潇洒，一人管饱不愁全家吃喝，挣多少花多少，但是日常生活中一旦出现意外状况，需要用钱时，就会不知如何应对。因此，月光族的困惑是一种普遍的现象，只有通过理财才能摆脱，理财能够帮助月光族提升生活的幸福感。

PPT 课件

通常情况下，大多数的月光族支出大于或等于收入，他们没有储蓄的原因就在于盲目消费，根本不知道自己的钱花在了哪里，也不知道如何节制。因此，对月光族而言，首先要学会现金管理。

### 6.2.1 家庭现金管理

现金管理是每个家庭必须考虑的，主要目的是满足个人或家庭短期内流动性需求而进行的管理日常现金及现金等价物和短期投融资的活动。这里的现金等价物是指流动性比较强的活期储蓄、各类银行存款和货币市场基金等金融资产。

在投资理财活动中，现金管理的目标是既能够使所拥有的资产保持一定的流动性，以满足日常开支的需要，又可获得一定的收益。

一般而言，现金管理应遵循一个原则：短期需求（购买日常生活品、走亲访友、请客吃饭等）可用手头现金来满足，而预期的现金支出（预计将来某个时点会发生，如住房按揭贷款、汽车保险、养老保险等）通过各种储蓄、货币市场基金来满足，不可预见的现金支出（重大疾病、车祸等）可通过配置各种融资工具来解决。

**即问即答**

如何进行家庭现金管理？

即问即答

### 6.2.2 持有现金动机

经济学家凯恩斯提出的流动性偏好理论指出，人们持有现金主要是为了满足交易动机、谨慎动机或预防动机、投机动机。

（1）交易动机

由于家庭收入与支出在时间上常常无法同步，因而需要个人或家庭有足够的现金及现金等价物来维持日常生活开支。个人或家庭出于交易动机所拥有的货币量取决于收入水平、生活习惯等。一般而言，个人或家庭的收入水平越高，日常开支所需的货币越有保障。

（2）谨慎动机或预防动机

该动机是指为了预防意外支出而持有一部分现金或现金等价物，比如为了应对可能发生的事故、失业、疾病等意外事件而需要提前预留一定数量的现金和现金等价物。一般而言，个人或家庭对现金及现金等价物的预防需求量主要取决于个人或家庭对意外事件的看法，当然与个人或家庭的收入也有较大关系。

（3）投机动机

此动机是指人们根据对市场利率变化的预测，持有货币以便投机获利。因为货币是最灵活的流动性资产，持有它可以根据市场行情的变化随时进行金融投机。凯恩斯认为投机动机的货币需求是随利率的变动而相应变化的需求，它与利率呈负相关关系，利率上升，需求减少；反之，则投机动机货币需求增加。

**即问即答**

假如我打算买一只股票，但它现在价格比较高，于是在交易账户里先存100,000元，等到价格下跌到一定水平就买入。按照流动性偏好理论，这种持有货币的需求属于什么动机？

即问即答

**资料卡 6-3**

**凯恩斯及其流动偏好理论**

约翰·梅纳德·凯恩斯(John Maynard Keynes)，英国经济学家，现代经济学最有影响力的经济学家之一（如图6-3所示）。他创立的宏观经济学与弗洛伊德所创的精神分析法和爱因斯坦发现的相对论一起并称为“20世纪人类知识界的三大革命”。

图 6-3 约翰·梅纳德·凯恩斯
（1883.06.05—1946.04.21）

凯恩斯的主要著作有：《凡尔塞和约的经济后果》（1919）、《货币改革论》（1923）、《货币论》（1930）、《劝说集》

(1932)、《就业、利息和货币通论》(1936)、《论概率》(1921)等。

凯恩斯因开创了经济学的"凯恩斯革命"而著称于世,被后人称为"宏观经济学之父"。在凯恩斯经济理论中,金融理论占有十分重要的位置。可以说,凯恩斯的经济理论是建立在他的货币金融理论基础之上。凯恩斯指出,在现实生活中存在着边际消费倾向递减、资本边际效率递减和流动偏好三大规律。由于这些规律的存在,随着社会的发展必然出现有效需求不足的问题。有效需求不足使企业生产出来的东西卖不出去,企业停产乃至破产,最终导致经济危机的爆发,造成工人失业。

按照凯恩斯的观点,作为价值尺度的货币具有两种职能,其一是交换媒介或支付手段,其二是价值贮藏。货币需求就是人们宁愿牺牲持有生息资产(如各种有价证券)会取得的利息收入,而把不能生息的货币保留在身边。至于人们为什么宁愿持有不能生息的货币,是因为与其他的资产形式相比,货币具有使用方便灵活的特点,持有货币可以满足三种动机,即交易动机、预防动机和投机动机。所以凯恩斯把人们对货币的需求称为流动性偏好(Liquidity Preference),表示人们喜欢以货币形式保持一部分财富的愿望或动机。

### 6.2.3 流动性比率

流动性比率是流动资产与月支出的比值,反映个人或家庭支出能力的强弱。资产的流动性是指资产在保持价值不受损失的前提下的变现能力。流动性强的资产能够迅速变现而价值不受损失,现金与现金等价物是流动性最强的资产。

流动性比率=流动资产/每月支出。

其中,流动资产包括现金、活期储蓄、各类银行存款和货币市场基金等。

资产的流动性与收益性通常成反比,即流动性强的资产,收益较低,而收益性高的资产流动性欠佳。对工作稳定、收入有保障的家庭来说,可以保持较低的流动性比率,将更多的流动性资产用于投资以获取更高的收益。而对于工作不稳定、收入无保障的家庭而言,资产的流动性比收益性更重要,应保持较高的流动性比率。通常情况下,流动性比率应保持在 3—6 倍左右。

**即问即答**

王先生是一名外科医生,也是家庭收入的主要提供者,他的月收入为 3 万元,家庭日常开支每月 1.2 万元,则王先生家庭的流动资产应保持在什么水平是合理的?

即问即答

### 6.2.4 货币市场基金

#### 6.2.4.1 什么是货币市场基金

货币基金是聚集社会闲散资金,由基金管理人运作,基金托管人保管资金的一种开放式基金,专门投向风险小的货币市场工具,具有高安全性、高流动性、稳定收益性,以及"准储蓄"的特点。

20 世纪 70 年代初至 80 年代,美国处在经济衰退而通货膨胀率较高的滞胀环境中。当时美联储对银行存款利率进行管制，居民存款利率低于通货膨胀率，存款一直处于贬值状态。商业银行为了吸引资金，推出利率高于通货膨胀率的大额定期存单。然而，这种定期存单起始金额较大，往往以10万或100万美元为最低投资单位，只有少数机构投资者有足够的现金去做这样的投资。而对大多数美国民众而言，当时可以参与的金融产品只有银行储蓄、股票和债券。人们自然想寻找安全性好、流动性强的金融产品，但已有的金融产品要么风险太大，要么缺乏流动性，要么收益太低，总之，无法满足人们的投资理财需求。

当时，世界上最大养老基金“教师年金保险公司”现金管理部的主管兼信用分析师鲁斯·班特在做了详尽的调查之后，产生了一个天才的想法：在1970年创立了一个命名为“储蓄基金公司”的共同基金，并于1971年获得美国证券与交易委员会认可。1972年10月，储蓄基金公司购买了30万美元的高利率定期储蓄，同时以1,000美元为投资单位出售给小额投资者。就这样，小额投资者享有了大企业才能获得的投资回报率，同时拥有了更高的现金流动性，历史上第一个货币市场共同基金诞生了。

货币基金资产主要投资于短期货币工具。例如，国债、央行票据、商业票据、银行定期存单、政府短期债券、企业债券（信用等级较高）、同业存款等短期有价证券。

在我国，货币市场基金可以投资于以下金融工具：①现金；②1年以内（含1年）的银行定期存款、大额存单；③剩余期限在397天以内（含397天）的债券；④期限在1年以内（含1年）的债券回购；⑤期限在1年以内（含1年）的中央银行票据；⑥证监会、央行认可的其他具有良好流动性的货币市场工具。

货币市场基金不得投资于以下金融工具：①股票；②可转换债券；③剩余期限超过397天的债券；④信用等级在AAA级以下的企业债券；⑤证监会、央行禁止投资的其他金融工具。

实际上，这些货币市场基金投资的范围都是一些高安全系数和稳定收益的品种，所以对风险厌恶者而言，货币市场基金是一个天然的避风港。通常情况下，货币市场基金既能获得高于银行存款利息的收益，又能保障本金的安全，是一款非常不错的现金管理工具。

#### 6.2.4.2 货币市场基金的特点

货币市场基金具有以下特点：

(1)本金安全

由于货币市场基金主要投资于剩余期限在1年以内的国债、金融债、央行票据、债券回购、同业存款等低风险的证券品种。因此，风险低，事实上保证了本金的安全。

(2)资金流动性强

货币市场基金具有类似于活期存款的便利，流动性可以与活期存款媲美。货币市场基金买卖方便，资金到账时间短，T+0或T+1就可以变现。

(3)收益率相对活期储蓄高

货币市场基金除了可以投资交易所回购等投资工具外，还可以投资于银行间债券及回购市场、中央银行票据市场，其年净收益率可达2%—5%，远高于同期活期储蓄的收益水平。当出现通货膨胀时，实际利率可能很低，甚至为负值，而货币市场基金可以及时把握利率变化及通货膨胀趋势，获取稳定收益，成为抵御物价上涨的工具。

(4)投资成本低

货币市场基金通常免收手续费、认购费、申购费、赎回费等，购买和赎回非常方便，既降低了投资成本,又保证了流动性。

(5)分红免税

与其他基金不同,货币市场基金单位的资产净值是固定不变的,通常是每个基金单位 1 元,收益按天计算,每天的利息收入计入第二天的本金再投资,投资收益每月分红结转为基金份额,分红免收个人所得税。

另外,一般货币市场基金可以与该基金公司旗下的其他开放式基金进行转换。不仅灵活高效,而且成本低。在股票市场上有较好机会的时候,可以将货币基金转换成股票型基金,债券市场有较好机会的时候可以转换成债券型基金。当股票市场、债券市场都没有较好机会时,货币市场基金则是资金良好的避风港。因此,投资者可以及时把握股票市场、债券市场和货币市场的各种机会。

**即问即答**

货币市场基金与股票基金、债券基金一样,都是比较理想的投资工具。这个说法对吗?为什么?

即问即答

## 知识链接

**货币市场与资本市场**

货币市场是相对于资本市场而言的,是短期资金的融通市场,而资本市场是长期资金的融通市场。

货币市场是指投资期限在一年以下的金融市场,是金融市场的重要组成部分。由于该市场所容纳的金融工具,主要是政府、银行及工商企业发行的短期信用工具,具有期限短、流动性强和风险小的特点,在货币供应量层次划分上被置于现金货币和存款货币之后,称之为"准货币",所以将该市场称为"货币市场"。

资本市场是政府、企业、个人筹措长期资金的市场,包括长期借贷市场和长期证券市场。在长期借贷中,一般是银行对个人提供的消费信贷;在长期证券市场中,主要是股票市场和长期债券市场。资本市场上的交易对象是一年以上的长期证券。因为在长期金融活动中,涉及资金期限长、风险大,具有长期较稳定的收入,类似于资本投入,故称之为资本市场。

### 6.2.4.3　货币市场基金的收益

通常用于衡量货币市场基金收益的指标有两个:一是 7 日年化收益率;二是每万份基金单位收益。作为短期指标,7 日年化收益率仅是基金过去 7 天的盈利水平,并不代表未来的收益水平。

影响货币市场基金收益率的主要因素如下:

①利率因素。货币市场基金的投资对象为货币市场工具,利率的调整对货币市场工具产生直接影响,进而影响货币基金的收益率。一般来说,货币市场基金收益率变化与利率变动方向相同。

②规模因素。货币市场基金并非规模越大收益越高,单只货币市场基金存在一个最优

规模，在该规模内具有规模效应，即规模越大收益越高。

③费用因素。货币市场基金的管理费和托管费大约为基金资产净值的0.2%－1%，虽然比传统的基金年管理费率1%－2.5%要低，但由于货币市场基金收益率有限，所以管理费和托管费对其收益率还是有影响的。

**即问即答**

即问即答

某货币市场基金的7日年化收益率为3.65%，则每万份基金单位收益是多少？

#### 6.2.4.4 货币市场基金的购买

货币市场基金可以通过以下几个渠道进行申购：①银行网点；②证券营业部；③基金公司直销柜台；④网上平台，如天天基金网、余额宝等。

如何选择货币市场基金？

(1)认购还是申购

认购是指投资人在基金募集期按要求购买基金的行为；申购是指投资人在基金成立之后，按照要求购买基金的行为。认购的手续费一般要比申购的低一些。但投资者如果选择申购货币市场基金可以避免认购基金的流动性问题。从收益的角度看，选择申购一只成立时间长的货币市场基金是一个明智的选择。

选择认购还是申购，还要看各种基金的具体规定。比如，按照基金公司的规定，该公司的货币基金可以转换为股票型基金或平衡型基金，转换费率仅为1%，而直接申购这两种基金，申购费率在1.5%以上。因此，投资者可以先用认购或申购的方式购买货币基金，然后再转换成看好的股票型基金或平衡型基金，以认购的费用达到申购基金的理财效果。

(2)什么时间购买

按照银行划款系统和基金计息方式，投资者第T日在代销机构申购货币市场基金，T+1日确认，并开始享受每日基金投资收益。需注意的是，这里的T、T+1指的是交易日。因此，投资者要尽量回避在法定节假日前一天申购货币市场基金。

(3)选择哪一只货币市场基金

不论是出于中短期投资的目的，还是出于现金管理的需要，投资者选择货币市场基金时要重点考察收益率、基金规模、申购赎回速度，以及期限结构、持券结构、回购杠杆比例、基金规模的变化等因素。

需要注意的是，货币市场基金是个人或家庭流动性管理的工具。绝对收益率并不是货币市场基金所追求的最终目标，货币市场基金应保持良好的流动性，在稳定、安全的基础上追求收益的相对最大化。投资者在选择货币市场基金时，要充分考虑影响货币市场基金的各项因素，综合加以分析，做出对自己最有利的选择。

**集思广益**

集思广益

**月光族的困惑**

小马今年25岁，硕士毕业后进入一家外资企业任职员，每月税后收入为

6,500 元,由于家在外地,小马租房居住,每月需支付房租 1,000 元,日常开支 1,500 元,除此之外,小马几乎把所有的余钱都用于消费和娱乐,是个典型的"月光族"。最近,小马开始觉得他的消费习惯十分不好,需要加以调整,但又不知道如何改进,十分苦恼。请你为小马提供一个理财方案。

## 知识链接

### 优先付给自己

对大部分人而言,工资到手后,先是消费,花完想花的钱,余下的钱才会存入银行或做投资,这种做法称为"优先付给他人",结果是财富积累慢且有限。如果考虑优先"支付"给自己,即先储蓄(投资)再消费,工资收入中先预留出储蓄(投资)额,剩余的钱才拿来消费,这种做法称为"优先付给自己",结果是财富积累较快。选择优先为自己确定的财务目标储蓄或者投资,在实现目标后的满足感将会非常美妙。

## 6.3　巧妇也为无米之炊:信用卡的妙用

视频:巧妇也为无米之炊:信用卡的妙用

小张是一名刚踏入社会的大学毕业生,2018 年 3 月初,他去招商银行办了一张标准双币信用卡。2018 年 3 月 30 日,小张去超市购买日常生活用品,刷卡消费 1,000 元。2018 年 4 月 6 日,小张收到招商银行的信用卡"微"账单(如图 6-4所示)。

在日常生活中,其实像小张这样利用信用卡消费购物是一种普遍现象。有时家庭会出现始料未及的支出,而持有的现金及现金等价物又不足以应对这些支出,临时变现其他流动性不强的资产会出现较大的损失或无法变现。这时利用信用卡这类短期融资工具来解决突发紧急事件不失为一个好办法。

PPT 课件

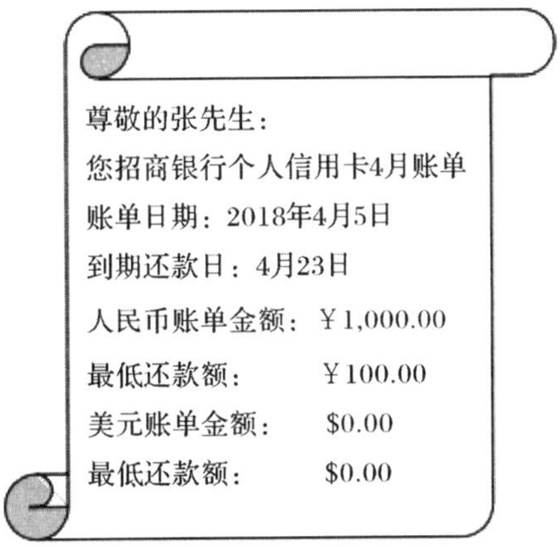
尊敬的张先生:
您招商银行个人信用卡4月账单
账单日期:2018年4月5日
到期还款日:4月23日
人民币账单金额:￥1,000.00
最低还款额:　￥100.00
美元账单金额:　$0.00
最低还款额:　$0.00

图 6-4　信用卡"微"账单

## 6.3.1 信用卡简介

信用卡是银行或其他发卡机构向社会公开发行的，给予持卡人一定的信用额度，持卡人可在信用额度内先消费后还款，并可在指定商家购物和消费，或在指定银行提取一定数额现金的特制卡片。

信用卡是一种特殊的信用凭证，持卡人一般具有良好的资信状况。从广义上讲，凡是能够为持卡人提供信用证明、消费信贷或持卡人可凭卡购物、消费或享受特定服务的特制卡片均可称为信用卡，具体包括贷记卡、准贷记卡和借记卡。从狭义上讲，信用卡指由金融机构或商业机构发行的贷记卡，持卡人在信用额度内可先消费后还款。其实质是一种消费贷款，它提供了一个有明确信用额度的循环信贷账户，借款人可以使用部分或全部额度，还款时也可以全额或部分还款，一旦已经使用的余额得到偿还，则该信用额度又可以重新恢复使用。

信用卡、准贷记卡和借记卡的一个共同特点是持卡人不必为刷卡消费支付任何手续费，但三者在使用上还是有较大区别的。信用卡可以在信用额度内免息透支，而准贷记卡透支要支付利息，借记卡需存钱才能消费，不能透支。准贷记卡和借记卡本质上都是储蓄卡，均可支取现金而不支付手续费，而贷记卡取现有严格的限制，不仅要支付手续费还需支付每天万分之五的利息。

信用卡作为一种信用筹码，发卡银行、商家、持卡人三方均受益。对发卡银行而言，有年费、商家支付的佣金，以及持卡人用卡不符合免息条件时透支利息（每天万分之五，年利息率高达 18%）；对商家而言，薄利多销，扩大了销售量，提高了商品的周转速度；对持卡人而言，可以今天花明天的钱，满足了流动性需求。

**即问即答**

下列关于信用卡、准贷记卡和借记卡的叙述正确的是（　　）。（单项选择题）

A. 持卡人均不必为刷卡消费支付任何手续费

B. 均可以在信用额度内免息透支

C. 三者在本质上都是储蓄卡

D. 三者均可支取现金而不支付手续费

即问即答

## 6.3.2 信用卡的功能

信用卡不仅可以作为支付工具，也发挥着账户记录、预借现金和循环信用等作用，使信用卡具备了理财功能。如图 6-5 所示。

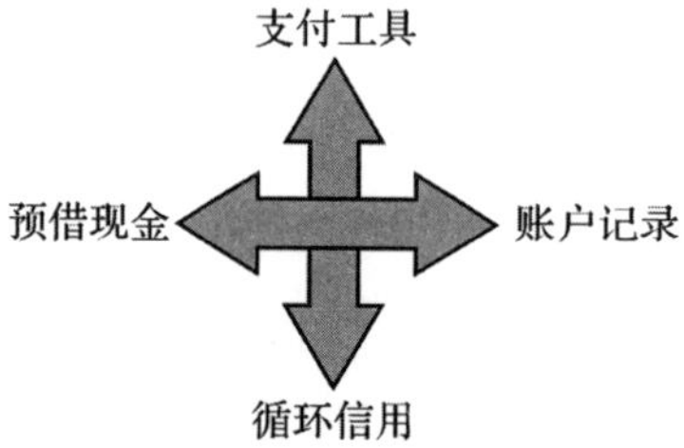


图 6-5　信用卡的功能

## 资料卡 6-4

张先生办了一张招商银行的信用卡,该卡的主要参数如表 6-1 所示。

表 6-1　信用卡的主要参数

| 项　目 | 规　定 | 项　目 | 规　定 |
|---|---|---|---|
| 信用额度 | 17,000 元 | 免息期 | 18—50 天 |
| 账单日期 | 每月 5 日 | 到期还款日 | 每月 23 日 |
| 最低还款比例 | 10% | 循环信用利息(日息) | 0.05% |
| 滞纳金(日息) | 0.05%<br>最低 10 元或 1 美元 | 溢缴款领回手续费<br>(本地同行) | 交易金额的 0.5%;<br>最低 5 元 |
| 预借现金额度 | 50% | 预借现金手续费<br>(本地同行) | 交易金额的 1%;<br>最低 10 元 |
| 超限费 | 超限部分的 5% | 补发卡/损卡换卡/<br>提前换卡手续费 | 15 元 |
| 挂失费 | 60 元 | 短信通知费 | 免费 |
| 年费 | 100 元 | 年费减免规则 | 首年免年费,<br>刷卡 6 次免次年年费 |

#### 6.3.2.1　支付工具

(1)免息透支

张先生申请了某银行的信用卡,按发卡银行的规定,每月 1 日为账单日,25 日为还款日,则该银行为张先生提供了最长 56 天的免息优惠期(各银行规定不同)。如果张先生在 1 月 1 日消费1,000元,那么到 2 月 25 日才需要偿还这部分透支额。在这 56 天里可以免费占用银行的资金,相当于从银行获得了一笔无息贷款,解决了张先生的临时资金缺口问题,实现了提前消费。

信用卡先消费后还款,可以透支一定的消费金额,享受一定的免息期,持卡人根据自己的资金状况可以在免息期内一次还款,也可以免息分期还款,这种循环信用让持卡人的资金周转更加灵活。需要注意的是,并不是所有的透支额都是免息的,发卡银行对信用卡持卡人未偿还最低还款额和超信用额度用卡行为,对最低还款额未还部分,超过信用额度部分,分别收取滞纳金和超限费。发卡银行规定的最低还款金额,一般为累计未还消费款及所有与交易有关的利息、费用和收费的 10%,取现及与取现有关的利息、费用和收费的 100%,以及上期账单最低还款额未还部分的总和。

**即问即答**

张先生的信用卡的账单日为每月10日，到期还款日为每月28日。7月30日张先生刷卡消费了8,000元，8月10日银行发送的账单显示本期应还金额为8,000元，最低还款额800元。张先生的这笔消费可享受的免息期是多少天？

即问即答

(2)免息分期付款

免息分期付款是指信用卡持卡人在进行一次性大额消费时，对于该笔消费金额平均分解成若干期数(月份)来进行偿还，而且不用支付任何额外的利息，手续与普通刷卡消费一样简便快捷。从信用卡分期付款的商品来看，种类越来越多，产品越来越丰富。商家与银行合作推出的信用卡刷卡消费优惠活动也越来越多。一般情况下，信用卡分期付款的价格会高于市场一次性付款的价格。原因在于：一是使用信用卡分期购物时，银行将这笔款项全额支付给商家，会给银行带来一定的风险，银行会为此做风险溢价；二是银行与商家制订信用卡分期付款合作方案时所定的产品价格是固定的，并且要持续一定的时间，但实际市场上的价格是浮动的，所以在分期活动开始后的一段时间里表现出来的分期价格将高于市场价格。

作为持卡人，越来越多的商品和服务都可以使用信用卡以分期付款的形式来购买，方便快捷，并提前享受更多的商品和服务。但是，在决定分期付款之前，客户需权衡自己在未来一段时间的财务承受能力。还需注意的是，并不是银行推出的所有分期付款都是免息的，有的分期付款是需要支付手续费的。

**即问即答**

下列关于免息分期付款的表述不正确的是(　　)。(多项选择题)

A. 适用于进行小额消费　　B. 均不需要支付额外的利息

C. 均需要支付手续费　　D. 可以分期付款的商品种类非常有限

即问即答

6.3.2.2　预借现金

利用信用卡预借现金(取现)是银行为持卡人提供的小额现金借款，满足持卡人的应急之需。持卡人一旦有现金紧急需要，持卡人可持信用卡在ATM机24小时自动取现，国际卡可在全球的自动柜员机上方便地提取当地货币。预借现金额度根据持卡人的用卡情况设定，它包含在信用卡的信用额度内，具体规定各发卡行不同。此外，根据中国人民银行的相关规定，信用卡透支取现的额度是信用额度的30%或50%，每天可以取现的额度是10,000元，如果持卡人的信用额度是50,000元，按照50%计算，可透支取现的额度是25,000元，只要提3天就能累计提现25,000元。需要注意的是，各银行每日可取现额度的规定是不同的，如中国工商银行、交通银行规定持卡人每日境内取现的金额累计不得超过2,000元。一般发卡行规定，以信用卡预借现金时需承担按每笔预借现金金额0.5%－3%不等的手续费，预借现金交易不享受免息还款期待遇，自银行记账日起按每天万分之五计收利息至清偿日为止。银行记账日为此笔预借现金交易发生日，发卡行按月计收复利。

**即问即答**

李先生急需用钱,用信用卡在 ATM 机上取现人民币 10,000 元,10 天后还款,那么对于这笔人民币取现金额,李先生要支付多少元利息?

即问即答

#### 6.3.2.3　循环信用

循环信用是一种按日计息的小额、无担保贷款。持卡人可以根据自身的财务状况,每月在信用卡当期账单的到期还款日前,自行决定还款金额的多少。当持卡人偿还的金额等于或高于当期账单的最低还款额,但低于本期应还金额时,剩余延后还款的金额就是循环信用余额。循环信用是一种十分便捷的贷款工具,不仅让持卡人享有刷卡的便捷,更是其轻松理财的好选择。持卡人如果选择了使用循环信用,那么当期就不能享受免息还款期的优惠。

循环信用的利息计算方法为:上期对账单的每笔消费金额为计息本金,自该笔账款记账日起至该笔账款还清日止为计息天数,利率为每天万分之五。

**知识链接**

**循环信用利息的计算**

张先生申请的招商银行信用卡,账单日为每月 5 日,到期还款日为每月 23 日,3 月 30 日,张先生购买日常用品刷卡消费 1,000 元。4 月 5 日银行出具的账单显示"本期应还金额为 1,000 元,最低还款额为 100 元"。

在不同的还款情况下,利息分别为:

①如果张先生于 4 月 23 日前,全额还款 1,000 元,则在 5 月 5 日的对账单中的循环利息为 0。

②如果张先生于 4 月 23 日前,只偿还 100 元,则在 5 月 5 日的对账单中会产生循环利息:

$1,000\times0.05\%\times24+(1,000-100)\times0.05\%\times12=17.40$(元)

其中 24 天为 3 月 30 日至 4 月 22 日,12 天为 4 月 23 日至 5 月 4 日。

③如果张先生于 4 月 23 日前,未还足 100 元,则张先生出现不良信用记录,该不良记录将在中国人民银行信用信息库中保留 5 年,影响张先生未来的日常经济生活,并且在 5 月 5 日的对账单中出现每天万分之五,最低 10 元或 1 美元的滞纳金。

循环信用实际上是一种短期借贷,相对于长期、高额的贷款而言,其所收取的利息也比较高,由于无需担保,且可以随借随还,表现比较灵活。持卡人如果碰到商品打折,在手头可用现金有限的情况下,可以考虑运用循环信用支付消费款项。

**即问即答**

信用卡持卡人如果在到期还款日之前,只偿还最低还款额,可以享受免息期待遇。这个说法对吗?

即问即答

6.3.2.4　账户记录

了解自身的收入及支出的基本情况是投资理财的前提条件。银行每月提供的信用卡账单逐笔列出消费的日期、商家(物品)和金额,累计一段时期后加以整理分析,即可对自身前一段时间消费的基本情况有一个大概的认识。

消费者也可以利用同一银行的不同类别信用卡或不同银行发行的信用卡来做支出管理。比如,常因公务出差、应酬的,可将公务支出集中在一张卡上,而私人的消费集中于另外一张卡上,报账和分析支出时就一目了然。

## 6.3.3　信用卡的还款

目前,使用信用卡已成为大多数人的消费习惯,随着互联网的发展、电子化渠道的开通,信用卡的还款方式越来越多样化,也越来越便捷。如表 6-2 所示。

**表 6-2　信用卡的还款方式**

| 还款方式 | 还款特点 | 操作提示 |
|---|---|---|
| 柜台还款 | 只要确保准确填写信用卡卡号,即可实时到账,无手续费 | 一般接受他人代还和无卡还款 |
| 约定自动还款 | 到期自动扣款,不必担心由于遗忘带来的利息与滞纳金 | 留意用于还款的活期账户的余额,以免余额不足导致自动还款失败 |
| 网上银行转账还款 | 与借记卡关联扣款 | 一般要求事先开通借记卡及信用卡网上银行功能,将两卡进行关联 |
| 网上跨行转账还款 | 一般需要一定的手续费 | 可用于还款或接受转账的银行卡种类视发卡银行规定而定 |
| 电话银行还款 | — | 事先开通电话银行功能,并将其与信用卡进行关联 |
| ATM 机转账还款 | 转账划入的款项并非即时到账 | 建议在还款日前 2—3 天进行还款,以免造成不必要的透支利息与滞纳金支出 |

使用信用卡进行短期融资涉及多种费用,如年费、利息、手续费等,各银行的信用卡收取的费用标准也不一致,而且不同种类的信用卡透支的额度也不一样。

## 6.3.4　信用卡理财

当持卡人临时有较高额度的支出,或有短期资金需求时,信用卡是一种便利的资金融通工具,取得资金方便快捷,而且还可以获取资金的时间价值。尽管信用卡使用起来很方便,但信用卡预借现金时需支付高额的手续费和每天万分之五的利息。有的信用卡还要求缴纳年费或规定刷卡次数。由于信用卡可以先消费后还款,不直接支付现金,容易造成盲目消费或消费过度,一些人最终可能会成为“卡奴”。

6.3.4.1　免息还款期的计算

信用卡在免息还款期内偿还全部款项,无需支付非现金交易额的利息。否则,自银行记账日起按日利率万分之五计收利息至清偿日止。因此,明确信用卡的免息还款期非常重要。所谓免息还款期是指利用信用卡透支消费时,持卡人刷卡消费后银行记账日至到期还款日的期间。一般的免息还款期由三个因素决定:刷卡消费日期、银行对账单日期和银行指定还款日期。例如,信用卡的账单日为每月5日,指定还款日期为每月23日,如果客户在8月4日消费2,000元,则免息期为19天(此卡的最短免息期),如果客户在8月5日消费(8月份有31天),则免息期为50天(此卡的最长免息期)。

需要注意:一是持卡人的消费日期;二是银行对账单日期与指定还款日期之间的天数。

**即问即答**

影响信用卡免息还款期的主要因素有哪些?

即问即答

6.3.4.2　部分还款不能享受免息待遇

信用卡持卡人在免息还款期内,全额偿还刷卡金额不需支付利息。如果只是部分归还透支金额,在符合银行规定的最低还款额的条件下,目前有两种截然不同的计息方式:第一种是只要持卡人在还款期内有一分钱未还,就不能享受免息期待遇;另一种做法是只需支付欠款部分的利息。第一种是大多数银行的做法,后一种只有极个别银行这么做。王先生透支750.50元,由于忘记了具体的透支金额,在免息期内只还了750元,还有0.5元未还,大多数银行会按照750.50元计收利息。

需要注意:刷卡消费前熟悉信用卡发卡行的相关规定,记住每次的透支金额。

6.3.4.3　信用卡提现不能享受免息待遇

信用卡提现是要支付利息的,并不能享受免息还款期待遇。利用信用卡预借现金的利息和手续费非常高,且利息是从提现透支日起开始计算的。比如,王先生使用民生银行信用卡在其家附近的另一家银行的ATM机上取现5,000元,则需支付50元的手续费(银行规定手续费率为1%,最低10元);如果王先生在ATM机上仅取200元现金,也要支付最低10元的手续费。

需要注意:尽量不要用信用卡提取现金,一旦提取现金,应尽快还款。

6.3.4.4　信用卡存钱无利息

信用卡只是一种信用筹码,在信用卡中存钱是归还透支款。不要将信用卡当存折用,信用卡内的存款(备用金)不计付利息是国际惯例,大多数银行也是这么操作的,各银行的“客户协议”或“章程”中都有明确规定,且不鼓励存款消费是银行发行信用卡的初衷。

需要注意:持卡人切记不要将信用卡当存折用,将大额现金存入信用卡内。

6.3.4.5　免年费,并非年年免

一些银行为了吸引更多的客户,往往会通过各种方式来吸引消费者办卡,免年费就是其中之一。银行提供的信用卡免年费一般也只是免头一年或两年的年费,且往往捆绑着用户至少使用一个较长的固定期限。持卡人在使用时应注意,如果到期没有缴纳年费,银行可能会在持卡人账户内自动扣款,而且银行所扣的款项将算作持卡人的透支提现款,要计算贷款利息，而且还会计算复利，所以利息会日复一日地积累，时间一长就会收到银行寄来的透支利息通知书。

需要注意：如果持卡人不经常使用信用卡，最好将其注销。

### 6.3.5 信用卡的优缺点

在家庭流动性管理中，信用卡是一种十分理想的流动性管理工具。信用卡作为信用贷款的主要形式，具有以下优点：①便利，方便购物；②用于应急支出；③先使用后付款；④购买预期价格上涨的商品；⑤一种免息的信用贷款；⑥身份认证或身份象征；⑦享受免费特殊服务。但也存在预借现金的手续费和利息较高，有年费和刷卡次数的要求等缺点。而且，信用卡消费因为便捷很可能会盲目消费，这样会增加费用支出，影响将来的可支配收入。因此，在投资理财中，应学会正确地使用信用卡。

**拓展阅读**

□“90后”月光族的理财规划

□如何脱离“月光族”实现财富积累

□新支付时代银行卡仍有发展机遇

□信用卡违约金，你了解多少？

□信用卡年费，你想不想免掉？

□信用卡的财富管理职能

□个人信用就是个人财富

□校园贷的风险与防控

拓展阅读资料

**本章小结**

**■主要术语**

聚集信用　聚集财富　现金管理　优先支付给自己　现金与现金等价物　货币市场基金　信用卡　免息透支　信用卡理财　免息还款期　银行记账日　刷卡消费日期　账单日期　到期还款日期

**■主要观点**

通过学习本章，我们已经知道了集聚信用就是集聚财富；明白了人们持有现金的目的主要是满足日常开支需要、预防突发事件需要、投机需要；了解了“优先支付给自己”的理财原理；学会了如何正确使用信用卡理财。以下几个方面的内容，作为本章重点，应该掌握好。

□投资就是投人品，就是与靠谱的人一起做事。信用决定投资回报，信用决定事业高度，信用决定财富积累。一个人最大的破产是信用破产！哪怕你一无所有，只要信用还在，就还有翻身的本钱。“赢在人品”这四个字不仅是人生智慧，而且是做人的哲学。集聚信用就是集聚财富。

□人们持有现金的目的主要是满足日常开支需要、预防突发事件需要、投机需要。现金管理主要是为了满足个人或家庭短期现金需求而进行的日常现金及现金等价物管理和短期融资的活动。货币市场基金本身流动性很强,同时收益高于活期存款,是理想的现金规划工具。对月光族而言,需要考虑“优先支付给自己”,即先投资再消费。

□信用卡是一款较好的融资工具,在使用时切记三个关键日期:刷卡消费日期、账单日期和到期还款日期。信用卡用卡的相关规定:超额透支不能享受免息还款待遇;部分还款不能享受免息待遇;信用卡提现不能享受免息期待遇;信用卡存钱无利息;信用卡免年费,并非年年免。

□信用卡是信用贷款的主要形式,使用信用卡的优点:①便利,方便购物;②用于应急支出;③先使用后付款;④购买预期价格上涨的商品;⑤一种免息的信用贷款;⑥身份认证或身份象征;⑦享受免费特殊服务。需要注意的是,信用卡消费因为便捷很可能会盲目消费,这样会增加费用支出,影响将来的可支配收入。

## 自测题

自测题

■客观题

**(一)单项选择题(下列每小题的备选答案中,只有一个符合题意的正确答案。请将你选定的答案字母填入题后的括号中。)**

1. 作为理财的一般原则:短期需求可以用手头的(　　)来满足,而预期的或将来的需求则可以通过各种类型的储蓄或者(　　)来满足。
   A. 活期存款;短期融资工具　　B. 现金;短期融资工具
   C. 活期存款;货币市场基金　　D. 现金;短期投、融资工具
2. 持有现金与现金等价物意味着(　　)。
   A. 流动性强,收益性高　　B. 流动性强,收益性低
   C. 流动性弱,收益性高　　D. 流动性弱,收益性低
3. 关于流动性资产说法不正确的是(　　)。
   A. 资产的流动性是指资产在保持价值不受损失前提下的变现能力
   B. 流动性强的资产能够迅速变现而价值不受减损
   C. 现金与现金等价物是流动性最强的资产
   D. 流动性弱的资产是指不能变现的资产
4. 张先生为自己准备了一笔流动性资产,其中(　　)不包括在内。
   A. 定期存款 50,000 元　　B. 现金 2,000 元
   C. 银行理财产品 30,000 元　　D. 货币市场基金 10,000 元
5. 流动性比率等于个人或家庭(　　)与每月支出的比值。
   A. 总资产　　B. 固定资产　　C. 流动资产　　D. 每月收入
6. 股票市场行情不明朗时,分析师往往会建议投资者减仓或半仓持股,这种持有部分现金的动机属于(　　)。
   A. 交易动机　　B. 投机动机　　C. 投资动机　　D. 谨慎动机
7. 凯恩斯的流动性偏好理论认为,由于(　　)导致人们愿意持有现金寻求更好的获利机会。
   A. 谨慎动机　　B. 预防动机　　C. 交易动机　　D. 投机动机

8.(　　)是为了预防意外支出而持有一部分现金及现金等价物的动机。

A. 交易动机　　B. 投机动机

C. 投资动机　　D. 谨慎动机

9. 张先生作为普通公务员，他每月的支出为 5,000 元。从理财角度考虑，他持有(　　)元左右流动资产比较合适。

A. 5,000　　B. 10,000　　C. 15,000　　D. 50,000

10. 关于交易动机说法错误的是(　　)。

A. 为了满足日常生活开支而持有现金或现金等价物

B. 一般而言，个人或家庭的收入水平越高，日常开支所需的货币越有保障

C. 持有的数量一般随利率的变动而相应变化

D. 拥有的货币量取决于收入水平、生活习惯等

11. 一般而言，金融资产的流动性和收益性之间存在的关系为(　　)。

A. 反向变化　　B. 正向变化

C. 有时正向，有时反向　　D. 没有关系

12. 在下列金融资产中，流动性最强的是(　　)。

A. 一年期存款　　B. 货币市场基金　　C. 股票　　D. 债券

13. 货币市场基金买卖方便，资金到账时间短，这反映了货币市场基金的(　　)特点。

A. 本金安全　　B. 流动性强

C. 投资成本低　　D. 收益率相对活期储蓄高

14. 林女士拥有 1 年期存款 10,000 元，货币市场基金 16,000 元，现金 4,000 元，每月支出 6,000元，则流动性比率是(　　)。

A. 3　　B. 4　　C. 5　　D. 6

15. 李先生申请了一张信用卡，希望能够缓解资金周转问题，对于信用卡的使用，下列(　　)表述是错误的。

A. 用信用卡刷卡消费时，自己不需要承担手续费

B. 用信用卡刷卡消费时，商家不需要承担手续费

C. 用信用卡取现需支付手续费

D. 用信用卡取现需支付每天万分之五的利息

16. 林先生持有一张招商银行信用卡，每月 5 日为账单日，23 日为到期还款日，林先生于 2018 年 3 月 30 日购买日常用品，刷卡消费 10,000 元。如果林先生于 4 月 23 日没有能力全额还款，则至少要偿还(　　)元才不会影响个人信用。

A. 0　　B. 1,000　　C. 2,000　　D. 3,000

17. 小王因急需现金，想通过交通银行信用卡取现，信用卡每日取现金额累计不超过人民币(　　)元。

A. 2,000　　B. 3,000

C. 4,000　　D. 信用额度的 10%

18. 小张某日超过信用卡信用额度透支 500 元，根据《银行卡业务管理办法》及《客户协议》，信用卡持卡人超过发卡银行批准的信用额度用卡时，不享受免息期待遇，即从(　　)之日

起支付利息。

A. 上期还款截止　　B. 本期实现透支

C. 本期对账单发出　　D. 本期首次刷卡

19. 张先生持有一张信用额度为20,000元的招商银行信用卡,每月10日为账单日,28日为到期还款日,张先生于2018年7月30日购买日常用品,刷卡消费5,000元。如果张先生于2018年8月28日全额还款5,000元,则在9月10日的对账单中的循环利息为(　　)元。

A. 0　　B. 5　　C. 10　　D. 17.40

20. 王女士申请了银行信用卡,账单日为每月3日,到期还款日为每月25日。如果3月4日王女士刷卡消费1,000元,那么王女士在4月25日的最低还款额是(　　)元。

A. 100　　B. 200　　C. 300　　D. 1,000

**(二)多项选择题(下列每小题的备选答案中,有两个或两个以上符合题意的正确答案。请将你选定的答案字母填入题后的括号中。)**

1. 投资者选择货币市场基金时,需重点考察的指标包括(　　)。

A. 基金经理　　B. 规模大小

C. 收益率　　D. 申购赎回速度

E. 持券结构

2. 下列属于现金等价物的是(　　)。

A. 活期储蓄　　B. 各类银行存款

C. 货币市场基金　　D. 开放式基金

E. 封闭式基金

3. 凯恩斯提出的流动性偏好理论指出,人们持有现金的目的主要是满足(　　)。

A. 交易动机　　B. 投机动机

C. 投资动机　　D. 谨慎动机

E. 收益动机

4. 现金管理的原则包括(　　)。

A. 短期需求用现金来满足

B. 预期的现金支出通过储蓄、货币市场基金来满足

C. 不可预见的现金支出通过配置融资工具来解决

D. 未来的现金支出通过资本市场上的证券投资来解决

E. 短期需求用银行存款来满足

5. 有关现金管理的表述正确的是(　　)。

A. 现金管理是为了满足个人或家庭短期需求而进行的管理日常现金及现金等价物和短期投融资的活动

B. 现金管理中的现金等价物是指流动性比较强的活期储蓄、各类银行存款和货币市场基金等金融资产

C. 短期需求可用手头现金来满足,而预期的现金支出可以通过各种储蓄、货币市场基金来满足

D. 现金管理的目标是既能保持一定的流动性，又可获得一定的收益
E. 信用卡可以解决日常生活中不可预见的现金支出问题

6. 个人或家庭在现金规划中的交易动机说法错误的是（　　）。
A. 为了满足日常生活开支而持有现金或现金等价物
B. 为了防止意外所持有的货币量
C. 保证现金的安全性
D. 为了获得资产的收益而拥有的货币量
E. 为了获得投资机会而持有现金

7. 流动性比率是流动资产与每月支出的比值，反映客户支出能力的强弱。下列有关流动性比率的表述正确的是（　　）。
A. 对于每个家庭而言，流动性比率越高越好
B. 对工作稳定、收入有保障的家庭来说，可以保持较低的流动性比率
C. 对于工作不稳定、收入无保障的家庭而言，应保持较高的流动性比率
D. 通常情况下，流动性比率应保持在 3—6 倍左右

8. 个人或家庭为了应对可能发生的事故、失业、疾病等意外事件而需要提前预留一定数量的现金和现金等价物，这种动机称为（　　）。
A. 交易动机　　B. 投机动机
C. 预防动机　　D. 谨慎动机
E. 投资动机

9. 在购买货币市场基金时，参照的收益率指标包括（　　）。
A. 到期收益率　　B. 7 日年化收益率
C. 每万份基金单位收益　　D. 持有期收益率
E. 预期收益率

10. 下列关于货币市场基金的表述正确的是（　　）。
A. 免手续费　　B. 免认购费
C. 免申购费　　D. 赎回费较低
E. 免个人所得税

11. 货币市场基金的特点包括（　　）。
A. 本金安全　　B. 分红免税
C. 投资成本低　　D. 流动性强
E. 管理费较高

12. 下列对货币市场基金申购和认购的理解，不正确的是（　　）。
A. 申购是投资者在基金募集期按照要求购买基金的行为
B. 认购是指投资人在基金成立以后，按照基金的最新单位资产净值加上少量手续费购买基金的行为
C. 投资者如果选择认购货币市场基金可以避免申购基金的流动性问题
D. 从收益的角度看，选择申购一只成立有一段时间的货币市场基金是一个明智的选择
E. 投资者要尽量回避在法定节假日前一天申购货币市场基金

13. 下列属于货币市场基金投资工具的是(　　)。
A. 现金
B. 剩余期限在 365 天以内的债券
C. 6 个月期的银行大额存单
D. 9 个月期的央行票据
E. 可转换债券
14. 一般来说,下列(　　)是信用卡免息还款期的决定因素。
A. 客户刷卡消费日期
B. 信用卡办理日期
C. 银行对账单日期
D. 银行指定还款日期
E. 使用信用卡的时间长短
15. 下列属于信用卡功能的是(　　)。
A. 免息透支
B. 循环信用
C. 预借现金
D. 账户记录
E. 存钱获息
16. 下列有关使用信用卡的表述正确的是(　　)。
A. 超额透支不能享受免息还款待遇
B. 部分还款不能享受免息待遇
C. 信用卡提现不享受免息期待遇
D. 信用卡存钱有利息
E. 信用卡免年费
17. 下列有关信用卡免息透支的表述正确的是(　　)。
A. 信用卡可以透支一定的消费金额,享受一定的免息还款期
B. 持卡人根据自己的资金状况,可以在免息期内一次还款,也可以免息分期还款
C. 发卡银行规定的最低还款额,一般为累计未还消费款的 20%
D. 发卡银行对超信用额度用卡的行为收取超限费
E. 持卡人只要在到期还款日之前归还最低还款额,就可以享受免息期待遇
18. 下列关于循环信用的说法正确的是(　　)。
A. 按日计息的小额、无担保贷款
B. 当持卡人偿还的金额等于或高于当期账单的最低还款额,但低于本期应还金额时,剩余的延后还款的金额就是循环信用余额
C. 上期对账单的每笔消费金额为计息本金,自该笔账款记账日起至该笔账款还清日止为计息天数,日息万分之五
D. 如果持卡人选择使用了循环信用,还能在当期享受免息还款期的优惠
E. 持卡人如果碰到商品打折或是极佳的投资机会,在手头可用现金有限的情况下,可以考虑运用循环信用支付消费款项
19. 货币市场基金属于流动资产,张先生可以在(　　)申购或赎回货币市场基金。
A. 银行
B. 证券公司
C. 信托公司
D. 基金公司
E. 保险公司
20. 对月光族而言,下列理财方案合适的是(　　)。
A. 优先付给自己
B. 每月定投
C. 配置意外伤害险和医疗保险
D. 把每月结余全部用于炒股赚钱

E.买彩票期待中大奖

**(三)判断题(请将你的判断结果填入题后的括号中。你认为正确的,填"√";你认为错误的,填"×"。)**

1.“聚天下之人,不可以无财;理天下之财,不可以无义”说明信用与理财存在着密切的联系。 ( )

2.凯恩斯认为投机动机的货币需求是随利率的变动而相应变化的需求,它与利率呈负相关关系,利率上升,需求减少;反之,则投机动机货币需求增加。 ( )

3.流动性比率是流动资产与每月支出的比值,反映客户支出能力的强弱,该比率通常保持在2倍左右。 ( )

4.现金管理是指满足个人或家庭短期现金需求而进行的管理日常现金及现金等价物的活动。 ( )

5.现金管理的目标是既能够使所拥有的资产保持一定的流动性,又可获得一定的收益。 ( )

6.货币市场基金是一种功能类似于活期存款,而收益却高于银行存款的现金管理工具。 ( )

7.信用卡可以在信用额度内免息透支,准贷记卡和借记卡透支要支付利息。 ( )

8.信用卡是一种信用筹码,持卡人、商家双方受益;而对发卡银行而言,因为存在免息透支,所以并不受益。 ( )

9.一般而言,信用卡持卡人在免息期内偿还全部款项,无需支付非现金交易额的利息。否则,自银行记账日起按日利率万分之五计收利息至清偿日止。 ( )

10.中国工商银行信用卡每卡每日境内取现金额累计不超过人民币2,000元。 ( )

**■主观题**

1.如何理解集聚信用就是集聚财富?

2.如何理解“优先付给自己”的理财原理?

3.信用卡的优缺点有哪些?

4.如何理解信用卡是一种信用筹码,使得发卡银行、商家、持卡人三方都受益?

5.信用卡使用过程中需切记哪三个关键日期?为什么?

## 讨论题

□有一种观点认为“在进行投资时应注重考察合作者的品行,因为人品比能力更重要”,你怎么看?为什么?

□目前信用卡已经成为人们日常生活中一个常用的支付手段,在家庭理财中应如何用好信用卡?

## 案例分析

目前,人们的消费观念已从传统的现金交易消费转向信用消费。信用卡支付方便快捷,可用于应对突发事件对资金流动性的影响,解决临时资金短缺问题,并且能够获取资金的时间价值等优点而被广泛使用。小张是一名刚入学的大学一年级新生,他决定给自己办一张信用卡,一方面便于日常生活开支的安排,另一方面积累个人信用度,培养理财意识。可是也有同学认为,大学生是消费群体,没有收入来源,信用卡的额度有限,而且信用卡消费便捷很可能会让人盲目消费。所以,小张正在纠结要不要办理一张信用卡。

□**问题**

1.在校大学生是否需要办理信用卡?持有信用卡有哪些好处?又有哪些弊端?

2.如果你认为在校大学生需要办一张信用卡,应办理什么类型的信用卡?如何办理?

3.在使用信用卡时,需要注意什么问题?

□**考核点**

信用卡的功能、信用卡理财、信用卡优缺点。

## 推荐书目

□[美]克里斯托弗·布朗(Christopher Brown)著,《不平等,消费信用与储蓄之谜》,社会科学文献出版社,2016 年版。

该书搭建了家庭消费行为的制度性或“自上而下”的理论,对次级按揭贷款危机这类事件提供了非常必要的背景分析。该书展示了一个经济体是如何更深度地向依赖消费信用逐步演进,并分析了随之而来的风险。该书综合了凯恩斯消费理论和习惯选择的制度理论,结合近期金融创新,以非传统经济方法深度解读了消费信用在宏观经济层面的蕴意。

## 自我评价

| 学习成果 | 自我评价 |
| --- | --- |
| 我已经明白了投资就是投人品,信用决定投资回报,信用决定事业高度,信用决定财富积累,集聚信用就是集聚财富 | □很好　□较好　□一般　□较差　□很差 |
| 我已经知道了家庭流动性管理的重要性、明白了货币市场基金是理想的现金管理工具,对月光族而言,需要考虑“优先支付给自己” | □很好　□较好　□一般　□较差　□很差 |
| 我已经了解了信用卡的相关规定,学会了利用信用卡进行理财 | □很好　□较好　□一般　□较差　□很差 |

# 第7章　为无法预料做准备:保险理财



## 导入语

人生是一个漫长的旅途。“人生世上风波险,一日风波十二时”“天有不测之风云,人有旦夕之祸福”等等,都说明风险无处不在。随着社会的发展和科技的进步,现实生活中的风险因素也越来越多。无论企业或家庭,都需要进行风险管理,于是人们想出种种办法来应对风险。但无论采用何种方法,风险管理需遵循“以最小的成本获得最大的保障”的原则。如果损失发生前就能识别出风险,那么风险是可管理的,保险是以确定性的支出购买不确定的风险,尽管它不是风险管理的唯一工具,但却是重要的风险管理工具。

## 学习目标

通过学习本章,掌握风险、风险管理与保险的内涵;了解风险要素与风险管理方法;理解保险是一个重要的分析管理工具,保险在家庭理财中的功能,传统寿险和创新型寿险等寿险产品的风险保障与理财功能,健康险和意外伤害险等非寿险产品的风险保障与理财功能;熟悉影响家庭保险规划的因素;学会家庭保险理财规划的编制。

## 思维导图

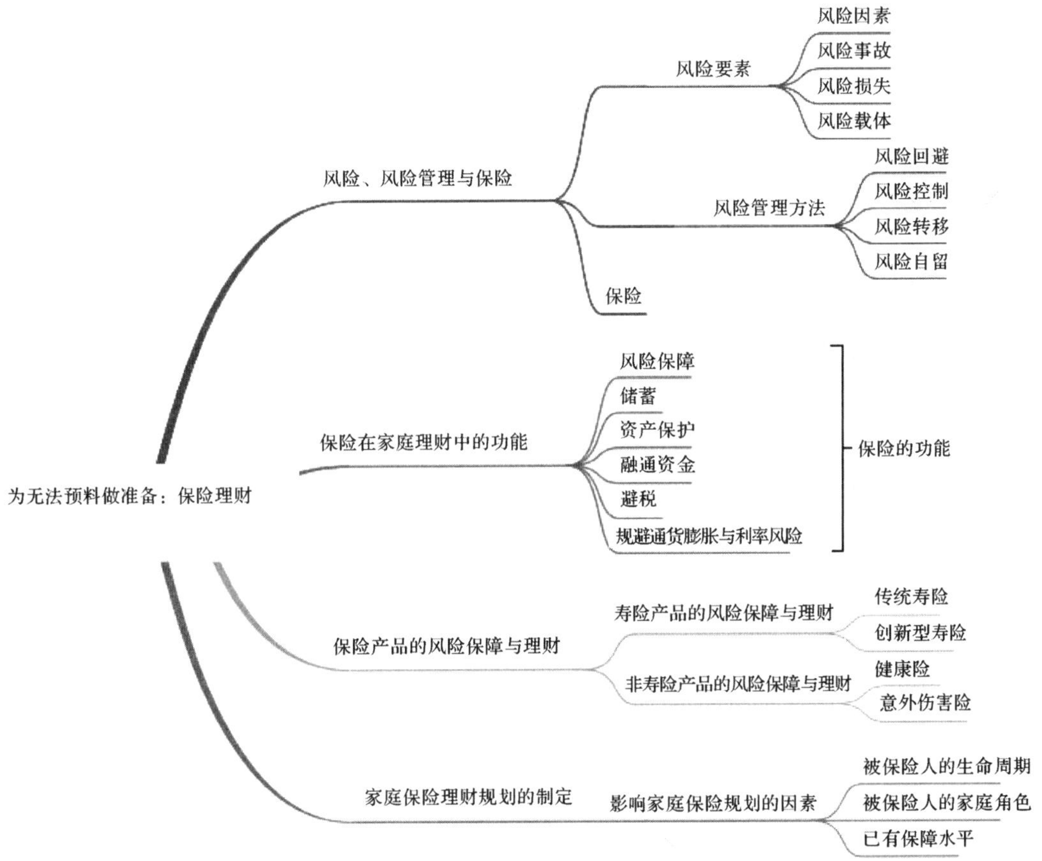


# 7.1　风险、风险管理与保险

视频:风险、风险管理与保险

## 7.1.1　风险

### 7.1.1.1　风险的概念

PPT课件

一般而言,风险与不确定性有关,若某一事件的发生存在着两种或两种以上的可能性,即可认为该事件存在风险。风险是指某种事件发生的不确定性。这种不确定性体现在风险事件发生与否的不确定、发生时间的不确定,以及导致损失结果的不确定。风险事件发生与否的不确定指事件可能发生,也可能不发生,事件的发生是非故意、非计划、非预期的。就个体风险而言,其发生是偶然的,是一种随机现象,具有不确定性。发生时间的不确定指事件什么时候发生不确定,虽然某些事件必然会发生，但何时发生却是不确定的。例如，在生命风险中，死亡是必然会发生的，这是人生的规律，但是具体到某一个人何时死亡，在其身体健康的时候是不可能确定的。损失结果的不确定是指事件发生之前，发生的事件、地点和损失程度等不确定。例如，沿海地区每年都会遭受台风袭击，但每一次的后果不同，人们对未来年份发生的台风是否会造成财产损失或人身伤亡，以及损失程度也无法准确预测。正是风险的这种总体上的必然性与个体上的偶然性的统一，构成了风险的不确定性。

#### 7.1.1.2 风险的构成要素

风险的构成要素包括风险因素、风险事故、风险损失和风险载体。

(1)风险因素

风险因素指那些会影响某一特定风险事故的发生，或发生的可能性、或损失程度的原因或条件。风险因素是导致风险事故发生的潜在原因，例如对于建筑物而言，风险因素是指其所使用的建筑材料的质量、建筑结构的稳定性等；对于人而言，则指健康状况和年龄等。根据风险因素的性质不同，分为有形风险因素和无形风险因素。

①有形风险因素。有形风险因素也称实质风险因素，是指某一标的本身所具有的足以引起风险事故发生或增加损失机会或加重损失程度的因素，如某一建筑物所处的地理位置、所使用的建筑材料的质量等。

②无形风险因素。无形风险因素是指与人的心理或行为有关的风险因素，包括道德风险因素和心理风险因素。其中，道德风险因素是指与人的品德修养有关的因素，即由于人的不诚实或图谋不轨动机，故意促使风险事故发生，以致引起财产损失和人身伤亡的因素。心理风险因素是与人的心理状态有关的因素，虽然没有主观上的故意行为，但由于疏忽、过失或漠视等原因，增加风险事故发生的机会或加大损失的严重性的因素。道德风险因素和心理风险因素均与人密切相关，也称为人为风险因素。

(2)风险事故

风险事故指造成人身伤害或财产损失的偶发事件，是导致损失的直接的或外在的原因。在事故发生之前，风险只是一种不确定的状态，风险事故的发生最终导致损失。例如，汽车刹车失灵酿成车祸而导致车毁人亡，其中刹车失灵是风险因素，车祸是风险事故。如果仅有刹车失灵而无车祸，就不会造成人员伤亡。

(3)风险损失

在风险管理范畴，损失的含义是指非故意的、非预期的、非计划的经济价值的减少，即经济损失，一般以丧失所有权、预期利益减少、支出费用和承担责任等形式表现，精神打击、政治迫害、折旧等行为的结果一般不能视为损失。

在保险实务中，常将损失分为直接损失和间接损失。由风险事故导致的财产本身损失和人身伤害称为直接损失；由直接损失引起的其他损失称为间接损失，包括额外费用损失、收入损失和责任损失等，有时候间接损失可能会超过直接损失。

(4)风险载体

风险载体是指风险的直接承受体，即风险事故直接指向的对象。通常可分为人身载体和财产载体。其中，人身载体是指人的身体、生命、健康、失业和赡养等方面发生风险损失时的承载主体。此外，在责任事故中，其所造成的经济损失由个人或组织承担民事赔偿责任；

而信用风险发生在权利人与义务人之间,其直接承受体是个人,包括自然人和法人。

由此可见,风险因素的存在,可能引发风险事故,最终导致损失,并由风险载体承受风险损失。对于某一特定事件,造成损失的直接原因是风险事故。

**即问即答**

因下冰雹,使得路滑发生车祸,造成人员伤亡。在这个风险事件中,风险因素、风险事故、风险损失和风险载体分别是什么?

即问即答

7.1.1.3　风险的特征

风险具有客观性、普遍性、可测性和发展性等特征。风险是不以人的意志为转移的客观存在,风险无处不在、无时不有,但人们可以利用一定的手段测出风险发生的概率和造成的损失率,将个体的不确定性转化为整体的确定性。

(1)客观性

风险不以人的意志为转移,是独立于人的意识之外的客观存在。例如,自然界的地震、台风、洪水,社会领域的战争、瘟疫、冲突、意外事故等,都是不以人的意志为转移的客观存在。因此,人们只能在一定的时间和空间内改变风险存在和发生的条件,降低风险发生的频率和损失程度,但风险是不可能彻底被消除的。正是风险的客观存在,决定了保险活动或保险制度存在的必要性。

(2)普遍性

人类的历史就是与各种风险相伴的历史。在当今社会,风险渗入社会、企业、个人生活的方方面面,个人面临着生、老、病、死、意外伤害等风险;企业面临着自然风险、市场风险、技术风险、政治风险等;甚至国家和政府机关也面临着各种风险。正是由于这些普遍存在的对人类社会生产和生活构成威胁的风险,才有了保险存在的必要和发展的可能。

(3)可测性

个别风险的发生是偶然的、不可预知的,但通过对大量风险事故的观察发现,风险往往呈现出明显的规律性。运用统计方法去处理大量相互独立的偶发风险事故,可比较准确地反映风险的规律性。根据以往大量资料,利用概率论和数理统计的方法可测算风险事故发生的概率及其损失程度,并且可构造出损失分布的模型,成为风险估测的基础。例如,在人寿保险中,根据精算原理,利用对各年龄段人群的长期观察得到的大量死亡记录,就可以测算各个年龄段人的死亡率,进而根据死亡率计算人寿保险的保险费率。

(4)发展性

随着人类社会的不断进步、科学技术的快速发展,人们认识自然、改造自然、征服自然的能力也在不断提高,抵抗各种风险的能力也在不断增强。但新的风险会伴随着高科技的进步而出现,且风险的破坏性较之前更大,导致的损失更具有毁灭性和灾难性。比如,一台计算机病毒的传播就有可能导致全球性的网络瘫痪;生化武器、核武器等大规模杀伤性武器的扩散给人类带来了生存危机;等等。

7.1.1.4　风险分类

在现代社会经济生活中,人类会面临各种各样的风险。下面将从不同的维度对风险进行分类。

(1)按照风险产生的原因分类

①自然风险。自然风险是指由于自然现象、物理现象和其他物质现象的不规则变化给人类的经济生活、物质生产和生命安全等带来损失的风险。例如,地震、泥石流、水灾、旱灾、风灾,以及各种瘟疫等都属于自然风险。自然风险的成因不可控,但有一定的规律和周期,发生后的影响范围较广、损失程度高。在各类风险中,自然风险是保险人承保最多的风险。

②社会风险。社会风险是指个人或团体的行为给社会生产及人们生活造成损失或人身造成伤害的风险。这里的行为包括过失行为、故意行为和不当行为。比如玩忽职守等过失行为;盗窃、抢劫、恶意毁坏等故意行为;仿冒产品、虚假宣传等不当行为。一般来说,社会风险具有影响范围小、损失程度低的特点。

③政治风险。政治风险又称国家风险,是指在对外贸易或对外投资过程中,因政治原因而使债权人遭受损失的风险。例如,因商品进口国发生内乱、战争而终止商品进口,或因进口国实施进口限制或外汇管制等,对输入货物加以限制或禁止输入,使出口国遭受出口商品无法销售而造成损失的风险。一般来说,政治风险具有影响范围较广、损失程度较高的特点。

④经济风险。经济风险是指在生产或销售等经营活动中,由于受到市场供求及各种与经营活动有关因素的影响,导致经济上遭受损失的可能性。例如,对市场判断失误,或市场本身发生了意外的变化;或经营管理不善,企业生产的产品销路不畅,导致企业经济效益减少,甚至破产。经济风险具有影响范围较小、损失程度较小的特点。

⑤技术风险。技术风险是指科学技术发展、生产方式的改变而产生的威胁人们生产与生活的风险。比如,核辐射、酸雨、噪音、工厂污染物排放、汽车尾气排放等风险。

(2)按照风险的性质分类

①纯粹风险。纯粹风险是指只有损失机会没有获利可能的风险,即风险发生的结果会产生损失或有惊无险。例如,车祸、火灾、水灾、疾病、死亡等都是纯粹风险。纯粹风险造成的损失是绝对的,是一个社会的净损失。

②投机风险。投机风险是指既有损失机会,又有获利可能的风险。投机风险的后果一般有盈利、损失、持平三种,例如,炒股、炒汇等投资行为和赌博等。

通常可保风险都是纯粹风险,投机风险是不可保的。

(3)按照产生风险的行为分类

①基本风险。基本风险是指风险的起源与影响方面都不与特定的人有关,即非个人行为引起的、全社会普遍存在的、对整个团体乃至整个社会产生影响的风险。比如,地震、洪水、海啸、经济衰退等均属此类风险。

②特定风险。特定风险是指与特定的人有因果关系的风险,即指个人行为引起的风险。它只与特定的个人或部门相关,而不影响整个团体和社会。如火灾、爆炸、盗窃,以及对他人财产损失或人身伤害所负的法律责任等均属此类风险。特定风险一般能为人们所控制和防范。

(4)按照风险标的分类

①财产风险。财产风险是指一切导致有形财产的毁损、灭失或贬值的风险,以及经济或金钱上损失的风险。比如,厂房、机器设备、原材料、成品、家具等会遭受火灾、地震、爆炸等

风险;又如,船舶在航行中可能遭受沉没、碰撞、搁浅等风险。财产损失通常包括财产的直接损失和间接损失两个部分。

②人身风险。人身风险是指导致人的伤残、死亡、丧失劳动能力,以及增加医疗费用支出的风险。比如,人会因生、老、病、死等生理规律或因自然、政治、军事、社会等原因而早逝、伤残、丧失工作能力或年老无依靠等。人身风险所致的损失一般有两种:一种是收入能力损失;一种是额外费用损失。

③责任风险。责任风险是指由于个人或团体的疏忽或过失行为,造成他人财产损失或人身伤亡,依照法律、契约或道义应承担的民事责任的风险。在日常生活中所说的"责任"包括刑事责任、民事责任和行政责任,但保险人所承保的责任风险仅限于民事损害赔偿责任。比如,由于产品设计或制造上的缺陷所致消费者的财产损失或人身伤害,产品的设计者、制造者、销售者依法要承担经济赔偿责任;又如,合同一方违约使另一方遭受损失,违约一方依合同需要承担经济赔偿责任。

④信用风险。信用风险是指在经济交往中,权利人与义务人之间由于一方违约或违法致使对方遭受经济损失的风险。比如,在进出口贸易中,出口方(或进口方)会因对方不履约而遭受经济损失。

## 7.1.2　风险管理

### 7.1.2.1　风险管理

风险管理是一个管理过程,包括对风险的识别、预测、评估和应对风险的策略,目的是将可避免的风险、成本及损失极小化。理想的风险管理是事先排定次序,优先处理引发最大损失及发生概率最大的事件,然后再处理风险相对较低的事件,希望以最少的资源化解最大的危机。

(1)风险识别

风险管理首先要做的是识别风险。只有在全面了解各种风险的基础上,才能够预测风险可能造成的损害,从而选择处理风险的有效手段。风险的重要特征是它的不确定性和潜在性,不容易被人们觉察到。因此,需要按照科学的方法识别和区分风险,这些科学的方法包括问卷调查、财务报表分析、相关数据和文件审查、企业内外专家咨询等。

(2)风险预测

风险预测就是估算、衡量风险,运用科学的方法预测风险发生的频率和发生损失的概率、损失的程度,为选择适当的风险处理方法提供依据。风险预测一般包括两个方面:一是预测风险发生的概率,通过资料积累和观察,发现造成损失的规律性;二是预测风险的强度,即风险一旦发生,导致的直接损失和间接损失。

(3)风险评估

风险评估是判断风险一旦发生对生产或生活会产生多大的影响,有的风险可能会导致企业破产、家破人亡;有的风险发生的可能很小,带来的损失也不大,企业可以自我消化,家庭也可以自我应对。所以要对风险进行评估,根据风险发生的频率、概率和损失的程度对生产、生活的影响,来考虑应采取什么样的方法来处理风险。风险评估具体是运用各种概率和数理统计方法，计算风险发生的频率并估计其损害程度，不仅包括直接损害程度、为防范和处理风险而消耗的人力和物力，还包括间接损失，其目的是针对不同程度损失的风险采取不同的对策。

(4)风险处置

为了有效地控制和降低风险，必须针对不同的风险采取不同的手段或措施。风险处置有风险回避、损失控制、风险自留和风险转移等四种基本方法。

①风险回避。风险回避是指考虑到风险存在和发生的可能性，主动放弃或拒绝实施可能导致风险损失的方案。比如，害怕飞机坠落会带来伤亡，所以不乘坐飞机而改坐高铁或火车。风险回避是一种消极躲避风险的行为，如果风险回避可能会带来另外的风险，则一般不采用。比如，长途出差因害怕飞机坠落而改乘大巴，虽然避免了航空事故，但是却面临着高速公路事故的风险。风险回避具有简单易行、全面彻底的优点，能将风险的概率降低到零，但是在回避风险的同时，也放弃了获得收益的机会。

②损失控制。损失控制是指通过制订计划、采取措施降低损失的可能性，或者是减少实际损失。损失控制包括事前、事中和事后三个阶段。事故发生前的损失控制也称风险抑制，采取措施消除或者减少风险发生的因素，把还没有发生的风险抑制住，降低风险发生的概率。比如，在高楼里安装智能灭火系统，一旦有烟雾出现，智能灭火系统会自动喷淋，把火苗浇灭；又如，为了防止水灾导致仓库进水，采取设置防洪门、加高防洪堤等措施。事故已经发生和事故发生后的控制主要是为了减少实际发生的损失。比如，房屋内每一楼层配置若干灭火器等消防器材，一旦发生火灾，可以尽快用消防器材灭火，以降低火灾造成的损失。

③风险自留。风险自留是指经济主体自身承担风险带来的损失。这种风险处置适用于损失发生的概率不高，发生以后造成损失程度也不大的风险。风险自留包括无计划自留、有计划自我保险两类。无计划自留指风险损失发生后，从收入中支付，即不是在损失前做出资金安排。当经济主体没有意识到风险，并认为损失不会发生时，或将意识到的与风险有关的最大可能损失显著低估时，就可以采用无计划自留方式承担风险。一般来说，无计划自留应当谨慎使用，因为如果实际总损失远远大于预计损失，将引起资金周转困难。有计划自我保险指在可能的损失发生前，针对发生的概率和强度建立意外损失准备基金，以确保损失出现后能及时获得资金，予以补偿损失。

④风险转移。风险转移是指在危险发生前，通过采取出售、转让、保险等方法，将风险转移出去。即通过保险或非保险的方式将风险转嫁给他人或单位，使得同一风险由多个相关个体来承担的一种风险处理方式。风险转移的主要形式包括非保险转移和保险转移两种。非保险转移是指通过签署经济合同，将一个或多个风险转移给其他参与者。比如，租赁、互助保证、贷款担保等。保险转移是指通过订立保险合同，将风险转移给保险公司，从而实现风险分散。保险作为风险转移的有效手段，被广泛应用于日常生活的各个领域。

**即问即答**

在台风来袭前，各地区会采取必要的预警和防台措施，这种做法属于哪一种风险处置手段？

即问即答

#### 7.1.2.2　风险与保险的关系

风险存在于人类生产和生活的方方面面，给人们的生产、生活带来了威胁，人们自然产生对风险进行管理的要求，以减少其发生的频率和损失。为了规避风险损失，人们采取了各种方法来管理风险，比如，金融市场上的远期合约、期货、期权、互换等金融衍生工具就具有避险功能。

保险是应用范围更加广泛的一种重要的风险管理手段，主要针对于规避和抵御纯粹风险。风险与保险具有非常密切的关系，主要表现为：

①风险是保险产生和存在的前提。无风险，则无保险。风险是客观存在的，无处不在，无处不有，时时处处威胁着人的生命和财产安全，是不以人的意志为转移的。风险的发生直接影响社会生产和家庭的正常生活，因而产生了人们对损失进行补偿的要求。保险是一种被社会普遍接受的经济补偿方式，因此，风险是保险产生和存在的前提，风险的存在是保险关系确立的基础。

②风险的发展是保险发展的客观条件。社会进步、生产发展和现代科学技术的应用，在人类社会克服原有风险的同时，也带来了新的风险。新的风险对保险提出了新的要求，从而促使保险业不断设计新的险种、开发新的保险产品，最终使保险获得持续发展。从保险的现状和发展趋势看，作为高风险系统的核电站、石油化学工业、航空航天事业、交通运输业的风险，都可以纳入保险的责任范围。

③保险是风险管理的有效措施。人们面临的各种风险损失，一部分可以通过风险控制的方法消除或降低，但是不可能全部消除。面对各种风险造成的损失，单靠自身力量解决，就需要提前留存与自身财产价值等量的后备基金。这样不仅造成资金浪费，还增加机会成本，又难以解决巨额损失的补偿问题。保险作为风险转移的重要方法之一，长期以来被人们视为传统的管理风险手段。通过保险，把不能自行承担的集中风险转嫁给保险人，以小额的固定保费支出换取对未来不确定的巨额损失的经济保障，从而减轻或消化风险损失后果，使保险成为管理风险的有效措施。

④保险经营效益受风险管理技术的制约。保险经营属于商业行为，其经营效益的好坏受到多种风险因素的制约，需要风险管理技术来控制保险经营过程中的风险。因此，风险管理技术作为重要的因素，对保险经营效益产生较大的影响。如对风险的识别是否全面，对风险损失的频率和造成损失的程度估计是否准确，哪些风险可以接受承保，哪些风险不可以承保，保险的责任范围有多大，程度如何，保险成本与效益的比较等，都制约着保险的经营效益。

### 7.1.3　保险

#### 7.1.3.1　保险的定义

保险是指投保人依据合同的约定，向保险人支付保险费用，保险人针对合同约定的事故因其发生所造成的财产损失承担赔偿保险金责任，或当被保险人身亡、伤残、疾病或达到合同约定的年龄、期限等条件时，承担给付保险金责任的商业保险行为。简单而言，保险是人们为了避开将来可能发生的风险所造成的损失，缓解风险发生时所带来的损失压力，而提前选购的一种合同契约。其作用主要在于，当人们遇到比较大的风险时，能通过保险较大程度地减少损失。因此，保险也称为运用确定性的支出购买了未来不确定的风险。

从经济角度看，保险是人们为了保障生产、生活的顺利进行，将具有同类风险保障需求的个体集中起来，通过合理的计算，建立起风险准备金的经济补偿制度或给付安排。从法律角度看，保险是当事人双方通过订立保险合同的方式，规定双方的权利和义务，并依此建立起来的风险保障机制。从社会角度看，保险是社会经济保障制度的重要组成部分，是社会生产和社会生活的稳定器。从风险管理角度看，保险是一种风险管理的手段与方法。

#### 7.1.3.2 保险要素

(1)风险存在是保险成立的前提

保险与风险同在，无风险则无保险。特定的风险事故是保险成立的前提，是首要要素。人类社会可能遭遇的风险很多，众多风险事件具有以下特点：

第一，风险事件发生与否不确定。即风险事件可能发生，也可能不发生，两种可能同时存在，缺一不可。如果约定的某一风险事件根本不可能发生，则不会有人愿意花钱去买这种毫无意义的保险；反之，如果能确定某一风险事件一定会发生，承保则意味着必然赔偿，无法集合风险，分散损失，则不会有保险公司愿意承担这种确定性的责任。

第二，风险事件何时发生不确定。即一些风险事件虽然可以判断会发生，但究竟何时发生，难以预料。例如，人的生老病死，这是自然规律，但人何时生病、何时死亡，谁都无法预知。所以，人的死亡、伤残和疾病均属可保风险。发生时间不可预知的事件，是将来有可能发生的事件。

第三，风险事件发生的结果不确定。即风险事件的发生是意外的，排除当事人的故意行为及保险标的的必然现象。风险事件的发生若系当事人或其利害关系人的故意行为所致，如谋杀被保险人，或被保险人的自杀、纵火等，或保险标的的自然灭失、消耗等，都不属于风险事件。由于风险事件是“将来的事件”，不仅发生与否无法预料，而且一旦发生将造成多大的损失也难以预知。比如，房屋等财产都有遭受火灾等损坏的可能，但这种潜在性的灾害发生将造成多大的损失，在事发前任何人都无法准确知道。

(2)众人协力是保险成立的基础

保险是建立在“我为人人，人人为我”这一社会互助基础之上的，其基本原理是集合风险、分散损失。这就要求参加保险者不只是几个人、几个单位，也不只是社会上的少部分人或少部分单位，而是要动员全社会的力量，使众多人参与。只有众多的社会成员参与保险，其所缴纳的保险费才能积聚成为巨额的保险基金，从而应对少数人的风险损失，确保获得足额且及时的补偿。众人协力强调在经济上的互助共济关系。这种经济上的互助共济关系，分为两种：一是直接关系，二是间接关系。投保人之间的众人协力所体现的是一种直接的互助共济关系，因为保险中的投保人面临同一风险，每一投保人就是被保险者。另一方面，保险所体现的又是一种间接的互助共济关系，组成这种互助关系的保险合同是投保人分别与保险公司建立的合同关系，投保人在投保时，其投保行为即形成了互助共济关系。只要投保人投保，与保险公司签订了保险合同，就处于这种互助共济关系中，并受到保险的保障。

(3)损失赔付是保险成立的功能

风险是客观存在的，保险的功能并非消灭风险。从严格意义上说，保险本身也不可能消灭风险。虽然，在实际生活中，人们往往习惯将投保行为称为“买保险”，将投保人缴纳保险费,与保险人确立保险合同关系称为“付出一笔代价买进一个安全”,但是投保人向保险公司缴了保险费,并非真正买到了一个安全;签订了保险合同,也不意味着保险公司就能保证被保险人不出事故。事实上,投保人购买保险,他所买到的只是一个机会,即将来发生风险事故时可能获得补偿的机会,而不是真正意义上的安全。由此可见,保险的直接功能就是补偿被保险人因意外所受的经济损失,如果投保人在投保后仅仅买到一个观念上的安全,风险事故发生时得不到相应的补偿,是不会有人愿意购买保险的。

**即问即答**

丘吉尔说过:“如果我办得到,我一定把保险这两个字写在家家户户的门上,因为我深信,通过保险,每一个家庭只要付出微不足道的代价,就可以免除遭受永劫不复的灾难。”如何理解这段话的含义?

即问即答

#### 7.1.3.3　可保风险

保险是人们管理风险的一种方式,它能为人们在遭受损失时提供经济补偿,但并不是所有的风险保险人都可以承保。可保风险是指符合保险人承保条件的特定风险,即可以被保险人接受的风险,或可以向保险人转移的风险。一般来讲,作为可保风险,应具备以下条件:

①必须是纯粹风险。纯粹风险是指只有损失机会,而无获利可能的风险。这种风险可能造成的结果只有两种:一是没有损失;二是造成损失。例如,自然灾害,人的生老病死等。纯粹风险的一大特征表现为个人受损时,社会也受损,因此,可允许众人参与投保,以发挥保险的风险分散作用,将个人的风险损失转化成由多人分担。

②风险损失程度较高。如果风险事件的潜在损失不大,一旦发生,遭受的损失完全在人们的承受限度以内,不会带来过大的经济困难和不便,应对这类风险可以采取风险自留的方式,无需通过保险来分散风险。但是,对于那些潜在损失程度较高的风险事件,比如火灾、盗窃等,一旦发生,就会给人们造成极大的经济困难。对于此类风险事件,保险便成为一种有效的风险管理手段。

③风险损失发生的概率较小。保险的目的是以大多数人支付的小额保费,赔付少数人遭遇的大额损失。这就要求风险损失的发生具有分散性,即损失发生的概率较小。如果风险损失发生的概率大,意味着保费会较高,加上附加保费,总保费支出与潜在损失将相差无几。比如,某地区自行车失窃率较高,有 40%的新车会被盗,即每辆新车有 40%的被盗概率,按照风险损失概率计算的保费就会比较高。对保险公司而言,如果大多数的保险标的同时遭受损失,保险人通过向被保险人收取保险费所建立起的保险资金根本无法抵消损失,从而影响保险公司的经营稳定性;对投保人而言,高额的保费支出也会使其无法承受,而保险也失去了转移风险的意义。

④存在大量具有同质风险的保险标的。保险的职能在于转移风险、分摊损失和提供经济补偿。所以,任何一个保险险种,必然要求存在大量同质风险的保险标的。根据概率论和大数法则,集合的风险标的越多,风险就越分散,损失发生的概率也就越有规律性和相对稳定性,依此厘定的保险费率也才更准确合理,收取保险费的金额也就越接近于实际损失额和

赔付额。如果只有少量保险标的，就无所谓集合和分散，损失发生的概率也难以测定，大数法则更不能有效地发挥作用。同质风险是指风险单位在种类、品质、性能和价值等方面大体相近。如果风险为不同质风险，则发生损失的概率不相同，风险也就无法进行统一的集合与分散，此外，不同质风险，损失发生的频率和幅度有差异，若进行统一的集合与分散，则会导致保险财务的不稳定。

⑤风险损失是可以预测的。在保险经营中，保险人必须制定出准确的保险费率，而保险费率的计算依据是风险发生的概率及其所致保险标的损失的概率。这就要求风险损失具有可测性，即损失发生的原因、时间、地点等都可被估计，以及损失金额可以测算。因为在保险合同中，对保险责任、保险期限等都作了明确规定，只有在保险期限内发生的、保险责任范围内的损失，保险人才负责赔偿，且赔偿额以实际损失金额为限，所以，损失的确定性和可预测性尤为重要。

⑥风险损失的发生必须是意外的。所谓“意外”是指风险的发生超出了投保人的控制范围，且与投保人的任何行为无关。如果由于投保人的故意行为而造成的损失也能获得赔偿，将会引起道德风险因素的大量增加，有悖保险的初衷。此外，要求损失发生具有偶然性，也是“大数法则”得以应用的前提。

**即问即答**

随着新型冠状病毒感染疫情的快速传播，对人们的生产、生活带来了巨大的冲击，为了应对新冠肺炎疫情的影响，一些保险公司专门针对新型冠状病毒感染疫情设置了险种，比如华泰抗疫保、新冠隔离津贴险、平安大守护意外险等。请你结合可保风险的条件对此进行分析。

即问即答

### 7.1.3.4 保险的分类

国际上对保险的分类没有固定的原则和统一的标准，各国通常根据各自需要采取不同的划分方法。比较常见的保险分类是根据保险的性质、保险的标的和保险的实施方式进行分类。

(1)按照保险的性质分类

①社会保险。社会保险是国家通过立法建立的一种社会保障制度，劳动者因为年老、患病、生育、伤残、失业和死亡等原因而丧失劳动能力、暂时失去劳动岗位，不能获得劳动报酬，本人和供养的家属失去生活来源时，由社会为其提供收入或补偿。社会保险的保障范围由社会保险法规定，具有强制性、低水平、广覆盖等特点。社会保险的主要险种包括养老保险、医疗保险、失业保险、工伤保险和生育保险等。

②商业保险。商业保险是指通过订立保险合同运营，以营利为目的的保险形式，由专门的保险企业经营。商业保险关系是由当事人自愿缔结的合同关系，投保人根据合同约定，向保险公司支付保险费，保险公司根据合同约定的可能发生的事故因其发生所造成的财产损失承担赔偿保险金责任，或者当被保险人死亡、伤残、疾病或达到约定的年龄、期限时承担给付保险金责任。

③政策保险。政策保险是政府以实施或促进某些政策为目标,运用商业保险原理设置的保险。政策性保险一般由国家投资设立的保险公司经营,或由国家委托商业保险公司经营。这类保险所承担的保险项目一般经营风险较高,若经营发生亏损,将由国家政策给予补偿。政策性保险包括社会政策保险和经济政策保险两大类型。社会政策保险是国家为了稳定社会秩序,贯彻社会公平的原则而开办的,具有一定的政治意义。经济政策保险是国家从宏观经济利益出发,对某些关系国计民生的行业实施保护政策而开办的保险,它包括出口信用保险、农业保险、存款保险等。政策性保险一般具有非营利性、政府提供补贴与免税和立法保护等特征。

(2)按照保险标的分类

①财产保险。财产保险是指以财产及其有关的利益为保险标的,保险人对因保险事故的发生导致的财产损失给予补偿的一种保险。财产保险主要包括火灾保险、海上保险、货物运输保险、工程保险、航空保险、汽车保险、家庭财产保险和盗窃保险等。

②人身保险。人身保险是以人的寿命或身体作为保险标的,在被保险人的生命或身体发生保险事故或保险期满时,依照保险合同的规定,由保险人向被保险人或受益人给付保险金的一种保险形式。传统人身保险的产品种类较多,按照保障范围可以划分为人寿保险、年金保险、人身意外伤害保险和健康保险。人寿保险是以被保险人的生命为保险标的,以被保险人的生存或死亡为保险事故,当保险事故发生时,保险人履行给付保险金责任的一种人身保险。人寿保险包括定期寿险、终身寿险、两全保险等。年金保险因其在保险金的给付上采用定期定额支付的形式而得名,指在被保险人生存期间,保险人按照合同约定的金额、方式,在约定的时间内定期向被保险人给付保险金的一种保险。养老年金保险可以为被保险人提供养老生活所需的资金,教育年金保险可以为子女教育提供必要的经费支持。人身意外伤害保险是以被保险人因遭受意外事故造成死亡或伤残为保险事故的人身保险。只需支付少量保费就可获得高保障,投保简便,无需体检,承保人次较多,比如,旅行意外伤害保险、航空意外伤害保险等。健康保险是以被保险人的身体为保险标的,保证被保险人在疾病或意外事故所致伤害时的费用或损失获得补偿的一种人身保险,包括重大疾病保险、住院医疗保险、手术保险、意外伤害医疗保险、失能收入损失保险、护理保险等。随着社会的进步与发展,人们生活需求的不断变化,风险也在不断变化。因此,人身保险产品的种类也在不断地发展变化。

③责任保险。责任保险是以被保险人的民事损害赔偿责任为保险标的的险种。凡根据法律被保险人应对其他人的损害所负经济赔偿责任,均由保险人承担,一般附加在损害赔偿保险中,比如船舶保险的碰撞责任等。企业、团体、家庭和个人在生产活动或日常生活中,由于疏忽、过失等行为对他人造成人身伤亡或财产损失,而依法应承担的经济赔偿责任,可以通过投保责任保险转移给保险人。责任保险主要包括:公众责任保险,承保被保险人对他人造成人身伤害或财产损失应负的法律赔偿责任;雇主责任保险,承保雇主根据法律或雇佣合同对受雇人员的人身伤亡应负的经济赔偿责任;产品责任保险,承保被保险人因制造或销售的产品质量缺陷导致消费者或使用者遭受人身伤亡或其他损失所引起的赔偿责任;职业责任保险,承保医生、律师、会计师、工程师等职业者因工作中的过失造成的人身伤亡或其他损失所引起的赔偿责任;保障与赔偿保险,承保船主在经营中按照法律或合同规定对他人应负

的损害赔偿责任。

④信用保险。信用保险是以第三者对被保险人履约责任为标的的险种，指保险人对债权人在信用借贷或商业赊销中因债务人不如期履行债务，而使债权人遭受损失，予以经济补偿的一种保险，它的投保人是权利人，被保险人是义务人。信用保险主要包括一般商业信用保险、投资保险和出口信用保险等。

(3)按照保险的实施方式分类

①强制保险。强制保险也称为法定保险，是由国家（政府）通过法律或行政手段强制实施的一种保险。强制保险的保险关系虽然产生于投保人与保险人之间的合同行为，但合同的订立受国家或政府的法律法规的制约。强制保险的实施方式有两种选择：一是保险标的与保险人均由法律限定；二是保险标的由法律限定，但投保人可以自由选择保险人，比如机动车交通事故责任强制保险。

②自愿保险。自愿保险也称为合同保险，是投保人和保险人在自愿的原则下，平等的基础上，通过签订保险合同而建立的保险关系。自愿保险的保险关系是当事人之间自由决定、彼此合意后所建立的合同关系。投保人可以自由决定是否投保、向谁投保、中途退保等，也可以自由选择保险金额、保障范围、保障程度和保险期限等；保险人也可以根据情况自愿决定是否承保、如何承保等。

**即问即答**

王医生是一名外科医生，他需要配置责任保险吗？

即问即答

## 7.2 保险在家庭理财中的功能

### 7.2.1 家庭风险分析

视频：保险在家庭理财中的功能

PPT 课件

家庭是社会的基本单位，是人类赖以生存的最主要的、最普遍的社会组织，也是人们精神慰藉的家园。“天有不测风云，人有旦夕祸福”，现代家庭面临着各种各样的风险，识别这些风险是进行家庭风险管理的基础。对家庭风险的识别可通过对家庭结构、收入支出、医疗记录等进行系统分析，认清存在的各种风险因素，进而确定其所面临的主要风险。一般来说，现代家庭面临的主要风险包括人身风险、财产风险和责任风险。

#### 7.2.1.1 人身风险

人身风险是指在日常生活和经济活动中，人的生命或身体会遭受各种损害，导致个人、家庭收入减少或利益受损，或使客户产生精神压力和悲痛等风险，包括死亡风险、健康风险等。

(1)死亡风险

死亡风险是指死亡发生在自然的、预期的生命结束阶段之前的情形。虽然对个人而言，死亡最终一定会发生,但究竟何时发生却是未知的。如果死亡风险过早地降临在一个家庭,尤其是家庭主要经济收入提供者身上,那么对这个家庭的影响将是灾难性的。这不仅使家庭中的成员将遭受失去亲人的巨大感情创伤,同时陷入家庭主要收入来源枯竭、家人生活无以为继的状况。特别是上有老、下有小,同时还背负着巨额房贷、车贷的家庭,一旦家庭经济支柱不幸早逝,则面临孩子如何抚养成人,如何接受良好的教育,父母如何安享晚年,房贷如何偿还等问题,英年早逝是人生和家庭财务最大的风险。

(2)健康风险

健康风险是指因为疾病或者意外事故导致身体状况变差,失去工作能力造成经济损失。随着医疗科学技术的进步,带来的不仅是病程的加长,还有医疗费用的快速上涨。在现代社会,健康风险越来越大。健康风险对家庭产生的经济影响主要表现在医疗费用增加和收入损失两个方面。医疗费用增加指恢复健康需要支付的住院费、手术费、医药费、护理费等费用,如果病重卧床在家,需要照顾,还会产生额外的费用。收入损失指康复期间不能参加工作造成收入减少的潜在损失。另外,如果在长期残疾的情况下,也会存在大量的收入损失,并且产生医疗费用,导致储蓄耗尽。

#### 7.2.1.2　财产风险

家庭财产风险是指因发生自然灾害、意外事故而使家庭财产遭受损失、灭失或贬值的风险。例如,家庭财产被盗窃的风险、家庭汽车碰撞的风险等。因此,只要家庭拥有财产,都存在着财产风险,家庭拥有的财产越多,价值越大,意味着潜在的风险越大。财产损失的风险可以由自然灾害引起,如火灾、暴雨等,也可能是人为因素造成的,如盗窃、破坏等。从理财角度看,需要对财产损失风险比较大的资产事先做好风险管理。

#### 7.2.1.3　责任风险

责任风险是指因个人或团体的疏忽、过失行为,造成他人的财产损失或人身伤亡,依法律或合同应承担赔偿责任的风险。根据我国相关法律的规定,公民由于自己的过错行为而造成了他人伤亡或财产损失,有过错的一方必须承担法律上的损害赔偿责任。因此,只要是个人和家庭拥有财产,在占有或使用过程中因主观上有过错,而造成他人财产损失或人身损害,都要承担损害赔偿责任。所以,从这个角度而言,责任风险既与家庭所拥有和控制的财产有关,也和家庭成员所从事的活动有关,此风险往往来源于房产、车辆、劳动关系或种种个人活动,即由于房屋装修、室内财物、机动车辆和家人行为而产生的。例如,家里养的宠物狗在外面玩耍时,邻居家的小孩来逗它,结果被狗咬伤了手指头,那么宠物狗的主人就应该承担赔偿责任。

在现代社会中,随着法律体系的逐步完善,个人的权利也会得到更加清晰的界定和保护,在法律体系成为个人权利保护屏障的同时,个人的侵权责任也会相应增加。目前,我国保险市场上的家庭责任保险主要有:

①家庭第三者责任险。主要承担住宅内因为静物导致的第三者责任损失。被保险人居所附属的安装物、搁置物、悬挂物因自然灾害或者意外事故造成倒塌、脱落、坠落,致使第三者人身伤害或财产损失,被保险人在法律上应承担经济赔偿责任的,由保险公司按照协议给予赔偿。

②家养宠物责任险。投保此种保险之后，若因为家养宠物造成他人受伤或他人财物损毁，并因此事件需负法律责任的费用将可获赔偿。当然，这里的他人不包括被保险人及其家庭成员、家庭雇员、暂居人员，对于宠物造成其他动物的伤害也不在保险范围内。

**即问即答**

即问即答

李先生住在郊区，喜欢养宠物，他家养了一只藏獒，需要每天在小区遛狗，每周给藏獒洗澡。李先生具有较强的保险意识，购买了家养宠物责任险。有一天，藏獒突然性情暴躁，把他家的小孩给咬了，小孩在医院治疗花费了3万元医药费，请问保险公司承担该医药费的赔偿吗？

### 7.2.2 保险在理财中的功能

保险具有分散风险、补偿损失等基本功能，以及由此派生出防灾防损、投资理财等功能。就家庭理财角度而言，保险具有以下几个方面的功能。

(1)风险保障

从本质上讲，保险是一种分散风险的机制。这种机制是基于风险的偶然性和必然性的对立统一。对一个组织或个人来说，风险是偶然的和不确定的；但对整个社会来说，风险却是必然的和不可避免的。保险公司通过聚集可能遭受相同风险的被保险人，利用收取保险费设立保险基金，来分担少数被保险人的损失，从而达到分散风险的目的。因此，分散风险就是将处在某一单位或个人身上的因偶发的灾害事故或人身事件所导致的经济损失，通过保险基金的方式分摊给所有被保险人，这就是保险的分散风险职能。通过风险分散功能，家庭面临的风险在时间上、空间上达到充分的分散。

保险是在特定风险损害发生时，在保险的有效期、保险合同约定的责任范围和保险金额内，按其实际损失给予赔付。这种赔付使得已经存在的社会财富因灾害事故所致的实际损失在价值上得到补偿，使用价值得以恢复，从而使社会再生产过程得以继续。保险的损失补偿职能只是对社会已有的财富进行再分配，它不能增加社会财富。从社会角度而言，个别遭受风险损害的被保险人所得，正是没有遭受损害的多数被保险人所失，它是由全体投保人给予的补偿。这种补偿既包括财产损失的补偿，也包括责任损害的赔偿。由于人的价值是难以用货币来计价的，所以，人身保险是经过保险人和投保人双方约定进行给付的保险，人身保险的职能不是损失补偿，而是经济给付。因此，损失补偿和经济给付是指保险人把集中起来的保险费用于补偿与被保险人合同约定的保险事故或人身事件所致的经济损失，保险所具有的这种补偿能力和结付行为是保险的基本职能。分散风险是基本手段，而损失补偿和经济给付是分散风险的目的。

目前，我国的社会保障体系还不完善，家庭抵御灾害的能力相对脆弱。无论是家庭成员的疾病，还是火灾、洪水对家庭的影响都是巨大的。在理财规划时，通过合理安排资金，选择合适的保险产品，将日常生活中的风险分散，以便能够维持正常的生活。这是保险最基本的功能，也是保险在家庭理财中的基本定位。

(2)储蓄功能

人们都有储蓄的习惯,每月或每年积攒一定的资金备用。在保险产品中,两全保险、终身保险、年金保险、分红保险、万能寿险、投资连结险等险种,除了基本的保障功能外,还有储蓄功能,即定期定额或趸交保费后,如果在保险期内不发生保险事故,在约定时间保险人会返还保险金给保险受益人。为了保持保单的有效性,投保人需要定期支付保险费,如果中途退保,或不缴保费,会损失本金并导致保单失效。而且,保单持有者只能根据保险合同列明的条款按时领取红利或退保时取回现金价值。储蓄型保险不仅具备了保障功能,又可以享受分红,因此是一种具有双重功能的理财工具。

购买人身保险的目的是获得风险保障,人身保险中的人寿保险在通过互助共济的方式为保险人提供风险分摊金的同时,更多地具有储蓄的性质。利用均衡保险费原理计算保险费时,需依据生命表、预定利息率计算保险时间届满时应支付的保险金。均衡保险费超过自然保险费的部分相当于投保人预付以后的保险费,保险人对这部分保险费只是暂时保管,没有所有权,只有使用权,并且对这部分保险费计算利息;保险责任准备金尚未用于弥补均衡保险费少于自然保险费差额的部分,保险人也要计算利息。所以,人寿保险具有长期性和储蓄性的特点。另外,人寿保险保单的现金价值采用复利计算,即保险期内投资账户的现金价值以年为单位进行利滚利。而银行等其他金融产品主要采取单利计算收益,即在一定时期内,一定数量的存款只具有相对固定的收益。从这个角度来看,人寿保险在储蓄生息方面具有优势。

保险具有保障与储蓄双重功能,有自身的特点和优势,但保险终究不是投资产品,不要因为储蓄而储蓄,还应根据每个家庭自身的实际保险需求和投资需求,选择合适的保险产品。

(3)资金融通

金融的本质是对资金进行跨时间、跨空间的配置,以实现储蓄向投资的转化。资金融通功能是指将保险资金中的闲置部分重新投入社会再生产过程中所发挥的金融中介作用。保险的资金融通功能主要体现在两个方面:其一,保险公司通过开展保险业务,将社会上的一部分资金汇集起来,由于风险分散、损失补偿和资金汇聚在时间、空间上存在的差异,从而在保险公司形成了一个规模巨大的资金存量,有利于促进储蓄向投资的转化;其二,保险公司为了稳健经营,必须保证保险基金的保值与增值,这就要求保险公司通过投资将积累的保险资金运用出去,以满足未来偿付和保险基金保值增值的需要。保险公司对保险资金进行运用不仅必要,而且也具有可能性。由于保费收入与赔付支出之间存在时间滞差,为保险公司进行保险资金的融通提供了可能,而且保险事故的发生也是偶然的,保险公司收取的保费不是一次性全部赔偿出去,收取的保险费与赔付支出之间存在数量滞差,这也为保险公司进行保险资金的融通提供了可能,但是,保险资金的融通应以保证保险的赔偿或给付为前提,同时也要坚持合法性、流动性、安全性和效益性的原则。

随着投资渠道逐步放开、投资品种逐渐增加,保险资金通过存款、债券、基金和回购等手段使保险业的资金融通功能得到进一步发挥。在信贷市场上,保险资金是商业银行长期资金的主要供给方,保险公司通过协议存款的利率市场化操作,促进了中长期利率形成机制。在货币市场上,保险公司是活跃的参与者,增添了货币市场的生机和活力。在债券市场上,保险公司是中长期债券的主要持有者。在基金市场上,保险公司是最大的机构投资者,持有封闭式基金、开放式基金较大的份额，并且持有比例呈不断上升态势。保险公司作为资本市场重要的机构投资者，不仅体现在市场份额上，而且还体现在促进上市公司改善公司治理结构，在完善上市公司内部人员控制、增强董事会独立性、优化公司财务结构等方面起到了重要作用。

对投保人而言，具有现金价值的保单可为保单持有人提供融资功能，即通过保单质押贷款来实现融资需求。保单质押贷款的基本作用在于能够满足保单的流动性要求。流动性是金融资产的基本属性，几乎所有金融资产都要有流动性和变现能力，保单作为金融资产也不例外。一般金融资产的流动性可以通过二级市场的资产交易来实现。然而，人寿保险具有长期性特征，不能通过二级市场和保单交易来实现流动性和变现要求。因此，为了给保单一定的流动性和变现能力，保险公司设计出各种保单质押贷款条款。

保单质押贷款与普通商业贷款的区别，主要体现在以下两点：一是保单持有人在贷款时不必承诺一定归还贷款及利息，因为其实质是用属于保单的现金价值做质押向保险公司借款，因此保单持有人没有法定义务偿还贷款及利息；二是保险公司只需根据保单现金价值审批贷款，而无须对保单持有人进行资信调查。因此，对保险公司而言，保单质押贷款业务可以作为一项附加服务来开展，管理成本较低；对投保人来说，保单质押贷款是一种便捷的融资方式。

**即问即答**

付先生于10年前购买了一份终身寿险，现在因资金周转需要，想以该保单质押融资，此保单能够质押融资吗？

即问即答

(4)资产保护

保险资产保护是指利用保险手段将资产维持在原有的状态，不受外界客观因素的影响。

运用保险手段使资产保护合理合法，只需对自身资产投下一份保险，所得到的回报不仅仅是金钱，更是安全感与幸福感。家庭财产保险是资产保护的重要组成部分，除此以外，还有企业的资产保全。以企业主为例，当企业生产经营面临财务风险，因债权人的债权而产生法律诉讼时，企业主的银行存款、股票或房地产等都有可能被冻结，以保障债权人的利益。但是，企业主的人寿保险保单不会受此影响，因为人寿保险合同是基于人的生命和身体为标的，根据《保险法》，未经被保险人的书面同意，保单不能转让或抵押，所以当所有财产被冻结，甚至拍卖时，人寿保险保单不会被冻结和拍卖，即使公司处于破产状态，它也不会用于抵债。因此，保险的资产保护功能具有合法性。

根据《保险法》规定，任何单位及个人不得非法干预保险人履行赔偿或给付保险金的义务，也不得限制受益人获取保险金的权利。保险理财是合法的个人专属资产，其特点是不会被查封、不用于抵债、不存在争议，而且风险隔离效果好。对于一些民营企业，最大的问题就是个人资产和公司资产没有明确区分，导致大部分民营企业家在企业破产后变得一无所有。而保险的资产保护功能能够起到“防火墙”的作用，将个人资产与企业资产分离开，这样就算企业破产了，个人资产也能有效避债。

(5)合理避税

利用合理合法的手段进行税收筹划，减轻家庭的税收负担，是家庭理财的一项重要内容。对个人而言，保险的避税作用体现在：首先，生病住院通过医疗保险报销了住院费用，或罹患重大疾病获赔重疾理赔款，不需要缴纳个人所得税；其次，保险受益人获赔的受益金，不需要缴纳个人所得税。需要注意的是，必须是指定受益人的理赔款。如果没有指定受益人，保险金将作为遗产处理，在继承前根据具体情况先缴纳印花税、契税、清偿债务等，剩下的再由继承人按法定顺序继承。对企业而言，根据有关规定，企业按照职工工资总额的 4% 为员工投保商业保险是免税的，如若补缴金额较大的，还可获得“不低于三年的期间内分期均匀扣除”费用的权限；同时，由于员工将来从保险公司获得的保险金按税法规定也同样是免税的，因此，不论是企业还是个人都可获得避税效果。

在西方发达国家，一般都要征收遗产税，而且遗产税的税率较高，保险已成为西方国家有效的避税工具。目前，我国虽然还没有开始征收遗产税，但这是一个发展趋势。如果我国开始征收遗产税，购买保险也将成为遗产税的重要避税方式，通过购买保险，将遗产继承人确定为保险受益人，达到避税的目的。

## 7.3　保险产品的风险保障与理财

视频：寿险产品的保障与理财功能

### 7.3.1　寿险产品的保障与理财功能

#### 7.3.1.1　人寿保险

PPT 课件

1)人寿保险的概念

人寿保险是以人的寿命为保险标的，以被保险人的生存或死亡为保险事件，当发生保险事件时，保险人履行给付保险金责任的一种人身保险。人寿保险是社会保障的重要组成部分，可分为传统型人寿保险和创新型人寿保险。

2)人寿保险的分类

(1)传统型人寿保险

传统型人寿保险包括定期寿险、终身寿险和两全保险等。

①定期寿险，又称定期死亡保险，是以被保险人在保险合同规定的期间内发生死亡事件，由保险人给付保险金的一种人寿保险。即如果被保险人在规定的期限内死亡，保险人向受益人给付保险金；如果被保险人在保险期满未死亡，保险人无须支付保险金，也不返还保险费。

定期寿险有三个关键因素需要注意，分别是保险金额、保险费和保险期间的长短。在保险市场上不同种类的定期寿险往往都是这三个因素的不同组合。定期寿险是以死亡为给付保险金条件，且保险期限为固定年限的人寿保险。保险期间通常为 1 年、5 年、10 年、20 年，或者保障被保险人到指定年龄为止。

对于被保险人而言，定期寿险最大的优点是可以以低廉的保费获得一定期限内较大的保险保障。该保险产品以保障为主，保险成本相对于其他保险产品较低，且保险成本与年龄成正比，即年龄越大保费越高。由于被保险人在保险期间届满仍然生存，将不能得到保险金的给付，而且已缴纳的保险费不再退还，因此，定期寿险不具备储蓄性，不积累现金价值。

由于定期寿险提供特定期间的死亡保障，防止由于被保险人死亡给家庭带来经济上的困难，所以适合家庭中的主要经济来源提供者，特别是家庭中唯一收入来源者。同时，定期寿险保费低廉，也适用于收入不高，但相对稳定且有保险诉求的家庭。

②终身寿险，又称终身死亡保险，即终身提供死亡保障的保险。保险人的保险责任从保险合同生效后开始，一直到被保险人死亡之时为止。由于人的死亡是必然的，因而终身寿险的保险金最终必然要支付给受益人。终身寿险提供被保险人终身的死亡保障，保险期间一般为被保险人年满 105 周岁。无论被保险人在 105 周岁前何时死亡，受益人将获得一笔保险金给付。如果被保险人生存到 105 岁时，保险公司给付被保险人一笔保险金。由于不管被保险人何时死亡，保险人均需支付保险金，所以终身寿险的优点很明显，可以得到永久性保障，而且还具有储蓄功能，即有退费的权利，若投保人中途退保，可以得到一定数额的退保金，由于终身寿险保单具有现金价值，因此该保单有贷款选择权、垫缴保费选择权等，在投保期间可以利用终身寿险保单进行质押融资。

对于保险公司来说，终身寿险承保成本较大，费率也高一些，而且保险成本与年龄成正比，在其他条件相同的情况下，终身寿险的保费会比定期寿险高一些。终身寿险比较适合高收入、有遗产规划需求的人群，因为作为保险受益金赔付给指定受益人，可以完全按照投保人的意愿分配，且受法律保护。

③两全保险，也称生死合险，即由生存保险和死亡保险结合而成，指既提供死亡保障，又提供生存保障的一种保险。被保险人在保险合同约定的期间内死亡，受益人领取保险合同约定的死亡保险金；被保险人在保险合同约定的保险期满继续生存，被保险人领取保险合同约定的生存保险金。因此，无论被保险人在保险期间死亡，还是被保险人生存到保险期满，保险公司均给付保险金。这既可以为家属缓解因被保险人死亡带来的经济压力，又可使被保险人在保险期满时获得一笔资金，用于养老或生活之需。

两全保险是储蓄性极强的一种保险，可以作为投资工具，保单具有现金价值，也可以进行保单质押融资。两全保险的净保费由风险保险费和储蓄保险费组成，风险保险费用于当年死亡给付，储蓄保险费则逐年积累形成责任准备金，既可以用于中途退保时支付退保金，也可以用于生存给付。由于两全保险既保障死亡又保障生存，因此，两全保险不仅使受益人得到保障，同时也使被保险人本身享受其利益。由于两全保险具有现金价值，所以如果投保人中途退保，可以得到一定数额的退保金，而且保单具有贷款选择权，垫缴保费选择权等。

当然，在人寿保险中，两全保险既保生存又保死亡，所以相对成本比较高，适合于中高收入的阶层购买。

**即问即答**

在校大学生需要购买人寿保险吗？为什么？

即问即答

(2)创新型人寿保险

创新型人寿保险除了具备传统型人寿保险所具有的功能以外,侧重于投资理财。具体包括万能人寿保险、分红保险和投资连结保险等。

①万能人寿保险。万能人寿保险是一种缴费灵活、保额可调整、非约束性的寿险。万能寿险具有弹性、成本透明、可投资等特征,可以满足投保人保费支出较少且方式灵活等要求。在保险期间,若被保险人身故,保险公司可按照身故时该保险年度的保险金额给予保险金,也可以以保险金额与当时的账户价值之和作为身故给付。万能人寿保险的保险费可随着保单持有人的需求和经济状况而变化,投保人可以暂时缓交、停交保险费,从而改变保险金额。只要符合保单规定,投保人可以在任何时间不定额地缴纳保费。

万能人寿保险兼具保障与投资功能,将保单的现金价值与投资收益相联系,保险公司按照当期给付的数额、当期的费用、当时保险单的现金价值等确定投资收益的分配;投保人可以获得最低保障和最低投资收益;投保人承担最低保障和最低投资收益以上的风险,具有较强的灵活性和透明性。

②分红保险。分红保险是指保险公司将其实际经营成果优于定价假设的盈余,按一定比例向保单持有人进行分配的人寿保险产品。分红保险不仅能够提供合同规定的各种保障,同时,还可以获取保险公司的分红,即保险公司在每一个会计年度结束后,将上一会计年度该类保险的可分配盈余,按照一定的比例,以现金红利的方式分配给保单持有人,与保险公司共享经营成果。与不分红保险相比,增加了投保人的获利机会,这样可以抵御通货膨胀和利率变动。当然,保险公司对于红利是没有保证的,在保险公司经营状况良好的年份,保单持有人会分到较多的红利;但如果保险公司的经营状况不佳,保单持有人分到的红利就会比较少,甚至没有。因此,分红保险使保险公司和保单持有人在一定程度上共同承担了风险。

分红保险在定价时主要以预定死亡率、预定利率和预定费用率三个因素为依据,这三个预定因素与实际情况的差距直接影响到寿险公司的经营成果。因此,分红保险的红利来源于死差益、利差益和费差益所产生的可分配盈余:死差益指保险公司实际的风险发生率低于预计的风险发生率,即实际死亡率低于预定死亡率所产生的盈余;利差益是保险公司实际投资收益率高于预计的投资收益率所产生的盈余。费差益指保险公司实际的营运管理费用低于预计的营运管理费用所产生的盈余。一般来说,在规范的保险市场,保险公司之间死差益和费差益不大,红利主要来源于利差益。

分红保险的被保险人身故后,受益人在获得投保时约定的保额的同时,还可以得到未领取的累积红利及其利息。在满期给付时,被保险人在获得保险金额的同时,也可以得到未领取的累积红利及其利息。分红保险的保单持有人在退保时得到的退保金也包括保单红利及其利息之和。

③投资连结保险。简称投连险,又称变额寿险,是一种融保险保障与投资功能于一体的新型保险产品,它具有保险保障功能,并至少在一个投资账户拥有一定的资产价值。投保人在获得保险保障的同时,具有保险基金投资的选择权,享受较高的期望投资回报,保险公司将投保人缴纳的保险费用于购买投资基金单位,投资基金单位的价格决定于基金的表现,投保人有选择投资基金账户的权利。保险公司为投保人单独设立的投资账户,由保险公司负责投资运作,投资收益扣除相关费用后划入投保人的个人账户,投保人不参与保险公司其他盈利的分配。保险公司不承诺投资回报,投资账户的投资收益和损失均由投保人承担。

投资连结保险的保单现金价值与投资账户资产相匹配，现金价值直接与投资账户的投资业绩相挂钩，一般不设最低保证。投资连结保险融合了缴纳保费灵活的万能寿险与投资灵活、保额可调整的变额寿险的特点，其保险责任与传统寿险产品类似，不仅可以提供死亡保险责任，也可以提供死亡保险责任以外的其他保险责任。

投资连结保险是一种投资型产品，保障成分相对较低；投保人可以享受投资收益；投保人承担全部投资风险；保险保障风险和费用风险由保险公司承担。投资连结保险适合于具有理性的投资理念、追求资产高收益的同时，又具有承受较高风险能力的投保人。

#### 7.3.1.2 年金保险

1)年金保险的概念

年金保险是指在约定期间或被保险人的生存期间，保险人按照合同约定的金额、方式，在约定的时间有规则地、定期地向被保险人给付保险金的保险。年金保险是以被保险人的生存为给付条件的人寿保险，生存保险金的给付通常采取定期定额的方式，主要目的是保障年金领取者的养老支出。年金保险的年金领取人和投保人可以是同一人，也可以是不同的人，但年金领取人应该是被保险人。

2)年金保险的分类

(1)按照购买方式划分

①趸缴年金保险。趸缴年金保险是指投保人在投保的时候将所有的保费一次性缴纳完毕，保险公司可以在投保者缴清保费后不久给付，也可以在缴清保费多年后开始给付。

②分期缴费年金保险。分期缴费年金保险是指投保人与保险公司约定按期定额缴纳保费，缴费期间可约定为10年、15年、20年或30年等，投保人根据需要自行选择确定。

(2)按照给付期限划分

①终身年金保险。终身年金保险是指保险公司在指定个人的生存期间定期给付的年金保险，即保险公司给付年金直至被保险人死亡为止。这与终身寿险类似，都是不定期的保险。

②定期年金保险。定期年金保险是一种以被保险人在规定期间生存为给付条件的年金保险，年金的给付以一定的年数为限，若被保险人一直生存，则年金给付到期满；若被保险人在规定的期限内死亡，则年金给付立即停止。

(3)按照保险目的划分

①养老年金保险。养老年金保险是以提供养老保障为目的，当被保险人达到保险合同指定的年龄后，保险公司开始向被保险人定期或终身给付一定数额的保险金作为养老费用的一种保险。养老年金保险大都是中老年人为被保人，目的是提高退休人员的生活质量，让他们能有更充足的资金用于生活，能够活得更体面、更加有尊严。

养老年金保险的保险金领取时间由客户自行选择，通常在55—65岁之间开始领取，相对比较灵活，是社会养老保险的有力补充。

②教育年金保险。教育年金保险是指投保人向保险公司投保，保险公司在孩子上学、升学、硕博研读或出国深造等条款约定的保险时期内，向被保险人给付教育金的一种保险。教育年金保险的被保人群一般为0—13岁的孩子，目的是用于承担孩子在非义务教育阶段的支出，以便减轻家庭未来的经济负担，让孩子拥有更好的教育环境和教育条件。

教育年金保险分为非终身型教育年金保险和终身型教育年金保险，非终身型教育年金保险只能用于孩子的特定阶段，为他们提供教育金；终身型教育年金保险的保险金在孩子上学期间可作为教育金，也可作创业金、婚嫁金和养老年金。一般在孩子还小的时候投保教育年金保险，等到孩子接受非义务教育（一般是从 18 周岁开始）的时候，就可以按照合同约定开始领取教育年金了。

**即问即答**

寿险保单都具有现金价值。这个说法对吗？为什么？

即问即答

## 7.3.2　非寿险产品的保障与理财功能

### 7.3.2.1　健康保险

视频：非寿险产品的保障与理财功能

（1）健康保险的概念

健康保险是以人的身体为保险标的，与保险公司合同约定被保险人在疾病或意外事故所致伤害时发生的费用或损失获得补偿的一种保险。即通过疾病保险、医疗保险、护理保险和伤残收入保险等方式对因健康原因导致的费用或损失给付保险金的保险。

（2）健康保险的分类

PPT 课件

按照保险责任的不同，常见的健康保险有重大疾病保险、医疗费用保险、长期护理保险和收入保障保险。

①重大疾病保险。重大疾病保险是指由保险公司经办的以特定的重大疾病，如恶性肿瘤、心肌梗死、脑溢血、重大器官移植术或造血干细胞移植术等为承保范围，当被保人确诊这些特定疾病时，由保险公司对所花医疗费用给予适当补偿的保险行为，其根本目的是为病情严重、花费巨大的疾病治疗提供经济支持。

重大疾病一旦确诊，必然会产生巨大的医疗费用支出，通常这种保单的保险金额比较大，以足够支付其产生的各项费用。重大疾病保险一般采用提前给付的方式进行理赔，即被保人一经确诊罹患保险合同中所定义的重大疾病，保险公司立即给予一次性支付保险金额。重大疾病保险给付的保险金主要有两方面的用途：一是为被保险人支付因疾病、手术治疗所花费的高额医疗费用；二是为被保险人患病后提供经济保障，尽可能地避免被保险人的家庭在经济上陷入困境。

②医疗费用保险。医疗费用保险是指以约定的医疗费用为给付保险金条件的保险，即提供医疗费用保障的保险。它是健康保险的主要内容之一，医疗费用是病人为了治疗外伤或疾病所发生的各项费用，不仅包括医生的诊疗费和手术费用，还包括药费、检查费、住院费、护理费等。医疗费用的给付可能是直接给付医疗机构，也可能实报实销付给被保险人。

在医疗保险中，疾病发生导致被保险人遭受实际医疗费用损失可以用货币来衡量，所以医疗保险一般具有补偿性，即保险公司以被保险人在医疗诊治过程中发生的医疗费用为依据，按照保险合同的约定补偿其全部或部分医疗费用。由于医疗保险在理赔时必须提供原始医疗费用收据，因此，医疗费用保险适合没有社会医疗保险或者社会医疗保险不足的人群投保。

③长期护理保险。长期护理保险是为被保险人在丧失日常生活能力、年老患病时，提供护理保障和经济补偿的制度安排。长期护理保险在被保险人身体状况出现问题，需要长期照顾，为其提供护理服务费用保障的健康保险。

护理保险始于20世纪80年代中期，随着全球人口老龄化的发展，越来越多的老人需要家庭护理或护理机构的帮助，护理保险的潜在市场巨大。在被保险人居家或由专门护理服务机构提供护理服务时，由保险公司向被保险人提供包括医疗护理、住宿、社交、饮食、交通和在护理院的护理服务等费用。长期护理保险的保险范围分为医护人员看护、中级看护、照顾式看护和家中看护四个等级。

④收入保障保险。收入保障保险又称失能收入保险，是指以因意外伤害、疾病导致收入中断或减少为给付保险金条件的保险，具体是指当被保险人由于疾病或意外伤害导致残疾，丧失劳动能力不能工作以致失去收入或减少收入时，由保险公司在一定期限内分期给付保险金的一种保险形式。与医疗费用保险相比，收入保障保险处于次要地位。

收入保障保险的保障水平通常与被保险人的职业收入直接相关，保险金的给付通常在被保险人失能期间按月固定给付。

#### 7.3.2.2　意外伤害保险

1)意外伤害保险的概念

意外伤害保险是以被保险人遭受意外伤害事故造成死亡或者残废为保险事故的人身保险。具体指投保人向保险公司缴纳一定数额的保险费，被保险人在保险有效期内遭受意外伤害，并以此为直接原因或近因，在被保险人自遭受意外伤害之日起的一定时期内造成死亡、残疾、支出医疗费或暂时丧失劳动能力，保险公司给付被保险人或其受益人一定数额的保险赔偿金。

意外伤害保险的保费低廉，保额高，投保简单，不需要体检。

2)意外伤害保险的构成要件

由意外伤害保险的概念可知，其构成要件包括：

(1)必须有客观的意外事故发生，且事故是意外的、偶然的、不可预见的；

(2)被保险人必须因客观事故造成人身死亡或伤残的结果；

(3)意外事故的发生和被保险人遭受人身伤亡的结果，两者之间有着内在的、必然的联系。

3)意外伤害保险的保障项目

(1)死亡给付；

(2)伤残给付。

死亡给付和伤残给付是意外伤害保险的基本责任，其派生责任包括医疗给付、误工给付、丧葬费给付和遗属生活费给付等责任。

4)意外伤害保险的分类

(1)按照性质不同划分

①普通意外伤害保险。普通意外伤害保险是以意外事故造成被保险人死亡或伤残为保险责任，但不具体规定事故发生的原因和地点。比如，学校团体平安保险是以在校学生为保险对象，在保险期间，不论被保险人在校内或校外，凡因意外事故或疾病致死或致残，均按照合同规定给付保险金。

②特种意外伤害保险。特种意外伤害保险的保险责任仅限于在特定的时间、特定的地点遭受的意外伤害,或由于特定的原因造成的意外伤害。比如,旅客意外伤害保险、索道游客意外伤害保险等。此保险的保险期限一般较短,有的极短,有的不具体列明日期,如以一个旅程为保险期。

(2)按照投保人不同划分

①个人意外伤害保险。个人意外伤害保险是指以被保险人在日常生活、工作中可能遇到的意外伤害为标的的保险。个人意外伤害保险以个人形式参保,保险费率与被保险人的年龄、职业有关,保险期限一般较短,通常为一年或一年以下。

②团体意外伤害保险。团体意外伤害保险是指社会组织为了防止组织内的成员因遭受意外伤害致残或致死而受到巨大的损失,以社会组织的全体成员为被保险人,以被保险人因意外事故造成的人身重大伤害、残疾、死亡为保险事故的保险。团体意外伤害保险以团体形式参保,保险费率与被保险人的职业、参保人数、参保内容有关。

**即问即答**

赵先生是公司的营销主管,经常出差,他最需要配置什么险种?

即问即答

## 7.4　家庭保险理财规划的编制

### 7.4.1　影响家庭保险规划的基本因素

视频:家庭保险理财规划的编制

#### 7.4.1.1　被保险人的生命周期

在制定保险规划时,首先需要考虑的是被保险人的生命周期,因为处于不同生命周期阶段的个人所面临的风险不同,应在分析不同生命周期阶段风险的基础上进行保险规划。人的生命周期分为未成年期、单身期、已婚青年期、已婚中年期和退休老年期五个时期。

PPT 课件

(1)未成年期

未成年期主要是指从出生到走上社会开始独立工作的一段时期。在这个时期,未成年人基本上没有任何收入,所有的收入来源都依靠父母。如果父母不在,或者父母健在但收入较低,则未成年人在接受教育、日常生活等方面将非常困难。所以,未成年期所面临的主要风险表现在:一是父母因死亡、残疾、疾病或下岗失业而导致收入中断的风险;二是未成年人自身的疾病及意外伤害风险。

在这一阶段需要为家庭支柱(家庭收入来源提供者)优先购买人寿保险,其次是购买重大疾病保险和意外伤害保险;而对未成年而言,少年儿童活泼好动,喜欢尝试新鲜事物,发生意外伤害的比例较高,同时少年儿童由于处于成长期,抵抗能力较弱,也存在发生疾病的风险,因此,优先为未成年子女购买意外伤害保险来防范风险。

(2)单身期

单身期是指从参加工作到结婚组成新家庭的一段时期。在这个时期,青年人健康状况良好,已经参加工作,逐渐地独立生活,经济收入比较低,且花销大,努力做到自给自足,是未来家庭财富积累期。单身期一般没有沉重的家庭负担,生活安逸、自由。单身期的青年喜欢冒险,遭受意外伤害的可能性比较大,所面临的风险主要是意外伤害风险和疾病风险。

在这一阶段主要购买意外伤害保险和健康保险,减少因意外或疾病导致的直接或间接的经济损失。如果父母需要赡养,还需购买定期寿险,以最低的保费获得最高的保障,确保一旦有不测时,用保险金支持父母的生活。

(3)已婚青年期

已婚青年期是指从组成新家庭到40岁左右的一段时期。这期间的财务状况,从单身时期的不稳定逐渐稳定下来,经济收入增加,家庭财富开始逐渐累积。这个阶段的家庭责任较重,工作压力大。从收入和支出方面看,随着工作经验的积累,收入不断增加。但是,伴随着孩子的出生,抚养教育费用将是家庭的一项重要支出。同时,为提高生活质量,买房、购车等大额支出可能成为家庭的负担。在风险方面,这个阶段除了仍然面对着意外伤害和疾病的风险之外,最大的风险是早亡和收入中断的风险。

在这一阶段最需要购买定期寿险,以配偶、孩子等家人为受益人,为降低家庭主要收入提供者遭受意外后,家庭收入中断的风险;购买重大疾病保险及意外伤害保险,防止因重大疾病或意外事故导致家庭财务状况出现较大波动;购买教育保险,为子女积累教育保障金;如果经济方面有余力,也可以考虑购买养老保险,解除因年纪逐渐增大而产生的后顾之忧。

(4)已婚中年期

已婚中年期是指从40岁左右到退休的一段时期。在这个阶段,随着年龄的增长,事业及收入达到了人生的顶峰,子女逐渐长大成人,完成学业并开始独立生活。家庭责任逐渐减轻,进入比较稳定的时期,收入稳步提高,支出逐渐减少,财富不断增多。在风险方面,随着夫妻双方年龄增加,身体健康状况、收入中断风险增加,同时应该考虑防范养老的风险。

这一阶段最需要购买人寿保险,以配偶等家人为受益人,为降低家庭重要收入提供者遭受意外后,家庭收入中断的风险;购买重大疾病保险及意外伤害保险,防止因重大疾病或意外事故导致家庭财务状况出现较大波动;购买养老保险,增加退休后的养老保障。

(5)退休老年期

退休老年期是指从退休到生命结束的一段时期。退休之后,有了充足的空闲时间,可以外出旅游、休闲度假,尽情享受人生的美好。与在职时的收入相比较,养老金收入明显减少,生活和医疗支出在不断增加,家庭的抗风险能力逐渐下降。如果家庭有比较充足的财富积累和养老金,则晚年生活比较幸福。这个时期的重点应该是身体健康,保障老有所养,收入不会中断,不会出现养老金缺口,活得健康与有尊严。在风险方面,退休老年期所面临的首要风险是养老风险,必须保证老有所养;其次是疾病风险,有人曾预测,人一生中70%的医疗费用是在人生最后的30%的时间内花费的;再次是意外伤害风险,年纪大了,腿脚不灵活了,发生意外伤害的概率比较大。

这一阶段最需要购买重大疾病保险及意外伤害保险,防止因重大疾病或意外事故导致家庭财务状况出现较大的波动;购买终身寿险,增加退休后的养老保障,以及便于安排遗产。

**即问即答**

人生的不同阶段会面临各种风险，其中面临死亡风险最大的是哪个阶段？

即问即答

#### 7.4.1.2　被保险人的家庭角色

每一个人在家庭中的角色不同，所承担的责任也不相同。在制订保险规划方案时，应充分考虑被保险人在家庭中的地位和角色，以及该被保险人遭遇风险事故时对家庭带来的影响等因素，以此来确定保障的范围与金额。

（1）爷爷和奶奶

一般而言，爷爷和奶奶已经退休。如果家庭经济状况比较好，有退休养老金和财产收入养老；如果家庭经济状况比较差，养老金只能满足基本生活支出，则需要依靠儿女赡养生活了。

在生活费用方面，爷爷和奶奶的风险比较大，他们要面对养老金缺口，并且随着年纪的增加、通货膨胀加剧，养老金缺口会越来越大。在身体健康方面，由于年龄的问题，抵抗能力变差，容易生病；随着医疗费用的上涨，医疗费用缺口也不断增加。在死亡风险方面，爷爷和奶奶的去世一般不会给子女带来经济上的负担，但在考虑遗产规划时，需要充分考虑人寿保险。在意外伤害风险方面，伴随年龄的增加，出现腿脚不灵活、反应能力减弱等情况，遭遇意外伤害的可能性比较大，一旦发生意外伤害，产生的医疗费和护理费也是不容忽视的。

对爷爷和奶奶而言，最大的风险是生活费用风险，其次是医疗费用风险和意外伤害风险。

（2）丈夫

在一个家庭中，丈夫一般是家庭的主要经济来源提供者和家庭支柱。

在生活费用方面，丈夫的收入不但要满足自身的支出，同时还要承担整个家庭的支出，是家庭支出的主要提供者。在身体健康方面，丈夫年轻时身强力壮，患病风险比较小，同时社会保障比较全面，最大的隐患是重大疾病风险，一旦患上重大疾病，不仅影响工作，甚至会丧失工作能力，导致收入下降，或者完全丧失，给家庭生活带来巨大的影响。在死亡风险方面，家庭经济支柱的死亡带来的经济压力非常巨大，会使家庭生活水平急剧下降。在意外伤害风险方面，由于工作繁忙，需经常乘坐各种交通工具外出，存在比较大的意外伤害风险。

对丈夫而言，最大的风险是死亡风险，其次是重大疾病风险和意外伤害风险。

（3）妻子

在一个家庭中，妻子一般是家庭的辅助经济来源支柱，承担管家的角色，把家庭照顾得井井有条。

在生活费用方面，妻子的收入是家庭收入的组成部分，一些高收入的妻子还能分担家庭的经济负担，妻子本人的生活费用风险比较小。在身体健康方面，相对男性而言，女性患病的风险较大，需要关注重大疾病风险，一旦患上重大疾病，不仅影响工作，而且巨额医疗费支出也会给家庭生活带来巨大的影响。在死亡风险方面，相对于丈夫而言，因为妻子的收入是家庭的辅助经济来源，其死亡带来的经济影响有限，因此，死亡风险对家庭的影响结果是次要的，保险金额可以略低于丈夫。在意外伤害风险方面，由于女性的自我保护能力有限，遭受人为因素的意外伤害概率更大，存在比较大的意外伤害风险。

对妻子而言，最大的风险是死亡风险，其次是意外伤害风险和重大疾病风险。

(4)孩子

孩子的成长、接受教育需要较大的支出。在家庭中，孩子一般是家庭的纯支出者。

在生活费用方面，孩子的所有生活费用、接受教育的费用都需依靠父母，因此，父母的保障对孩子而言尤为重要。在身体健康方面，幼儿时期的身体抵抗能力较弱，患病的可能性较大，而且缺乏社会保障，健康风险的暴露程度较高。在死亡风险方面，随着医学科技水平的不断提高，医疗条件的不断改善，孩子的死亡率减少；孩子是家庭的纯支出者，万一孩子不幸去世，更多的是在感情上影响父母，经济上的影响有限。在意外伤害风险方面，由于孩子天生好动，对外界充满好奇，意外伤害风险比较大，而且一旦遭遇意外伤害风险，不仅给孩子自身留下创伤，也会产生巨额的医疗费用和护理费用。

对孩子而言，最大的风险是意外伤害风险，其次是医疗费用风险。

**即问即答**

在校学生需要配置什么保险产品？为什么？

即问即答

7.4.1.3　已有保障水平

在进行保险规划时，应当考虑当事人已有的各种保障。基本养老保险是社会保障的基础，能够满足人们的基本生活需要，企业年金则作为基本养老保险的补充，弥补了基本养老保险的不足，商业养老保险则根据自身的财力、工作环境、身体状况和家庭实际收入提供了一份保障。下面以健康保障为例，说明已有保障水平对人身保险的影响。

(1)有社会保险者

一般而言，拥有医疗保险的居民，通过个人医保账户和社保统筹，每年大约有70%的医疗费用可以通过医疗保险报销。

首先，应考虑收入津贴型医疗保险。收入津贴型医疗保险是以因意外伤害或疾病导致收入中断或减少为给付保险金条件的收入保障保险。通过购买此保险以弥补生病、请假带来的收入损失和需自负的医疗费用。被保险人因意外伤害、疾病，丧失或降低工作能力时，由保险公司按照约定的标准补偿其收入损失。通常有住院津贴型保险、失能收入保障保险等。

其次，考虑意外医疗保险。此保险属于费用报销型医疗保险，一般附加在意外伤害保险之后。意外医疗保险费率较低，且可以报销意外门诊、急诊等医疗费用，当社会医疗保险的个人账户金额用完之后，商业意外医疗保险即能发挥作用。

再次，考虑重大疾病保险。重大疾病保险是以罹患保险合同约定的疾病为给付保险金条件的一种疾病保险。被保险人罹患合同约定的重大疾病，可获得一次性赔付，赔付金额等于投保人在购买保险时与保险公司事先约定好的保险金额，与被保险人是否发生医疗费用、费用是多少、是否从其他渠道获得补偿无关。重大疾病保险的特点是确诊即给付保险金，被保险人确诊重大疾病需要治疗时，虽然可以通过医疗保险解决大部分医疗费，但自负部分仍然是一笔较大的开支，且医疗保险对于用药、医院等都有限制，重大疾病保险可以做有效补充。

最后，再考虑疾病费用报销型医疗保险和长期护理医疗保险。这两种保险可为被保险人带来更为宽松的就医和护理条件。

（2）无社会保险者

对无社会保险者而言，商业医疗保险是其全部保障，因此，商业医疗保险的投保顺序与有社会保险者不同。

首先，应考虑疾病费用报销型医疗保险。即以意外事故或疾病产生的医疗费用为给付条件，按照约定的比例给付保险金的医疗保险。常见的是住院医疗费用保险和手术费用报销型保险，用于弥补因意外事故或疾病而发生的住院费用和手术费用等。

其次，考虑重大疾病保险。当被保险人罹患合同约定的重大疾病时，可获得一次性给付，以弥补重大疾病导致的巨额医疗费用支出。

再次，考虑收入津贴型医疗保险。通过购买此保险以弥补生病、请假带来的收入损失和医疗费用支出。

最后，再考虑长期护理医疗保险。长期护理医疗保险以互助共济方式筹集资金，为长期失能人员的基本生活照料和与之密切相关的医疗护理提供服务或资金保障。因此，这种保险能为被保险人带来较好的护理保障。

## 7.4.2　保险需求的确定

一般而言，高收入者主要依靠商业养老保险或家庭财富来保障退休生活；中低收入者主要依靠基本养老保险，并以商业养老保险做补充。

### 7.4.2.1　人寿保险需求的确定

在考虑死亡风险的保障金额时，一个基本原则是：当死亡风险发生时，家庭的经济状况没有因为死亡风险而发生任何变化，或者说家庭的生活水平没有因为当事人的死亡而下降。根据这个原则，在考虑死亡风险的保险金额时，通常有两种方法：

（1）生命价值法

生命价值法是以一个人的生命价值为依据，来考虑应购买多少保险。该方法可分三步计算：①估计被保险人以后的年均收入；②确定退休年龄；③从年收入中扣除各种税收、保费、生活费等支出，剩余的资金假设贡献给他人——这些资金就是被保险人的生命价值。

案例 1：陈先生今年 30 岁，假定其 60 岁退休，退休前年平均收入是 10 万元，平均年收入的 50%自己消费，另外 50%用于家人，即给家人消费支出 5 万元。

在不考虑时间价值的前提下，按照生命价值法，陈先生的生命价值为：(60－30)×(10－5)＝150(万元)。计算出的生命价值可作为现阶段购买人寿保险的参考标准。

生命价值法主要适用于高净值人群的财产传承。

（2）家庭需求法

家庭需求法的基本观点是：当风险事故发生时，可确保亲属的生活准备金来源。计算方法是将亲属所需的生活费、教育费、供养金、对外负债等，扣除既有资产后的缺口作为保险金额的估算依据。

案例 2：接案例 1 资料，假设其家庭目前年平均收入为 14 万元，每年房贷支出 3 万元，加上其他开支，总支出为 5.5 万元。由于现有资产有限，陈先生在确定保额时可将资产暂且忽略，考虑到最大的开支房贷要还 20 年，陈先生需要以保险补偿家庭未来 30 年的开支，则家庭需求为：$5.5\times20+2.5\times10=135$（万元）。

当然，家庭需求法的估算结果比较粗略，精确的计算可能会高于 135 万元。

家庭需求法主要适用于普通工薪阶层的家庭防范未知风险。

#### 7.4.2.2 年金保险需求的确定

在购买年金保险时，可根据预计老年生活费支出，来测算年金保险的保险金额。

第一步，确定需要的养老金。根据退休年龄、退休后预计的年生活费用、预计寿命等测算需要准备的养老金。

第二步，计算养老金缺口。估算退休后可以领取的基本养老保险、企业年金等养老收入，结合第一步测算的养老金，计算出养老金缺口。

第三步，确定年金保险的保额。根据养老金缺口，确定年金保险的保额。

案例 3：张先生夫妇今年都刚过 35 周岁，打算 55 周岁退休，估计夫妇俩退休后第一年的生活费用为 10 万元。考虑到通货膨胀，夫妇俩每年的生活费用预计会以年 3%的速度增长。夫妇俩预计退休后还可生存 25 年，退休后夫妇俩每年有 4 万元的基本养老保险，且以 3%的增长率上涨，假定退休前的年投资收益率为 6%，退休后采取稳健的投资策略，年收益率为 3%。

第一步，确定需要的养老金。

按照 55 周岁退休，退休后预计的年生活费用 10 万元，每年按照 3%的速度增长，退休以后的投资收益率为 3%，两者相互抵消，退休后还可以生存 25 年，则退休后所需的生活费为 $10\times25=250$（万元），因此，55 周岁退休时需要准备的养老金为 250 万元。

第二步，计算养老金缺口。

退休后可以领取的基本养老保险为 4 万元，每年按照 3%的速度增长，退休以后的投资收益率为 3%，两者相互抵消，则退休后可以领取的基本养老保险的现值为：$4\times25=100$（万元），则养老金缺口为 $250-100=150$（万元）。

第三步，确定年金保险的保额。

由于养老金缺口为 150 万元，据此张先生夫妇需要购买 55 周岁以后每年能够领到 6 万元养老金的年金保险，或购买 55 周岁后能够一次性领到 150 万元养老金的年金保险。

#### 7.4.2.3 家庭保险支出的经验估算

对家庭保险支出，可以利用“双十原则”进行经验测算。所谓“双十原则”是指：①年收入的 10%用于购买保险；②保额应该达到年收入的 10 倍。按照“双十原则”进行家庭保险支出测算，得出的结果比较粗略，在实际中，需要根据家庭的具体情况来分别计算确定。

### 7.4.3 家庭保险规划方案

#### 7.4.3.1 家庭保险规划的基本原则

(1)根据家庭成员的角色和责任确定保障的顺序、范围及水平在一个家庭中,首先被保障的成员应该是家庭的经济支柱。家庭收入的主要提供者健在,家庭的收入就不会中断,家庭的日常开支就有保障;如果家庭收入的主要提供者不在了,则家庭收入就中断了,家庭也就没有了生活保障,家庭的日常生活将无以为继。所以,首先应保障家庭收入的主要提供者平安、健康,以保证家庭收入的持续性。对于其他家庭成员而言,应当努力地稳定各项费用支出。从保险的范围及水平看,应根据家庭成员所面临的不同风险、人力资本价值和保障需求水平的高低等因素来确定。

(2)根据生命周期确定保障重点及保险产品组合

面对同样的风险因素,因为被保险人年龄的不同会有所改变。而且在生命周期的不同阶段,被保险人所面临的主要风险也不相同,这就需要根据家庭及其成员的生命周期特点,有针对性地制定并调整保险规划方案。

### 7.4.3.2　家庭保险规划流程

家庭保险规划方案的制订一般按照以下流程进行。

(1)风险识别与评估

首先,了解家庭背景,包括家庭成员的基本情况、家庭的收入来源与支出、家庭资产负债结构、家庭成员的喜好与业余爱好等等;其次,分析家庭成员分别处于生命周期的哪个阶段,主要面临的风险;最后,评估家庭成员面临的风险。

(2)分析保障需求

在人生的不同阶段,家庭状况、家庭责任、财务状况和健康状况都不相同。在配置保险产品时,应根据家庭成员的年龄、收入、职业等选择不同的保险产品。在此基础上,确定家庭主要的保障对象和需要保障的内容,包括人寿保险、医疗保险、意外伤害保险和养老保险等;按照家庭经济支柱优先、无法承受的风险优先等原则,根据家庭角色、背景和生命周期确定保障重点,明确家庭成员保障的先后顺序和主次关系。

(3)确定保障金额

按照生命价值法、家庭需求法、“双十原则”,以及被保人已有保障水平确定保险金额。一般情况下,家庭的年保险支出占家庭年收入的10%,保额为年收入的10倍,这样才比较合理。在实际中,需要根据不同家庭的财务状况,分别计算和确定保额。如果保额缺口较大,无需一步到位,在经济条件允许的情况下,先满足一部分保障,比如,可以先投保一些意外伤害保险,此保险产品价格便宜,保障也高,后期根据具体情况,再增加其他保险产品进行补充。人寿保险方面建议采取定期寿险加终身寿险的组合形式,因为定期寿险是保障型产品,保费比较低廉;而终身寿险可以用于遗产规划。

(4)明确投保方案

根据家庭财务状况和理财要求,选择合适的保险产品,形成最佳的投保方案。一个完善的投保方案,应该是保险金额最大、保障最全、保险费适合客户的支付能力。在设计投保方案时,需要细心了解和周密分析,要有全保险的观念,即具有满期、身故、残疾、疾病医疗、意外伤害医疗及重大疾病医疗给付等多种保障,不仅考虑现在,也设想未来,不仅考虑自己,也为全家着想。

(5)动态评估保险方案

随着时间的推移,家庭成员的角色、家庭结构、家庭债务、健康状况等会发生变化,保险规划需要定期检查，查看已有的保障是否能够满足家庭的需求；是否存在保险缺口；保障是否全面；保额是否足额等，根据家庭情况的变化，及时补充保障缺口。另外，还需根据家庭情况的变化及时修改受益人。比如，父母为受益人的产品，在父母离世后，需及时修改受益人。因为如果没有指定受益人，则会按照遗产来处理，并且先用于赔偿被保险人的债务，剩余部分才能法定继承。因此，需要关注指定受益人，以便更好地发挥保险的作用。

**即问即答**

张先生是家庭的经济支柱，他最需要配置哪些保险产品？

即问即答

### 7.4.3.3 案例分析——典型的三口之家的保险需求

(1)家庭背景

张先生的家庭是典型的三口之家。张先生35周岁，是某公司的高层管理人员，因工作需要，经常出差，年收入为30万元，除基本养老保险、医疗保险以外，公司为员工购买了团体医疗保险，保障部分门诊和住院费用，每年公司还为每一位员工购买了意外伤害险，保额20万元；张太太30周岁，在事业单位工作，年收入20万元，参加了基本养老保险、医疗保险、职业年金；女儿甜甜4周岁，在上幼儿园，参加了当地的儿童互助医疗。目前，居住在一套100平方米、市场价值200万元左右的商品房中，月供5,000元，按揭贷款还款期限还有15年。每月的养车费用和日常生活支出约1万元。由于张先生夫妇平时工作都比较忙，业余时间基本上没有体育运动。

(2)风险识别与评估

张先生夫妇比较年轻，身体健康，处于事业和家庭成长期，家庭有一定的财力，有自有住房，虽有月供需归还，但经济负担比较小。夫妇俩的社会保障都比较充分，收入虽有差异，但每个人的经济都能够独立，孩子甜甜是家庭唯一的纯消费者。对张先生家庭而言，他们主要的保障对象是孩子，要保障孩子能够健康、平安、幸福地成长。如果张先生遭遇不幸去世，张太太虽然能够自给自足，但生活的富足感将会下降，而且孩子甜甜将来的教育费用可能存在缺口。同样，张太太万一离世，也会给家庭带来相似的影响。在家庭负债方面，住房按揭贷款月供5,000元，每年需6万元，而且是刚性的支出。在养老方面，夫妇俩退休后要保持生活的富足感，仅凭基本养老保险是无法实现的，因此存在养老金缺口的风险。在医疗方面，夫妇俩有医疗保险保障和企业福利，一般的门诊和住院费用能够保障，但是还面临着重大疾病的风险。在意外伤害风险方面，张先生经常出差，存在较大的意外伤害风险。

(3)确定保障金额

根据“双十原则”，在一般情况下，家庭的年保险支出占家庭年收入的10%，保额为年收入的10倍。据此，张先生家庭每年的收入为50万元，每年的保费支出应在5万元左右，保险金额约为500万元。

(4)明确投保方案

从近期来看，张先生夫妇的保险规划应以人寿保险为主。首先，保障孩子能够健康、幸福地成长。根据家庭需求法，以孩子的生活费用支出计算保障金额。在考虑最糟糕的情况下，张先生夫妇不幸身亡时，孩子存在生活费用缺口。假设张先生夫妇负担甜甜的教育支出和生活费用至 22 周岁大学毕业，甜甜每年的生活费用上涨率为 5%，投资收益率为 8%，按照目前我国的教育费用支出水准，则需要的费用为 40 万元，再考虑甜甜目前的生活费用，这方面的保障金额应该是 50 万元左右，因此，甜甜需要的总保障额为 90 万元。在住房按揭贷款方面，每年需归还的贷款本息为 6 万元，还需归还 15 年，合计 90 万元。建议张先生夫妇购买 180 万元保额的人寿保险。按照张先生夫妇现在的年龄，如果全部购买定期寿险，则每年保险支出为 1 万元。在险种组合方面，建议还是采取定期寿险加终身寿险的组合形式，而且还可以购买部分投资连结保险或万能保险。因为定期寿险是保障型产品，而且保费比较低廉；而终身寿险可以用于遗产规划；投资连结保险或万能保险则兼具保障与投资功能，可用于养老。

在意外伤害方面，张先生的风险比较大。因为死亡风险发生后，主要考虑的是亲属在生活方面的支出。而意外伤害发生后，如果当事人没有死亡但残疾了，那么不但收入减少了，支出还要增加。所以，在考虑意外伤害保险的保额时，应当考虑整个家庭的生活费用和教育支出。采用家庭需求法，假设张先生夫妇都还能生存 50 年，即张先生的预期寿命 85 周岁，张太太的预期寿命 80 周岁，张先生家庭目前的养车费用和日常开支是每月 1 万元，随着孩子长大并独立生活，以及张先生夫妇退休后日常开支将会减少，张先生夫妇的意外伤害险保额为 450 万元（12 万元×25 年＋6 万元×25 年＝450 万元）。考虑到张先生夫妇已有的社会基本养老保险、医疗保险、企业福利和每年结余资金的投资理财收入，建议张先生夫妇购买保额 400 万元的意外伤害保险。另外，孩子甜甜在日常生活中面临最大的风险是意外伤害，需要为甜甜购买一份保额为 20 万元的意外伤害保险。综合考虑，张先生全家每年意外伤害保险支出约 6,000 元。

在医疗保险方面，张先生夫妇的门诊费用和住院费用基本上已有保障了，建议购买重大疾病保险，并附加考虑失能收入保险。建议张先生夫妇每年用于重大疾病保险的保费支出为 2 万元左右。

在年金保险方面，虽然张先生夫妇都有基本养老保险，张太太还有职业年金，由于基本养老保险只能满足基本生活开支，还需要为养老生活建立一份保障。按照“双十原则”，每年的部分支出预算还有 1.4 万元，建议张先生夫妇购买年金保险，补充将来养老的需要。

## 拓展阅读

□保险的社会属性刍议

□健康保险的历史起源

□选保险要“量体裁衣”，中青年保障应优先于老人与孩子

□单薪家庭的养老保险规划

□全职太太的养老规划

□房贷一族的家庭保险规划

□商人家庭的保险理财规划

拓展阅读资料

## 本章小结

■主要术语

风险　风险因素　风险自留　风险控制　风险转移　保险　人寿保险　定期寿险　终身寿险　两全保险　万能保险　分红保险　投资连结保险　健康保险　重大疾病保险　医疗费用保险　长期护理保险　收入保障保险　年金保险　意外伤害保险　双十原则

■主要观点

通过学习本章，我们已经掌握了风险、风险管理与保险的内涵；理解了传统寿险、创新型寿险、健康险、意外伤害险等保险产品与非保险产品的风险保障与理财功能；了解了影响家庭保险规划的因素；学会了如何合理制定家庭保险理财规划方案。以下几个方面的内容，作为本章重点，应该掌握好。

□风险是指某种事件发生的不确定性，具有客观性、普遍性、可测定性和发展性等特征。风险的构成要素包括风险因素、风险事故、风险损失和风险载体。为了将可避免的风险造成的损失极小化，以最少的代价化解危机，对风险进行管理十分重要。保险是一个有效的风险管理手段，也是一个很好的理财工具。

□家庭个人面临着四大风险：人身风险、财产风险、责任风险和投资风险。因为有风险，所以需要通过保险这种产品去化解风险、转移风险，为人身和财产提供安全保障。保险产品大致上又分为人身保险和财产保险年金保险等两大类，它们分别发挥着不同的作用。

□寿险产品包括人寿保险，它们都有着各自的理财保障功能，从而受众于不同的群体。非寿险主要涉及健康保险、意外伤害保险和一般的财产保险。这三大险种都可以有效地转移家庭面临的疾病风险、意外伤害风险和财产遭受自然灾害、意外事故损失的风险。

□在制定家庭保险规划方案时，一般要考虑三个因素：被保险人的生命周期、被保险人的家庭角色和已有保障水平。分析人生的不同阶段、不同角色面临的风险是不一样的，需要配置合适的保险，只有合适的保险才是最好的保险。另外，要根据家庭成员的角色和责任确定保障的顺序、范围及水平，根据生命周期确定保障重点及保险产品组合。

## 自测题

自测题

■客观题

**(一)单项选择题(下列每小题的备选答案中，只有一个符合题意的正确答案。请将你选定的答案字母填入题后的括号中。)**

1. 由于暴雪导致路滑，老李开车与前面的车撞尾，导致车严重受损，在这一事件中，属于风险载体的是(　　)。

A. 下暴雪　　B. 路滑　　C. 车严重受损　　D. 老李的车

2. 风险损失是指偶然发生的、非预期的经济价值的减少或灭失，(　　)将直接导致风险损失的发生。

A. 风险因素　　B. 风险事故　　C. 风险载体　　D. 风险控制

3. 王先生出差、旅游从来不坐飞机,因为他认为乘坐飞机发生风险的损失较大,王先生处理风险的方式属于(　　)。

A. 风险回避　　B. 损失控制　　C. 风险自留　　D. 风险分散

4. 某人驾车出游,未系好安全带,途中发生车祸,造成损失,其中风险因素是指(　　)。

A. 驾车出游　　B. 未系好安全带　　C. 发生车祸　　D. 造成损失

5. 下列属于纯粹风险的是(　　)。

A. 汇率变动风险　　B. 海啸风险

C. 股市波动风险　　D. 经济波动风险

6. 从众多的被保险人的角度来看保险,保险的机制可以看成是大家共同出资,通过保险人建立保险基金,当有被保险人遭受损失时,就可以从共同的基金中提取资金对其进行损失补偿。这反映了保险的(　　)特性。

A. 经济性　　B. 互助性　　C. 契约性　　D. 科学性

7. 以下属于保险基本功能的是(　　)。

A. 融通资金功能　　B. 补偿损失功能

C. 社会管理功能　　D. 防灾防损功能

8. 在下列理财工具中,防御性最强的工具是(　　)。

A. 基金　　B. 商业保险　　C. 国库券　　D. 股票

9. 保险体现的是"我为人人,人人为我"的思想,从风险管理的角度出发,被称为(　　)。

A. 风险回避　　B. 损失控制　　C. 风险自留　　D. 风险分散

10. 风险管理的基础是(　　)。

A. 风险转移　　B. 风险识别　　C. 风险衡量　　D. 风险自留

11. 王先生喜欢高危运动,为了规避风险找到保险公司投保,保险公司不予投保,对这种情况的解释正确的是(　　)。

A. 保险公司承保的风险必须是纯粹风险

B. 风险所致的损失可以预测

C. 损失的程度不要偏大或偏小

D. 保险公司承保的标的必须存在大量同质单位

12. 冬天下雪,高速公路上结冰,交通部门将会对高速公路实施必要的封路措施,因为路上结冰有可能导致风险事故,产生风险损失。下列关于风险损失的说法正确的是(　　)。

A. 风险损失是必然发生的　　B. 风险损失是预期的经济价值的减少

C. 风险损失只包括直接损失　　D. 风险损失可以用货币来计量

13. 小张向好友小王借了 10 万元购房,并向某保险公司购买保险以保证准时归还小王的借款,此保险属于(　　)。

A. 人身保险　　B. 保证保险　　C. 责任保险　　D. 信用保险

14. 韩小姐不知道购买保险的用途,通过咨询得知投保人通过缴纳保险费,购买保险产品,将自身所面临的(　　)转嫁给保险人,保险人收取保费,形成保险基金,用于未来的(　　)赔付。

A. 风险;确定性　　B. 风险损失;确定性

C. 风险；不确定性　　D. 风险损失；不确定性

15. 保险成立的前提是（　　）。

A. 众人协力　　B. 风险存在　　C. 损失赔偿　　D. 定期给付

16. 下列属于保险最根本的职能，也是家庭理财中对保险的基本定位的是（　　）。

A. 风险保障功能　　B. 储蓄功能　　C. 资产保护功能　　D. 避税功能

17. 下列（　　）是适合中老年、中低收入家庭购买的人寿保险产品。

A. 分红保险　　B. 万能寿险

C. 终身寿险　　D. 投资连结保险

18. 下列（　　）是适合中青年、中高收入家庭购买的人寿保险产品。

A. 分红保险　　B. 万能寿险　　C. 终身寿险　　D. 投资连结保险

19. 从风险角度考虑，保险购买的顺序恰当的是（　　）。

A. 爷爷奶奶＞丈夫＞妻子＞孩子　　B. 丈夫＞爷爷奶奶＞妻子＞孩子

C. 丈夫＞妻子＞爷爷奶奶＞孩子　　D. 孩子＞爷爷奶奶＞妻子＞丈夫

20. 人生不同阶段会面临各种风险，其中（　　）阶段面临的生存风险最大。

A. 未成年期　　B. 已婚青年期

C. 已婚中年期　　D. 退休老年期

**（二）多项选择题（下列每小题的备选答案中，有两个或两个以上符合题意的正确答案。请将你选定的答案字母填入题后的括号中。）**

1. “天有不测风云，人有旦夕祸福”表示风险具有不确定性，具体包括（　　）。

A. 风险是否发生是不确定的　　B. 风险发生的时间是不确定的

C. 风险发生的地点是不确定的　　D. 风险是否存在是不确定的

E. 风险能否计量不确定

2. 保险的基本要素包括（　　）。

A. 众人协力　　B. 风险存在

C. 损失赔偿　　D. 定期给付

E. 风险分散

3. 一般来讲，可保风险应具备的条件包括（　　）。

A. 纯粹风险　　B. 损失可以计量

C. 风险发生有偶然性　　D. 具有规模性

E. 有导致重大损失的可能

4. 家庭或个人面临的主要风险包括（　　）。

A. 人身风险　　B. 财产风险

C. 责任风险　　D. 信用风险

E. 社会风险

5. 下列家庭或个人面临的主要风险中，可以通过保险来转移或分散的是（　　）。

A. 人身风险　　B. 财产风险

C. 责任风险　　D. 信用风险

E. 社会风险

6. 风险管理的方法包括(　　)。

A. 风险回避　　B. 损失控制

C. 风险自留　　D. 风险转移

E. 风险度量

7. 下列(　　)保单具有现金价值。

A. 意外伤害险　　B. 定期寿险

C. 终身寿险　　D. 两全保险

E. 责任保险

8. 两全保险是指期内死亡和期满生存均有保险金的保险,具有(　　)等特点。

A. 永久性保障　　B. 价格较高

C. 储蓄性强　　D. 有现金价值

E. 保单质押融资

9. 意外伤害保险是为意外伤害事故导致死亡和残疾的风险提供保障,具有(　　)等特点。

A. 期限短　　B. 保费低廉

C. 保额高　　D. 有现金价值

E. 不需体检

10. 影响家庭保险规划的基本因素有(　　)。

A. 被保险人的生命周期　　B. 保险人的生命周期

C. 保险人的职业　　D. 被保险人的家庭角色

E. 已有保障水平

**(三)判断题(请将你的判断结果填入题后的括号中。你认为正确的,填"√";你认为错误的,填"×"。)**

1. 长期寿险由于具有现金价值,并且保单现金价值是按照复利计算收益的,使得保单的储蓄生息功能比银行存款具有优势。(　　)
2. 人寿保险合同是以人的生命和身体为保险标的,在资产被冻结时,人寿保险仍可以为客户提供保单质押贷款。(　　)
3. 对保单质押贷款而言,保单持有人没有偿还保单质押贷款的法定义务。(　　)
4. 终身寿险是应对死亡风险的一种寿险产品,其保费低廉,适合于低收入群体。(　　)
5. 两全保险的储蓄性极强,有现金价值,其净保费等于风险保险费(死亡给付)加上储蓄保险费(生存给付)。(　　)
6. 人寿保险产品都具有现金价值。(　　)
7. 实际死亡率越低,越有利于年金寿险,而不利于人寿保险。(　　)
8. 已婚青年期最需要购买定期寿险,以配偶等家人为受益人,为降低家庭重要收入提供者遭受意外后,家庭收入中断的风险;购买重大疾病保险及意外伤害保险,防止因重大疾病或意外事故导致家庭财务状况出现较大波动。(　　)
9. 小王喜欢宠物,家里养了一只名为贝贝的雪纳瑞,让她担心的是贝贝争强好胜,喜欢追逐行人,可能会对行人造成伤害,建议她购买一份意外伤害险是比较合适的。(　　)
10. 健康保险是以人的身体为保险标的,与保险公司约定被保险人在疾病或意外事故导致伤害时发生的费用或损失获得补偿的一种保险，即通过疾病保险、医疗保险、护理保险和伤残收入保险等方式对因健康原因导致的费用或损失给付保险金的保险。（　　）

■主观题

1. 如何理解“无风险，无保险”？
2. 寿险保单都具有现金价值吗？
3. 如何理解人寿保险的资产保护功能？
4. 什么是保险的“双十原则”？

## 讨论题

□所有风险都可以通过保险来分散或转移吗？为什么？

□黄先生一家三口与爷爷奶奶一起居住，黄先生是家庭的经济支柱，为了分散日常生活中的风险，你认为三代人如何配置保险产品是合适的？

## 案例分析

### 沈先生家庭需要补充商业保险吗？

沈先生今年30岁，从事IT行业，月税后收入14,000元，年终奖税后40,000元。妻子柳女士今年27岁，是一名美容师，每月税后收入7,000元，年终奖为税后20,000元。孩子沈园5岁，上幼儿园。沈先生和柳女士目前主要的保障来自社保，均无其他商业保险。沈先生认为自己虽然是家庭主要收入来源的提供者，但是感觉身体健朗，充满活力，不需要购买商业保险，而妻子身体一般，孩子尚小，容易生病，经做保险经纪的亲戚朋友推荐，给妻子、孩子买了2份寿险。

□**问题**

请问沈先生家庭的商业保险配置合理吗？是否需要补充商业保险？为什么？如果需要，一家三口如何合理配置保险产品？

□**考核点**

商业保险、定期寿险、重大疾病保险、意外伤害险。

## 推荐书目

□槽叔，《你的第一本保险指南》，中信出版社，2018年版。

恐怕没有什么东西比买保险更让人纠结的了。

保险明明是刚需，为什么大多数人却迟迟不敢下单？

想找销售咨询？不大信任，时间成本高。

想上网搜一搜？没有头绪，信息太繁杂。

你和保险之间，隔着一堵厚厚的玻璃墙。

毕竟，保险这个金融产品看上去实在太复杂了，总感觉隔着万水千山。远的不说，单说怎么破除对保险的误解，就是摆在很多人眼前的难题。到底买哪一个好？另外，保险公司在条款描述上那么晦涩，我该怎么看？

该本针对 18 至 50 岁中青年群体的保险科普指南,作者挑选出你对保险最关心、最纠结的问题,娓娓道来。

你为什么会误解保险? 怎么为家人,尤其是孩子买对保险? 有哪些“坑”需要格外关注? 有没有可以参考的保险购买规范流程? 香港保险值得买吗? ……

这些问题都可以从该书中找到答案。

## 自我评价

| 学习成果 | 自我评价 |
|---|---|
| 我已经掌握了风险、风险管理与保险的内涵,熟悉了风险要素和风险管理方法,理解了保险是一个重要的分析管理工具 | □很好　□较好　□一般　□较差　□很差 |
| 我已经掌握了保险在家庭理财中的功能 | □很好　□较好　□一般　□较差　□很差 |
| 我已经理解了传统寿险、创新型寿险等寿险产品的风险保障与理财功能,理解了健康险、意外伤害险等非寿险产品的风险保障与理财功能 | □很好　□较好　□一般　□较差　□很差 |
| 我已经熟悉了影响家庭保险规划的因素,掌握了典型家庭保险理财规划的编制 | □很好　□较好　□一般　□较差　□很差 |

# 第8章　拥有自己的住房:住房消费方案



## 导入语

我们总是在寻找一个适合居住和生活方式的房子,有宽敞明亮的客厅、足够多的卧室、舒适的厨房,甚至还有属于孩子的玩具室。住房对一个家庭来说如此重要,甚至成为我们的梦想。购买房子需要很多钱,对大多数家庭来说,购房可能是一生最大的支出。购房不仅仅是实现居住梦想,也是一项重要的投资决策。如果你拥有一套属于自己的房子,在某种意义上,你就拥有了自己的家,就相当于在财务上取得了成功。

## 学习目标

通过学习本章,明白如何实现年轻人的蜗居梦;了解购房财务决策的基本方法;学会租房与购房的比较分析;理解购房财务规划的主要指标、住房公积金贷款和商业贷款的区别、购房规划还款方式;掌握确定首付款的方法;学会住房按揭贷款等额本金、等额本息的计算方法。

## 思维导图

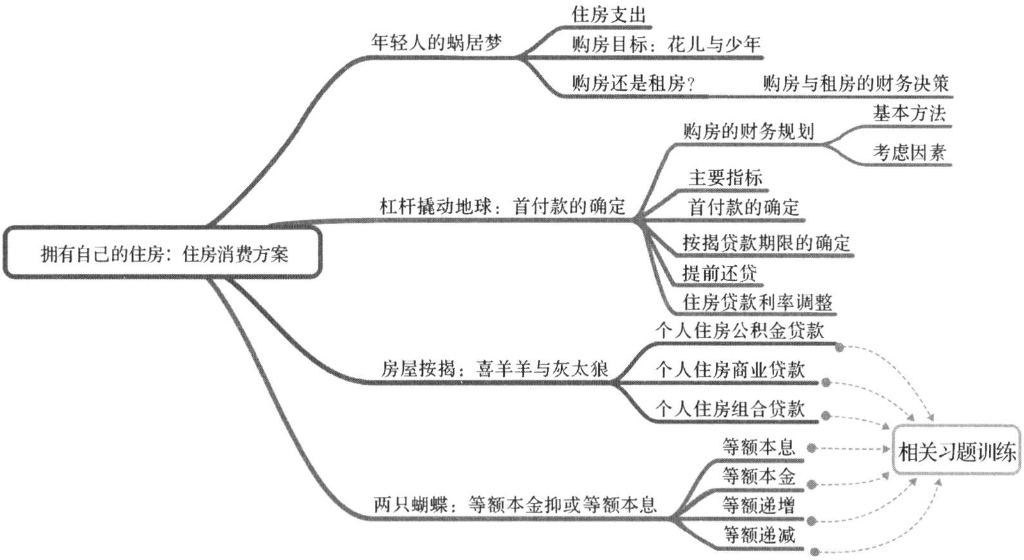


# 8.1　年轻人的蜗居梦

视频:年轻人的蜗居梦

## 8.1.1　为什么要进行住房规划

PPT 课件

随着住房商品化政策的推行,普通大众更多的会选择通过按揭贷款的方式买房。近年来,在众多因素的影响下,我国房地产价格一直居高不下。个人或家庭买房往往对家庭生活带来较大的影响,甚至成为家庭一定时期内沉重的负担,有的个人或家庭甚至沦为"房奴"。巨大的还贷压力一方面严重影响了家庭的生活质量,另一方面也会影响个人或家庭其他财务目标的实现。为此,在个人或家庭购房之前,应进行财务规划:根据家庭负担能力、个人所处的生命周期阶段选择合适的住房;设定购房目标、提前准备;根据财务状况选择最合适的还款方式;将住房消费规划与子女教育规划、保险规划、退休养老规划相结合,并进行综合考量,最终确定最佳的购房方案。

## 即问即答

即问即答

目前房价较高,个人或家庭买房后面临巨大的还贷压力,一方面会严重影响家庭的生活质量,另一方面也会影响个人或家庭其他财务目标的实现。为此,你认为该怎么解决此困惑?

## 8.1.2 住房支出的分类

随着房价的不断攀升，住房支出在家庭消费支出中所占的比重越来越高。如何规划住房支出已成为人们越来越关心的问题。

一般而言，住房支出可分为住房消费和住房投资两类。住房消费是指居民家庭为取得住房提供的庇护、休息、娱乐和生活空间等而进行的支出，这种消费支出可以通过买房或租房来实现。按照国际惯例，住房消费价格常用租金价格来衡量，对于自有住房则用隐含租金来衡量。住房投资是指将住房看成投资工具，通过住房价格上涨来获取投资收益，希望住房资产保值或增值。在国外，住房投资有时还被用来避税。

**即问即答**

住房消费是指居民为取得住房提供的庇护、休息、娱乐和生活空间等而进行的消费，你认为这种消费如何实现？

即问即答

## 8.1.3 购房的目标

购房的目标包括个人或家庭计划购房的时间、希望居住的面积、届时的房价等三大要素。如图 8-1 所示。

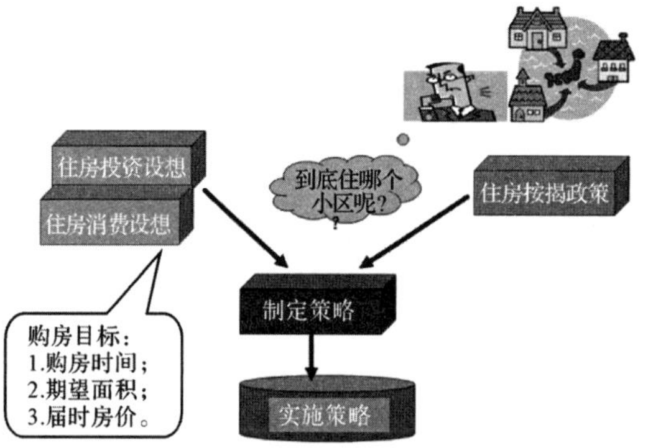


**图 8-1 年轻人的住房梦**

### 8.1.3.1 购房时间

住房是具有刚性需求与投资需求双重属性的大额商品。在购买住房之前需要做好相关的准备工作，比如选择一个好的时机买房。购房的时机选对了，不仅可以买到一套满意的房子，而且还可能节约一大笔资金。所以，选择购房的时机很重要。那么，什么时候购房比较好呢？

购房时间的选择需要考虑经济形势、房价走势、限购政策和家庭自身状况等因素。如果是首套、刚需自住，只要储蓄存款足够支付购房首付款，且后期偿还住房按揭贷款不会明显降低生活质量，则可以考虑购房。如果是以投资为主、自住为辅，则需要考虑自身投资理财的年化收益率与未来房价的涨幅，未来房价上涨趋势明显或者是大概率事件，则可以考虑购房。另外,夫妻结婚前(婚房)、孩子上学前(学区房)、本人换工作前等都是考虑购房的时间事件。

需要注意的是:因为购房是一笔大额的支出,无论时间再紧迫,也需要在家庭成员全部达成共识之后再进行购买,否则很可能因为匆忙买房而带来家庭矛盾。

#### 8.1.3.2　购置面积

根据购房目标,个人或家庭在确定住房面积时应把握以下几个原则:

(1)不必盲目求大

房屋的主要功能是满足人们日常居住的需要,如果房子买得太大,势必会有一部分面积闲置。由于房价普遍较高,为不经常使用的面积买单是不明智的。

(2)无需一次到位

有人认为买面积大一点的房子可以一劳永逸,实际上这是一种错觉。因为人们在一套房子里住一辈子的可能性很小,过 5—10 年换一套住房也比较普遍,且从户型设计角度来看,现在最好的户型在十年或二十年之后也会跟不上时代的发展。另外,一般情况下,子女成家后会另择新居,一旦子女离开,则闲置面积就会增加。

(3)量力而行

一些人为了面子,会倾向于购买大面积的住房。面积大势必总价高,要求的首付款多,向商业银行按揭的贷款也多,贷款利息支付得多,月供负担加重,势必影响日常开支和生活质量的提高。一般而言,购房面积的大小取决于个人或家庭的资金实力和还贷能力。另一方面,小户型的住房由于总价低,需求人群多,比大户型的住房更容易转手,具有更好的流动性。

#### 8.1.3.3　届时房价

住房价格主要取决于两个因素:一是区位,二是面积。区位决定了住房的单价,好地段的住房单价高,而住房的面积主要取决于居住的人数。同样一笔钱,买好地段的房子,因为单价高可以购买的面积小;而买地段差一点的房子,因为单价低可以购买的面积大。但是,地段差的房子,往往比较偏远,生活较为不便利,通勤成本增加,耗在路上的时间成本也会增加。因此,购房时应综合考虑个人或家庭的财务负担能力和对居住环境的要求,包括居住社区的人文环境、上班的距离、子女上学和生活配套等因素。

**即问即答**

相对于大户型的住房而言,小户型的住房由于总价低,需求人群多,更容易转手,具有更好的流动性。这个表述是否正确?

即问即答

### 8.1.4　购房的流程

影响个人或家庭购房的因素很多,在充分考虑家庭财务状况、居住要求、房价走势、通勤时间等因素下,在做购房决策时应按照一定的流程规范进行。如图 8-2所示。

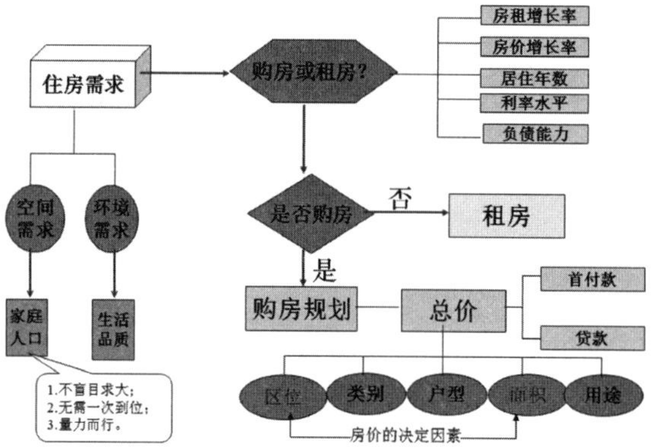


**图 8-2　实现住房梦的流程**

**即问即答**

住房需求包括空间需求和环境需求等,考虑空间需求时应遵循哪些基本原则?

即问即答

## 8.1.5　购房还是租房

年轻人的蜗居梦可以通过购房或者租房来实现。那么,究竟是购房还是租房,需要结合每个家庭的自身状况,具体问题具体分析。

8.1.5.1　租房的主要人群

(1)刚刚踏入社会的年轻人

一般而言,刚刚工作的年轻人收入较低,但生活开销较大。如果在工作起步时就买房,对大多数家庭来说,高额的房价不仅会让家庭多年的积蓄一扫而空,而且还会背上沉重的还贷负担。就目前北京、上海、广州、深圳等一线城市,以及像昆明、福州等大多数二线城市而言,刚走出校园的大学生租房居住是非常普遍的。

(2)工作地点与生活范围不固定者

如果因为工作关系需要频繁地轮换地方或经常被派遣到其他城市的工作者,不太适合在临时的工作地点买房。因为住房是不动产,流动性较差。因此,对该人群而言,可以先租房,等到工作或生活地点稳定下来了,再进行购房规划。

(3)储蓄不多的家庭

由于房价高,购房需一大笔资金。虽然银行提供的按揭贷款可以解决一部分购房款,但是购房还需要支付房屋总价 20%－40%的首付款,以及购房后需缴纳契税、维修基金,以及房屋装修、购买家具电器等费用,这些都需要购房者具有较多的储蓄积累和资金实力。对于收入不稳定,财力不够雄厚的居民家庭而言,租房是一种较好的选择。

(4)不急需买房且分辨不清房价走势者

随着国家宏观调控政策的推进,房价涨涨跌跌,有起有落。从短期来看,如果看不清房地产市场未来的发展方向和房价走势。对于不急于马上买房的购房者而言,暂且租房等待购房时机,“以静制动”,静观其变,不失为一种较好的策略。

**即问即答**

年轻人的蜗居梦可以通过购房或租房来实现,适宜租房的人群包括哪些?

即问即答

#### 8.1.5.2　购房与租房的比较

在进行购房与租房决策时,必须考虑生活方式、财务预算、储蓄(购房需巨额首付款)、机会成本、房地产的流动性和增值潜力等因素。其中,影响生活方式的因素包括:房屋的地理位置,比如郊区的房子安静、空气好,但购物不方便,而市中心的房子热闹、繁杂,但购物便利;上班地点距离住房的远近;周边学校,如幼儿园、小学和中学等;公共交通、商业配套设施的便捷程度;城市规划;所在小区的档次、居住人群的精神面貌;自身的社交活动;等等。如果将购房与租房相比较,各自都有优缺点,如表 8-1 所示。

**表 8-1　购房与租房的优缺点比较**

| | 购　房 | 租　房 |
|---|---|---|
| 优点 | (1)强制储蓄<br>(2)应对通货膨胀<br>(3)发挥财务杠杆作用,具有财富增值潜力<br>(4)有归属感、安全感,可按自身喜好装修<br>(5)提高居住质量和效用<br>(6)增加家庭或个人信用 | (1)可居住更大面积的房子,有更多的使用空间<br>(2)容易应对家庭收入的变化<br>(3)每月支付房租,负担较轻<br>(4)不需支付首付款,资金可获取衍生收入<br>(5)灵活方便,自由性强<br>(6)房屋毁损风险由房东承担<br>(7)不用担心房价下跌风险 |
| 缺点 | (1)缺乏流动性<br>(2)负担较重,房贷压力可能会影响生活质量<br>(3)首付款的机会成本较大<br>(4)维护费用较高<br>(5)面临房价下跌风险 | (1)面临非自愿搬离风险<br>(2)无法按自己期望装修房子<br>(3)受房东制约,房租可能会涨<br>(4)不能发挥财务杠杆作用增加财富<br>(5)无法通过购房强迫自己储蓄 |

**即问即答**

租房与购房相比较,各自都有优缺点,购房优点有哪些?

即问即答

#### 8.1.5.3　购房与租房的财务决策

购房与租房的财务决策有两种分法,即年成本法和净现值法。

(1)年成本法

购房的使用成本是首付款占用的机会成本,以及房屋按揭贷款利息;租房的使用成本是房租。使用年成本法进行购房与租房决策时,应考虑房租是否每年会涨、房价是否会涨、利率的高低等因素。

(2)净现值法

考虑在一个固定的居住期间,将租房及购房的成本费用折算成现值,并进行比较,较低的方案有利。

## 知识链接

### 购房与租房的财务决策案例

王先生刚调到杭州工作,现在考虑是购房还是租房来解决居住问题。假设目前王先生已有存款50万元,要求住房面积为120平方米,可以购买也可以租赁。如果租房,房租每月9,000元,需要多交1个月的租金作为押金;如果购房,房屋总价为120万元,最低需三成首付,其余可以按揭贷款,房贷利率为6%,贷款期限20年。假设租金和首付款的机会成本为5%,请你分析王先生该租房还是购房?

(1)利用年成本法决策

以1年期为例进行计算:

①租房年成本

租房年成本=9,000×12+9,000×5%×1=108,450(元)

②购房年成本

假设按揭贷款采用等额本息方式还贷,运用理财计算器计算,得出月供为6,018元,第一年支付的按揭贷款利息为49,790元。

购房年成本=1,200,000×30%×5%+49,790=51,590(元)

此外,购房还需考虑房屋的维护成本和房屋价格变化。一般而言,租房者不需承担房屋维护成本,而由购房者承担。越旧的房屋,维护成本越高。本例预期当年房屋维护成本为5,000元。随着房地产市场的发展,房屋价格呈上升趋势,假设房价每年上升1%,则第一年的增值是12,000元。

综合上述考虑,购房第一年的成本为51,590+5,000-12,000=44,590(元),比租房年成本108,450元低许多,所以购房比较合适。当然,购房需要一笔巨额的首付款,不是每一个家庭都具备这种实力。

(2)利用净现值法决策

假设王先生需要居住5年,月租金每年增加500元,以5%的利率作为折现率。如果贷款年利率为6%,则20年还款期每年归还本息72,216元,5年后房贷余额为713,157元,假设第5年年末将房屋卖掉,获得的房款为2,000,000元。房屋每年的维护成本为5,000元。

①租房净现值

一般情况下,房屋租金在年初支付,假设是每年1月1日支付全年租金,则第一年支付的租金为9,000×12+9,000=117,000(元),第二年支付的租金为9,500×12=114,000(元),第三年支付的租金为10,000×12=120,000(元),第四年支付的租金为10,500×12=126,000(元),第五年支付的租金为11,000×12=132,000(元),第六年初取回押金9,000元。

根据上述租金的费用,按照5%的利率折现,利用理财计算器计算得租房净现值为544,803元。

②购房净现值

一般情况下,购房首付款在年初支付,每月归还的月供在月末支付,为了简化计算,这里的月供按年在每年末计算。则第一年年初支付首付款为 1,200,000×30%=360,000(元),第一年首付款的机会成本、归还贷款利息和维护成本为 1,200,000×30%×5%+49,790+5,000=72,790(元),第二年首付款的机会成本、归还贷款利息和维护成本为 1,200,000×30%×5%+48,407+5,000=71,407(元),第三年首付款的机会成本、归还贷款利息和维护成本为 1,200,000×30%×5%+46,932+5,000=69,932(元),第四年首付款的机会成本、归还贷款利息和维护成本为 1,200,000×30%×5%+45,379+5,000=68,379(元),第五年首付款的机会成本、归还贷款利息、维护成本、归还贷款剩余本金和销售房屋获得房款为 1,200,000×30%×5%+43,723+5,000+713,157−2,000,000= −1,220,120(元)。

根据上述购房收支的成本收益,按照 5%的利率折现,利用理财计算器计算得购房净现值为−577,612 元。

这里计算的净现值是租房或者购房的成本费用,购房净现值为负值说明购房具有收益,所以购房更划算。在本例中,最重要的影响因素是 5 年后房屋有较大的增值,带来巨额的增值收益。如果房价变动平缓,或者下跌,则可能会得出相反的结论。

**即问即答**

运用年成本法进行购房与租房决策时,购房的使用成本是房屋按揭贷款利息,而租房的使用成本是房租。(　　)。(判断题)

A. 正确

B. 错误

即问即答

## 资料卡 8-1

房屋生涯规划如表 8-2 所示。

**表 8-2　房屋生涯规划表**

| 年龄(岁) | 购换房 | 选房因素 | 月收入(元) | 可负担房款(万元) |
|---|---|---|---|---|
| 青春期(<30) | 首次购房 | 房价、便利 | 3,000—5,000 | 20—35 |
| 前中年期(30—40) | 第一次换房 | 学区、交通 | 5,000—10,000 | 35—70 |
| 后中年期(40—55) | 第二次换房 | 环境、治安 | 10,000—15,000 | 70—100 |
| 老年期(>55) | 第三次换房 | 养老、遗产 | 5,000—8,000 | 30—50 |

注:可负担房款按照年收入的 5—6 倍计算。

## 8.2 杠杆撬动地球:首付款的确定

视频:杠杆撬动地球:首付款的确定

PPT课件

在购房目标确定后,需分析家庭的财务状况,了解银行的信贷政策,充分发挥按揭贷款的财务杠杆作用,合理确定首付款和按揭贷款的比例。在保证一定的财务弹性下,以储蓄及还贷能力估算能够负担的房屋总价。购房支出除了支付房款以外,还需缴纳契税、印花税、房屋买卖手续费、公证费、律师费等各项费用。在现实生活中,二手房交易时需由售房者承担的增值税、个人所得税、印花税、中介服务费等相关费用一般也都转嫁给了购买方。房款加上这些费用,就得到总的购房资金需求,也就是购房规划要实现的财务目标。

### 8.2.1 购房的财务规划

#### 8.2.1.1 财务规划的基本方法

(1)以储蓄及还贷能力估算可购买房屋的总价

①可负担首付款=目前储蓄在未来购房时的终值+从目前到未来购房时这段时间内年收入在未来购房时的终值×年收入中可负担首付比例的上限。

②可负担房贷=以未来购房时年收入为年金的年金现值×年收入中可负担贷款比例上限。

③可负担房屋总价=可负担首付款+可负担房贷。

## 知识链接

**购买房屋总价的估算**

王先生目前的年收入为100,000元,预计收入每年增加3%,除去日常开支,每年的储蓄比率为40%。现在已有储蓄存款20,000元,打算5年后买房,假设王先生的投资报酬率为10%,购房时准备贷款20年,届时的房贷利率为6%,采用等额本息还款。要求计算王先生可负担房屋的总价格。

①可负担首付款的计算

从目前开始到王先生买房还有5年时间,在这5年中,王先生将储蓄存款20,000元,以及每年收入的40%积攒下来,进行投资之后用于购房首付,具体计算如表8-3所示。

**表8-3 可负担首付款的计算**

| 年份 | 年收入 | 年储蓄 | | 储蓄部分在购房时的终值 | |
|---|---|---|---|---|---|
| 0 | | | 20,000 | $20,000\times(1+10\%)^5$ | 32,210 |
| 1 | 100,000 | 100,000×40% | 40,000 | $40,000\times(1+10\%)^4$ | 58,564 |
| 2 | 103,000 | 103,000×40% | 41,200 | $41,200\times(1+10\%)^3$ | 54,837 |

**续　表**

| 年份 | 年收入 | 年储蓄 | | 储蓄部分在购房时的终值 | |
|---|---|---|---|---|---|
| 3 | 106,090 | 106,090×40% | 42,436 | $42,436\times(1+10\%)^2$ | 51,348 |
| 4 | 109,273 | 109,273×40% | 43,709 | $43,709\times(1+10\%)^1$ | 48,080 |
| 5 | 112,551 | 112,551×40% | 45,020 | 45,020 | 45,020 |
| 终值总计 | | | | 290,059 | |

②可负担贷款的计算

王先生购房时（第 6 年）年收入中可用于归还贷款的资金为 $40,000\times(1+3\%)^5=46,371$（元）

如果按照贷款年利率为 6%，贷款期限 20 年考虑，利用理财计算器计算得可负担贷款为 531,871 元。（即 P/Y＝1，N＝20，I/Y＝6，PMT＝46,371，计算得 PV＝531,871）

根据上述计算，可负担房屋总价＝可负担首付款＋可负担房贷＝290,059＋531,871＝821,930 元。

此时，房屋贷款占房屋总价的比例＝(531,871÷821,930)×100%＝64.71%。

一般而言，住房按揭贷款占房屋总价比例应小于 70%，因此，上述购房的财务方案合理。

---

(2)按拟购买的房屋总价计算每月的月供

①拟购买房屋总价＝房屋单价×房屋面积。

②需支付的首付款＝拟购买房屋总价×首付比例。

③需按揭的贷款额＝拟购买房屋总价－需支付的首付款。

④每月的月供＝按揭的贷款额×资金回收系数。

按照此方法进行购房财务决策时，需考虑按揭贷款的数额是否能够得到银行的审批，以及购房后每月需要支付的月供占家庭月收入的比重不宜过高。如果月供占家庭月收入的比重过高，或者家庭月收入不足以支付月供，则会影响财务安全，需要减少按揭贷款额，降低购买的房屋总价。

上例中，王先生将储蓄存款 20,000 元，以及每年收入的 40%积攒下来进行投资，5 年后得到可用于购房的首付款为 290,059 元。

如果王先生购房时（第 6 年）银行按揭贷款政策规定，首付款比例为 30%，则王先生可购买房屋的总价为 290,059÷30%＝966,863（元），此时需按揭贷款为 966,863－290,059＝676,804（元）。

按照贷款年利率 6%，贷款期限 20 年考虑，利用理财计算器计算按揭贷款 676,804 元每年需归还贷款本息 59,007 元。（即 P/Y＝1，N＝20，I/Y＝6，PV＝676,804，计算得 PMT＝59,007）

而王先生第 6 年可储蓄的资金为 $PMT=40,000\times(1+3\%)^5=46,371$（元），小于每年需归还的按揭贷款本息 59,007 元。因此，购房时如果按揭贷款 676,804 元的财务压力过大，每年贷款本息归还有困难，需减少按揭贷款额，降低购买的房屋总价。

**即问即答**

在进行购房财务决策时，每月支付的月供占家庭月收入的比重（财务负担比）不宜过高，该比例的确定需以财务安全为前提。请问这个比例多少是合适的？

即问即答

#### 8.2.1.2 财务规划需考虑的其他因素

在购房规划时，除了购房款以外，契税、印花税、房屋买卖手续费、公证费、律师费等各项税费，以及家庭装潢装修费用、家具家电购置费等都需要考虑。

(1)相关税费

①购置新房

契税：根据现行的税收法规，购买房屋要向国家缴纳契税，无论是商品房还是存量房的购买都需缴纳。住宅类房屋按房款总价的1%－3%缴纳，具体比例需根据购房时间、购房单价、购房面积、是否第1次购房等因素来确定；非住宅类房屋按计税参考价的3%缴纳。自2017年2月22日起，国家调整了房地产交易环节的契税优惠政策。对个人购买家庭住房（家庭成员范围包括购房人、配偶和未成年子女，下同）面积为90平方米及以下的，减按1%的税率征收契税；面积为90平方米以上的，减按1.5%的税率征收契税。对个人购买家庭第二套改善性住房，面积为90平方米及以下的，减按1%的税率征收契税；面积为90平方米以上的，减按2%的税率征收契税。需要注意的是，北京、上海、广州、深圳暂不实施个人购买家庭第二套改善性住房契税优惠政策。

印花税：与房地产开发商签订《商品房买卖合同》时，需按房价款的万分之五贴花；与商业银行签订《个人购房贷款合同》时，需按借款金额的万分之零点五贴花；向国家房地产管理部门领取《房屋产权证》《土地使用证》时，按每件5元贴花。

维修基金：商品住宅销售时，购房者需按照购房款的2%－3%的比例向售房单位缴纳维修基金。

物业管理费：在房屋交付后，物业公司为业主提供物业服务而收取的费用。物业管理费的收费标准、具体档次费率按各地物价部门的规定执行。

②购置二手房

契税：同购置新房。

印花税：与售房者签订《二手房买卖合同》时，需按房价款的万分之五贴花；与商业银行签订《个人购房贷款合同》时，需按借款金额的万分之零点五贴花；向国家房地产管理部门领取《房屋产权证》《土地使用证》时，按每件5元贴花。

中介服务费：一般按照房屋成交价格的1%－2%计算，目前没有统一的规定，各地一般按照房地产中介业内的收费惯例收取。

房产评估费：银行为了控制贷款风险，委托第三方评估机构对购房者抵押的房屋价值进行评估，要求购房者承担评估费，收费标准为房价的1‰－5‰不等。

另外，二手房交易时需由售房者承担的增值税、个人所得税、印花税、中介服务费等相关费用一般也都转嫁给了购房者。

增值税：自2016年3月24日起，我国全面推开营业税改增值税。个人将购买不足2年的住房对外销售的,按照 5%的征收率全额缴纳增值税;个人将购买 2 年以上(含 2 年)的住房对外销售的,免征增值税。需要注意的是,城市维护建设税、教育费附加、地方教育附加是增值税的附加税,按照增值税的实缴额征收。一般情况下,将增值税、城市维护建设税、教育费附加、地方教育附加一起按 5.6%的征收率征收。

个人所得税:对以家庭为单位出售非唯一住房的需缴纳个人所得税。在这里有两个条件:①是否为家庭唯一住宅;②购买时间是否超过 5 年。个人所得税一般按照房屋两次交易差的 20%缴纳,如果纳税人不能提供房屋原值及合理费用的相关证明,也可以申请按照出售价格的 1%—3%缴纳,这里的 1%—3%征收率标准由各地区核定,如杭州市的征收率:普通住房为 1%;非普通住房或非住宅类房产为 1.5%,拍卖房产为 3%。

## 知识链接

### 二手商品房交易的税费

2008 年 1 月,张先生以 1,000,000 元的价格购买了一套 120 平方米的房屋,2018 年 11 月将此房以 3,000,000 元的价格出售给李先生。

(1)张先生转让房屋需要缴纳的税费

印花税:印花税=成交价格×0.05%=3,000,000×0.05%=1,500(元)

增值税及附加:增值税及附加=成交价格×5.6%=3,000,000×5.6%=16,800(元)

个人所得税:根据有关规定,如果不能提供房屋原值的,将按纳税人住房转让收入的 1%核定应纳个人所得税额;能提供完整资料的,按两次交易差价的 20%计算。就该套房屋而言,其个人所得税有两种算法。

①按照 20%征税(商品房及其他住房合理费用为:最高扣除限额为房屋原值的 10%):

个人所得税=(转让收入—房屋原值—转让住房过程中缴纳的税金—合理费用)×20%
=(3,000,000—1,000,000—1,500—16,800—100,000)×20%=376,340(元)

②按照 1%征税

个人所得税=住房转让收入×1%=3,000,000×1%=30,000(元)

中介服务费:中介服务费=成交价格×1%=3,000,000×1%=30,000(元)

根据上述计算,如果按 20%征收个人所得税,张先生所需缴纳的税费总额为 424,640 元;如果按 1%征收个人所得税,张先生所需交纳的税费总额为 78,300 元。

值得注意的是,不管按照哪种方式缴纳个人所得税,在现实生活中,张先生所需缴纳的税费一般也都会转嫁给购房者李先生。

(2)李先生购买房屋需要缴纳的税费

契税:契税=成交价格×1.5%=3,000,000×1.5%=45,000(元)

印花税:印花税=成交价格×0.05%+5×2=3,000,000×0.05%+5×2=1,510(元)

中介服务费:中介服务费=成交价格×1%=3,000,000×1%=30,000(元)

房产评估费:房屋评估费=成交价格×1‰=3,000,000×1‰=3,000(元)

李先生所需缴纳的税费总额为 79,510 元。

(2)装潢装修和家电家具购置费

随着人们生活水平的不断提高,对房屋装修的质量、风格、环保等要求越来越高,房屋装修和购买家具家电支出已成为住房消费支出的一项重要内容。当然,每个家庭对居住条件的要求不一样,在这方面的开支也千差万别,应具体情况具体考虑。如果购买的是精装修商品房,这在硬装修上省去了一大笔支出,只要考虑软装就可以了。

**即问即答**

王先生购买首套自用住房,面积为 120 平方米,购房款为 4,000,000 元。按照国家现行的税收政策规定,王先生取得房屋产权需要缴纳契税,则王先生需要缴纳契税(　　)元。(单项选择题)

即问即答

A. 40,000　　B. 60,000

C. 80,000　　D. 120,000

### 8.2.2　财务规划的主要指标

在进行购房财务规划时,通常使用一些财务指标来估算最佳的住房贷款额度,其中比较重要的指标包括住房负担比和财务负担比。

(1)住房负担比

住房负担比是指房屋按揭贷款的月供款占借款人税后月收入的比率,一般不应超过 25%—30%。

(2)财务负担比

财务负担比是指房屋月供款加上其他 10 个月以上贷款的月还款总额占借款人税后月收入的比率,一般应控制在 40%之内。

另外,从财务安全考虑,有经验数据显示,贷款购房的房屋总价最好控制在年收入的 6 倍以下,贷款期限在 8—15 年之间。当然,这与现阶段我国经济快速发展,房地产价格快速增长的实际情况不相符,但相信待房地产市场发展逐渐稳定之后,该经验数据还是有借鉴意义的。如图 8-3 所示。

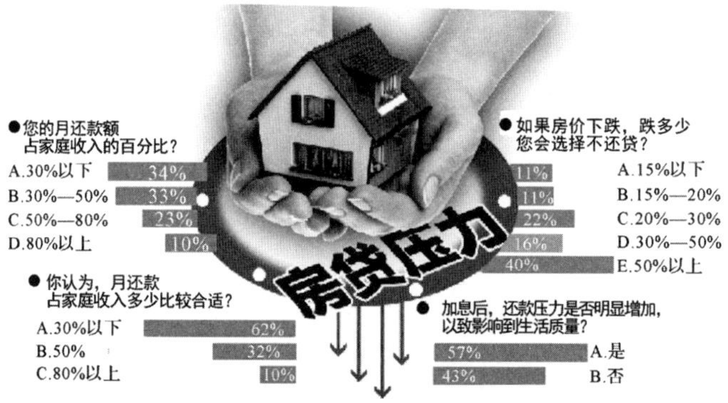


图 8-3　房贷压力

### 8.2.3　购房首付款的确定

在申请房屋按揭贷款时,商业银行不会给予全额贷款,一般会要求借款人支付房屋总价的 20%—30%,这笔资金称为首付款。目前,各类房屋按揭贷款的最高贷款额度一般为 80%,即借款人在申请按揭贷款前首先须准备 20%的购房款作为首付款。

当前房价高,对于大多数购房者来说,20%的首付款也是一笔巨额开支,需要多年积蓄。但对资金实力雄厚的家庭而言,购房首付款不是问题,他们甚至可以全额付款购买房屋。因此,在满足首付款最低比例要求的情况下,房屋贷款额度决策的关键在于用于购房资金的机会成本。如果将购房资金投入到其他项目,可以带来的回报率高于贷款成本,就应尽量减少首付款而申请最大额度的贷款。反之,贷款额度则不宜过高。虽然银行的最高贷款额度为 80%,但申请贷款时不一定要用满这个额度,首付越多,今后偿还贷款本金的利息越少,偿还期限也可以缩短。

因此,在确定购房首付款时,需考虑房屋按揭贷款的政策、目前持有的现金数额,以及未来收入增长的预期、日常的生活支出、二手房的交易税费、住房装修和家具家电购买支出、投资机会及其预期收益率、按揭贷款月供的压力等因素。

**即问即答**

即问即答

在购房决定首付款时,王先生认为现在已有的资金足以支付房屋的全款,没有必要申请银行贷款,何况银行贷款需要支付利息。请你谈谈对王先生全款买房的看法。

### 8.2.4　按揭贷款期限的确定

按揭贷款期限的长短直接关系到购房者每个月的还款支出和还款压力,也影响整个还款期间归还银行贷款利息的总额。这需要将贷款期限、月供金额、月收入、偿还利息总额等因素进行综合考虑,选择一个相对合理的按揭贷款期限。

**知识链接**

**按揭贷款期限确定举例**

王先生购房需按揭贷款 120,000 元,假设按揭贷款利率为 6%,采用等额本息偿还,如何确定合适的按揭贷款期限?如表 8-4 所示。

**表 8-4　按揭贷款期限比较分析**

| 贷款期限(年) | 月供(元) | 占月收入比(%) | 按揭还款总额(元) | 偿还利息总计(元) |
|---|---|---|---|---|
| 5 | 2,319.94 | 18.56 | 299,196.17 | 19,196.17 |
| 10 | 1,332.25 | 10.66 | 319,869.52 | 39,869.52 |
| 15 | 1,012.63 | 8.10 | 342,273.07 | 62,273.07 |

续 表

| 贷款期限(年) | 月供(元) | 占月收入比(%) | 按揭还款总额(元) | 偿还利息总计(元) |
|---|---|---|---|---|
| 20 | 859.72 | 6.88 | 366,332.14 | 86,332.14 |
| 30 | 719.46 | 5.76 | 419,005.83 | 139,005.83 |

从表 8-4 计算分析可知，如果贷款期限为 5 年，月供占家庭月收入的比重为 18.56%，需偿还利息总计 19,196.17 元。如果贷款期限为 10 年，则月供占家庭月收入的比重为 10.66%，需偿还利息总计 39,869.52 元，是 5 年期贷款利息总计的 2.08 倍。如果贷款期限为 20 年，则月供占家庭月收入的比重为 6.88%，需偿还利息总计 86,332.14 元，是 5 年期贷款利息总计的 4.5 倍。通过上述比较分析可知，在考虑财务安全的前提下，按揭贷款期限按 10 年来考虑是比较合适的。

## 8.2.5 提前还贷

提前还贷是指借款人在具有一定偿还能力时，主动向贷款银行提出提前偿还部分或全部按揭贷款的行为。提前还贷可以看成是借款人贷款后的隐含期权。

(1)提前还贷的原因

一般而言，提前还贷主要基于以下三种情况：

①借款人在办理贷款时，对自身的偿还能力估计不足。

②借款人在贷款时，根据成本效益原则使用较大的住房贷款额度，而将自有资金投入到其他高利润的项目，贷款后投资项目收益情况发生改变，借款人因调整投资计划而提前偿还贷款。

③借款人在贷款一段时间后，收入明显增加，财务状况改善，有能力提前还款。

无论出于何种还款目的，提前还贷的决策原则是成本效益原则，即按揭贷款的成本高于自有资金的投资效率，才会去提前还贷。

(2)提前还贷的要求

借款人提出提前还款，需要调整原借款合同中约定的借款期限、贷款余额等内容。因此，银行会对提前还贷提出一些要求。

①个人住房按揭贷款原则上在签订借款合同 1 年(含)以后方可提前还款。

②银行对提前偿还贷款的次数和起点金额有要求，如还款的最低限额为 1 万元等，具体规定因银行而异。

③借款人之前的贷款不拖欠，且之前欠息、当期利息及违约金已还清。

④借款人一般需提前 15 天持原借款合同等资料向借款银行提出书面申请提前还贷。

⑤贷款期限在 1 年以内(含)的，不得提前部分还款。

⑥组合贷款不必先还公积金贷款，只有公积金账户的资金才是先用来清偿公积金贷款的，如果是其他自有资金，完全可以根据个人需要来决定先还商业性贷款还是先用于冲抵公积金贷款。

(3)提前还贷的方法

一般而言，提前还贷主要有以下四种方法：

第一种,全部提前还贷,即将剩余的全部贷款本金一次性还清。

第二种,部分提前还贷,剩余的贷款保持每月还款额不变,将还款期缩短这种提前还贷方式节省利息较多。

第三种,部分提前还贷,剩余的贷款每月还款额减少,保持还款期不变这种提前还贷方式节省利息比第二种情况少。

第四种,部分提前还贷,剩余的贷款每月还款额减少,同时将还款期限缩短这种提前还贷方式节省利息较多。

## 知识链接

### 提前还贷举例 1

赵女士于 2009 年 5 月购买了一套总价 500,000 元的新房,首付 200,000 元,商业贷款总额 300,000 元,年利率为 6%,期限为 20 年。

(1)如果采用等额本息方式还款,每月需还款多少元?

解:计算商业贷款每月需归还的月供。

利用理财计算器,P/Y = 12,N = 240,I/Y = 6,PV = 300,000,FV = 0,计算得 PMT = −2,149.29。

即赵女士每月需归还商业贷款 2,149.29 元。

(2)若赵女士于 2017 年 5 月有一笔偶然收入 150,000 元,计划提前归还商业贷款,如果提前还款后希望每月还款额不变,那么还需要还款多少个月?

解:利用理财计算器,P1=1,P2=96,计算得 BAL=220,248.26。

即赵女士归还了 8 年按揭贷款后的剩余本金为 220,248.26 元。在提前归还 150,000 元后,按揭贷款减少到 70,248.26 元

利用理财计算器,P/Y=12,I/Y=6,PV=70,248.26,FV=0,PMT=−2,149.29

计算得 N=35.78。

即赵女士提前还贷 150,000 元后,保持每月还款额不变,还需要还款 36 个月。

(3)若赵女士于 2017 年 5 月,有一笔偶然收入 150,000 元,计划提前归还商业贷款,如果提前还款后希望维持还款期限不变,每月还需还款多少元?

解:利用理财计算器,P1=1,P2=96,计算得 BAL=220,248.26

即赵女士归还了 8 年按揭贷款后的剩余本金为 220,248.26 元。在提前归还 150,000 元后,按揭贷款减少到 70,248.26 元

利用理财计算器,P/Y=12,N=144,I/Y=6,PV=70,248.26,FV=0,计算得 PMT=−685.52

即赵女士提前还贷 150,000 元后,保持还款期不变,每月还需还款 685.52 元。

(4)前述的两种提前还款方式,利息合计差多少?哪种方式较合适?

第一种,保持每月还款额不变,还需要还款 36 个月,还需支付本息合计为 2,149.29×36 =77,374.44(元)。

第二种,保持还款期不变,每月还需还款 685.52 元,还需支付本息合计为 685.52×144

＝98,714.88(元)。

两种方式的利息差为 98,714.88－76,901.95＝21,812.93(元),因此,月供保持不变,减少还款期的提前还贷方式需支付的利息合计数少,比较合适。

**提前还贷举例 2**

张先生于 2011 年 10 月向银行申请购房按揭贷款 220,000 元,贷款利率为 5%,期限为 10 年,采用等额本息还款法。张先生于 2013 年 2 月向银行提出提前还款 50,000 元的申请。

①第一种,全部提前还贷,即将剩余的全部贷款本金一次性还清。

利用理财计算器,P/Y ＝ 12,N ＝ 120,I/Y ＝ 5,PV ＝ 220,000,计算得 PMT ＝－2,333.44。

即张先生按揭贷款每月需归还 2,333.14 元。

利用理财计算器,P1＝1,P2＝16,计算 BAL＝196,609.26。

即张先生提前还贷需归还剩余本金 196,609.26 元。

②第二种,部分提前还贷,月供不变,缩短还款期。

根据前述计算,截至 2013 年 2 月剩余本金 196,609.26 元,归还 50,000 元后,按揭贷款本金减少到 146,609.26 元。

利用理财计算器,P/Y＝12,I/Y＝5,PMT＝－2,333.44,计算得 N＝73。

即张先生提前还贷 50,000 元后,保持每月还款额不变,还需要还款 73 个月。

利用理财计算器计算还需支付利息,P1＝1,P2＝73,计算得 INT＝23,727.69。

即张先生提前还款后还需支付利息 23,727.69 元。

如果张先生没有提前还贷,还需支付利息合计 2,333.44×(120－16)－196,609.26＝46,068.50 元,因此,张先生提前还款后在月供不变、缩短还款期的情况下可节省利息为 46,068.64－23,727.69＝22,340.95(元)。

③第三种,部分提前还贷,还款期不变,月供减少。

根据前述计算,截至 2013 年 2 月剩余本金 196,609.26 元,归还 50,000 元后,按揭贷款本金减少到 146,609.26 元。

利用理财计算器,P/Y＝12,N＝120－16＝104,I/Y＝5,PV＝146,609.26,计算得 PMT ＝－1,740.02。

即张先生提前还贷 50,000 元后,保持还款期不变,每月还需还款 1,740.02 元。

利用理财计算器计算还需支付利息,P1＝1,P2＝104,计算得 INT＝34,352.86。

即张先生提前还款后还需支付利息 34,352.86 元。

因此,张先生提前还款后在还款期不变,月供减少的情况下可节省利息＝46,068.64－34,352.86＝11,715.78(元)。

④第四种,部分提前还贷,月供减少,还款期缩短 5 年。

根据前述计算,截至 2013 年 2 月剩余本金 196,609.26 元,归还 50,000 元后,按揭贷款本金减少到 146,609.26 元。

利用理财计算器,P/Y＝12,N＝104－60＝44,I/Y＝5,PV＝146,609.26,计算得 PMT ＝－3,653.71。

即张先生提前还贷 50,000 元后,还款期缩短 5 年,每月还需还款 3,653.71 元。

利用理财计算器计算还需支付利息,P1=1,P2=44,计算得 INT=14,153.97。

即张先生提前还款后还需支付利息 14,153.97 元。

因此,张先生提前还款后在还款期缩短 5 年、月供减少的情况下可节省利息=46,068.64-14,153.97=31,914.67(元)。

## 8.2.6　住房贷款利率调整

在贷款期间发生的利率变动,按照中国人民银行的规定执行。即贷款期限在 1 年以内(含)的,遇法定利率调整,不调整房贷利率,继续执行合同利率;贷款期限在 1 年以上的,遇法定利率调整,于下年 1 月 1 日开始按相应利率档次执行新的利率。

借款人在与银行签订借款合同时,一般会约定签订借款合同后与银行发放贷款期间,如遇法定贷款利率调整时,按照贷款账户开立时执行最新贷款利率。

# 8.3　房屋按揭:喜羊羊与灰太狼

视频:房屋按揭:喜羊羊与灰太狼

目前,我国个人住房按揭贷款主要包括个人住房公积金贷款、个人住房商业性贷款和个人住房组合贷款等。

## 8.3.1　个人住房公积金贷款

PPT 课件

住房公积金是指国家机关、国有企业、城镇集体企业、外商投资企业、城镇私营企业及其他城镇企业、事业单位和其在职职工缴存的长期住房储备金。职工缴存的住房公积金和职工所在单位为职工缴存的住房公积金,是职工按照规定储存起来的专项用于住房消费支出的个人储备金,属于职工个人所有。职工离退休时本息余额一次偿付,退还给职工本人。

个人住房公积金贷款是指以职工及其所在单位所缴纳的住房公积金为资金来源,由各地住房公积金管理中心委托商业银行,向缴存住房公积金的在职职工和在职期间缴存住房公积金的离退休职工发放的专项住房消费贷款。按规定缴存住房公积金一定期限以上(各城市的期限不同,如杭州为 12 个月以上)的在职职工为购建住房、翻建、大修自有住房资金不足时可申请公积金贷款。

### 8.3.1.1　住房公积金贷款的特点

与个人住房商业性贷款相比,住房公积金贷款具有以下几个特点:

①各地区住房公积金管理中心制定的贷款期限不同,一般最长不超过 30 年。

②住房公积金贷款利率比商业性贷款利率低,贷款期间的利率不是固定不变的,随着住房公积金计息利率的调整而调整,利率调整一般按年进行。

③住房公积金贷款的借款人必须提供一种担保方式作为贷款的担保,常见的担保方式是住房抵押。

④住房公积金贷款的借款人须是在当地购买自住住房，同时在公积金管理中心缴存住房公积金。

⑤住房公积金贷款额度由各地住房公积金管理中心规定最高限额，比如北京住房公积金管理中心规定，单笔贷款额度不超过所购住房评估价值的80%，且不超过80万元。

⑥住房公积金贷款还款灵活度高，一般情况下逐月偿还贷款，偿还日按照借款合同的规定。贷款还款方式采取自由还款方法，住房公积金管理中心根据客户的借款金额和期限，给出一个最低还款额，在每月还款数额不少于这一最低还款额的前提下，贷款人可以根据自身的经济状况，自由安排每月还款额。

⑦住房公积金贷款也存在手续繁琐、审批时间长等缺点。

#### 8.3.1.2 申请时需提供的材料

在办理住房公积金贷款时，借款人需提供以下材料：

①合法的身份证件。如居民身份证、户口本、护照和其他有效居留证件等。

②住房公积金储蓄卡及借款人签章。

③合法有效地购买、建造、翻建或大修自有住房的合同或协议及其相关资料。

④购买住房首期付款证明或者建造、翻建或大修住房自筹资金证明。

⑤使用夫妻双方贷款额度的，需有配偶的公积金储蓄卡、身份证明、结婚证明。

⑥夫妻双方稳定的经济收入证明。

⑦房产证或购房合同的复印件。

⑧住房公积金管理中心和贷款银行要求提供的其他资料。

**即问即答**

张老师是一名高校教师，为了改善居住条件想换购一套住房，准备申请住房公积金贷款，他了解到住房公积金贷款的期限和额度由各地区住房公积金管理中心制订，一般的住房公积金贷款最长不超过多少年？

即问即答

## 知识链接

### 住房公积金

住房公积金是国家机关、国有企业、城镇集体企业、外商投资企业、城镇私营企业及其他城镇企业、事业单位、民办非企业单位、社会团体和其在职职工缴存的长期住房储备金。

(1)住房公积金的缴存

缴存基数为职工本人上一年度月平均工资。刚参加工作的职工从参加工作第二个月，以本人当月工资为缴存基数；单位新调入的职工从调入单位发放工资之日起，以职工本人当月工资为缴存基数。缴存比例各地可能会有差异，目前杭州市住房公积金缴存比例为12%。

住房公积金月缴存额按个人月缴存额与单位月缴存额的合计数确定。具体计算方法为：

①个人月缴存额＝缴存基数×缴存比例(元以下四舍五入)；

②单位月缴存额＝缴存基数×缴存比例(元以下四舍五入)；

③合计月缴存额=个人月缴存额+单位月缴存额。

(2)住房公积金的提取

如果职工发生了以下住房消费行为可以提取住房公积金:①购买、建造、翻建、大修自住住房;②偿还自有产权的住房贷款本息;③连续正常缴存住房公积金满 3 个月,本人及配偶在本市无自有产权住房的。另外,如果职工发生了以下非住房消费行为也可以提取住房公积金:①离休、退休(退职);②完全或部分丧失劳动能力,且与单位终止劳动关系;③本市户口职工与所在单位终止劳动关系后,未重新就业满 5 年;④享受城镇最低生活保障;⑤出国、出境定居;⑥职工死亡或被宣告死亡。

### 8.3.2　个人住房商业性贷款

个人住房商业性贷款是银行向购房者发放的贷款,也称为住房按揭贷款。具体指具有完全民事行为能力的自然人购买住房时,以其购买的产权住房为抵押物,作为偿还贷款的保证而向商业银行申请的住房商业性贷款。

#### 8.3.2.1　个人住房按揭贷款

个人住房按揭贷款是指商业银行向借款人发放的用于购买、建造各种类型住房的贷款,贷款期限最长不超过 30 年。个人住房按揭贷款数额不高于房地产评估机构评估的拟购买住房的价值或实际购房费用总额的 80%,以两者中的低者为准。

按揭贷款的申请条件如下:

①具有城镇常住户口或有效居留身份。

②具有稳定的职业和收入,信用良好,同时具有按期归还贷款本息的能力。

③具有所购住房全部价款 20%以上的自筹资金,并保证用于支付所购住房的首付款。

④具有商业银行认可的资产作为抵押或质押,或有足够代偿能力的单位或个人作为偿还贷款本息,并承担连带责任的保证人。

⑤具有购房合同或协议,所购住房价格基本符合商业银行或商业银行委托的房地产评估机构的评估价值。

⑥银行规定的其他条件。

申请按揭贷款应提交的资料如下:

①借款人合法的身份证件。如居民身份证、户口本、军官证或其他身份证件等。

②经办银行认可的经济收入证明或偿债能力证明资料。如借款人收入证明、纳税证明、工资发放银行流水账单或职业证明等。

③如果借款人的配偶与其共同申请借款,借款申请书上还要填写清楚配偶的有关情况,并出示结婚证和户口本等。

④抵押物或质押权利清单及权属证明文件,有处分权人出具的同意抵押或质押的证明,贷款银行认可的评估机构出具的抵押物估价报告书。

⑤保证人出具的同意提供担保的书面承诺及保证人的资信证明。

⑥借款人与开发商签订的《购买商品房合同意向书》或《商品房销(预)售合同》。

⑦开发商出具的首期付款的发票或收据复印件。

⑧以储蓄存款作为自筹资金的,需提供银行存款证明。

⑨以公积金作为自筹资金的,需提供住房公积金管理部门批准动用公积金存款的证明。

⑩贷款银行要求提供的其他文件和资料。

#### 8.3.2.2 个人二手房贷款

二手房贷款是商业银行向借款人发放的用于购买售房人已经取得房屋产权证、具有完全处置权利、在二级市场上合法交易的个人住房或商业用房的贷款。

二手房贷款的申请条件如下:

①借款人具有常住户口或合法有效的身份证件。

②稳定的经济收入证明或职业证明。

③信用良好,有按期偿还贷款本息的能力。

申请二手房贷款应提交的资料包括贷款人资料和所购房屋资料。

贷款人资料:

①借款人合法的身份证件。

②借款人的经济收入证明或职业证明。

③有配偶的借款人需提供夫妻关系证明。

④有共同借款人的,需提供借款人各方签订的明确共同还款责任的书面承诺。

⑤有保证人的,需提供保证人的有关资料。

所购房屋资料:

①与售房人签订的《房屋买卖合同》。

②首付款证明。

③所购二手房的房产权利证明。

④所购房屋原产权共有人同意出售房屋的书面授权文件。

⑤已购公有住房、经济适用房等非商品房上市,需提供有关部门准予上市交易的文件或批准书。

⑥房龄在5年(含)以上及贷款人认为房屋价值需评估的,借款人应提供贷款人认可的房地产评估机构出具的房屋价值评估报告。

⑦贷款银行要求提供的其他文件和资料。

#### 8.3.2.3 个人商业用房贷款

商业用房贷款是指银行向借款人发放的购置新建自营性商业用房和自用办公用房的贷款。商业银行发放的个人商业用房贷款数额一般不超过所购房屋总价或经房地产评估机构评估的所购商业用房、办公用房全部价款(两者以低者为准)的60%。贷款期限原则上最长不得超过10年(含)。贷款利率按中国人民银行规定的同档次期限利率执行,不按个人住房贷款利率执行。贷款期限在1年以内的,按合同利率计息,遇法定利率调整不变;贷款期限在1年以上的,遇法定利率调整,于下年1月1日开始按相应利率档次执行新的利率水平。

商业用房贷款申请条件如下:

①自然人须有城镇常住户口或有效居留证件。

②信用良好,具有按期偿还贷款本息的能力。

③有商业银行认可的资产作为抵押或质押,或有足够代偿能力的单位或个人作为偿还贷款本息,并承担连带责任的保证人。

④有购买商业用房或办公用房的合同或协议。

⑤所购商业用房或办公用房价格基本符合商业银行或其委托的房地产评估机构评估的价格。

⑥自筹资金不低于总购房款的 40%。

⑦贷款银行规定的其他条件。

申请商业用房贷款应提交的资料如下:

①身份证件(居民身份证、户口本或其他有效居留证件)原件及复印件。

②银行认可部门出具的借款人经济收入或偿债能力证明。

③符合规定的购买商业用房合同、协议或其他有效文件。

④抵押物或质押物清单、权属证明、有处分权人同意抵押或质押的证明及抵押物评估报告。

⑤保证人同意提供担保的书面文件及其资信证明。

⑥贷款银行要求提供的其他文件或资料。

#### 8.3.2.4　个人住房转按揭贷款

个人住房转按揭贷款是指已在商业银行办理个人住房贷款的借款人,在还款期间由于所购房屋出售、赠与、继承等原因,房屋产权和按揭贷款需同时转让给他人,并由商业银行为其做贷款转移手续的业务。

**即问即答**

李先生想购买商业用房,不知道商业用房贷款期限的有关规定,原则上商业用房的贷款期限最长不得超过多少年?

即问即答

### 8.3.3　个人住房组合贷款

个人住房组合贷款是住房公积金中心和商业银行对同一借款人所购的同一住房发放的贷款组合。一般情况下,借款人先申请住房公积金贷款,不足部分再向银行申请住房商业性贷款。

需要特别注意的是,组合贷款的贷款人(主贷人)必须是同一人。组合贷款额度是指根据个人住房公积金月交额核定出住房公积金贷款的可申请额度,剩余款项再申请个人商业贷款。组合贷款中公积金贷款部分与商业性贷款部分的贷款期限必须一致。

**知识链接**

**组合贷款举例**

赵先生夫妇双方都缴纳住房公积金,当地住房公积金贷款的额度是 500,000 元/人。他们拟于 2014 年 12 月购买一套总价为 3,000,000 元的新房,首付为 1,000,000 元,贷款总额为2,000,000元,期限为20年,采取等额本息还款。如果赵先生夫妇购房采用组合贷款,先申请公积金贷款1,000,000元,其余1,000,000元申请商业贷款,公积金贷款的年利率为3.25%,商业贷款的年利率为4.9%,请计算公积金贷款和商业贷款的月供分别是多少元?两种贷款的利息总额分别是多少元?

**解答:**

(1)公积金贷款

①计算公积金贷款的月供

利用理财计算器,P/Y=12,N=240,I/Y=3.25,PV=100,000,FV=0,计算得PMT=5,671.96元,即每月需还款5,671.96元。

②计算公积金贷款利息总计

利用理财计算器,P1=1,P2=240,计算得INT=361,269.83元,即公积金贷款利息总额为361,269.83元。

(2)商业贷款

①计算商业贷款的月供

利用理财计算器,P/Y=12,N=240,I/Y=4.9,PV=100,000,FV=0,计算得PMT=6,544.44元,即每月需还款6,544.44元。

②计算商业贷款利息总计

利用理财计算器,P1=1,P2=240,计算得INT=570,665.71元,即商业贷款利息总额为570,665.71元。

(3)公积金贷款与商业贷款比较

①商业贷款每个月归还的月供比公积金贷款多872.48元(6,544.44-5,671.96)。

②商业贷款的利息总额比公积金贷款多209,395.88元(570,665.71-361,269.83),公积金贷款比商业贷款可节约37%的利息。

## 8.4 两只蝴蝶:等额本金抑或等额本息

视频:两只蝴蝶:等额本金抑或等额本息

目前,商业银行个人住房贷款的还款方式主要有两种:等额本息和等额本金。

### 8.4.1 等额本息

PPT课件

等额本息是指在贷款期限内每月以相等的还款额足额偿还贷款本金和利息的还款方法。每月等额偿还贷款本息是个人住房抵押贷款中最常见的一种还款方式。

此还款方式适合于收入稳定的家庭,如公务员、教师、医生等职业的家庭,也是目前绝大多数家庭采用的还款方式。

$$每月还款额=\frac{贷款本金\times 月利率\times(1+月利率)^{还款期数}}{(1+月利率)^{还款期数}-1}$$

### 8.4.2　等额本金

等额本金是指在贷款期限内每月偿还相等的本金,每月利息按月初剩余本金计算。与等额本息相比较,此还款方式归还的利息总额较少。

此还款方式适合目前收入较高但预计将来收入会减少的家庭,如面临退休的人群,或还款初期还款能力较强,并希望在还款初期归还较大款项来减少利息支出的借款人。

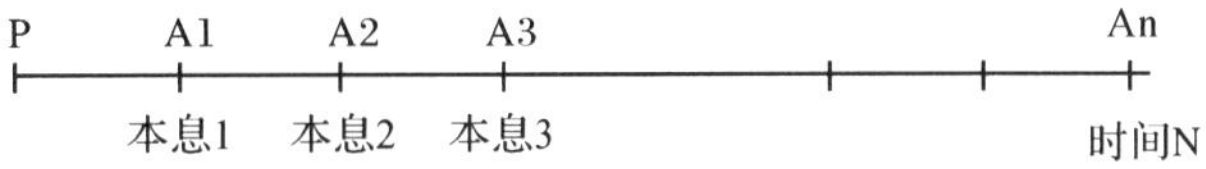


$$每月还款额 = \frac{贷款本金}{还款期数} + (贷款本金 - 累计已还本金) \times 月利率$$

**即问即答**

下列关于等额本息与等额本金两种还款方式表述错误的是(　　)。(多项选择题)

A. 两者的月还款金额中都包含本金和利息

B. 等额本息法本金每期分摊

C. 等额本金法每期还款金额相等

D. 如果还款期限相同,两者最后的还款额是相等的

E. 等额本金前期还款压力大,后期还款压力小

即问即答

## 知识链接

**等额本金还贷举例**

段先生为某国有大型企业员工,去年 1 月份,段先生在某小区买了一处住宅,房屋总价为 700,000元,贷款为 400,000 元。段先生了解到采用等额本金的方式还款利息较少,就按照等额本金的方法贷款 20 年,按月还款。假设贷款年利率为 7%,根据题意回答下列问题:

(1)段先生每个月归还的本金为(　　)元。

A. 1,667　　B. 2,667　　C. 3,667　　D. 4,667

**解:**贷款 40 万元,分 20 年 240 次还贷,则每月归还本金=400,000/240=1,666.67(元)

(2)段先生第 1 个月所还利息为(　　)元。

A. 1,690　　B. 1,790　　C. 1,333　　D. 2,333

**解:**$第 1 个月的利息=按揭本金\times\frac{年利率}{12}\times 1$

$$=400,000\times\frac{7\%}{12}$$

$$=2,333.33(元)$$

(3)段先生第 2 个月所还的本息额为(　　)元。

A. 1,690　　B. 2,790　　C. 4,890　　D. 3,990

**解:**$第 2 个月的利息=按揭本金\times\left(1-\frac{1}{240}\right)\times\frac{年利率}{12}\times 1$

$$=400,000\times\frac{239}{240}\times\frac{7\%}{12}$$

$=2,323.61$(元)

第 2 个月的本息和＝月还本金＋月利息

$=1,666.67+2,323.61$

$=3,990.28$(元)

(4)段先生今年 10 月所还的本息额为(　　)元。

A. 2,129　　B. 3,796　　C. 4,890　　D. 3,990

**解**:第 22 个月的利息＝按揭本金$\times\left(1-\frac{21}{240}\right)\times\frac{年利率}{12}\times1$

$$=400,000\times\frac{219}{240}\times\frac{7\%}{12}$$

$=2,129.17$(元)

第 22 个月的本息和＝月还本金＋月利息

$=1,666.67+2,129.17$

$=3,795.84$(元)

(5)段先生第 1 年所还利息之和为(　　)元。

A. 17,300　　B. 27,358　　C. 37,300　　D. 47,300

**解**:第 1 年利息和＝按揭本金$\times\frac{年利率}{12}\times\frac{240+239+238+\cdots+229}{240}$

$$=400,000\times\frac{7\%}{12}\times\frac{1}{240}\times\frac{240+229}{2}\times12$$

$=27,358.33$(元)

(6)段先生第 6 年所还利息之和为(　　)元。

A. 17,300　　B. 20,358　　C. 37,300　　D. 27,358

**解**:第 6 年的利息和＝按揭本金$\times\frac{年利率}{12}\times\frac{180+179+178+\cdots+169}{240}$

$$=400,000\times\frac{7\%}{12}\times\frac{1}{240}\times\frac{180+260}{2}\times12$$

$=20,358.33$(元)

(7)段先生如果按照这种方法将所有款项还清,则所还利息总额为(　　)元。

A. 181,167　　B. 281,167　　C. 381,167　　D. 481,167

**解**:利息总计＝按揭本金$\times\frac{年利率}{12}\times\frac{240+239+238+\cdots+1}{240}$

$$=400,000\times\frac{7\%}{12}\times\frac{240+1}{2}$$

$=281,166.67$(元)

(8)若段先生按照等额本息偿还,则需比等额本金偿还(　　)还利息(　　)元。

A. 多　63,120.33　　B. 多　65,430.67

C. 少　63,120.33　　D. 少　65,430.67

**解**:利用理财计算器,P/Y＝12,N＝240,I/Y＝7,PV＝400,000,FV＝0,计算得 PMT＝－3,101.20,等额本息还贷的利息总计＝3,101.20×240－400,000＝344,287(元),则等额本金还贷与等额本息还贷的利息差额＝344,287－281,166.67＝63,120.33(元)

### 8.4.3　等额递增

等额递增是指把还款期限划分为若干时间段,每个时间段内月还款额相同,下一个时间段的还款额按一个固定金额递增。

此还款方式适合于目前收入一般,还款能力较弱,但未来收入预期会逐渐增加的人群,比如刚参加工作的年轻人等。这类人群目前收入较低,但随着工作经验的积累、职位的晋升,他们的收入将稳定增长。

### 8.4.4　等额递减

等额递减是把还款期限划分为若干时间段,每个时间段内月还款额相同,下一个时间段的还款额按一个固定金额递减。

此还款方式适合于目前还款能力较强,但预期收入将减少,或者目前经济很宽裕的人群,如临近退休的人群或未婚的白领人士。

**即问即答**

下列关于等额递增与等额递减两种还款方式表述正确的是(　　)。(多项选择题)

A. 等额递增前期还款压力小,后期还款压力大

B. 等额递减法适合临近退休的人群或未婚的白领人士

C. 等额递增法适合刚参加工作的年轻人

D. 如果还款期限相同,两者最后的还款额是相等的

E. 等额递减前期还款压力大,后期还款压力小

即问即答

按揭贷款四种还款方式的不同特点如表 8-5 所示。

**表 8-5　按揭贷款四种还款方式比较**

| | 等额本息 | 等额本金 | 等额递增 | 等额递减 |
|---|---|---|---|---|
| 还款方法 | 每月偿还金额固定,含本金和利息 | 每月偿还金额不固定,其中偿还的本金相等,利息逐月减少 | 每个时间段内月还款额相同,下一个时间段的还款额按一个固定金额递增 | 每个时间段内月还款额相同,下一个时间段的还款额按一个固定金额递减 |
| 还款负担 | 每月相同 | 初期较重,逐月减轻 | 前一段较轻,后一段较重 | 前一段较重,后一段较轻 |
| 全期偿付利息总额 | 较多 | 较小 | 最多 | 最少 |

续 表

| | 等额本息 | 等额本金 | 等额递增 | 等额递减 |
| --- | --- | --- | --- | --- |
| 优缺点 | 每月还款金额相同，容易做资金规划，全期支付利息较多 | 每月还款金额不同，前期负担重，后期负担轻，全期支付利息较少 | 初期负担轻，后期负担重，但全期支付利息多 | 初期负担重，后期负担轻，但全期支付利息少 |
| 适用人群 | 收入处于稳定状态的家庭，如公务员、教师、医生等职业家庭 | 初期还款能力较强，并希望在还款初期归还较大款项来减少利息支出的借款人，如面临退休的人群 | 目前收入一般，还款能力较弱，但未来收入预期会逐渐增加的人群，如刚参加工作的年轻人 | 目前还款能力较强，但预期收入将减少，或者目前经济很宽裕的人群，如临近退休的人群或未婚的白领人士 |

## 拓展阅读

拓展阅读资料

□德国如何实现“房子是用来住的，不是用来炒的”？

□美国金融体系如何支持住房租赁市场

□房租上涨的逻辑

□《房债》：解读金融危机的另类视角

□日本房地产泡沫形成及“崩溃”的实像剖析

□反思日本房地产泡沫

□中国房地产泡沫会破裂吗

□中国房价未来走势分析

□房地产进入“3.0时代”

□房地产金融运行分析

## 本章小结

### ■主要术语

蜗居　住房投资　住房消费　购房　租房　住房负担比　财务负担比　首付款　按揭贷款　公积金贷款　商业贷款　组合贷款　等额本金　等额本息　等额递增　等额递减　提前还贷

### ■主要观点

通过学习本章，我们已经明白了年轻人该如何实现蜗居梦；理解了购房财务决策的基本方法；学会了租房与购房的比较分析；了解了购房财务规划的主要指标；明白了住房公积金贷款和商业性贷款的区别；掌握了首付款确定的方法；学会了住房按揭贷款等额本金和等额本息的计算方法。以下几个方面的内容，作为本章重点，应该掌握好。

□年轻人刚参加工作，收入不高，而目前房价居高不下，年轻人的蜗居梦可以通过租房或买房来实现；租房和买房各自有优缺点，应结合每个人或每个家庭的具体情况而定；如果买房，应考虑信贷政策、住房交易政策、税费，以及住房流动性、增值潜力等方面。

□购房首付款的确定需考虑：按揭贷款的政策、现在持有的现金及未来收入的预期增长、正常的生活支出、二手房的交易税费，以及住房装修等支出、投资机会及其预期收益率、月供的压力等因素。制订住房按揭计划时需关注客户能否按时如数归还贷款本息、贷款对客户带来的财务压力有多大两个问题。

□个人住房消费贷款主要包括个人住房公积金贷款、个人住房商业性贷款和个人住房组合贷款等。住房公积金贷款的利率比商业贷款的低，月供压力小，利息总额小。一般情况下，借款人先申请住房公积金贷款，不足部分再向银行申请住房商业性贷款。

□目前商业银行主要提供等额本金和等额本息两种还款方式。等额本金的月供逐月减少，月供等于每月分摊本金加上剩余本金的应计利息，等额本息的月供相等，月供中每个月的本金和利息所占比重不同。比较等额本金和等额本息两种还款方式发现，前者利息总额较小，后者利息总额较大；前者前期还款压力较大，后期压力较小，后者还款额每月相等，便于贷款人安排家庭预算。

## 自测题

自测题

### ■客观题

**（一）单项选择题（下列每小题的备选答案中，只有一个符合题意的正确答案。请将你选定的答案字母填入题后的括号中。）**

1. 在购房规划的流程中，人们的居住需求由空间需求和环境需求等因素所决定。其中，环境需求的决定因素主要是（　　）。

   A. 家庭人口　　B. 生活品质　　C. 购房年龄　　D. 居住年数

2. 小李参加工作不久，目前只有 15 万元的存款做购房首付款，所以他选择购买价值约 50 万元的小户型房产，这体现购房规划中（　　）的原则。

   A. 不必盲目求大　　B. 无需一次到位

   C. 量力而行　　D. 综合考虑

3. 运用年成本法进行购房与租房决策时，不需重点考虑的因素是（　　）。

   A. 房租是否每年会涨　　B. 房价是否会升

   C. 住房装修状况　　D. 利率的高低

4. 王先生购买第二套改善型住房，面积 160 平方米，购房款 500 万元。按照国家现行的税收政策规定，王先生取得房屋产权需要缴纳契税，则王先生需要缴纳契税（　　）元。

   A. 50,000　　B. 75,000　　C. 100,000　　D. 150,000

5. 王先生购买住房一套，房款为 350 万元，按照房款的三成付首付，七成按揭贷款。根据国家现行规定，购房者与房地产开发商签订《商品房买卖合同》时，按照购销金额的一定比例贴花。则王先生需要缴纳印花税（　　）元。

   A. 175　　B. 1,750　　C. 3,500　　D. 7,000

6. 王先生购买住房一套，房款为 350 万元，按照七成考虑按揭贷款，贷款年利率为 6%，贷款期限为 20 年。根据国家现行规定，王先生与商业银行签订《个人购房贷款合同》时需缴纳印花税(　　)元。

A. 175　　B. 122.5　　C. 350　　D. 490

7. 在进行购房财务规划时，通常使用住房负担比来估算住房贷款额度，这里的住房负担比是指房屋月供款占借款人税后月收入的比率，一般不应超过(　　)。

A. 20%－25%　　B. 25%－30%　　C. 30%－40%　　D. 40%－50%

8. 个人住房按揭贷款的贷款期限最长一般不得超过(　　)年。

A. 10　　B. 15　　C. 20　　D. 30

9. 张先生了解到住房公积金贷款可以享受较低的贷款利率，但各地住房公积金管理中心制定的贷款期限不同，一般来说，住房公积金贷款最长不得超过(　　)年。

A. 10　　B. 20　　C. 25　　D. 30

10. 王先生年初与银行签订了 20 年期的贷款合同，利率为 5%，今年 7 月 1 日，利率上调为 6%，则王先生本年 10 月 1 日的贷款利率是(　　)。

A. 5%　　B. 5.5%　　C. 6%　　D. 6.5%

11. 王先生计划贷款购买住房，他了解到不同还款方式的贷款利息总计不同，下列四种还款方式中(　　)的利息合计最多。

A. 等额本息还款法　　B. 等额本金还款法

C. 等额递增还款法　　D. 等额递减还款法

12. 章先生计划贷款购买住房，他了解到不同还款方式的贷款利息总计不同，下列四种还款方式中(　　)的利息合计最少。

A. 等额本息还款法　　B. 等额本金还款法

C. 等额递增还款法　　D. 等额递减还款法

13. 在住房按揭贷款的还款方式中，下列适合工作年限短、收入呈上升趋势年轻人的还款方式为(　　)。

A. 等额递减还款法　　B. 等额本息还款法

C. 等额递增还款法　　D. 等额本金还款法

14. 下列四种还款方式中，比较适合于收入稳定家庭的是(　　)。

A. 等额本息还款法　　B. 等额本金还款法

C. 等额递增还款法　　D. 等额递减还款法

15. 关于个人住房按揭贷款提前还贷的规定，原则上必须是签订借款合同(　　)以后。

A. 30 日　　B. 90 日　　C. 1 年　　D. 3 年

16. 王先生购买了一套一手房，房屋价格是 300 万元，就领取房产证而言需要缴纳(　　)元印花税。

A. 5　　B. 10　　C. 150　　D. 1,500

17. 王先生拟购买写字楼或商铺，他可以申请(　　)贷款。

A. 个人商业用房　　B. 个人二手房

C. 个人住房转按揭贷款　　D. 个人住房按揭贷款

18. (　　)是住房公积金中心和商业银行对同一借款人所购的同一住房发放的贷款。

A. 个人住房组合贷款　　B. 个人住房公积金贷款

C. 个人住房商业性贷款　　D. 个人住房按揭贷款

19. 刘先生现年 29 岁,为了改善房屋居住条件,买了一套 200 平方米的二手房,由于资金不够,向银行申请房屋贷款,他可申请贷款的期限最长不超过(　　)年。

A. 10　　B. 15　　C. 20　　D. 30

20. 刘小姐想节省按揭贷款利息,提前还贷,那么采用以下(　　)提前还贷方式是合适的。

A. 每月还款额不变,缩短还款期限　　B. 每月还款额减少,还款期限不变

C. 每月还款额减少,还款期限缩短　　D. 每种方法支付的利息一样

**(二)多项选择题(下列每小题的备选答案中,有两个或两个以上符合题意的正确答案。请将你选定的答案字母填入题后的括号中。)**

1. 个人或家庭购房的目标包括(　　)几个方面。

A. 计划购房的时间　　B. 希望居住的面积

C. 量力而行　　D. 届时的房价

E. 地段优先

2. 住房价格的影响因素有很多,下列属于影响住房价格主要因素的是(　　)。

A. 住房结构　　B. 区位

C. 面积　　D. 装修

E. 所在楼层

3. 购房时应综合考虑个人或家庭的负担能力以及对环境的要求,包括(　　)等因素。

A. 居住社区的生活品质　　B. 上班的距离

C. 子女上学　　D. 生活配套

E. 公共交通

4. 以下人群哪些属于适宜租房的人群(　　)。

A. 储蓄不多的家庭　　B. 刚退休的老年人

C. 工作地点与生活范围不固定者　　D. 刚刚踏入社会的年轻人

E. 不急需买房且辨不清房价走势者

5. 随着房价的上涨,小江一直在租房与买房之间犹豫不决,以下属于购房或租房决策影响因素的是(　　)。

A. 房租上涨率　　B. 房价上涨率

C. 利率水平　　D. 居住年数

E. 负债能力

6. 租房与购房相比较,各自都有优缺点,下列属于租房优点的是(　　)。

A. 每月支付房租,负担较轻　　B. 灵活方便,自由性强

C. 不用担心房价下跌风险　　D. 可以应对通货膨胀

E. 容易应对家庭收入的变化

7. 在确定购房首付款时,需要考虑的因素包括(　　)。

A. 房屋按揭贷款的政策

B. 现在持有的现金及未来收入的预期增长

C. 日常的生活支出和住房装修等支出

D. 投资机会及其预期收益率

E. 按揭贷款月供的压力

8. 目前,我国个人住房消费贷款主要包括(　　)等。

A. 个人住房公积金贷款

B. 个人住房商业性贷款

C. 个人住房组合贷款

D. 个人住房短期贷款

E. 个人住房长期贷款

9. 与个人住房商业性贷款相比,住房公积金贷款具有(　　)特点。

A. 住房公积金贷款利率比商业性贷款利率低

B. 住房公积金贷款的借款人须是住房公积金的缴存人

C. 住房公积金贷款额度由各地住房公积金管理中心规定

D. 住房公积金贷款还款灵活度高

E. 住房公积金贷款手续繁琐、审批时间长

10. 下列属于个人住房按揭贷款特点的是(　　)。

A. 贷款期限最长不超过 30 年

B. 一般情况下,按揭贷款数额不高于房屋价值的 80%

C. 借款人需具有稳定的职业和收入,信用良好

D. 借款人需有按期归还贷款本息的能力

E. 具有所购住房全部价款 20%以上的自筹资金

11. 目前商业银行主要提供等额本金和等额本息两种还款方式,相比较而言,下列说法正确的是(　　)。

A. 前者前期还款压力较大,后期还款压力较小

B. 前者前期还款压力较小,后期还款压力较大

C. 前者还款利息总计较多

D. 前者还款利息总计较少

E. 两种还款方式没有可比性

12. 个人住房组合贷款是住房公积金中心和商业银行对同一借款人所购的同一住房发放的贷款组合,下列有关组合贷款说法正确的是(　　)。

A. 借款人先申请住房公积金贷款,不足部分向银行申请住房商业性贷款

B. 组合贷款中公积金贷款及住房商业性贷款的贷款期限可以不同

C. 组合贷款的贷款人(主贷人)必须是同一人

D. 组合贷款中的公积金贷款额度和银行贷款额度可以随意组合

E. 组合贷款中公积金贷款及住房商业性贷款部分的贷款期限必须一致

13. 张先生申请住房公积金贷款时,需提供的资料包括(　　)。

A. 合法的身份证件

B. 住房公积金储蓄卡及借款人签章

C. 合法有效地购买、建造、翻建或大修自有住房的合同或协议及其相关资料

D. 社会养老保险缴纳证明

E. 房产证或购房合同的复印件

14. 下列属于一手房购房支出中发生的税费的是(　　)。
A. 增值税
B. 契税
C. 印花税
D. 房屋维修基金
E. 房屋评估费

15. 下列属于购房财务规划指标的是(　　)。
A. 住房负担比
B. 收入支出比
C. 财务负担比
D. 结余比例
E. 储蓄比例

16. 下列属于提前还贷发生的情况的是(　　)。
A. 借款人因调整投资策略而提前还贷
B. 借款人在贷款时对自身还款能力估计不足
C. 借款人贷款渠道增加
D. 借款人投资渠道增加
E. 借款人收入增加,财务状况改善

17. 下列关于契税的说法,表述正确的是(　　)。
A. 个人购买住房,面积为 90 平方米及以下的减按 1%的税率征收契税
B. 个人购买首套住房,面积为 90 平方米以上的减按 1.5%的税率征收契税
C. 个人购买第二套改善性住房,面积为 90 平方米以下的减按 1%的税率征收契税
D. 个人购买第二套改善性住房,面积为 90 平方米以上的减按 2%的税率征收契税
E. 非住宅类房屋按计税参考价的 3%缴纳契税

18. 下列关于印花税的说法,表述正确的是(　　)。
A. 个人与售房者签订《二手房买卖合同》时,需按房价款的万分之五贴花
B. 个人与房地产开发商签订《商品房买卖合同》时,需按房价款的万分之五贴花
C. 个人与商业银行签订《个人购房贷款合同》时,需按借款金额的万分之零点五贴花
D. 个人领取《房屋产权证》时,按每件 5 元贴花
E. 个人领取《土地使用证》时,按每件 5 元贴花

19. 下列属于二手房贷款的申请条件的是(　　)。
A. 借款人具有常住户口或合法有效的身份证件
B. 个人纳税证明
C. 住房公积金缴纳情况证明
D. 稳定的经济收入证明或职业证明
E. 信用良好,有按期偿还贷款本息的能力

20. 下列有关商业用房贷款的说法,正确的是(　　)。
A. 贷款期限原则上最长不得超过 10 年(含)
B. 有购买商业用房或办公用房的合同或协议
C. 自然人须有城镇常住户口或有效居留证件
D. 稳定的经济收入证明或职业证明
E. 借款人信用良好,有按期偿还贷款本息的能力

**（三）判断题（请将你的判断结果填入题后的括号中。你认为正确的，填"√"；你认为错误的，填"×"。）**

1. 按照国际惯例，住房消费价格常用租金价格来衡量，对于自有住房则用隐含租金来衡量。（　　）
2. 影响房价的因素有很多，在购房时应重点考虑的主要是区位、面积两个因素。（　　）
3. 一般而言，房屋月供款与税后月总收入的比率应该控制在40%之内。（　　）
4. 在购房时与房地产开发商签订的《商品房买卖合同》，按购销金额万分之零点五贴花。（　　）
5. 个人出售住房签订的产权转让书据，按房屋转让金额的万分之三贴花。（　　）
6. 自2016年3月24日起，我国全面推行营业税改增值税，个人将购买不足2年的住房对外销售的，按照5%的征收率全额缴纳增值税；个人将购买2年以上（含2年）的住房对外销售的，免征增值税。（　　）
7. 财务负担比是指房屋月供款加上其他10个月以上贷款的月还款总额占借款人税后月收入的比率，一般应控制在30%之内。（　　）
8. 在申请房屋贷款时，商业银行一般会要求借款人支付房屋总价20%—30%的首付款。目前，各类房屋贷款的最高贷款额度一般为80%。（　　）
9. 住房转按揭贷款是指已在银行办理个人住房贷款的借款人在还款期间，由于所购房屋出售、赠与、继承等原因，房屋产权和按揭借款需同时转让给他人，并由银行为其做贷款转移手续的业务。（　　）
10. 目前商业银行主要提供等额本息和等额本金两种还款方式，相比较而言，前者利息总额较小，后者利息总额较大。（　　）

## ■主观题

1. 住房是消费品还是投资品？
2. 买房与租房相比较，各自有哪些优缺点？
3. 购房或租房决策时从生活方式角度应考虑哪些因素？
4. 住房按揭贷款的还款方式主要有哪四种？各自适用于哪些人群？
5. 试比较目前商业银行主要提供的等额本息和等额本金两种还款方式的优劣。
6. 20世纪80年代发生的日本住宅房地产泡沫危机，对我国房地产市场发展有什么启示？

## 讨论题

□2016年12月，中央经济工作会议明确提出"房子是用来住的，不是用来炒的"，谈谈你对此的看法。

□从20世纪90年代的日本房贷危机、1997年的亚洲金融危机到2008年的美国次贷危机来看，这些金融危机的爆发都与房地产市场有关，请你谈谈房地产泡沫与金融危机的关系。

## 案例分析

谢先生今年27岁，在一家汽车销售公司工作，每月税后收入为9,500元，他的妻子林女士今年也是 27 岁,目前在某健美俱乐部担任教练,每月税后收入为 6,000 元。过去 3 年他们一直租房居住,每月房租为 2,200 元。除了房租,他们每月的日常开支均压缩在 2,000 元左右,经过几年的积累,他们攒了 30 万元购房准备金,打算在近期购买一套总价为 560,000 元的两居室住房。他们的计划贷款为 400,000 元,年利率为 6%,20 年付清,但不知如何选择还款方式。

□**问题**

1. 请结合上述情况对两种主要还款方式进行详细比较分析。
2. 谢先生选择哪种还款方式比较合适?为什么?

□**考核点**

等额本息、等额本金。

## 推荐书目

□[美]阿蒂夫·迈恩、阿米尔·苏非著,《房债》(House of Debt),中信出版社,2015 年版。

该书以其独特的视角分析了次贷危机给美国带来的大衰退,并为如何避免重蹈覆辙提出了有力的政策建议与方案。其研究特色与核心观点体现在,从纠缠不清的危机爆发动因中,找到了从家庭债务入手的分析思路,提出了在家庭抵押贷款类债务的不同杠杆支撑下,资产价格泡沫是如何被催生起来的;探讨了债务对于收入趋势分化与财富不平等的影响,指出"一个金融体系过度依赖债务,那么他将放大社会财富的不平等";认为债务其实增加了非理性乐观者对于资产价格的影响,进而助推价格泡沫的产生;围绕政府对于衰退的干预,提出了要着眼于怎样有效地提高产出和减少失业。作者认为可以探索家庭债务的重组和减免机制,而财政货币政策组合并不能替代这些尝试,同时整个金融体系需要更有效的风险分担机制,尤其是以更多的股权融资来替代债务。

## 自我评价

| 学习成果 | 自我评价 |
|---|---|
| 我已经明白了年轻人该如何实现蜗居梦,理解了购房财务决策的基本方法,学会了租房与购房的决策分析 | □很好　□较好　□一般　□较差　□很差 |
| 我已经理解了购房财务规划的主要指标,掌握了首付款、贷款期限确定的方法,理解了提前还贷决策原则 | □很好　□较好　□一般　□较差　□很差 |
| 我已经知道了住房公积金贷款、商业性贷款、组合贷款的区别和联系 | □很好　□较好　□一般　□较差　□很差 |
| 我已经学会了住房按揭贷款等额本金、等额本息的计算 | □很好　□较好　□一般　□较差　□很差 |

# 第9章　养老新思维：保险防老



## 导入语

“时间不一定能造就一位伟人，但是一定会造就一位老人！”慢慢变老是我们每个人不得不面对的现实问题。第七次全国人口普查结果显示，截至2021年，我国60岁及以上人口占总人口的18.70%，其中65岁及以上人口占总人口的13.50%。据预测，到2050年，全世界老年人口将达到20.2亿人，其中中国老年人口将达到4.8亿人，几乎占全球老年人口的1/4。我国已经进入老龄化社会，长期以来形成的“养儿防老”观念正在发生改变。我国的人口老龄化程度在持续加深，老年人收入水平总体不高，全民对老年期生活准备不足。老年人或被疾病缠身，或遭孤独蚕食，或生活困顿。尽管养老风险来临，但生活还要继续，想让退休生活变得更美好、更有尊严，需要进行养老规划。因为养老规划不仅仅解决基本的生活问题，也是爱与责任的延续。

## 学习目标

通过学习本章，理解21世纪养老观念应由“养儿防老”转向“养钱防老”；熟悉我国社会养老保险制度；理解商业养老保险的重要性及其类型；了解以房养老及其运作模式。

## 思维导图

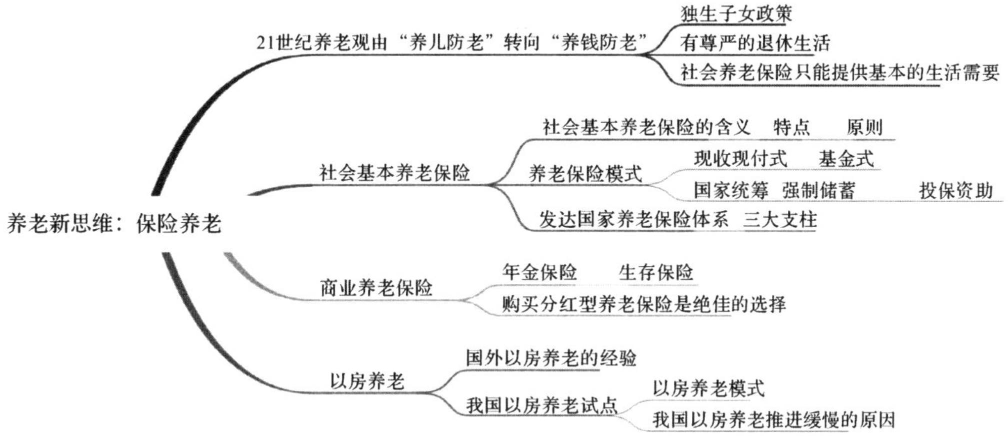


# 9.1　21 世纪的养老观

视频:21 世纪的养老观

## 9.1.1　人生的三个主要阶段

PPT 课件

人的一生通常要经历三个主要阶段,如图 9-1 所示。

第一个阶段,从出生到完成教育,即成长和准备阶段。这个阶段是人生打基础的阶段,从上幼儿园开始到大学毕业,培养广泛的兴趣爱好,修身锻炼、自我塑造的阶段。

第二个阶段,从学校毕业进入社会到退休,即工作和事业发展的阶段。这个阶段是人生的黄金阶段,也是人生最关键的时期。在适合自己的工作岗位上努力工作、努力赚钱,脚踏实地为理想而奋斗,这个阶段最为看重家庭、事业和梦想,为国家多做贡献,为家庭多创收入,逐渐趋于成熟、理性。

第三个阶段,从退休到离世,即颐养天年的阶段。这个阶段是人生的暮年阶段,或许已经儿孙满堂。该阶段的关键是养好身体,少操心,多锻炼,尽量少给子女们添麻烦,努力使自己延缓衰老。

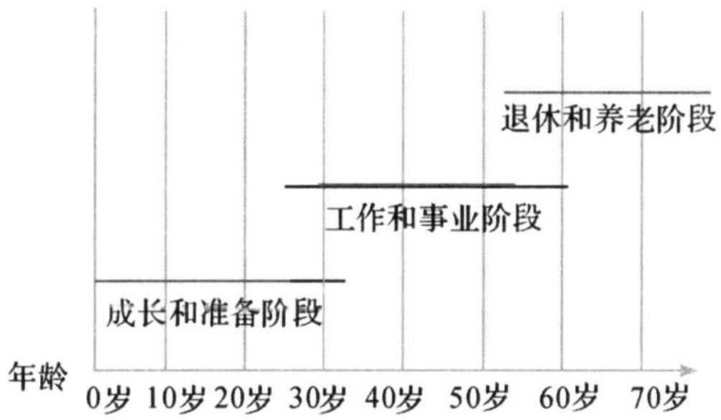


**图 9-1　生命周期的三个主要阶段**

### 9.1.2 从家庭养老到社会养老

人口老龄化是当今社会的发展趋势，现在许多发达国家都面临着人口老龄化的困扰。与世界发达国家相比，我国也将面临更多老龄化问题的挑战。首先，我国人口基数大、生育率下降快，导致老龄人口快速增长；其次，国家医疗保障体制、福利保障体系还未能与即将到来的社会人口年龄结构相匹配；再次，人口预期寿命快速增长，但人均收入及储蓄均不及同时期的发达国家，难以支撑个人退休期间的消费支出，导致“未富先老”“又老又穷”的社会现象发生。2019 年，我国 65 岁及以上人口占比达 12.6%，人均 GDP 突破 1 万美元，而美国、日本、韩国等国家在老龄人口比重达到 12.6%时，人均 GDP 均在 2.4 万美元以上。因此，我国未来的老龄人口增长速度可能比日本更快，引起的人口老龄化问题也更加严重。事实上，我国从 2000 年开始走向老龄化社会，老龄人口增长迅速，目前我国是世界上人口老龄化速度最快的国家之一。未富先老、老龄化速度快，是我国人口老龄化的两个最重要特征。根据第七次全国人口普查数据显示，我国 60 岁及以上人口的比重达到 18.70%。未来几十年，我国的老龄化程度将不断加深。20 世纪 60 年代之后，我国进入了人口出生的高峰期，每年约出生 2,000—3,000 万人，现今他们将逐步步入 60 岁，这将造成未来 10 年我国老年人口比例快速增长，意味着深度老龄化社会即将来临。

养老是人类生存繁衍的自然规律，养老问题是每一个人必须面对的现实问题。在社会生产力发展的不同阶段，养老的方式不尽相同。自古至今，养老主要关注三个方面的需要：一是满足老年人的物质生活需要，包括衣、食、住、行、用等方面的支出。二是养老服务的需要，随着年龄的增加，老年人的生理机能和生活自理能力下降，看病、吃药和医疗保健等支出增加，有的需要护理服务、家政服务和专人照顾。三是精神慰藉，年纪大了害怕孤独，老年人需要家人和社会为其提供情感交流的环境和条件，尤其是在文化、艺术、体育、娱乐等方面有兴趣爱好的老年人更加需要精神活动场景。

在工业化社会之前，人们生存在自然经济状态下，家庭是人们生产生活的主要活动场所。尤其在我国，比较强调以家庭为本位的思想观念，任何人都无法脱离家庭而生活，家庭是人们物质生活的保证，家庭提供其成员全部的生活资料，这也使人们产生了对家庭的强烈依赖。家庭作为一种典型的社会初级群体，成员间相互依存，老年人所有的需求由家庭来满足，养老所需的物质生活资料由子女来提供，养老服务也由子女来完成，养老送终成为晚辈对长辈不可推卸的责任。在我国，养儿防老的观念根深蒂固，农村地区表现得尤为突出。

在工业化社会之后，随着城市的不断推进，人口快速流动，以及政治和法律制度的不断变化，社会养老逐渐取代传统的家庭养老。社会养老就是通过立法建立规范化的养老保障制度，为老年人的物质生活、养老服务和精神文化生活等方面提供全面的保障和服务。一方面，由于社会生产力的发展和人们生活水平的不断提高，社会对老年人的生活服务和照顾越来越多，逐步出现了社会化的养老服务机构。另一方面，老年人的精神文化生活已成为一项社会化的内容，充分体现了社会的文明与进步。国际老龄联合会提出 21 世纪养老从物质需求向精神享受发展，养老的意义从安身立命转向情感依托。因此，除了传统的精神生活方式外，社会化的精神文化生活越来越成为老年人满足生活的重要方式。

## 资料卡 9-1

### 老龄化社会

衡量老龄化社会的标准有两个,一个是 60 岁以上的人口占总人口的 10%以上,另一个是 65 岁以上人口占总人口的 7%以上,满足其中之一就意味着进入老龄化社会。第七次全国人口普查结果显示,截至 2021 年,我国 60 岁及以上人口为 264,018,766 人,占总人口的 18.70%,其中 65 岁及以上人口为 190,635,280 人,占总人口的 13.50%,远远超过了 10%和 7%这两个指标。据预测,到 2050 年,全世界老年人口将达到 20.2 亿,其中中国老年人口将达到 4.8 亿,几乎占全球老年人口的四分之一,我国将进入一个深度老龄化的社会。

**即问即答**

目前,我国是世界上人口老龄化速度最快的国家之一。我国的人口老龄化有什么重要特征?

即问即答

## 9.1.3　养老观念转变的影响因素

我国的养老观念由“养儿防老”转向“养钱防老”,养老观念的转变主要受以下几个因素的影响。

(1)预期寿命延长

医学科技进步延长了人类的寿命。新兴药物的不断创新、先进医疗技术的普及应用,使得心脑血管疾病、糖尿病、艾滋病、癌症等疾病逐渐从致死性的疾病杀手变成可控制的慢性疾病,人类的预期寿命得到持续延长。在过去的半个多世纪里,主要发达国家都保持了每 10 年增长 2—3 岁的趋势。以癌症为例,研究数据显示,与 1991 年相比,2017 年美国癌症死亡率已经下降了 29%,其中 2008－2017 年平均每年下降 1.5%,2016－2017 年更是下降了 2.2%。随着经济的增长、人民生活水平的不断提高、医疗条件的不断改善,人均预期寿命显著延长。从全球来看,1950 年以来人口预期寿命显著提升。1950－2017 年全球男性预期寿命从 48.1 岁增至 70.5 岁,女性从 52.9 岁增至 75.6 岁。毫无疑问,人类的预期寿命还将保持稳步的增长,有预测研究指出,到 2040 年全球男性和女性的预期寿命都将提升 4.4 年,届时日本、新加坡、西班牙、瑞士的人均预期寿命有望超过 85 岁,另有 59 个国家的人均预期寿命也将超过 80 岁。在中国,伴随着死亡率的快速下降,预期寿命也得到了大幅提升。数据显示,中华人民共和国成立初期,中国人均预期寿命为 44.59 岁,到 2020 年已上升至 77.3 岁,提高了近 33 岁。目前,中国人均预期寿命已比世界平均水平增加了 4.48 岁,处于高收入与中等收入国家之间,接近美国的人均预期寿命。根据联合国发布的《2019 年世界人口展望》中的预测结果,我国的人均预期寿命在 2030 年将达到 79 岁,2040—2045 年间将进一步提升到 81 岁,也就是未来 20 年保持每 10 年增长约 2.5 岁的趋势。尽管联合国的预测相对保守,但是中国未来 30 年预期寿命仍将以平均每 10 年增长 1.6－1.7 岁的速度稳步提升。预期寿命延长加剧了人口老龄化程度，增加了养老负担和压力。进入 21 世纪，人们的养老观念发生了较大的变化，人不仅要活得长久，而且要活得有质量。

(2)有尊严的退休生活

随着社会经济的快速发展，家庭收入不断增加，人们的生活水平日益提高。同时，医疗科技水平的不断提高，使得人们的健康状况不断改善，大家都希望过上体面的、有尊严的退休生活。何谓尊严？人的尊严首先是指人因生而具有某种高于自然万物的特质，从而成为至高价值与绝对价值，捍卫人的尊严的基本要求就是捍卫人的自由及其合法权利。在人的多项权利中，最为基本的权利就是人的生存权，捍卫人的生存权要求维持人的生物特征的生存，进而能够保持或体现人的自由度。所以，有尊严的生活首先要求人必须拥有维持生存的基本物质生活条件、必要的物质财富和一定的经济水平。在此基础上，人的合法权利得到充分保障，人的德性得到充分发挥，人格价值受到尊重。因此，有尊严的退休生活是以拥有丰富的物质财富为基础，并足以引起他人羡慕、赞扬和敬重的退休生活。

(3)基本养老保险只能提升基本生活保障

目前，我国虽然已经建立了以社会保险为主体，包括社会救助、社会福利、社会优抚等制度在内，功能较为完备的社会保障体系。但是，随着人口老龄化的快速发展、人均预期寿命不断延长、受教育年限的增加、劳动力结构变化等趋势，养老金存在较大的缺口。根据数据显示，2020 年我国在职缴费人数和退休领取人数的赡养比为 2.57：1，养老保险基金收入为 44,376 亿元，支出为 51,301 亿元，当年收支缺口达 6,925 亿元。按照相关部门预测，未来 5 年到 10 年将产生 8 万亿到 10 万亿元的养老金缺口，而且随着时间的推移将会进一步扩大。目前，我国的养老金替代率维持在 40%左右，意味着人们在退休后的平均收入水平只有在职时的 40%左右。由此可知，社会保障体系所提供的只能是最基本的生活保障。

## 知识链接

### 养老金替代率

养老金替代率是指退休后领取的养老金与在职时工资收入的比例，是衡量劳动者退休前后生活保障水平差异的重要指标。根据世界银行的建议，要维持退休前的生活水平不下降，养老金替代率应不低于 70%。国际劳工组织在社会保障最低标准公约中提出，建议养老金替代率最低标准为 55%。我国人社部的数据显示，我国的养老金替代率自 2004 年开始跌破 55%，目前维持在 40%左右，这也就意味着我国职工在退休后的平均收入水平只有在职时的 40%左右。所以，相比部分发达国家边富边老或是先富后老，中国的老龄化呈现出未富先老的特征。因此，需要重视养老金缺口这一问题。除了建立社会基本养老保险以外，还需要积极增加企业年金、职业年金、商业养老保险、个人养老金等多种养老形式，保障退休之后的生活质量。

(4)养儿防老不可靠

回顾我国数千年的发展历史与文化传统，长期以来以农业、手工业为经济主体，因此，中华民族历来崇尚多子女的大家庭。但是，从 20 世纪 70 年代后期开始，我国开始推行计划生育政策，“一对夫妻只生一个孩子”成了国策。随着计划生育国策的实施，家庭结构发生了较大的变化,出现“4－2－1”[①](如图 9-2 所示)或“8－4－2－1”的家庭结构。在这样的家庭结构中,独生子女们不仅工作紧张,而且生活压力也大,使得独生子女赡养长辈面临较大的困难。面对晚年老人的各项开支,有时候也是有心无力,传统的养儿防老已经不太可靠。

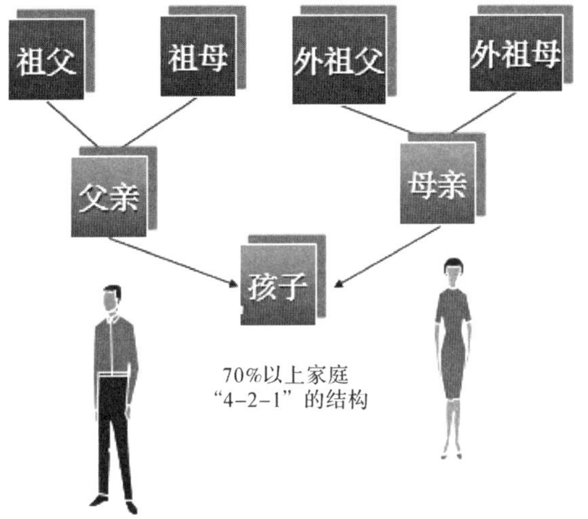


**图 9-2　4-2-1 家庭结构**

此外,还有其他一些不确定因素,如通货膨胀、利率变动等,这都促使人们需要转变养老观念。

**即问即答**

在我国,养儿防老的观念根深蒂固,随着社会经济的快速发展,养儿防老的观念已经发生转变。那么,影响人们转变养老观念的因素有哪些?

即问即答

## 9.2　社会养老保险

视频:社会养老保险

### 9.2.1　社会养老保险制度

PPT 课件

社会保障制度起源于西方工业化国家。在西方国家,社会养老保险的发展已经经历了几百年的历史。1601 年,英国王室通过了《伊丽莎白济贫法》,该法案是英国第一个重要的济贫法,被看作是现代社会保障制度的发端,为现代社会保障制度的发展确立了基本原则。因此,《伊丽莎白济贫法》被认为是现代社会保障制度的直接渊源。进一步追溯养老保险制度,可以发现德国早在 1881 年(俾斯麦首相时期)就已经开始建立社会养老保险制度。

9.2.1.1　社会养老保险的内涵

社会养老保险是国家根据法律和法规,为劳动者在达到国家规定的解除劳动义务的年

① “4－2－1”家庭结构即指 4 位老人(祖父母、外祖父母),加 2 位中年人(父母)和 1 位青少年(独生子女)。

龄界限，或因年老丧失劳动能力退出劳动岗位后保证其基本生活而建立的一种社会保障制度。该制度包含以下三层含义：

①社会养老保险是在法定范围内的老年人，完全或基本退出社会劳动生活后，才自动发生作用。社会养老保险规定职工达到法定的年龄界限(各国的标准不同)才能领取社会养老保险金。我国职工现行的法定退休年龄是男性满60周岁，女干部满55周岁，女工人满50周岁。

②社会养老保险的目的是为了保障老年人的基本生活需求。社会养老保险主要是为老年人提供稳定、可靠、基本的生活来源。如果老年人有更多的生活之需，则还需退休前所在的单位和老年人自己在退休前做更多的养老准备，比如参加企业年金或购买个人养老保险和商业养老保险等。

③社会养老保险是以社会保险为手段达到保障的目的。社会养老保险是世界各国普遍实行的一种社会保障制度，一般具有以下几个特点：一是由国家立法，强制实施，企业单位和个人都必须参加，符合养老条件的人，可向社会保险部门领取养老金；二是社会养老保险基金，一般由国家、单位和个人三方或单位和个人双方共同负担，并实现广泛的社会互济；三是社会养老保险具有社会性，影响面大，享受人多且时间长，费用支出庞大，因此需要设立专门的机构实行专业化、社会化的统一规划和管理。

#### 9.2.1.2　社会养老保险的基本原则

社会养老保障的建立需遵循以下基本原则。

(1)保障基本生活

社会基本养老保险的目的是对劳动者退出劳动后的基本生活予以保障。该原则强调社会公平，有利于低收入阶层。一般而言，低收入人群的基本养老金替代率较高，而高收入人群的替代率则相对较低。参保者还可以通过参加补充养老保险(企业年金或职业年金)和个人养老保险，获得更高的养老收入，以满足养老生活所需。

(2)公平与效率相结合

公平与效率是辩证统一的关系。效率是公平的物质基础和前提，公平是效率的保证，没有效率的公平是平均主义或普遍贫穷。因此，社会养老保险待遇既要体现社会公平，又要体现个体之间的差异。在维护社会公平的同时，强调社会养老保险对于促进效率的作用。兼顾效率与公平，既要提高效率，又要促进公平。

(3)权利与义务相对应

目前，大多数国家在基本养老保险制度中都实行权利与义务相对应的原则，即要求参保人员需要履行规定的义务，才能享受规定的基本养老保险待遇。这些义务主要包括：依法参加基本养老保险，依法缴纳基本养老保险并达到规定的最低缴费年限。基本养老保险待遇以养老保险缴费为条件，并与缴费的时间长短和数额直接关联。

(4)管理服务社会化

按照专业服务的原则，政府委托或设立社会机构管理养老保险基金和相关事务。通过建立独立于企业事业单位之外的养老保险制度，对养老金实行社会化发放，并依托社区开展退休人员的管理服务工作。

(5)分享社会经济的发展成果

在社会消费水平普遍提高的情况下，退休人员的实际生活水平有可能相对下降。通过建立基本养老金调整机制，使退休人员的养老保障水平随着社会经济的发展和职工工资水平的提高而不断提升，以分享社会经济发展的成果。

#### 9.2.1.3　社会养老保险模式

(1)按照社会养老保险资金的筹资模式划分

①现收现付模式。即当期的缴费收入全部用于支付当期的养老金开支，不留或者只留少量的储备基金。从资金角度来看，现收现付模式是一种靠后代养老的保险模式，是在职的人养退休的人，具有代际之间的收入再分配功能。世界上大多数建立养老保险制度的国家，如美国、法国、德国、英国、瑞士和智利等，在养老保障制度建立之初都是采用现收现付模式。这种模式具有的特点：一是完全依靠当前的收入去支付现在的支出，以支定收，基金没有结余，从而避免了完全基金模式下基金遭受通货膨胀而贬值的风险，也能够对基金进行有效的管理。二是这种模式在人口年龄结构年轻、保障范围较窄、支付标准较低的情况下，尚可正常运行；在经济不景气、人口出现老龄化、支付范围和标准不断提高的情况下，就会出现缴费比例过高，当代缴费者负担沉重、资金筹集困难等问题。

②基金累积模式。基金累积模式具体又分为完全基金式和部分基金式。完全基金式是指当期缴费收入全部用于当期缴费的受保人建立养老储备基金，目标是满足未来向全部受保人支付养老保险的资金需要。部分基金式是当期缴费的一部分用于应付当期的养老金支出，一部分用于受保人建立养老保险储备基金。完全基金式是一种自我养老的保险模式，代际之间不存在收入转移，每一代人都是靠自己工作期间缴纳的保险费所积累的养老储备基金来维持养老生活；而部分基金式是后代养老和自我养老相结合的一种养老保险模式。

总之，现收现付模式是以劳动者在职期间的缴费加上同期用人单位或雇主缴费和政府补贴组成的养老保险基金来支付退休者的养老金，实行年度收支平衡预算；基金积累模式是劳动者在职期间通过自己和雇主的缴费建立并逐年积累个人养老账户基金，退休后再以积累的养老基金和投资收益来给付自己的养老金，实行基金储备制。前者具有互助共济、无保值增值的压力等特点；后者管理复杂、有保值增值的压力，但可减轻政府负担。

目前，我国实行以现收现付为主兼具基金积累制的统账结合模式，即在职员工个人每月按工资的8%缴费，进入个人账户；企业按20%缴费，进入社会统筹，用来现收现付，即用于统一支付给退休人员养老。在实际操作中，因制度转型等原因，个人账户是空账，这部分钱也用来支付给退休的一代了。因此，现行的养老制度实质上是现收现付模式，不是严格的部分基金制。现收现付模式体现的是社会养老保险制度的本质，我国选择统账结合模式，则是通过个人账户的设置来调解代际负担的公平性。

(2)按照社会养老保险资金的征集渠道划分

①国家统筹养老保险。该模式的特点是所有的养老支出来自国家的财政拨款，养老支出纳入国家的财政预算。具体分为两类：一类是福利型养老保险模式。该模式是福利国家普遍采取的，最早由英国设立，目前有瑞典、挪威、澳大利亚、加拿大等国家采用。该模式实行现收现付模式，并按支付确定的方式来确定养老金的水平。养老保险资金全部来源于政府税收，个人不需要缴费。享受养老金的对象不仅是劳动者，而是社会全体成员。养老金保障水平相对较低，通常只能保障最低生活水平，比如，澳大利亚该类养老金的水平只相当于平均工资的25%。该模式的优点在于运作简单，通过收入再分配的方式对老年人提供基本

生活保障。但缺点也很明显，就是政府的负担过重。由于政府财政收入的相当一部分用于养老保险支出，而且要维持这一庞大支出，政府必须采取高税收政策，这样势必会加重企业和纳税人的负担。另一种类型是社会主义养老保险模式。该模式由前苏联设立，其理论基础为列宁的国家保险理论，后为东欧各国、蒙古、朝鲜，以及我国改革开放以前所采用。该模式与福利型养老保险一样，都是由国家包揽养老保险资金的筹集，实行统一的保险待遇水平，劳动者个人无须缴费，退休后可享受退休金。但与前一种类型不同的是，适用对象并非全体社会成员，而是在职劳动者，养老金也只有一个层次，未建立多层次的养老保险，一般也不定期调整养老金的水平。随着前苏联和东欧国家的解体，以及我国经济体制改革的不断深入，采用这种模式的国家也越来越少。

②投保资助养老保险。该模式的特点是由国家、企业和劳动者共同出资，建立养老保险基金，或者说由企业和个人交费，政府进行一定的资助。该模式最早由德国俾斯麦政府于1889 年颁布的《养老保险法》所创设，后被美国、日本等国家采纳。此模式将个人领取养老金的权利与缴费义务联系在一起，即个人缴费是领取养老金的前提。每一位劳动者和未在职的普通公民，都属于养老保险的参加者或保险对象。在职的企业雇员必须按照工资的一定比例定期缴纳养老保险，不在职的社会成员也必须向社会保险机构缴纳一定的养老保险，才有资格享受领取养老金的待遇。同时，还规定企业或雇主也必须按照企业工资的一定比例定期缴纳养老保险，这些都是强制性的规定。养老金水平与个人收入挂钩，基本养老金按退休前雇员历年指数化月平均工资和不同档次的替代率计算，并定期自动调整。除基本养老金外，国家还通过税收、利息等方面的优惠政策，鼓励企业补充养老保险，基本上也实行多层次的养老保险制度。目前，世界上大多数国家都实行这种模式。

③强制储蓄养老保险。该模式的特点是强制单位和劳动者缴纳养老保险，为劳动者个人建立储蓄性的养老保险基金。该模式主要分为新加坡模式和智利模式。第一种，新加坡模式，又称公积金模式。该模式的特点是强调自我保障，建立个人公积金账户，由劳动者于在职期间与其雇主共同缴纳养老保险费，劳动者在退休后完全从个人账户领取养老金，国家不再以任何形式支付养老金。个人账户的基金在劳动者退休后可以一次性连本带息领取，也可以分期领取。关于个人账户的基金，国家通过中央公积金局统一进行管理和运营投资。除新加坡以外，东南亚、非洲等一些发展中国家也采取该模式。第二种，智利模式，又称强制储蓄模式。该模式也强调自我保障，采取个人账户模式，但与新加坡模式不同的是，个人账户的管理完全实行私有化，即将个人账户交由自负盈亏的私营养老保险公司管理和运营投资，规定了最大化的回报率，同时实行养老金最低保险制度。此模式于 20 世纪 80 年代在智利推出后，也被拉美一些国家效仿。强制储蓄养老保险模式最大的特点是强调效率，但忽视公平，难以体现社会保险的保障功能。

### 9.2.2 发达国家养老保险体系

20 世纪末，随着欧美国家经济的衰退，老龄化问题日趋突出，政府支出压力增大，开始对社会保障制度进行改革。世界银行于 1994 年提出了三支柱养老金模式，按照资金来源、设立目的等维度将养老体系分为三类，分别为公共养老金计划、企业养老金计划和个人储蓄养老金计划。其中，第一支柱公共养老金计划，由政府提供，资金主要来自政府税收，目标是保障退休老年人的基本生活,具有普惠性;第二支柱企业养老金计划由政府倡导、企业组织实施,资金来源主要是企业及个人在工作期间的缴费,属于积累制的筹资模式,是第一支柱的补充;第三支柱个人储蓄养老金计划由个人缴纳,政府给予一定的税收优惠政策,是基于改善职工退休生活质量的投资性质的养老金。

基于不同的国情,各个国家实施的养老保险体系虽存在一定的差异,但基本上适用于世界银行的分类标准。

9.2.2.1 英国养老保险体系

在坚持普遍性原则,以及政府提倡"只有个人才能决定自己的养老金待遇水平"的宗旨下,政府给予个人大量的选择机会,构建了较为复杂的养老保险制度。

(1)第一支柱:国家养老金

国家养老金是英国养老保险体系的基础,资金来源于国民缴纳的税收,旨在为国民提供最基本的养老保障。国家养老金分为国家基本养老金、国家补充养老金、最低收入保障金三部分。国家基本养老金用于保障公民的最低生活水平,覆盖全体国民。以国民保险税的方式缴纳,具有强制性,除残疾人等特殊人群可以免除缴纳外,雇主和年收入5,000英镑以上的员工均需缴纳,达到国家法定退休年龄(英国最高工作年限:男65岁,女63岁),以及缴费年限和缴费金额后就可以领取。国家补充养老金是国家基本养老金的补充,目的是通过设立不同的养老金等级,鼓励人们多缴费,以提高国民养老基金的支付能力。所有已缴纳国民保险税且没有参加职业养老金或个人养老金计划的员工都将自动加入国家补充养老金。对于普通收入的员工而言,如果缴费满40年,国家补充养老金与国家基本养老金收入相当。最低收入保障金面向75岁以上的双退休员工家庭和75岁以下的单身退休员工,如果综合收入没有达到法定最低收入水平,最低生活保障金将出资补足,经费来源于政府一般税收收入。为了鼓励员工在工作期间储蓄,政府为储蓄达到一定额度的员工(男性65岁以上、女性60岁以上)提供额外福利。

(2)第二支柱:职业养老金

职业养老金是英国养老保险体系中最重要的组成部分,是雇员养老金收入的主要来源。由雇主与员工共同缴纳,分为公共部门养老金和职业养老金,其中公共部门养老金又分为国家政府官员养老金和地方政府官员养老金。职业养老金分为确定缴费型(DC)、确定收益型(DB)和混合型养老金计划三类。在确定缴费型(DC)计划中,个人拥有更多的投资选择权,相应地也要承担更多的投资风险;在确定收益型(DB)计划中,雇主和政府承担主要投资责任。《2008养老金法案》规定,自2012年起,所有的新员工只能参加确定缴费型(DC)养老计划。大部分员工退休后的主要收入来自职业养老金,职业养老金已经成为英国社会保障体系的重要支柱。

(3)第三支柱:个人养老金

个人养老金属于个人自愿建立的退休储蓄账户,由保险公司、银行或其他金融机构为个人提供投资策略,投资回报完全依赖个人缴费积累和金融机构的管理。英国还成立国家职业储蓄信托平台,以0.3%的超低年管理费吸引员工参加。此外,政府对国民保险税给予5.8%的税收优惠,以及2%的特别奖励金。个人养老金计划是由金融机构组织设计并提供的,个人依据自己对退休生活的要求来自行安排退休养老金计划。主要可分为个人养老金和存托养老金。存托养老金计划以低管理成本为核心要求,规定该养老基金管理人收取的最高管理佣金不得超过养老基金价值的1%。存托养老金计划可以由雇主、金融机构和工会组织等提供，并负责运营管理，提供者与管理人重合。

#### 9.2.2.2 美国养老保险体系

美国养老保险体系由社会养老保险、雇主养老金和个人退休账户养老金组成。

(1)第一支柱：社会养老保险

社会养老保险资金主要来自联邦政府征收的“社会保险税”，待受益人退休后，由美国社会保障署(Social Security Administration，SSA)以年金的形式发放。受益人的退休金多少由退休前工资、退休年龄和通货膨胀指数等共同决定。具体而言，社会养老保险包含老年和遗属保险(Old－Age and Survivors Insurance，OASI)和伤残保险(Disability Insurance，DI)，主要通过老年和遗属保险信托基金、伤残保险基金分别投资运营。由于社会养老保险资金来自税收，因此具有一定的强制性，覆盖范围广。

(2)第二支柱：雇主养老金

雇主养老金分为公共部门雇主养老金和私人部门雇主养老金。公共部门雇主养老金以政府为主导，私人部门雇主养老金以企业为主导。公共部门雇主养老金计划又分为联邦政府、州政府两个系统。无论是公共部门的雇主养老金还是私人部门的雇主养老金，都有确定缴费型(DC)和确定收益型(DB)两类。从缴费形式来看，政府确定收益型(DB)计划由政府和个人共同缴费，企业确定收益型(DB)计划由雇主单独缴费。确定缴费型(DC)养老金由政府或企业与其员工共同缴费，参与确定缴费型(DC)计划的员工，个人账户的养老基金可以随工作变动而转移，较为灵活。从风险来看，确定收益型(DB)养老金需要运作公共账户，要求养老金管理机构承担投资风险和人口结构变化引起的流动性危机，即政府或雇主会为投资收益和运作负责。而确定缴费型(DC)养老金因为建立了个人账户，其养老金收益主要来自账户的投资收益，账户间不会相互影响，因此，风险主要由员工承担。

(3)第三支柱：个人退休账户养老金

个人退休账户养老金是由个人建立的、享有政府税收优惠的退休储蓄账户养老金，包括传统个人退休账户养老金、罗斯个人退休账户养老金和雇主发起型个人退休账户养老金。不同种类的个人退休账户养老金的缴费和领取的规定不同。传统个人退休账户养老金在缴费时不需缴纳个人所得税，提取时需缴纳个人所得税，且规定在59.5岁之前提取养老金需缴纳10%的罚款；而罗斯个人退休账户养老金缴费时需缴纳个人所得税，提取环节没有年龄限制。

#### 9.2.2.3 日本养老保险体系

日本养老金体系建立的法律基础为1942年实施的《工人养老保险法》。在初期即构建形成了以国民养老金、厚生养老金和共济养老金为主体的养老保险体系。二战结束后，日本的养老制度经历了一段混乱时期，后又遭遇房地产泡沫危机，养老金制度在延后退休、调高缴费和降低给付方面做了改革。

(1)第一支柱：国民养老金

国民养老金是最基础的、具有强制性的养老保障，覆盖所有20－60岁的日本公民。国民养老金的被保险人分为三类：第一类主要包括农民、个体商户和学生等，被保险人自己缴纳定额的保费，由政府负担基础养老金支出的三分之一事务费；第二类主要包括已经加入共济养老金或厚生养老金的公务员、私营企业职工,保费按固定比率从被保险人的工资中扣除,企业负担二分之一的保险金;第三类被保险人是第二类被保险人的配偶,由于日本女性外出工作的比例较低,这部分保险金直接从第二类被保险人的工资中扣除。

(2)第二支柱:厚生养老金和共济养老金

厚生养老金始于1941年,主要针对非国有企业员工。凡65岁以下符合条件的企事业职工均可参加,雇主和受保险人分别承担50%的保费。共济养老金涵盖国家公务员、地方公务员、私立学校教职员和农林渔业团体职员等共济组合。厚生养老金和共济养老金也被称为员工养老金,属于国民养老金的补充,符合条件的员工都要求加入,具有强制性,行政管理费用由中央政府统一负责。

(3)第三支柱:补充养老金

补充养老金是由企业补充养老保险和个人储蓄养老保险组成。企业补充养老保险包括国民年金基金、厚生年金基金、一次性退休金、农业年金基金等,其中一次性退休金是日本规模最大、覆盖最广的企业年金。个人储蓄养老保险是针对个人的商业保险,加入的公民可在退休后获得养老金。补充养老金计划不具有强制性,公民本着自愿的原则决定是否参加。

**即问即答**

目前,世界各国基本上按照联合国的做法建立了社会养老保险体系,这些已经建立的社会养老保险体系一般包括哪三大支柱?

即问即答

### 9.2.3　我国社会养老保险体系

中华人民共和国成立后,我国的养老保险制度历经从无到有、逐步完善的过程。1951年,政务院颁布《劳动保险条例》,对职工的退休、死亡、工伤、病亡等做出了一系列的规定,并于1953年、1956年两次修订,全面确立了适用于企业职工的劳动保险制度。“文革”期间,企业职工的劳动保险制度被取消,企业职工退休费用改由所在企业负担,实际演变为“企业保险”。随着计划经济体制向市场经济体制转轨,20世纪80年代实行退休费用社会统筹试点,并不断深化改革。1978年,国务院发布《关于工人退休、退职的暂行办法》(国发[1978]104号),强调了职工退休年龄和相关法规,当时没有规定职工需要缴纳养老保险。1986年,国家首次规定了劳动合同制,规定了新入厂的职工一律实行合同制,实行缴费制度,原有职工依然是固定工人,不需缴费,实行了双轨制运行。1991年,国务院公布了《关于企业职工养老保险制度改革的决定》,明确所有企业、所有职工都应当参加养老保险。在实施劳动合同制以前的固定工人,从1991年之后也要求缴纳养老保险。1993年,国家废除了固定工,逐步推行了全员合同制,全面实行缴费制度。1997年,国务院发布《关于建立统一的企业职工基本养老保险制度的决定》(国发[1997]26号),建立了由国家、企业和个人共同负担的基金筹集模式,确定了社会统筹与个人账户相结合的基本模式,统一了企业职工基本养老保险制度。2005年,在总结东北三省开展完善城镇社会保障体系试点经验的基础上,国务院发布《关于完善企业职工基本养老保险制度的决定》(国发[2005]38号),改革基本养老金计发办法,进一步完善企业职工养老保险制度。2010年,颁布了《中华人民共和国社会保险法》,

建立了广覆盖、保基本、多层次、可持续的社会保险制度，依法保障广大职工和城乡居民的社会保障权益，增强人民群众的获得感、幸福感、安全感。

目前，我国已经建立了以基本养老保险为主体，企业（职业）年金为补充，与个人储蓄养老保险相结合的多层次养老保险体系。

(1)第一支柱：基本养老保险

基本养老保险通过国家立法，在全国范围内统一强制实施，由政府主导并负责管理。基本养老保险包括城镇职工基本养老保险、城乡居民基本养老保险等，全国社保基金作为补充来源，用于人口老龄化高峰时期养老保障支出的补充与调剂。截至2020年，第一支柱规模为8.3万亿元，其中，基本养老保险为5.8万亿元，全国社保基金为2.5万亿元，第一支柱规模占比69.7%，这意味着基本养老保险是我国社会养老保险体系的核心。

2021年，我国基本养老保险覆盖人数约为10亿人，占总人口比重的73%，覆盖我国大部分人口。随着新业态不断发展，目前部分灵活就业人员可能尚未纳入保障体系。此外，我国老龄化程度不断加深，养老压力不断增加，近年来基本养老保险支出占收入比重持续提升。2020年，由于疫情原因，阶段性减免企业社保交纳等因素，基本养老保险出现缺口，支出收入比达到111%，其中，城镇职工基本养老保险支出收入比高达116%。根据中国社会科学院发布的《中国养老金精算报告2019－2050》预测，全国城镇职工基本养老保险当期结余将于2028年出现赤字，并不断扩大，若不考虑财政补助，当期结余在2019年已经为负值，且下降更快。因此，当前我国第一支柱养老金负担较重。

(2)第二支柱：企业（职业）年金

企业（职业）年金是由政府倡导，企事业单位自主实施的补充养老保险。企业年金为企业根据自身情况自愿选择为本企业职工建立的一种补充性养老金制度，由雇主和个人共同缴费；职业年金面向机关事业单位职工，是由单位和职工个人共同缴费的补充性养老保险。截至2020年，第二支柱规模达3.5万亿元，其中企业年金为2.2万亿元，职业年金为1.29万亿元，第二支柱规模占比29.8%，这意味着企业（职业）年金已成为我国社会养老保险体系的重要补充。截至2021年末，全国共有11.8万家企业建立了企业年金，参加人数为5,800万人，仅占第一支柱参与人数比重的2.8%。职业年金具有一定的强制性，覆盖率已较高。截至2019年5月末，参与职业年金的职工共计2,970万人，在参与基本养老保险的3,612万机关事业单位工作人员中占比超过82%；参与职工中，缴费人数达2,867万人，缴费率超过96%。职业年金因其覆盖对象特殊性，未来增长有限。因此，在目前企业年金和职业年金覆盖率相对较低、增长缓慢的情形下，第二支柱的补充保障功能有限。

(3)第三支柱：个人养老金

个人养老金主要是个人养老基金和商业养老保险，属于个人行为。个人家庭根据经济能力和不同需求自愿参加，国家在政策上给予引导。目前，与个人养老相关的金融产品包括个人税延型养老保险、养老目标基金、养老理财和专属养老保险。截至2020年，第三支柱规模达594亿元，其中，养老目标基金为590亿元，个人税收递延型养老保险为4亿元，第三支柱规模占比0.5%，这意味着个人养老金在我国还有相当大的发展空间。截至2021年末，专属养老保险、税延型养老保险和养老目标基金的规模分别为4亿元、6亿元、1,132亿元，2021年养老理财产品发行规模达172亿元。相较第一支柱、第二支柱而言，我国第三支柱规模小，几乎可忽略不计,有待于提升。在当前人口老龄化加剧的背景下,第一支柱、第二支柱的保障程度不足,且未来延展性有限,因此,大力发展第三支柱养老金势在必行。2022 年,国务院办公厅发布《关于推动个人养老金发展的意见》,明确在境内参加城镇职工基本养老保险或者城乡居民基本养老保险的劳动者,可以参加个人养老金计划。个人养老金实行个人账户制度,缴费完全由参加人个人承担,实行完全积累制,参加人每年缴纳的个人养老金上限为 12,000 元。参加人通过个人养老金信息管理服务平台,建立个人养老金账户。

## 新政策 9-1

### 第三支柱(个人养老保险)稳步推进

2018 年 2 月 6 日,人社部、财政部共同组织召开会议,会同国家发改委、国家税务总局、中国人民银行、银监会、证监会、保监会成立工作领导小组,启动建立养老保险第三支柱工作。按照国务院关于逐步建立起多层次养老保险制度,合理分担国家、用人单位、个人养老责任的要求,人社部会同相关部门,根据经济社会的发展,推动三支柱养老保险制度体系建设。

2022 年 4 月 21 日,国务院办公厅发布《关于推动个人养老金发展的意见》,标志着第三支柱个人养老保险的顶层设计落地。目前,作为第一支柱的基本养老保险,制度基本健全,职工养老保险加城乡居民养老保险已覆盖近 10 亿人;第二支柱企业(职业)年金制度初步建立,并且正在逐步得到完善,已经覆盖超过 5,800 万人。虽然第一支柱基本养老保险已基本实现全覆盖,但总体保障水平相对有限;第二支柱企业(职业)年金覆盖面仍然较窄,只能满足小部分群体的养老需求。建立养老保险第三支柱,对于积极应对人口老龄化,完善多层次的养老保险制度体系,促进养老保险制度的可持续发展,满足人民群众对老年美好生活的向往,具有十分重要的现实意义。

**第一支柱**

第一支柱基本养老保险,通过不断地改革完善,已经形成"城镇职工+城乡居民"两大制度平台。截至 2021 年末,全国参加基本养老保险超过 10 亿人,基金投资运营规模为 1.46 万亿元,积累基金为 4.6 余万亿元。

**第二支柱**

第二支柱企业(职业)年金,截至 2021 年末,全国已经有近 11.8 万家企业建立了企业年金,参加职工人数达到了 5,800 万人,积累基金近 1.3 万亿元;职业年金正随着机关事业单位养老保险制度改革逐步建立。

**第三支柱**

目前,第三支柱个人储蓄性养老保险和商业养老保险进入制度框架建设完善阶段。个人养老金随着制度的完善和人们认识的提高,将会快速增长。

9.2.3.1 基本养老保险的覆盖范围

基本养老保险主要包括:

①职工基本养老保险:主要覆盖两类人员,一是在我国境内的企业、事业单位以工资为主要生活来源的体力劳动者和脑力劳动者;二是无雇工的个体工商户、未在用人单位参加基本养老保险的非全日制从业人员,以及其他灵活就业人员。

②机关事业单位工作人员基本养老保险:《公务员法》管理的机关(单位)编制内工作人员;《事业单位登记管理暂行条例》规定范围内的事业单位在职在编工作人员。

③居民基本养老保险:包括所有年满 16 周岁(不含在校学生),不在以上两类基本养老保险覆盖范围的我国城乡居民,包括新型农村社会养老保险和城镇居民社会养老保险。

9.2.3.2 基本养老保险的费用筹集

基本养老保险由个人和单位缴纳,国家财政弥补缺口。在职职工按照国家规定的本人工资的比例(现行的比例统一调整为 8%)缴纳基本养老保险费,记入个人账户。用人单位按照国家规定的本单位职工工资总额的比例缴纳基本养老保险费,记入基本养老保险统筹账户。无雇工的个体工商户、未在用人单位参加基本养老保险的非全日制从业人员,以及其他灵活就业人员参加基本养老保险的,按照国家规定向社会保险机构缴纳基本养老保险费,分别记入基本养老保险统筹账户和个人账户。

9.2.3.3 基本养老保险的运行模式

基本养老保险实行社会统筹与个人账户相结合的运行方式。用人单位按照国家规定的本单位职工工资总额的比例缴纳基本养老保险,进入基本养老保险统筹基金。个人缴费部分进入个人账户,个人账户的存储额只能用于职工养老,不能提前支取。职工工作调动时,个人账户里的存储额全部随同转移,职工或退休人员死亡,个人账户中的个人缴费部分可以继承。

9.2.3.4 基本养老保险的待遇

关于基本养老保险的待遇,我国按照"老人老办法,新人新办法,中人逐步过渡"的原则。老人指 1997 年国务院发布的《关于建立统一的企业职工基本养老保险制度的决定》(国发[1997]26 号)(以下简称国发"[1997]26 号文件")在实施之前已经退休的人,按照原有的国家统筹养老的办法直接给老人发放退休金。新人指国发[1997]26 号文件实施以后参加工作的人。新人要求按规定缴纳基本养老保险满 15 年,退休以后可按月领取基本养老金。基本养老金由基础养老金和个人账户养老金组成。基础养老金是指社会统筹养老金,退休时的月标准以当地上年度在岗职工月平均工资和本人指数化月平均缴费工资的平均值为基数,缴费每满 1 年发给 1%的养老金。个人账户养老金月标准为个人账户储存额除以计发月数,计发月数根据职工退休时城镇人口平均预期寿命、本人退休年龄、利息等因素确定。中人指国发[1997]26 号文件实施以前参加工作,国发[1997]26 号文件实施以后退休的人,按规定缴纳基本养老保险满 15 年,退休以后发给基础养老金加个人账户养老金,此外再发给一个过渡性的养老金。个人账户养老金计发月数如表 9-1 所示。

表 9-1　个人账户养老金计发月数表

| 退休年龄(岁) | 计发月数(个) | 退休年龄(岁) | 计发月数(个) | 退休年龄(岁) | 计发月数(个) |
|---|---|---|---|---|---|
| 40 | 233 | 51 | 190 | 62 | 125 |
| 41 | 230 | 52 | 185 | 63 | 117 |
| 42 | 226 | 53 | 180 | 64 | 109 |
| 43 | 223 | 54 | 175 | 65 | 101 |
| 44 | 220 | 55 | 170 | 66 | 93 |
| 45 | 216 | 56 | 164 | 67 | 84 |
| 46 | 212 | 57 | 158 | 68 | 75 |
| 47 | 208 | 58 | 152 | 69 | 65 |
| 48 | 204 | 59 | 145 | 70 | 56 |
| 49 | 199 | 60 | 139 | — | — |
| 50 | 195 | 61 | 132 | — | — |

**资料卡 9-2**

**社会保障法**

2010 年,我国出台了第一部《社会保障法》,并于 2011 年 7 月 1 日起实施。

《社会保障法》规定,国家建立基本养老保险、基本医疗保险、工伤保险、失业保险和生育保险等社会保险制度;基本养老保险包括:职工基本养老保险、新型农村社会养老保险和城镇居民社会养老保险。

**即问即答**

从世界各国的现行做法来看,社会养老保险资金的征集渠道大致有哪三种模式?

即问即答

## 9.3　商业养老保险

视频:商业养老保险

### 9.3.1　商业养老保险及其类型

#### 9.3.1.1　商业养老保险的含义

商业保险中的年金保险、两全保险、定期保险、终身保险都可以在不同程度上起到养老的作用，都属于商业养老保险的范畴。通常讲的商业养老保险是指年金保险，它以人的生命或身体为保险对象，通过支付一定的费用来对养老进行投保的行为，在被保险人年老退休或保期届满时，由保险公司按合同规定给付养老金。

PPT 课件

商业养老保险是社会养老保险体系中的一个重要组成部分，购买商业养老保险属于个人行为，需要投保人自行承担费用，个人家庭根据经济能力和不同需求自愿参加，国家在政策上给予引导。因此，商业养老保险实际上就是在职时为将来退休养老建立一份保障。对于中青年来说，可以看作是一种强制储蓄的手段，为老年生活未雨绸缪。

商业养老保险分为团体养老保险和个人养老保险两大类。团体养老保险是商业保险公司利用其专业优势为企业提供员工养老计划，类似于社会养老保险体系的第二支柱，是企业提供补充养老保险的一种普遍选择。个人养老保险是针对个人养老保障需求，为个人家庭提供养老保障，是社会养老保险体系第三支柱的重要内容。

9.3.1.2　商业养老保险的种类

目前，市场上可覆盖养老需求的保险产品主要有传统型养老保险、分红型养老保险、万能型养老保险、投资连结保险四种。

(1)传统型养老保险

传统型养老保险是指投保人与保险公司签订保险合同，双方约定一次性缴纳或者分期缴纳保险费后，到约定领取养老金的时间，按照约定的间隔期领取相应的年金，具有固定缴费、定额利息、固定领取等特点。一般来说，其预定利率是确定的，一般在 2.0%—2.5%之间。从历史数据来看，预定利率也不是一成不变的，一般会与当时的银行利率保持相当水平。银行利率高的时候，预定利率也会提高。在 20 世纪 90 年代末的高利率期间，商业养老保险的预定利率也曾高达 10%，但目前不会超过 2.5%。

优势：回报基本固定。该险种的回报率是按照合同约定的预定利率计算的，从什么时间开始领取养老金，每期可领取多少，在投保时就已经明确和预知。即使在出现零利率或者负利率的情况下，也不会影响养老金的回报。

劣势：难以抵御通货膨胀的影响。该险种是以固定费率及生命表作为费率的厘定基础，因此不具备抵御通货膨胀的功能，如果通货膨胀率比较高，从长期来看就存在贬值的风险。

适合人群：在投资理财上比较保守，以强制储蓄养老为主要目的的人群。

(2)分红型养老保险

分红型养老保险是指具有分红功能的养老保险，通常具有保底的预定利率，一般只有 0.5%—2.0%，比传统型养老保险稍低。除了固定生存利益之外，每年还有不确定的红利。其特点是回报稳定、安全，不会被挪用，保证可以领取。

优势：回报与保险公司的经营业绩挂钩，理论上可以回避或者部分回避通货膨胀对养老金的影响，使得养老金相对保值甚至增值。

劣势：分红具有不确定性，也有可能因保险公司的经营业绩不佳而遭受损失。因此，挑选一家实力强、信誉好的保险公司很重要。

适合人群：既要保障养老金的最低收益，又不甘于“坐看风云”的人群。

(3)万能型养老保险

万能型养老保险在扣除部分初始费用和保障成本后,保费进入个人投资账户,有保底回报,目前利率一般在 1.75%—2.5%。也有的万能型养老保险产品与银行的一年期利率挂钩。除了必须满足约定的最低回报,还有不确定的“额外收益”。其特点是下有保底利率,上不封顶,每月公布结算利率,按月结算,复利增长,可有效抵御银行利率波动和通货膨胀的影响。

优势:账户比较透明,存取相对灵活,追加投资方便,寿险保障可以根据不同年龄阶段提高或降低,可以灵活应对收入和理财目标的变化。

劣势:存取灵活是优势也是劣势,对储蓄习惯不太好、自制能力不够强的投资人来说,可能最后存不够所需的养老金。

适合人群:比较理性,坚持长期投资,自制能力较强的人群。

(4)投资连结保险

投资连结保险是一种基金,属于长期投资产品,根据不同风险类型设置账户,与不同投资品种的收益挂钩。该险种不设保底收益,盈亏由客户承担,保险公司只收取账户管理费。

优势:以投资为主,兼顾保障,是一种专家理财产品,不同账户之间可自行灵活转换。如果坚持长期投资,有可能获取高额收益。

劣势:投资风险高,如果不能经受住短期波动而盲目调整,有可能会遭受较大的损失。

适合人群:适合风险承受能力强,坚持长期投资理念,以投资为主要目的,兼顾养老的人群。

#### 9.3.1.3　商业养老保险的领取

(1)领取方式

商业养老保险通常有定额领取、定时领取和一次性趸领三种方式。趸领是在约定的时间,把所有的养老金一次性全部提取出来的方式。定额领取的方式与基本养老保险相同,即在单位时间内按照确定的金额领取,直至将保险金全部领取完毕。一般而言,基本养老保险按月领取,而商业养老保险多以年为单位,即按年给付。定时领取是指约定一个领取时间,根据养老保险金的总量确定领取的金额。

传统型养老保险、分红型养老保险通常有保证领取、终身领取或一次性趸领三种方式。所谓保证领取指的是养老金是以被保险人的生存为给付条件的一种保险,为避免被保险人寿命过短损失养老金的情况,一些养老保险承诺 10 年或者 20 年的保证领取期限,即如果被保险人没有领满承诺保证领取期限,其受益人可以继续将保证期内的余额领取完毕。

万能型养老保险、投资连结保险的领取方式比较灵活,可根据被保险人自身的需要随时提出申请。

(2)领取时间

我国的基本养老保险一般达到法定退休年龄且已退休后领取。商业养老保险的领取时间比较灵活,提供了多种选择,并且在没有开始领取之前可以更改。商业养老保险领取的起始时间通常集中在被保险人 50 周岁、55 周岁、60 周岁和 65 周岁这四个年龄段,也有更早或更晚的。

## 9.3.2 商业养老保险的配置

### 9.3.2.1 购买商业养老保险的注意点

现在许多人已经意识到商业养老保险在养老规划中的重要性，可面对保险公司推出的众多养老保险产品，却又不知如何选择。购买商业养老保险时需要注意以下几点：

(1)选择合适的养老保险产品

适合自己的才是最好的。商业养老保险有传统型养老保险、分红型养老保险、万能型养老保险、投资连结保险等多种类型，这些养老保险特点各异，具有各自的优势和劣势，适合不同的人群投保。比如，传统型养老保险的预定利率是确定的，一般在2.0%—2.4%，养老金从什么时候开始领取、每次可领取多少等，在投保时就是明确和预知的，这一类型产品适合比较保守、不愿承担风险的人群。又如，家族有长寿史、被保险人身体健康的，可考虑购买终身养老保险；若被保险人有家族疾病史或者被保险人身体健康状况一般，可选择购买定期养老保险或保证领取型养老保险。再如，如果考虑到通货膨胀，应选择有增值功能的养老保险。分红型养老保险的实际收益和结算利率与保险公司的经营业绩挂钩，不受银保监会规定的年预定利率不超过2.5%的限制，在银行利率不断走低的时代，可以确保一个长期、稳定的给付，选择具有分红功能的养老保险的优势比较明显。另外，保费豁免功能也是非常重要的，选择养老保险产品时需要考虑。

(2)确定适当的养老金保额

商业养老保险用于退休后的保障或更高层次的生活开支，保障额度不仅需要考虑退休期间可领取的基本养老保险、企业年金或职业年金等，还需要准备好医疗保障等费用支出。有专家建议，商业养老保险提供的养老金额度应占到全部养老保障需求的25%—40%，在具备基本养老保险的基础上，考虑到生活水平逐步提高和物价等因素，个人购买20万元左右的商业养老保险比较合适。当然，每个家庭的情况不同，需要具体问题具体分析，综合考虑未来养老资金的缺口、家庭财富状况和自身收入水平来确定养老金保额。每个人对退休后的资金需求主要取决于对未来生活的安排，比如是否每年要去旅游，是否需要保姆照顾，是否住养老院等，这些都直接影响到养老金的总需求。此外，确定养老金保额还需考虑预期寿命的估算和通货膨胀的预期。

(3)选择合适的缴费期限

商业养老保险有多种缴费方式，除了一次性趸缴外，还有3年、5年、10年、20年等几种期缴方式。在投保前应当结合自身的收入水平和财务规划选择合适的缴费期限。有专家认为，商业养老保险的缴费期限越短，缴纳的保费总额将越少。随着银行利率不断走低，投保人可缩短缴费期限，这样所需缴纳的保费总额将会减少一些。不过，如果养老保险的缴费时间短、保费总额少，则可领取的养老保险金也会减少。

(4)考虑养老金的领取方式

针对不同的人群，商业养老保险金的领取方式也有讲究。比如，趸领是到了约定年限时，保险公司一次性支付保险金给被保险人，这种领取方式适合退休后希望进行二次创业、有周游世界愿望或者身体健康状况不乐观的人。如果是作为日常生活的开支，按月领取比较合适;如果是每年有一两笔大额、不规律的支出,可以选择按年领取。商业养老保险金的领取年龄可以与保险公司自由约定,尽可能选择与退休年龄相衔接,这样在退休之后就可以领取养老金,生活质量不会受影响。

(5)购买时间尽可能早

对于商业养老保险,保险公司给付被保险人的养老金是按照保费通过复利计算得到的储蓄金额。因此,投保时间越早,复利的时间越长,缴纳的保费就相对较少,将来获得的养老保障就会比较充分。基于通货膨胀、利率、生命周期,以及收入水平变化等因素的考虑,养老保险不必一步到位,也不宜等待旁观。新生命表的出台,意味着商业养老保险的利率可能会上调,而且年龄越大,保费越高,所以尽早购买商业养老保险无疑是正确的选择。

## 知识链接

### 72 法则

“72 法则”指按 1%的年利率复利计息,72 年后本金翻倍(期数=72/增长率)。

假设最初投资本金为 100 元,按年利率 9%复利计息,利用“72 法则”,将 72 除以 9(增长率)得 8,即需约 8 年时间,本金滚存至 200 元。

比如,你购买的股票每天一个涨停板(上涨 10%),那么 7 个交易日就能翻一番。

问题:如果你想在 60 岁时得到 10 万元,每年收益率有 5%,那么,32 岁时应当一次性存入多少?

用“72 法则”,可以得出计算结果为 2.5 万元。

按照“72 法则”,如果你想在 60 岁时得到 100 万元养老金,假设年收益率为 6%,那么每年初需投入的资金为:

25 岁开始准备 1,055 元;

35 岁开始准备 1,996 元;

45 岁开始准备 4,414 元;

55 岁开始准备 17,235 元。

从上可见,养老金准备得越早,压力越小。任何一个人都应当懂得规划未来、未雨绸缪,这样才会有一个安全的未来。

你知道复利的力量吗?

如果你是一位“瘾君子”,每天要抽一包 10 元钱的香烟,你知道到 35 年后你共浪费多少钱吗?

假设按照 5%的年利率,每年末存一次,在第 35 年末,加上利息,这笔钱共为 365×10×90.3203=329,669(元)。即,如果你现在 25 岁,每年存入 3,650 元,到你退休的时候你就会有近 330,000 万元。

如果利率为 2.5%,则这笔钱=365×10×54.9284=200,489(元)。

与其拿这么大笔钱点火烧掉,不如通过购买保险的方式积累下来养老。当然,你也许会说,多抽烟,早死掉,没有养老的必要,问题是你又要抽烟又要养老的时候怎么办?

**即问即答**

根据“72 法则”，按年利率 6% 复利计息，最初投资本金 10,000 元，需要(　　)年时间翻倍。(单项选择题)

A. 5　　B. 10　　C. 12　　D. 15

即问即答

### 9.3.2.2　购买商业养老保险需考虑的非价格因素

在商业养老保险产品价格差异较小并趋于同质化的前提下，保险产品的非价格因素就成为选择的关键。购买商业养老保险需考虑的非价格因素包括以下几个方面：

(1)保险公司的偿付能力

所谓偿付能力就是指保险公司将来能够按照约定支付养老保险金的能力。因为商业养老保险的投保时间和支付的时间都比较长，往往要历经数十年。比如，投保人现年 30 周岁，开始购买一份商业养老保险，约定 60 周岁开始领取养老金，那么 30 年后这家保险公司能不能按约定支付养老保险金，这是必须要考虑的一个因素。

(2)保险公司的服务质量

购买商业养老保险后，在将来需要保险公司一次性或定期、定额支付养老保险金，那么，及时性、便捷性或者服务质量就显得非常重要。

(3)保险公司的机构网络

保险公司的机构网络不仅反映其业务规模和经营实力，同时也是其客户服务能力的体现。有些保险公司规模比较小，其分支机构可能只设在省会城市或地级市，这样领取养老保险金可能不方便。所以，机构网络发达的保险公司，可能要方便一些。

(4)保险公司的民调声誉

保险公司的知名度、服务质量、产品受欢迎程度、销售团队等民意调查也需要考虑。如果民调声誉比较差，大家对其评价不好，口碑也差，就需要回避这类保险公司。

(5)保险公司的成长性

保险公司的规模虽然现在不是很大，但其经营理念比较好，发展前景乐观，特别是在养老保险产品方面比较专业，具有鲜明的特色，这也是要考虑的。

**即问即答**

王先生拟补充一份商业养老保险产品，在咨询了一些商业养老保险公司的相关产品以后，发现保险产品的价格差异较小并趋同，在考虑选择哪一家保险公司的产品时，他应关注哪些因素?

即问即答

# 9.4　以房养老

视频:以房养老

## 9.4.1　以房养老及其现实意义

PPT 课件

### 9.4.1.1　以房养老的内涵

所谓以房养老就是通过出售、出租、抵押、资产转换等金融或非金融方式和手段,转换所拥有的房屋价值,形成较大的现金流入,由于实现养老目标的过程。以房养老是一种新型的养老方式,在西方国家已经发展得比较成熟,而我国才开始试行。众所周知,自 20 世纪末我国实行住房制度改革以来,购买房产成为居民家庭的重要投资手段,房产已成为居民家庭最重要的资产。据相关数据显示,我国居民的家庭财富 90%以上为房产,这为以房养老奠定了基础。年轻时贷款买房,年老了将房屋卖了、置换、抵押给银行或保险公司,获取更多的养老费用,确保晚年衣食无忧,或者过上较高层次、有尊严的退休生活。

### 9.4.1.2　以房养老的现实意义

世界上大多数国家都建立了社会保障制度,构建了包括三大支柱的社会养老保险体系。发达国家进入老龄化的时间较长,社会保障制度相对完善,金融市场较发达,适用于退休老年人的金融产品与金融服务比较丰富,但政府也面临着较大的养老金缺口压力,在努力寻找解决养老金缺口的路径,以房养老就是一个很好的突破口。在我国,随着人口老龄化的到来,出现了未富先老的局面,巨大的养老压力与养老资源的匮乏、社会保障不健全的矛盾等问题比较突出。借鉴发达国家的做法,结合我国的实际情况,开展以房养老的运作模式,拓宽社会养老渠道,弥补基本养老保险资金的不足,增强老年人的养老保障能力,改善老年人的生活水平,提高退休生活质量,具有重要的现实意义。

(1)有利于丰富社会养老保障体系

中华人民共和国成立初期,我国颁布了《劳动保险条例》,建立了国家包企业、企业包职工的社会保障统包政策。改革开放以后,随着现代企业制度的建立和不断完善,养老保障制度也随之逐步完善,由单一的社会统筹转向社会统筹与个人账户相结合的模式,基本养老保险的管理方式由现收现付制转向部分积累制。目前我国采取的是个人账户与社会统筹相结合的管理模式,个人账户中空账的现象比较普遍,企业与职工的养老负担较重,基本养老保险只能满足退休老人的基本生活需要。企业年金作为补充养老保险,属于企业行为,并非所有企业都有此项行为,只有经济效益相对较好的企业才有。商业养老保险属于个人行为,对一般企业职工而言,由于工资收入有限和观念上认识不足,购买的较少。目前,我国处于经济转轨时期,现行的社会养老保障体系虽然养老保障覆盖面已经比较宽,退休老人已有基本的养老保障,但养老保险存在着较大的缺口,或者说养老金的保障水平还比较低。作为一个自有住房率相对较高的国家,以房养老可以作为一种多元化的补充形式,缓解养老资金的压力。因此,以房养老模式的开展有利于丰富养老保障体系,引导社会形成新的养老保障习惯,增强养老保障体系的多层次性和可持续性发展,有效应对人口老龄化,实现社会经济健康发展。

(2)有利于拓宽养老保障资金渠道

20 世纪末,我国实行的住房制度改革推动了房地产市场的迅速发展,居民的住房条件有了很大的改善。全国各地房产价格较快增速,尤其是一部分沿海发达城市的房产价格年均增幅高达 30%以上。住房已成为居民家庭的重要财产,如果按照房屋的市场价格计算,一些家庭的住房财产规模占家庭总资产 90%以上,也有相当比例的家庭拥有多套住房,这为住房反向抵押贷款提供了物质基础,使住房反向抵押贷款成为一种养老的补充。当前,我国缺少将住房存量资产转化为养老资源的有效手段。以房养老可以盘活退休老年人的房产,将其转变为养老现金流量,实现个人经济资源优化配置,大大拓宽了养老保障的资金来源,提升老年人的养老保障水平和生活质量。

(3)有利于丰富老年人的养老模式选择

长期以来我国实行独生子女政策,一对夫妇只能生一个孩子。随着人口老龄化的不断发展,类似于“4－2－1”或“8－4－2－1”的家庭结构越来越多。年轻的夫妻俩,面对的可能是 4 位老年人和 1 个孩子,放开生育后可能会有 2—3 个孩子。在老年人的养老生活上,存在明显的人力不足,再加上年轻人还要上班、供养房子和车子、抚养孩子等,方方面面的开销也比较大,也会显得财力不足。在这样的情景下,依靠子女来养老显得比较困难,而退休老年人可能拥有一套或者几套住房,以自己的住房为养老经济来源,雇用人力或负担费用来保障老年生活,实现以房养老,可以减轻子女的养老负担。当然,每位老年人的退休养老生活要求不同,有的在物质要求满足的前提下,追求精神生活,崇尚有尊严的退休生活。以房养老在不影响老年人既有养老福利的前提下,提供了一种新的养老模式,可根据个人生活状况和养老需求自愿选择。对采用以房养老的老年人而言,在获得基本养老保险金以外,每个月都能获得一笔来自以房养老的资金,使得老年人可支配收入大大增加,提高了老年人的生活水平,增强了老年人的生活自信,保障了老年人的尊严。

(4)有利于促进房地产市场健康发展

近年来,我国房地产市场的快速发展,不仅改善了人们居住生活条件,同时也促进了城市建设水平的提升,更重要的是带动了社会经济的高速发展,房地产行业在地方经济发展中发挥着重要作用。但是,随着房地产行业的不断发展,也出现了许多新问题,比如房价高涨、房地产泡沫不断增大等。为了促进房地产市场持续、稳定、健康的发展,坚持“住房不炒”,大力发展房屋租赁市场,将房屋销售和房屋租赁全面融合,是未来房地产市场的重要发展方向。随着以房养老模式的推进,可以增加二手房的市场存量,促进二手房交易,在一定程度上起到平抑房价的作用。同时,还可以活跃房屋租赁市场,满足城市居民的多元化居住需求,有效缓解人们购房的经济压力,带动社会经济消费,提高市场活力,促进房地产市场良性循环,保障房地产市场稳定、健康发展,保障人民安居乐业。

## 9.4.2 以房养老的运作

### 9.4.2.1 以房养老的模式

以房养老的运作模式有许多种,其实都是为了实现养老目标。其本质是如何将房产这种存量资产转变为现金流量,实现房产价值的流动,为老年人建立起一笔长期、持续、稳定乃至延续终生的现金流入,以实现生命满足感的最大化。

以房养老的运作可分为非金融行为和金融行为。非金融行为包括售房养老、售房入院、房产租换、房产置换、投房养老、售后回租、异地养老、遗赠扶养等。相较而言,这些行为思路清晰,方法简易,只要老年人有意愿,社会有意倡导,完全可以自行操作。金融行为包括倒按揭、住房反向抵押养老保险等。这些行为不仅需要老年人有意愿,更需要金融机构、保险机构的参与才能运行,运作比较复杂。对以房养老的运作模式进行归纳,主要有以下三大类。

(1)售房养老

在职时买房,取得房屋产权,退休之时将房屋产权予以出售,通过租房、去养老院或购买小面积住房解决居住问题,将房屋出售获取的现金用于养老支出,达到养老保障的目的。2007 年,上海公积金管理中心试行住房自助养老模式:老年人将自有产权房屋出售给上海市公积金管理中心,并选择在有生之年仍居住在原房屋内,出售房屋所得款项在扣除房屋租金、保证金及相关交易费用后全部由老人自由支配使用。

(2)遗赠抚养

拥有房屋产权的老年人,选择一个比较可靠的个人或者非金融单位组织,签订一份以房屋为标的的遗赠抚养协议,按照遗赠抚养协议,抚养人在老年人剩余的生命年限里,每月或者每期支付一笔固定费用,用于老年人的日常生活开支,等到老年人去世以后,将房屋产权让渡给抚养人,这类似于遗赠。

(3)住房反向抵押贷款

住房反向抵押贷款也称倒按揭。最早源于荷兰,当时为了缓解住房问题而提出的一种措施。具体指拥有房屋产权的老年人将房屋产权抵押给专门经营养老业务的机构,比如银行、保险公司或者其他养老机构等,按月从该专业养老机构领取现金用于养老支出,等到老年人身故,专业养老机构收回房屋产权,并进行销售、出租或者拍卖,弥补事先已经支付的养老支出。这种做法类似于把住房抵押贷款反过来,因此也称作住房反向抵押贷款。

#### 9.4.2.2　发达国家的以房养老模式

至今为止,美国、加拿大、英国等西方发达国家及亚洲的日本、新加坡等都已经建立了比较成熟的以房养老制度。

(1)美国的以房养老模式

虽然美国的社会养老保障体系比较健全,但大多数的美国老年人依然把以房养老的方式作为补充。许多美国老年人在退休前 10 年左右就为自己养老而购买房屋,把房屋富余部分出租给年轻人,利用收取的房租来维持退休后的生活。由于美国的房屋出租业比较发达,在美国人的日常支出中,房租约占 1/4 到 1/3,因而对房东而言,房屋出租收益也比较可观,以房养老已成为一种比较常见的养老方式。20 世纪 80 年代中期,美国新泽西州老瑞山的一家银行创立了住房倒按揭,如今在美国日趋盛行,现行的倒按揭模式多以美国模式为蓝本。目前,美国政府和一些金融机构向老年人推出以房养老的倒按揭贷款,发放对象为 62 岁以上有住房的老年人。具体做法分为两种:一种是联邦住房管理局有保险的倒按揭贷款,此业务经美国国会认可,它保证倒按揭贷款的回收额会超过住房价值并负责贷款意外受损时的赔偿。这种贷款机动灵活,可供用户选择的方式较多,用户尽可能长时间地居住在自己的住房内，并在一定期限内按月分期获得贷款。另一种是联邦住房管理局无保险的倒按揭贷款，这种贷款有固定期限，用户须在约定期限内还贷。在获得贷款前，老年住户须在有关金融机构的协助下做出长期资金运作计划，并做出搬移住房及还贷计划。

(2)加拿大的以房养老模式

加拿大的住房反向抵押贷款是由一家私营机构——加拿大人住房收入计划公司提供的。该公司成立于1986年，是加拿大第一家也是唯一一家提供反向抵押贷款的公司。超过62岁的老人可将居住房屋抵押给银行，贷款数额在1.5万到30万加元之间，只要老年人不搬家、不卖房，房产主权不变，可以一直住到享尽天年，由后人处理房产时折还贷款。

(3)英国的以房养老模式

英国的以房养老有两种形式，一种是把房产抵押给银行等机构，每月取得贷款作为养老金，老人继续在原房屋居住，直至去世或搬进养老院后用该住房归还贷款，大约有20%左右50岁以上的老年人采用这种方式；另一种就是出售大面积的住房，换购小面积的住房，房屋置换的差价款用于养老支出。此外，还有老年人将房屋出售后，搬迁到其他物价水平较低、自然环境较好的国家去养老。

(4)荷兰的以房养老模式

以房养老模式虽然起源于荷兰，但荷兰人对这种养老模式似乎并不感兴趣，倒按揭基本没有开展起来。一般情况下，在65岁退休时，可获取工作时收入的70%以上，房屋一般都是自己买的，没有租房的压力，住房自有率较高。因为养老金的替代率较高，具有良好的生活保障，退休后的生活更轻松，荷兰人一般不需要用以房养老的模式来过退休后的生活。

(5)新加坡的以房养老模式

新加坡的以房养老有几种方式可以选择，一是允许符合条件的房屋拥有者出租全部或者部分居室来换取养老收入；二是对于一些居住在原来较大面积的房屋且已退休的老人来说，如果子女长大成人并且已经搬到他处居住，老年夫妇可以将现有住房置换成面积较小的住房，以大换小后获得的净收入用作日常开支，或者投资一些风险小的产品来获得收益；三是倒按揭，60岁以上的老年人把房子抵押给有政府背景的公益性机构或金融机构，由这些机构一次性或分期支付养老金。老年人仍可居住在自己的住房内，当其死亡后，产权由这些机构处置，抵押变现并结算利息，多余部分交给其继承人。在新加坡，只有私人建造的商品住房，才能参与倒按揭操作。

(6)日本的以房养老模式

日本从1981年开始探索以房养老，2002年正式设立以房养老制度，主要包括由各地方政府参与的直接融资方式和通过银行等金融机构参与的间接融资方式。日本的以房养老对申请人的条件要求较苛刻。以东京为例，申请人的年龄必须在65岁以上，要居住在自己持有产权的住宅中，且不能有子女同住。申请人家庭的人均收入要在当地的低收入标准之下，已经申请低保等福利政策的家庭不能享受这项政策。申请人持有产权的房屋必须是土地价值在1,500万日元以上的独门独户建筑，集体住宅不可申请。以房养老产品的设计也具有局限性。日本是自然灾害严重的国家，在日本人心目中，土地远比木结构房屋重要。在日本的房产价值计算中，政府乃至很多金融机构只计算土地价值。而且，一般只能以附带土地所有权的“别墅”作为担保物，这就意味着即便是高档公寓也会被挡在门外(因其土地为共有)。此外,大多数金融机构提供的商业产品只限定接受日本某地区的不动产作为担保。

#### 9.4.2.3　我国以房养老试点

自 20 世纪末开始,我国进行以房养老试点,南京、北京、上海等地开始以房养老实践,但规模较小,且效果不太理想。有的因限制条件太苛刻。比如,南京汤山温泉留园养老公寓以房换养模式面向拥有 60 平方米以上产权住房、年满 60 岁以上的孤残老人,不论健康状况,自愿将其房产抵押,经公证后入住老年公寓,以后终身免交一切费用,待老人去世,房屋产权即归养老院所有。有的因机构的公信力不足。比如,2007 年,北京寿山福海国际养老服务中心与中大恒基房地产经纪有限公司共同成立北京首家“养老房屋银行”,它是在不变更房屋所有权的前提下,对老人的房屋招租实现其资产价值,利用租金收入支付养老费用。根据协议,60 岁以上拥有产权住房的老人可以申请入住中心,而老人的房屋可以委托中大恒基,由专业的机构对房屋进行评估、招租,租房收入用于支付老年人的入住费用。养老服务中心是非营利性机构,中大恒基则是商业机构,这种政府与商业机构混合模式可以充分利用服务中心的养老服务优势和中大恒基的房地产运作优势,但商业机构的公信力更为重要。有的因房屋产权变更阻碍了试点的推广。比如,2007 年,上海公积金管理中心推出的以房自助养老模式,面向 65 岁以上的老年人,老年人将自己的产权房与市公积金管理中心进行房屋买卖交易,交易完成后,老人可一次性收取房款,房屋将由公积金管理中心再返租给老人,租期由双方约定,租金与市场价格等同,老人可按租期年限将租金一次性付给公积金管理中心,其他费用均由公积金管理中心交付。有的因贷款额度少且时间有限,比如中信银行推出的倒按揭贷款,面向年满 55 岁、其法定赡养人年满 18 岁的老年人,根据所抵押房产的价值和合理的养老资金确定贷款金额,累计贷款额最高不超过所抵押住房评估值的 60%,且每月支付的养老金不超过 2 万元,倒按揭贷款最长期限为 10 年。

2013 年,国务院发布了《关于加快发展养老服务业的若干意见》,提出逐步放宽限制,健全养老服务体系,满足多样化养老服务需求,金融机构要加快金融产品和服务方式创新,鼓励和支持保险资金投资养老服务领域,开展老年人住房反向抵押养老保险的运作模式。2014 年,原中国保监会发布了《关于开展老年人住房反向抵押养老保险试点的指导意见》,自 2014 年 7 月 1 日起至 2016 年 6 月 30 日,在北京、上海、广州、武汉试点实施老年人住房反向抵押养老保险,投保人群为 60 周岁以上、拥有房屋完全独立产权的老年人。2016 年,原中国保监会决定将试点范围扩大至各直辖市、省会城市、计划单列市,以及江苏省、浙江省、山东省、广东省的部分地级市,试点期间延长至 2018 年 6 月 30 日;2018 年以房养老由原来的试点城市扩展到全国。

总体而言,截至目前,以房养老模式没有在我国大范围推开,从各地的试点情况来看,基本上还是没有取得预期的效果。

#### 9.4.2.4　我国以房养老模式面临的困境

以房养老模式在国外已经实践了半个多世纪,而且做得比较成功,但为什么我国的以房养老试点几度搁浅,没有达到预期效果,究其原因可能有以下几个方面:

(1)传统文化观念根深蒂固

在西方人的观念里,老人与子女都是相对独立的,父母对子女的依赖性较小。对老年人而言，只要生前有一些不动产，自身依靠不动产养老很正常。而中华民族有着悠久的历史文化传统，“养儿防老”的观念根深蒂固。子女赡养老人是应尽的义务，也是优良的传统，老人过世后的一切遗产由儿女继承理所当然。在老年人的传统观念里，总是夹带着过世后要为后代留下些什么的复杂感情因素，即遗产动机的考虑。对于老年人来说，以房养老，不把房屋留给子女，可能担心会被别人说闲话，伤害到子女的尊严。因此，从老人的角度看，老人更愿意将房产作为遗产在过世后留给子女；从子女的角度来说，传统的道德观念让他们往往不愿意让老人采用以房养老的模式。相比于其他方面的原因，传统的文化观念的阻碍带来的问题更加不容易解决。

(2)法律制度保障不完善

在西方国家，以房养老已经形成了一个规范的法律制度来保障。而我国，目前还缺乏以房养老的相关法律制度。如果法律法规没有明确的规定，以房养老模式就难以推行。以房养老牵涉到房地产业、金融业、保险业、社会保障和相关政府部门，需要民政局、房管局、人社局、财政局、税务局、城建局、金融和保险机构等多个部门相互协调，制定具体的政策和细则，维护国家有关住房、土地使用的政策、养老保障政策、税收政策、市政规划政策，乃至金融保险政策的稳定性，保证相关行业和部门公平公正地经营、管理和执法，在当前法治不健全的条件下推动以房养老模式是一个极大的挑战。目前，国家规定住宅用地的最高使用年限为70年，这一规定对房屋价格的确定带来了直接的影响，也成为影响以房养老模式的不确定性因素。随着城市扩张与老城区改造，房屋的拆迁补偿政策也会直接影响以房养老模式是否能够顺利推行。在税收方面，老年人采用以房养老模式后获得的收入是否纳税尚不明确，尤其是在我国目前还没有开征遗产税的情况下。如果以房养老需要缴纳个人所得税等税费，那么老人会更愿意将房产留给子女从而避免一部分税收。

(3)金融市场不够发达

住房反向抵押贷款产品的设计是一个复杂的系统，牵涉面广、风险大，需要考虑许多因素，比如老年人的预期寿命、未来的市场利率、房价走势、未来的人民币币值等，这些影响因素的测算对专业能力的要求较高，如果设计不当，可能会出现事与愿违的效果。而且，住房反向抵押贷款的运作需要有一个完善的二级市场支持，以增加贷款的流动性。我国的社会信用体系还不够健全，金融市场不够发达，金融产品尚不丰富，金融机构产品设计和风险管理能力较弱。因此，以房养老推出的一个阻力来自金融机构。对银行、保险公司等机构来说，对房地产市场价格的中长期走势、人均预期寿命等关键因素难以预测，正因为如此，住房反向抵押贷款的时间越长，带来的风险越大。

(4)房地产泡沫的潜在威胁

近年来，我国房地产市场一片繁荣，尤其是经济发达地区，更是房价高涨，部分地区房地产市场过热的迹象已经显现。在我国，推出住房反向抵押贷款时，就需要充分估计到可能出现的房地产泡沫带来的影响。由于房产是住房反向抵押贷款的唯一还款保证，如果贷款到期时，房产价格处于泡沫的上升阶段，对贷款机构来说，房产出售价格会远远高于预期价格，贷款机构获得较好收益。但如果出现相反的情况，贷款机构就可能遭受重大的损失。从长期来看，一个国家或地区的房产价格总是保持一种上升的趋势，但如果出现对市场的错误判断，误把房地产泡沫的形成过程看作是正常的房产升值，就会出现严重的后果。由于我国房地产建设受土地供给的限制，特别是城市中心地区的土地，均属稀缺资源，经济过热时对房地产产生旺盛的需求，而土地的稀缺限制了土地的供给弹性，加速了房地产价格的飙升，引起了房地产泡沫，而房地产泡沫具有极强的破坏性。

## 即问即答

从我国目前的养老保障体系和居民家庭拥有的住房财产来看，推行以房养老的模式具有十分重要的现实意义。我国也曾进行以房养老试点，但几度搁浅，没有达到预期效果，你认为是什么原因？

即问即答

## 拓展阅读

□国外养老金融实践对中国商业保险的借鉴

□英国养老金融产品的发展与思考

□德国社会保险体系的特点及启示

□商业保险"老有所养"多一重保障

□立足保险七大优势，发挥养老保障基石作用

□以房养老：另一种选择的背后

□商业保险在社会保障体系中的定位及作用机理

拓展阅读资料

## 本章小结

### ■主要术语

人口老龄化　养儿防老　养钱防老　基本养老保险　企业年金　职业年金　商业养老保险　个人老养金　以房养老

### ■主要观点

通过学习本章，我们已经理解了为什么 21 世纪养老需要从"养儿防老"转向"养钱防老"；了解了国外社会养老保险体系的架构；熟悉了我国社会养老保险体系的发展历程、社会养老保险的运作模式；理解了商业养老保险的重要性及其如何配置养老保险的险种；了解了以房养老的试点、运作模式及其推进缓慢的原因。以下几个方面的内容，作为本章重点，应该掌握好。

□在工业化社会之后，随着城市化推进、人口流动加速，以及政治和法律制度的变迁，社会养老逐渐取代传统的家庭养老。医学科技的进步和社会经济的发展使得人们的预期寿命延长，现代社会的发展促使更多的人希望过上有尊严的退休生活，但是基本养老保险只能满足基本的生活需要，加上 20 世纪 70 年代我国实行独生子女政策，出现了"4－2－1"或"8－4－2－1"的家庭结构，导致养儿防老不可靠。此外，还有其他一些不确定的因素，比如通货膨胀、利率变动等等，这都促使我们需要改变养老观念。

□衡量老龄化社会的标准有两个，一个是 60 岁以上的人口占总人口的 10%以上，另一个是 65 岁以上的人口占总人口的 7%以上。

□目前，世界上大多数国家实行三支柱养老金模式，分别为公共养老金计划、企业养老计划和个人储蓄养老金计划。其中，第一支柱公共养老金计划由政府提供，资金主要来自政府税收，目标是保障退休老年人的基本生活，具有普惠性；第二支柱企业养老计划由政府倡导，企业组织实施，资金来源主要是企业及个人在工作期间的缴费，属于积累制的筹资模式，是第一支柱的补充；第三支柱个人储蓄养老金计划由个人缴纳，政府给予一定的税收优惠政策，是基于改善退休生活质量的投资性质的养老金。

□我国基本养老保险实行社会统筹与个人账户相结合的运行方式。用人单位按照国家规定的本单位职工工资总额的比例缴纳基本养老保险，进入基本养老保险统筹基金。个人按照规定缴费的进入个人账户，个人账户的存储额只能用于职工养老，不得提前支取，职工调动时，个人账户中的存储额全部随同转移，职工或退休人员死亡，个人账户中的个人缴费部分可以继承。

□我国现行的基本养老保险待遇，按照“老人老办法，新人新办法，中人逐步过渡”的原则执行。

□商业养老保险是社会养老保险体系的一个重要组成部分，购买商业养老保险属于个人行为，需要投保人自行承担费用，个人家庭根据经济能力和不同需求自愿参加，国家在政策上给予引导。

□商业养老保险指的是年金保险，它以人的生命或身体为保险对象，通过支付一定的费用对养老进行投保的行为，在被保险人年老退休或保期届满时，由保险公司按合同规定给付养老金。商业保险中的年金保险、两全保险、定期保险、终身保险都可以在不同程度上起到养老的作用，都属于商业养老保险范畴。

□以房养老就是通过出售、出租、抵押、资产转换等金融或非金融方式和手段，转换所拥有的房屋价值，形成较大的现金流入，实现养老目标的过程。以房养老是一种新型的养老方式，在西方国家已经发展得比较成熟，而我们国家才开始试行。

## 自测题

自测题

### ■客观题

**(一)单项选择题(下列每小题的备选答案中，只有一个符合题意的正确答案。请将你选定的答案字母填入题后的括号中。)**

1. 按照联合国衡量老龄化社会的标准，一个是60岁以上的人口占总人口的(　　)以上，另一个是65岁以上的人口占总人口的(　　)以上，就是进入老龄化社会。

   A. 20%　10%　　B. 15%　10%　　C. 10%　7%　　D. 10%　5%

2. 根据世界银行的建议，要维持退休前的生活水平不下降，养老金替代率须不低于(　　)。

   A. 30%　　B. 50%　　C. 70%　　D. 80%

3. 下列关于社会养老保险的说法错误的是(　　)。

   A. 企业和个人可以自愿参加

   B. 建立目的是为保障老年人的基本生活需求

   C. 国家立法，强制实施

D. 由国家、单位和个人共同承担保险基金

4. 目前世界上大多数国家实行的养老保险模式是(　　),该模式由国家、企业和劳动者共同出资,建立养老保险基金,或者说企业、个人交费,政府进行一定的资助的养老保险模式。

A. 国家统筹养老保险　　B. 强制储蓄养老保险

C. 投保资助养老保险　　D. 投资基金养老保险

5. 根据国家法律规定,我国企业职工退休年龄是男性年满(　　)周岁,女工人年满(　　)周岁,女干部年满(　　)周岁。

A. 55,50,60　　B. 50,55,60

C. 60,50,55　　D. 60,55,50

6. 工业化社会以前,我国的养老主要由家庭来完成,这造成了我国(　　)观念的根深蒂固。

A. 养儿防老　　B. 国家养老

C. 社会养老　　D. 单位养老

7. 现代社会的养老观念由"养儿防老"转变为"养钱防老",以下说法错误的是(　　)。

A. "养儿防老"理念不可行　　B. 提前退休

C. 社保可以覆盖大部分养老支出　　D. 预期寿命的延长

8. 我国已经进入老龄化社会,国家养老的压力越来越大,通过大力发展商业养老保险,可以有效缓解政府压力,提高社会保障水平,增进人民福利。这反映了商业养老保险的(　　)作用。

A. 有利于优化我国金融市场结构　　B. 有利于促进我国经济增长方式的转变

C. 有利于完善社会保障体系　　D. 有利于防范家庭风险

9. 我国的社会养老保险实行社会统筹与个人账户相结合的运行方式。其中,个人账户的存储额只能用于职工养老,不得提前支取。职工调动时,个人账户中的存储额全部随同转移;职工或退休人员死亡,个人账户中的个人缴费部分(　　)。

A. 自动归零　　B. 用于支付此人的丧葬费用

C. 转入社会统筹账户　　D. 可以继承

10. 社会养老保险是整个社会保险体系的核心,由于世界各国的政治、经济和文化背景不同,社会养老保险模式也有较大差异,但各国社会养老保险所遵循的原则却大体是一致的,以下选项(　　)不是上述原则之一。

A. 保障基本生活　　B. 实现自立、尊严、高品质的退休生活

C. 分享社会经济发展成果　　D. 管理服务社会化

11. 社会养老保险具有(　　),影响大,享受人多且时间较长,费用支出庞大。因此,必须设置专门机构,实行现代化、专业化、社会化的统一规划和管理。

A. 安全性　　B. 强制性　　C. 风险性　　D. 收益性

12. 目前,我国社会养老保险实行社会统筹与个人账户相结合的运行方式,采用的筹资模式为(　　)。

A. 现收现付式　　B. 完全基金式　　C. 部分基金式　　D. 强制储蓄式

13. 下列属于保障退休后生活第一道防线的是(　　)。

A. 个人储备的退休养老基金　　B. 社会基本养老保险

C. 企业年金　　D. 商业养老保险

14. 我国社会基本养老保险实行“新人新制度、老人老办法、中人逐步过渡”的办法。在国发[1997]26号文件实施后参加工作的参保人员，缴费年限累计满15年，退休后按月发给基本养老金。这类人属于(　　)。

A. 新人　　B. 中人　　C. 老人　　D. 职工

15. 下列属于保障退休后生活第二道防线的是(　　)。

A. 个人储备的退休养老基金　　B. 社会基本养老保险

C. 企业年金　　D. 商业养老保险

16. (　　)具有保障与投资双重功能，能够使养老金随着物价变动而变动。

A. 储蓄养老　　B. 社会基本养老保险

C. 分红型养老保险　　D. 以房养老

17. 世界上第一个建立社会保险年金制度的国家是(　　)。

A. 英国　　B. 德国　　C. 法国　　D. 美国

18. 以下几类商业养老保险，适合风险承受能力强，以投资为主要目的，兼顾养老的人群的是(　　)。

A. 传统型养老险　　B. 分红型养老险　　C. 万能型养老险　　D. 投资连结保险

19. 国际劳工组织在社会保障最低标准公约中提出，建议养老金替代率最低标准为(　　)。

A. 40%　　B. 55%　　C. 60%　　D. 70%

20. 下列(　　)不是传统型养老保险的特点。

A. 固定缴费、定额利息、固定领取　　B. 回报与保险公司的经营业绩挂钩

C. 难以抵御通货膨胀的影响　　D. 适合在投资理财上比较保守的人群

**(二)多项选择题(下列每小题的备选答案中，有两个或两个以上符合题意的正确答案。请将你选定的答案字母填入题后的括号中。)**

1. 影响人们转变养老观念的因素包括(　　)。

A. 希望过有尊严的退休生活　　B. 预期寿命延长

C. 基本养老保险只能维持基本生活　　D. 养儿防老不可靠

E. 存在通货膨胀

2. 社会养老保险的基本原则包括(　　)。

A. 对劳动者退出劳动领域后的基本生活予以保障

B. 采取公平和效率相结合的原则

C. 权利与义务相对应

D. 实行收益最大化原则

E. 管理服务社会化

3. 与储蓄相比较，下列属于商业养老保险特点的是(　　)。

A. 具有强制储蓄的作用

B. 所交保费可以免征个人所得税

C. 养老保险按年复利计算利息

D. 按照各国的做法，商业养老保险可免征遗产税

E. 可以抵御通货膨胀

4. 选择保险产品时应关注的非价格因素包括(　　)。

A. 保险公司的盈利能力　　B. 保险公司的服务质量

C. 保险公司的机构网络　　D. 保险公司的民调评价

E. 保险公司的经营特长

5. 在国外,商业保险特别是人寿保险被视为一种投资理财方式。相对于社会基本保险来说,人寿保险具有(　　)特性。

A. 寿险本身具有储蓄功能　　B. 寿险的回报可以免税

C. 寿险赔偿金免予追索　　D. 寿险的现金价值可以向金融机构信贷

E. 寿险保单可以质押贷款

6. 大多数国家的养老保险体系由三大支柱组成,这三大支柱包括(　　)。

A. 基本养老保险　　B. 企业年金

C. 家庭养老　　D. 商业养老保险

E. 健康保险

7. 以房养老是一种新型的养老方式,催生以房养老的因素包括(　　)。

A. 人口老龄化　　B. 现行养老体系存在养老压力

C. "有房富人,现金穷人"现象的存在　　D. 住宅用地 70 年产权的限制

E. 房地产泡沫严重

8. 我国以房养老试点几度搁浅,没有达到预期效果,究其原因主要有以下(　　)几个方面。

A. 养儿防老观念根深蒂固　　B. 住宅用地使用年限限制

C. 金融市场不够发达　　D. 房地产泡沫的潜在威胁

E. 人口老龄化速度快

9. 投资连结保险是商业养老保险的一种,下列关于投资连结保险的说法正确的有(　　)。

A. 投资连结保险是一种基金　　B. 属于长期投资产品

C. 不设保底收益,客户自负盈亏　　D. 适合投资理财上比较保守的人群

E. 可以抵御通货膨胀

10. 面对众多的养老保险产品,人们在选择时需要注意以下(　　)几个方面。

A. 选择合适的养老保险产品　　B. 确定适当的养老金保额

C. 选择合适的缴费期限　　D. 考虑养老金的领取方式

E. 购买时间尽可能早

**(三)判断题(请将你的判断结果填入题后的括号中。你认为正确的,填"√";你认为错误的,填"×"。)**

1. 目前,我国居民的养老费用由国家、单位和个人三方,或单位和个人双方共同承担。(　　)

2. 强制储蓄养老保险的基金来自企业和劳动者,国家不进行投保资助,仅给予一定的政策性优惠。这种模式是世界上大多数国家实行的一种养老模式。(　　)

3. 我国社会养老保险的缴纳,企业按企业工资总额的 20%缴费,所交费用进入社会统筹;而个人按照本人月工资收入的 8%缴纳,所交费用进入个人账户。(　　)

4. "中人"的基本养老金由基础养老金和个人账户养老金组成。(　　)

5. 住房反向抵押贷款又称倒按揭，是专门针对有产权房的老年人，老人将自己的房屋产权抵押给专门运营这项业务的机构（比如银行、保险公司等），按月从专业机构领取现金养老，待老人身故后，由该机构收回房屋进行销售、出租或拍卖。（　　）
6. 社会养老保险只对生存的参保人提供保障，商业养老保险却可以在保障人生存的同时也对投保人身故后的家人提供保障。（　　）
7. 我国的企业年金基金实行完全积累制。（　　）
8. 年金保险是指在被保险人生存期间，保险人按照合同约定的金额、方式，在约定的期限内，有规律地、定期地向被保险人给付保险金的保险，具有生存保险的特点。（　　）
9. 养老金替代率是指领取的养老金与在职时工资收入的比例，是衡量劳动者退休前后生活保障水平差异的重要指标。（　　）
10. 养老信托由于具备特殊的财产保护以及破产隔离功能，成为养老资产保值增值的重要途径。（　　）

■主观题

1. 比较发达国家社会养老保险体系的异同。
2. 社会养老保险资金的征集渠道有哪些？
3. 如何选择合适的商业养老保险产品？
4. 为什么说购买分红型的养老保险是绝佳选择？
5. 德国、英国、美国等发达国家的养老制度对我国有什么借鉴意义？
6. 为什么我国试水“以房养老”会遭遇搁浅？

## 讨论题

□为什么21世纪的养老观念应转变为“养钱防老”？
□“以房养老”能取代“养儿防老”吗？为什么？

## 案例分析

### 李先生需要购买商业养老保险吗？

李先生，今年30岁，已婚，是一家电子科技公司的高管，年收入约15万元，家有妻子和2岁的孩子，李先生是家庭收入来源的主要提供者。目前有房、有车，且无负债。李先生打算60岁退休，希望能过上高质量的退休生活。

李先生认为自己是公司高管，收入较高，且已经在缴纳社会基本养老保险，感觉不怎么需要再购买商业养老保险。

而有人认为，根据李先生的情况，李先生需要购买一份商业养老保险，如果选择传统型或分红型产品来达到理想额度需投入较多，因此，采用万能保险比较适合。向李先生推荐购买一份新型的商业养老保险——招商信诺金生相伴养老计划（万能型），该款保险可交费10年，基本保险金额为1万元，年交保费为7,375.4元。李先生从第三个保单周年日开始，就可以每年领取5%的生存金，从60岁开始，每年可以领取30%的养老保险金，活多久领多久。另外，李先生一旦发生身故可返还全部主合同已交保费及万能账户价值。

小贴士：如果没有任何商业保险，原则上是应做好全家人的意外和重大疾病医疗基金的准备之后再量入为出规划养老保障，且每个人需要根据自己的情况选择不同的产品或组合方案。年轻人前期在养老方面的投入可以适当降低，待收入逐步提高后可再增加。保险不是一步到位的，而是需要根据自身的经济状况、家庭状况定期进行调整。

□**问题**

李先生需要购买商业养老保险吗？为什么？

□**考核点**

社会基本养老保险、商业养老保险。

## 推荐书目

**□彼得·德鲁克，《养老金革命》，机械工业出版社，2015 年版。**

1976 年，该书以《看不见的革命》为书名初次出版。彼得·德鲁克在书中讲述了“机构投资者，尤其是养老金已经成为美国大公司的控股股东、美国真正的资本家”的故事。他坚持认为，这一变化始于 1952 年。那年，美国通用汽车公司设立了一个现代养老基金。到了 1960 年，养老金在美国已经格外引人注目，以至于有一群年轻人决定成立一家股票交易公司专门为这些新的投资者服务。10 年后这家公司，即帝杰证券公司(Donaldson, Lufkin & Jenrette)成了华尔街最成功的证券公司，并且也是规模比较大的证券公司之一。

德鲁克认为，通过养老金，生产资料所有权在没有实行国有化的情况下实现了社会化。但在 20 世纪 70 年代，这可是一种与当时的传统观念格格不入的观点。德鲁克在《养老金革命》中进行了种种大胆的预测，并且预言：美国人寿命的延长将提出一个重要的医疗保健问题；养老金和社会保险将成为美国经济和社会的核心问题；美国劳动者的退休年龄必然会推迟；总的来看，中产阶级问题和老年人的价值观将日益主导美国社会的政治生活。虽然该书初版的读者觉得德鲁克的这些结论难以接受，但是，德鲁克的著述证明了他的先见之明。

在该书后补的后记中，德鲁克讨论了“养老金不断增强的优势代表着一种经济史上最令人吃惊的力量”这个问题，并且考察了养老金已经产生的影响。现如今，《养老金革命》已经被认为是一本论述养老金所有权如何影响美国公司治理和经济结构的经典著作，它为社会学家、经济学家和政治理论家提供了宝贵的信息财富。

## 自我评价

| 学习成果 | 自我评价 |
|---|---|
| 我已经明白了 21 世纪的养老观念需要从“养儿防老”转向“养钱防老”，理解了养老观念转变的影响因素 | □很好 □较好 □一般 □较差 □很差 |
| 我已经了解了社会养老保险制度，发达国家的社会养老保险体系，熟悉了我国社会养老保险体系的变革 | □很好 □较好 □一般 □较差 □很差 |
| 我已经理解了商业养老保险产品和以房养老及其在我国试点的现状 | □很好 □较好 □一般 □较差 □很差 |

# 第 10 章　从此岸到彼岸:财产传承



## 导入语

古人云:道德传家,十代以上,富贵传家,不过三代。我国经济的快速发展带来了社会财富结构的深刻变化,个人合法私有财产快速增长,家庭财富不断积累。家庭成员去世后,其遗留财产的传承将对整个家庭带来影响。由于多数家庭没有遗嘱意识,也不明白遗产传承的工具,导致家庭内部遗产纠纷事件频发。为了保证财产安全继承,实现逝者生前的意愿,就需要在其健在时通过选择适当的遗产管理工具,制定合理的遗产传承方案,对其拥有或控制的财产进行合理安排,确保这些财产能够按照自己的意愿来实现特定的目的。

## 学习目标

通过学习本章,熟悉有关遗产传承的风险因素;明白遗产传承规划的重要性;理解财产传承中法定继承、遗嘱继承、遗赠和遗赠扶养协议等遗产转移方式的相关规定;掌握法定继承的适用性及其存在的缺陷;学会运用遗嘱继承、遗嘱信托等理财工具。

**思维导图**

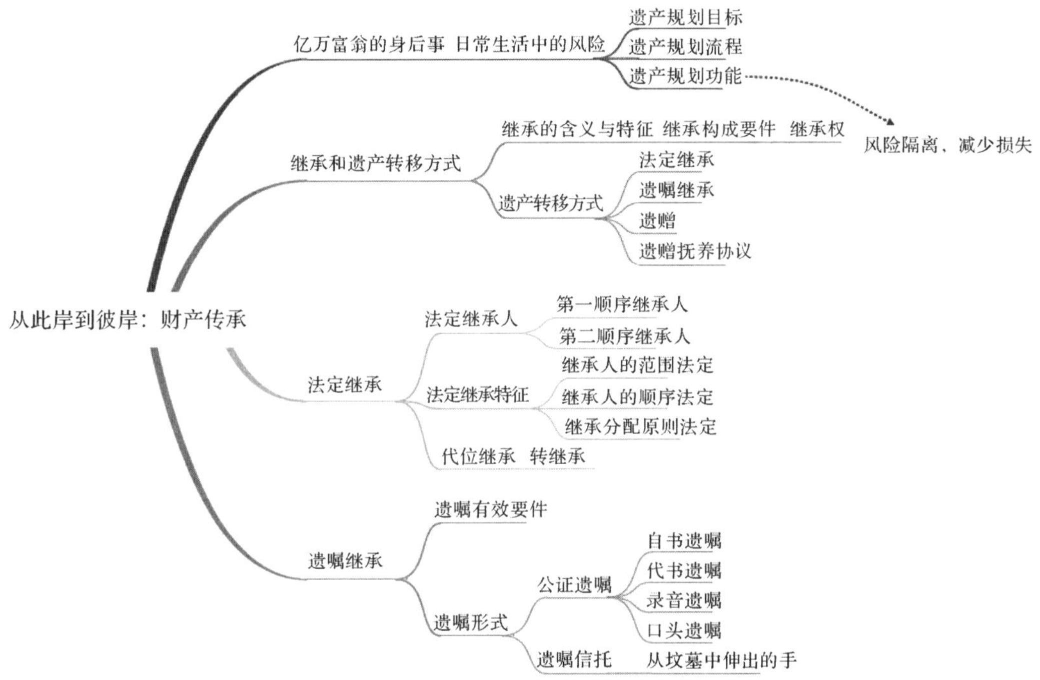


## 10.1　亿万富翁的身后事

视频:亿万富翁的身后事

PPT 课件

我国台湾地区著名企业家王先生,被誉为“台湾经营之神”。2008 年 10 月 15 日安详过世,享年 92 岁。王先生生前对公司集团等主要资产做了相关的传承安排,但没有把自己的财富,使用财产传承工具来进行相关的安排。据媒体报道,王先生遗产总额 595.5 亿新台币,涉及相关利益人 12 人。他去世后,家人因他的遗产继承问题一度发生纷争。

家庭成员去世后,其遗留财产的分割会使得其他家庭成员个人财产增加或减少,对整个家庭财产也会产生影响。由于多数家庭没有事先立遗嘱的意识,因此遗产分割很容易在家庭内部产生纠纷。即使有人事先立有遗嘱,也可能会因为遗嘱内容表述不清等情况,在执行过程中出现财产被恶意侵吞或者没有按照遗嘱人意愿进行分割等问题。对财富充盈的家庭或家庭企业而言,如果因为众多继承人争夺财产导致财产被瓜分,不仅不利于家庭产业的持续经营,而且也不能达到财富传承的最优状态。

### 10.1.1　家庭及个人面临的风险

在日常生活中,我们会面临很多风险。“人生世上风波险,一日风波十二时”,可以说风险随处都存在,风险一旦发生,对家庭的生活或财产传承等都会带来巨大的影响。个人及家庭面临的风险主要有以下几类：

第一，经营风险。在江浙一带等沿海地区，民营企业、私营企业众多。对有从事私营企业经营的家庭而言，企业的生产经营状况与个人及家庭生活紧密联系在一起，无论企业从事何种经营，都会受到各种风险的冲击，这些企业面临的风险也就成了个人及家庭的风险。一旦风险出现，企业的经营状况可能急转直下，严重的甚至会威胁到家庭财产的安全，影响到家庭成员的正常生活、工作、教育等各个方面。

第二，夫妻一方或双方丧失劳动能力或经济能力的风险。夫妻是家庭组织的核心，如果其中一方或者双方均丧失了劳动能力，如工伤、意外事故等造成身体残疾，不能继续上班；或者丧失了经济能力，如对外欠债导致被追索等情形，这些风险的发生都会导致家庭收入及经济支付能力的下降，影响家庭的正常生活。

第三，离婚或者再婚的风险。离婚意味着夫妻关系的结束和一个家庭的解体，无论对家庭还是夫妻任何一方而言，都会产生重要的影响，其中最突出的方面就是如何分割夫妻双方共有财产。在现实生活中，离婚时夫妻双方中的一方可能会有转移、隐匿、变卖财产的行为，造成对另一方财产权益的侵害，这就是离婚的风险。再婚是离异或丧偶的男女重新组建家庭，对于多数再婚人士，特别是曾经有过离异经历的，在再婚前都会在个人财产保护和个人安全感上有所顾忌。如果有孩子的还会担心再婚伴侣对子女的影响，有时甚至对再婚配偶与自己的结婚动机产生怀疑。事实上，也确有一些人企图借婚姻达到一些特定目的。因此，再婚也存在风险。

第四，家庭成员去世的风险。家庭成员去世以后，遗留财产由谁继承？如何继承？是每一个家庭都要面对的现实问题。由于多数家庭没有事先立遗嘱的意识，遗产传承很容易在家庭内部产生纠纷，即便有的立了遗嘱，也会因为遗嘱内容表述不清或者存在其他一些缺陷，而在执行过程中出现遗产被恶意侵吞或者未能按照遗嘱人的意愿进行传承等情况。

以上种种个人及家庭遭遇的风险都是不确定的、不可预测的，这些风险一旦发生，就会对个人及家庭的财产或经济能力产生不利影响。如果能够在风险发生之前采取相应的措施，就可以最大限度地消除或减少其可能造成的不利影响。虽然许多人忌讳谈遗嘱，一想到遗产规划就会不舒服。因为它总是跟死亡联系在一起，人总是不愿意去谈死亡，还有一些人认为只有富人才需要做遗产规划，自己根本没必要考虑这么多。实际上，财产传承规划具有隔离风险、减少损失的功能，它对每个家庭来说都有重要意义，因为在日常生活中，家庭个人面临着多种风险，针对每一个家庭及个人的具体状况，制定财产传承方案，选择避险工具，进行有针对性的风险规避安排，最大限度地消除风险带给家庭及个人的不利影响。

**即问即答**

在日常生活中，个人与家庭会面临哪些风险？请举例说明。

即问即答

### 10.1.2 遗产规划的基本目标

遗产规划主要考虑当事人去世以后，遗产如何进行分割、孩子的监护权委托给谁等一系列问题。从这个层面讲，遗产规划与每个家庭及个人相关。无论家庭及个人的财富有多少,遗产规划的基本目标都是一样的。

遗产规划首先要考虑的是直接债务的偿还,如果公民去世,其债务不会因此解除,需要以其遗产进行偿还,偿还债务后多余部分的财产才能由继承人继承。按照《民法典》的规定,继承人以所得遗产实际价值为限清偿被继承人依法应当缴纳的税款和债务。超过遗产实际价值的部分,继承人自愿偿还的不在此限。继承人放弃继承的,对被继承人依法应当缴纳的税款和债务可以不负清偿责任。

遗产规划的基本目标主要包括四个方面:

第一,确保财产按照当事人的意愿进行分配。

第二,为受赡养人、受抚养人留下足够的生活资源,为有特殊需要的受益人提供遗产保障。

第三,在合法的前提下,少交遗产税和继承税。即把多年积累的财富尽可能多地留给继承人,从这个层面上讲,遗产规划的目标可以直接表述为少交遗产税和继承税。

第四,降低遗产处置成本。遗产处置成本包括法律成本、财务费用等。

因此,遗产规划的基本目标就是要制定一个全面的遗产规划方案,尽可能多地把财富留给继承人,同时尽可能地少交遗产相关税费,降低处置遗产的成本。

**即问即答**

遗产规划与每个家庭及个人相关,无论家庭及个人的财富有多少,遗产规划的基本目标都是一样的,遗产规划的基本目标有哪些?

即问即答

### 10.1.3　遗产规划流程

遗产规划方案的制定需遵循一定的步骤,遗产规划流程如图10-1所示。

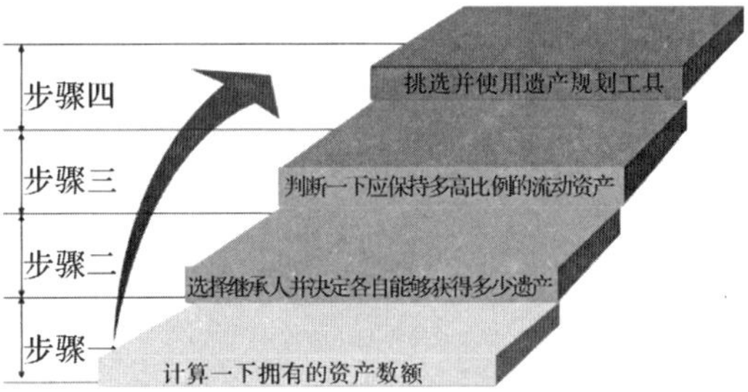
步骤四
挑选并使用遗产规划工具
步骤三
判断一下应保持多高比例的流动资产
步骤二
选择继承人并决定各自能够获得多少遗产
步骤一
计算一下拥有的资产数额

**图10-1　遗产规划流程图**

遗产规划方案制定一般按照以下四个步骤进行:

第一步,计算拥有财产的数量。在做遗产规划的时候,先要编制家庭资产负债表,明确家庭所拥有的资产、负债和净资产。在编制资产负债表时,会发现房屋、汽车、家具、存款、股票、基金和债券等资产相加可能相当可观。在考虑资产的同时,还需计算负债,比如住房按揭贷款尚未偿还的本金等,作为遗产继承的财产应该是资产减去负债以后的净资产。当然,一般情况下家庭财产是夫妻的共同财产,只有个人的合法财产才能作为遗产规划的标的财产。

第二步，选择继承人并决定每个人继承财产的份额。在明确了可以作为继承的财产以后，需要考虑哪些人有可能成为继承人，以及这些继承人每人可以获得多少财富份额。在考虑每个人继承的份额时，需要注意《民法典》中有关法定继承人、继承顺序、分配原则等相关规定。比如，在立遗嘱的时候，需要为没有生活来源的继承人留有一定的遗产份额，否则遗嘱无效。除了法定继承人以外，还需考虑与亲朋好友的关系，想一想那些需要提供生活来源的亲人和继承人有什么需求等。

第三步，判断应保持多高比例的流动资产。在遗产分割过程中，不仅会涉及一些税费，例如遗产税、继承税、律师费、劳务费等，而且在遗产分割给继承人之前，需将这些税费和立遗嘱人尚未支付的医疗费用、债务和丧葬费等全部付清。所以，在遗产规划时需要考虑一定比例的流动资产，比如储蓄存款、国库券、股票、基金、债券等，这些流动资产容易变现，可以保证遗产分割能够顺利进行。在众多的理财产品中，人寿保险是唯一一种可以在有现金需求的时候提供流动性的工具。由于人寿保险能够最有效地提供流动性，所以，在遗产规划中，需要考虑配置一些寿险产品。

第四步，选择并使用遗产规划工具。遗产规划工具主要包括遗嘱、遗赠、遗赠扶养协议、遗嘱信托、人寿保险信托和人寿保险等。在选择各种遗产规划工具时，需要注意这些工具各自的特点。遗产规划方案制定的最主要目的就是对个人和家庭的风险进行隔离，减少风险发生对家庭财产造成的损失。所以，选择并使用遗产规划工具时最需要考虑的就是一个法律的问题，以及运用遗产规划工具如何实现财产传承的风险隔离、减少损失的目标。当然，在制订遗产规划方案时，可以考虑聘请律师帮助了解每一种遗产规划工具的特点，并协助处理遗产计划执行过程中出现的一些细节问题。

---

## 资料卡 10-1

音乐教父罗大佑，1954 年 7 月 20 日出生于中国台湾台北。1999 年与第一任妻子结婚，但婚姻仅维持了一年半就结束了，两人在这段婚姻中没有生育子女。2010 年 9 月，罗大佑在巴厘岛与第二任妻子结婚。2012 年 8 月 15 日，妻子顺利诞下了女儿 Gemma，罗大佑也升格当了爸爸。2017 年罗大佑在接受台湾媒体采访时透露，已经立好遗嘱分配财产，让爱女 Gemma 无后顾之忧。这是通过遗嘱的形式对财产进行安排，是遗嘱在财富传承中的具体应用。众所周知，如果没有遗嘱，遗产将按照法定继承，即使法定继承人之间不会因巨额遗产导致纠纷，被继承人自身可能也只是想把遗产给予法定继承人当中的某些特定主体，而非全部。此时订立遗嘱就是一个比较好的选择。

其实，通过遗嘱等形式对财产进行安排，保证在其身故后，遗产可以按照自己的意愿得到妥善分配，或者避免继承人之间因巨额财产的继承问题而产生矛盾纠纷，此类的行为已有诸多案例。香港歌星梅艳芳 2003 年 12 月因患宫颈癌去世，在去世前 27 天，她订立了一份遗嘱，将财产委托给汇丰国际信托有限公司成立专项基金，由专业机构进行遗产管理、投资。梅艳芳在遗嘱中详细订立了身后遗产规划的内容，包括交付信托后遗产的管理、分配、运用及给付等。这份遗嘱信托在梅艳芳订立遗嘱后成立，并于她去世后生效。从 2003 年 12 月 30 日起，这个专项基金开始将这笔遗产的收益，每月拨出 7 万港元生活费给受益人之一梅妈至其终老，余下遗产则分别给予姨甥、侄儿、刘培基等其他受益人。

**即问即答**

在立遗嘱的时候，如果没有为无生活来源的继承人留有一定的遗产份额，是否会影响遗嘱的有效性？

即问即答

### 10.1.4　遗产规划功能

财产传承规划是为了保证财产安全继承而设计的财务方案，是当事人在其健在时通过选择适当的遗产管理工具和制定合理的遗产分配方案，对其拥有或控制的财产进行安排，确保这些财产能够按照自己的意愿实现特定的目的，是从财务的角度对个人生前财产进行的整体规划，目的在于能够有效地保护家人，确保指定的继承人能够获得相应的财产，还能够保证指定的某个人可以获得孩子的监护权等。因此，财产传承规划从特定的角度为个人和家庭提供了一种规避风险的保障机制。当个人及家庭在现实生活中遭遇生存风险时，能够帮助他们隔离风险，降低风险带来的损失。此外，一些财产传承工具还具有避税功能，比如，依照现行《个人所得税法》《保险法》和《民法典》的相关规定，人寿保险的保险金原则上是免税的，将人寿保险与信托相结合的人寿保险信托业务就具有较强的吸引力。

**即问即答**

遗产规划是为了保证财产安全继承而设计的财务方案，是当事人在其健在时通过选择适当的遗产管理工具，制订合理的遗产分配方案，对其拥有或控制的财产进行安排。遗产规划最主要的功能是什么？

即问即答

## 10.2　继承和遗产转移方式

视频：继承和遗产转移方式

### 10.2.1　继承及其特征

继承是指自然人死亡或被宣告死亡后，遗留的个人合法财产依法无偿转移给一定范围的近亲属或有效遗嘱指定的人。继承具有以下特征：

PPT课件

（1）继承在被继承人死亡后才能发生

继承是因公民死亡而发生的法律现象，这是财产继承发生的法定原因，也是继承的首要条件。有的所有权人为了避免继承人在日后可能会因争夺财产而产生纠纷，在生前就将财产交给继承人，如分给其中一位子女，这也是合法的行为，但这不是继承，因为这时继承还没有开始，而是生前的赠与行为。

(2)继承遗产的人应当是被继承人的合法继承人

这是继承的第二个条件。被继承者和继承者在法律上具有特定的身份关系,是生者对死者遗产的继承。被继承人如果立下遗嘱,指定将遗产留给法定继承人以外的人,或是捐献给国家、集体,也是被继承人处分遗产的方式,但这不是法定继承而是遗嘱继承和遗赠。

(3)遗产应当是被继承人生前个人所有的合法财产

这是继承的第三个条件。继承的客体只能是公民死亡时遗留的个人合法财产。一般而言,家庭财产是夫妻双方共有的财产,当一方死亡以后,家庭财产并不成为遗产。遗产继承前,应当先进行产权分割,将属于被继承人配偶的份额分割出来以后,才能成为遗产,进而由继承人继承。

继承的构成要件包括:①近亲属中有人死亡;②死亡近亲属有遗产;③死者有继承人且继承人未丧失继承权;④继承人行使继承权接受遗产。

依照《民法典》的规定,继承人有下列行为之一的丧失继承权:

第一,故意杀害被继承人;

第二,为争夺遗产而杀害其他继承人;

第三,遗弃被继承人,或者虐待被继承人情节严重的;

第四,伪造、篡改、隐匿或者销毁遗嘱情节严重的;

第五,以欺诈、胁迫手段迫使或者妨碍被继承人设立、变更或者撤回遗嘱情节严重的。

继承人有第三项至第五项的行为,确有悔改表现,被继承人表示宽恕或者事后在遗嘱中将其列为继承人的,该继承人不丧失继承权。受遗赠人有第一款行为的,丧失受遗赠权。

继承从被继承人死亡时开始。依据《民法典》规定,相互有继承关系的数人在同一事件中死亡,难以确定死亡时间的,推定没有其他继承人的人先死亡。如果死亡的人都有其他继承人,辈分不同的,推定长辈先死亡;如果死亡的人辈分相同的,推定同时死亡,彼此不发生继承,由各自的继承人分别继承。

### 10.2.2 继承权

继承权是一种兼有人身权和财产权双重属性的权利。继承权是继承人依法享有的取得被继承人遗产的权利,是基于近亲属的身份关系或遗嘱人与继承人基于遗嘱的特殊关系而发生的财产权,兼有人身权和财产权的双重属性。继承权包括了财产利益的内容,继承权的取得需以一定的身份为基础,所以不能单纯地说继承权为财产权或人身权。继承发生的依据是法律规定或者是合法有效的遗嘱,继承权的实现以被继承人的死亡和遗留的个人合法财产等法律事实存在为前提。

继承权的取得主要有两种方式:

(1)通过遗嘱指定取得继承权

通过遗嘱指定取得继承权必须满足三个条件:①遗嘱是合法、有效的。如果遗嘱不合法,就不具有法律效力,遗嘱所指定的继承人不能取得继承权;②立遗嘱人已经死亡,包括自然死亡和宣告死亡。继承权取得和生效时间必须是立遗嘱人死亡以后;③遗嘱指定的继承人没有丧失继承权。

(2)根据法律规定取得继承权

在遗产继承中,遗嘱指定的继承权是优先的,即首先要根据遗嘱确定继承权。但是,在许多情况下,被继承人生前并没有立遗嘱,或者所立的遗嘱不合法,这时应根据法律规定确定继承权,由法定继承人继承被继承人的财产。通过法律规定取得的继承权称为法定继承权。

①继承权的主体。继承权的主体指的是继承人按照法律的具体规定,对其近亲属的遗产有继承权的自然人。依照《民法典》的规定,遗产按照下列顺序继承:第一顺序继承人为配偶、子女、父母;第二顺序继承人为兄弟姐妹、祖父母、外祖父母。继承开始后,由第一顺序继承人继承,第二顺序继承人不继承;若没有第一顺序继承人,由第二顺序继承人继承。这里所称子女,包括婚生子女、非婚生子女、养子女和有扶养关系的继子女。父母包括生父母、养父母和有扶养关系的继父母。兄弟姐妹包括同父母的兄弟姐妹、同父异母或者同母异父的兄弟姐妹、养兄弟姐妹、有扶养关系的继兄弟姐妹。

②继承权的客体。继承权的客体指被继承人的个人合法财产。这里强调的是个人财产、合法的财产。继承权具有财产性,继承权的客体只能是遗产,而不能是被继承人的身份或其他人身利益。遗产是公民死亡时遗留的个人合法财产。包括公民的收入;公民的房屋、储蓄和生活用品;公民的林木、牲畜和家禽;公民的文物、图书资料;法律允许公民所有的生产资料;公民的著作权、专利权中的财产权利;公民的其他合法财产。

下列财产不属于遗产:被继承人的人身权,包括生命权、健康权、姓名权、肖像权、名誉权、荣誉权等;对国家所有资源或集体所有资源的使用权;有关单位因被继承人死亡而发给其家属的抚恤金、生活补助费等;被继承人生前承租或借用他人的财产;指定了受益人的保险金。

### 10.2.3　遗产转移方式

被继承人死亡以后,遗产转移的主要方式包括:法定继承、遗嘱继承、遗赠继承和遗赠扶养协议继承。

第一,法定继承。按照《民法典》的规定,由法定继承人依法取得被继承人的财产。

第二,遗嘱继承。继承人根据被继承人生前所立的合法的、有效的遗嘱继承遗产。

第三,遗赠。被继承人立遗嘱将其个人合法财产无偿地赠送给国家、集体和法定继承人以外的自然人。

第四,遗赠扶养协议。被继承人与继承人以外的组织或者个人协商之后签订的书面协议,约定由该组织或者个人承担被继承人生养死葬的义务后,享有受遗赠的权利。遗赠扶养协议本质上是一种双务有偿合同,在扶养人履行了扶养义务的条件下,作为受扶养人的被继承人负有在其死后将其遗产的全部或一部分交给扶养人的义务。

按照《民法典》的规定,继承开始后,按照法定继承办理;有遗嘱的,按照遗嘱继承或者遗赠办理;有遗赠扶养协议的,按照遗赠扶养协议办理。在上述四种遗产转移方式中,遗赠扶养协议效力最高,其次是遗嘱继承和遗赠,法定继承效力最低。如被继承人生前与他人订有遗赠扶养协议,同时又立有遗嘱的,继承开始后,如果遗赠扶养协议与遗嘱没有抵触,遗产分别按遗赠扶养协议和遗嘱处理;如果有抵触,按遗赠扶养协议处理,与遗赠扶养协议抵触的遗嘱全部或部分无效。只有在扶养人就遗产获得满足后,受遗赠人和继承人才能就遗产剩余的部分主张权利。遗赠和遗嘱继承的效力优于法定继承,没有遗赠扶养协议或遗嘱的,按法定继承处理。这种规定贯彻了民法意思自治的原则,充分保护了被继承人的遗嘱自由和权利。

**集思广益**

王老汉有三个女儿,女儿先后出嫁后感到寂寞,于是将侄子甲收养为子。父子俩开了一个铁匠作坊,收入可观,于是将原茅草房推倒,新建了8间瓦房。王老汉去世后,三个姐姐要求分割8间瓦房。甲提出他要3间,理由是他是父亲的儿子,且目前已有妻室,少了住不下。但三个姐姐认为,应均分,即每人2间。问:此案如何处理?

集思广益

## 10.3 法定继承的缺陷

视频:法定继承的缺陷

### 10.3.1 法定继承及其特征

PPT课件

法定继承是相对于遗嘱继承而言的,又称为非遗嘱继承或无遗嘱继承,指被继承人生前未立遗嘱,或者虽立遗嘱但遗嘱无效时,按照法律规定的继承人范围、继承顺序进行遗产分配的一种继承形式。法定继承是遗嘱继承以外的依照法律的规定将遗产转移给继承人。在法定继承中,可参加继承的继承人、参加继承的顺序、可继承的遗产份额和遗产分配的原则,都由法律直接规定的。因而法定继承并不体现被继承人的意志,仅是被继承人的遗产按照法律规定由其近亲属继承。

依据《民法典》的规定,法定继承是主要的继承方式,具有以下特征:

①法定继承是遗嘱继承的补充。虽然法定继承是常见的主要继承方式,但继承开始应先适用遗嘱继承,只有在遗嘱继承不适用时才采用法定继承。从效力上说,遗嘱继承的效力优先于法定继承,法定继承是对遗嘱继承的补充。

②法定继承是对遗嘱继承的限制。各国法律虽然都承认遗嘱继承的优先效力,但也对遗嘱继承作出一定的限制。例如,许多国家的法律都规定了法定继承人的特留份额。《民法典》中规定,遗嘱应当对缺乏劳动能力又没有生活来源的继承人保留必要的遗产份额。因此,尽管遗嘱继承突破了法定继承的适用范围,但同时法定继承也对遗嘱继承有一定的限制。

③法定继承是基于一定的身份关系确定的。法定继承中的继承人是基于与被继承人之间的亲属关系而定的,不是由被继承人指定的。

④法定继承具有法定性。法定继承中的继承人范围、继承顺序和遗产分配原则是法定的,任何人不得改变。

依据《民法典》的规定,有下列情形之一的,遗产中的有关部分按照法定继承办理:

①遗嘱继承人放弃继承或者受遗赠人放弃受领遗赠的;

②遗嘱继承人丧失继承权或者受遗赠人丧失遗赠受领权的;

③遗嘱继承人、受遗赠人先于遗嘱人死亡的;

④遗嘱无效部分所涉及的遗产;

⑤遗嘱未处分的遗产。

### 10.3.2　法定继承人

法定继承人是指依照法律规定有权继承被继承人遗产的被继承人亲属。根据《民法典》的规定,包括被继承人的配偶、子女、父母、兄弟姐妹、祖父母和外祖父母。

(1)配偶

指被继承人死亡时与其保持合法婚姻关系的当事人,即被继承人的妻子或丈夫。在合法婚姻关系存续期间,夫妻双方以配偶的身份相互享有的继承权受法律保护。这里的合法婚姻关系是指双方依法履行了结婚登记程序,或者婚姻关系未经法定程序依法解除的。包括以下几种情况:

①双方当事人依法办理了结婚登记手续,领取了结婚证,但尚未举行结婚仪式,或者尚未同居的,一方当事人死亡,另一方可以配偶的身份继承遗产;反之,如果双方当事人已举办了结婚仪式,或已同居,但尚未依法办理结婚登记手续的,一方当事人死亡,另一方不得以配偶的身份继承遗产。

②夫妻双方因客观原因或感情不和已分居,不论分居的时间长短,分居期间一方死亡的,另一方仍可以配偶的身份继承遗产。

③夫妻双方已达成离婚协议,但在依法办理离婚手续期间,一方死亡的,另一方仍可以配偶的身份继承遗产。

④夫妻双方已向法院起诉离婚,在离婚诉讼过程中,或在法院的离婚判决生效前,一方死亡的,另一方仍可以配偶的身份继承遗产。

(2)子女

父母与子女有相互继承遗产的权利。我国《民法典》规定,子女包括婚生子女、非婚生子女、养子女和有扶养关系的继子女。

①婚生子女。不论是儿子还是女儿,不论是随父姓还是随母姓,不论是已婚还是未婚,均是法定继承人,依法享有平等的继承权。

②非婚生子女。在我国,法律规定非婚生子女和婚生子女的法律地位完全相同。非婚生子女享有与婚生子女同等的继承权,任何组织或者个人不得加以危害和歧视。

③养子女。养子女是指公民合法收养的子女。根据法律规定,收养子女须办理收养登记手续,依法登记成立的收养关系,自登记之日起生效。在我国,养子女的法律地位与婚生子女完全相同。但是,养子女与生父母间的权利义务关系,因收养关系的成立而消除,即生父母不再承担抚养教育被收养子女的义务,被收养子女也没有赡养生父母的义务。收养关系成立对养子女的继承权有两个方面的影响:一是养父母及养父母的亲属,养子女与养父母的婚生子女享有同样的继承权;二是对其亲生父母及亲生父母的亲属,养子女不再享有继承权。

④有扶养关系的继子女。判断继父母与继子女之间是否形成扶养关系的主要标准是继

父母是否承担了继子女全部或部分生活费和教育费。扶养关系形成的前提是继子女未成年，一般需要有共同生活的事实，且扶养事实持续足够长的时间。只有在继子女受继父母扶养的情形下，其相互之间才成为拟制血亲关系，适用父母子女关系的规定，具有与自然血亲的父母子女相同的权利和义务，相互间有继承权。未形成扶养关系的继父母与继子女之间只是一种姻亲关系，相互之间没有继承权。如图 10-2 所示。

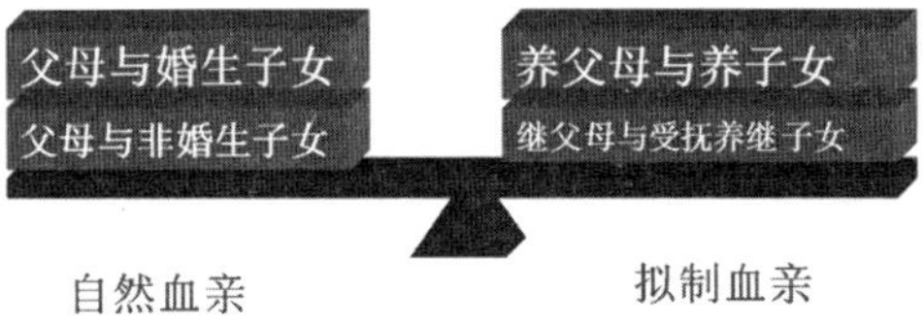


**图 10-2　父母与子女之间的血亲关系**

(3)父母

父母与子女有相互继承遗产的权利。我国《民法典》规定，父母包括生父母、养父母和有扶养关系的继父母。

①生父母。父母与其生子女间有自然血亲关系，对生子女的遗产享有继承权。但生子女被他人收养后，生父母与生子女之间的权利义务关系随即解除，生父母和生子女之间互相不再享有继承权。

②养父母。养父母与养子女间因收养关系的确立，形成了法律上的拟制血亲关系。自收养关系成立之日起，养父母与养子女间的权利义务关系，适用父母子女关系的规定，养父母对养子女享有继承权。但是，一旦收养关系解除，不论解除的原因为何，双方的权利义务关系终止，双方不再享有互相继承遗产的权利。

③有扶养关系的继父母。继父母对继子女是否享有继承权，取决于继父母对继子女所尽的扶养义务，即继子女是否受继父母的扶养教育。形成扶养关系的，继父母有权继承继子女的遗产。与继子女一样，继父母也有双重继承权，既可以继承生子女的遗产，也可以继承形成扶养关系继子女的遗产。

(4)兄弟姐妹

兄弟姐妹是血缘关系中最近的旁系血亲，包括同父母的兄弟姐妹、同父异母或同母异父的兄弟姐妹、养兄弟姐妹和有扶养关系的继兄弟姐妹，其中继兄弟姐妹因扶养关系的存在而相互继承遗产的，不影响兄弟姐妹继承其亲兄弟姐妹遗产的权利。

(5)祖父母、外祖父母

祖父母、外祖父母与孙子女、外孙子女之间的抚养和赡养义务是特定情形下的法定义务。依据《民法典》的规定，有负担能力的祖父母、外祖父母，对于父母已经死亡或者父母无力抚养的未成年孙子女、外孙子女有抚养义务，同时也享有继承孙子女、外孙子女遗产的权利。因此，祖父母、外祖父母作为孙子女、外孙子女的法定继承人，可以依法继承孙子女、外孙子女的遗产。

(6)姻亲关系

儿媳与公婆、女婿与岳父母是以婚姻为纽带而产生的亲属关系，属于姻亲关系。从法律上来讲，姻亲之间没有法定的权利与义务，因而姻亲之间不发生法定继承关系。我国《民法典》规定，丧偶儿媳对公婆、丧偶女婿对岳父母尽了主要赡养义务的，作为第一顺序继承人，享有法定继承权。

### 10.3.3　法定继承顺序与遗产分配原则

依照《民法典》的规定,遗产按照下列顺序继承。继承开始后,由第一顺序继承人继承,第二顺序继承人不继承;若没有第一顺序继承人,由第二顺序继承人继承。

我国《民法典》规定,同一顺序继承人继承遗产的份额,一般应当均等。对生活有特殊困难又缺乏劳动能力的继承人,分配遗产时,应当予以照顾。对被继承人尽了主要赡养义务或者与被继承人共同生活的继承人,在分配遗产时,可以多分。有扶养能力和有扶养条件的继承人,不尽赡养义务的,分配遗产时,应当不分或者少分。继承人协商同意的,也可以不均等。

### 10.3.4　代位继承与转继承

代位继承是指被继承人的子女先于被继承人死亡时,由被继承人子女的晚辈直系血亲代替死亡的长辈直系血亲继承被继承人的遗产的一项法定继承制度。先于被继承人死亡的子女称为被代位继承人,代替被代为继承人取得遗产的晚辈直系血亲为代位继承人。代位继承在表现形式上是一种间接继承,在继承方式的性质上属于法定继承。

转继承是指继承人在继承开始后、遗产分割前死亡,其继承的遗产份额由其继承人继承的一种连续继承形式。转继承属于两个继承关系的正常连续运行,即继承开始后,继承人没有表示放弃继承,并于遗产分割前死亡的,其继承遗产的权利转移给他的合法继承人。转继承不仅适用于法定继承和遗嘱继承,也适用于转遗赠,即继承开始后,受遗赠人表示接受遗赠,并于遗产分割前死亡的,其接受遗赠的权利转移给他的继承人。

转继承与代位继承的联系和区别:

(1)联系

①两者都存在死亡事实。

②两者都是被继承人的遗产由继承人的继承人取得。

(2)区别

①发生条件不同:代位继承发生在继承人先于被继承人死亡的条件下;转继承发生在被继承人死亡,继承开始后,遗产分割前继承人死亡。

②权利主体范围不同:代位继承权人只能是被代位继承人的晚辈直系血亲;转继承权人是前位继承人的所有继承人。

③性质不同:代位继承是由代位继承人一次性地间接继承被继承人的遗产,具有替补继承的性质;转继承是两个直接继承的连续,两个独立继承关系在时间上的连接。

④适用范围不同:代位继承只适用于法定继承;转继承不仅适用于法定继承,而且适用于遗嘱继承和遗赠。

**集思广益**

集思广益

2021 年 5 月,张先生在交通事故中遇难身亡,保险公司及侵权人共赔付 90 万元,由于张先生的配偶已于 2010 年去世,所以张先生的法定继承人为儿子小张、父亲张老汉、母亲王大娘三人。2022年4月,张先生的母亲王大娘因病逝世,由于之前三人未对张先生的90万元赔偿金进行分割,因此产生了矛盾。5月初,王大娘的女儿张女士,即张先生的妹妹起诉至法院。张女士始终坚持认为小张不能两次继承同一遗产。按照我国《民法典》的规定,小张到底能不能两次继承同一遗产,各方应分得的遗产份额为多少?

## 10.4 遗嘱继承:从坟墓中伸出的手

视频:遗嘱继承:从坟墓中伸出的手

### 10.4.1 遗嘱与遗嘱继承

#### 10.4.1.1 遗嘱与遗赠

PPT课件

遗嘱是指当事人生前在法律允许的范围内,按照法律规定的方式对其遗产或其他事务所作的个人处理,并于立遗嘱人死亡时发生效力的法律行为。依据我国《民法典》的规定:自然人可以依照本法规定立遗嘱处分个人财产,并可以指定遗嘱执行人。自然人可以立遗嘱将个人财产由法定继承人中的一人或者数人继承。自然人可以立遗嘱将个人财产赠与国家、集体或者法定继承人以外的组织、个人。自然人可以依法设立遗嘱信托。

遗嘱继承是指继承开始后,按照被继承人所立的合法的有效的遗嘱继承被继承人遗产的行为。遗赠是指遗嘱人用遗嘱的方式将个人财产的一部分或全部赠给国家、集体或法定继人以外的自然人,并在死亡后生效的单方民事法律行为。遗嘱继承与遗赠都是被继承人(遗赠人)以遗嘱处分个人财产的方式,都需要具备遗嘱的有效条件,两者虽然有很多共同点,但是依据《民法典》的规定,两者还存在以下主要区别:

①受让主体不同。遗嘱继承人只能是法定继承人,而受遗赠人必须是国家、集体或法定继承人以外的自然人。

②客体范围不同。遗嘱继承的客体不仅包括财产权利,还包括财产义务。按遗嘱继承遗产时,应当清偿被继承人依法应缴纳的税款和债务,缴纳的税款和债务以被继承人的实际遗产价值为限,超过遗产实际价值的部分,继承人可不予清偿,但自愿偿还的例外。如果继承人放弃继承的,对被继承人应依法缴纳的税款和债务可以不负偿还责任。遗赠的客体只能是遗产中的财产权利,而不能是财产义务,但执行遗嘱不得妨碍清偿遗赠人依法应当缴纳的税款和债务。

③权利的接受、行使方式不同。继承开始后,继承人放弃继承的,应当在遗产处理前,以书面形式作出放弃继承的意思表示;没有表示的,视为接受继承。遗嘱继承人在继承开始后,遗产分割处理前,明确作出放弃继承的意思表示才能有效,没有表示的视为接受继承。受遗赠人应当在知道受遗赠后60日内,作出接受或者放弃受遗赠的意思表示,到期没有表示的,视为放弃接受遗赠。

#### 10.4.1.2 遗嘱继承的优点

在财产传承关系中,如果没有设立遗嘱,遗产将由法定继承人按照法律规定的继承顺序和遗产分配原则分割遗产。设立遗嘱体现了遗嘱人对其财产自由安排的意愿,是公民保护私有财产的一种有效方式。遗嘱继承具有以下几个方面的优点:

(1)体现遗嘱人的心愿

未订立遗嘱,遗产将按法定继承办理,原则上由包括配偶、父母、子女在内的第一顺序继承人等额分配,难以体现被继承人的真实意愿。如果订立遗嘱,遗产将按遗嘱继承办理,除法定特殊情形外,遗嘱人可以根据其亲属的家庭条件、履行赡养义务的情况和其个人意愿等因素,决定其个人财产由谁继承和继承份额,从而最大限度地体现遗嘱人的真实意愿。按照遗嘱继承,不会出现法定继承中对于财产所有人来说虽然合法但不合理的情形。

(2)明确遗产范围

随着社会的发展和进步,个人家庭财产数量不断增加,种类也日趋繁杂,除了传统的银行存款、房产以外,还有股票、基金、保险、公司股权和债权等隐性资产。另一方面,由于疾病、交通事故等意外事件发生的概率较高,如果未订立遗嘱,其个人财产容易遗漏,以至于对一部分法定继承人不公平。如果订立遗嘱,并对个人财产进行必要的列举和说明,可以明确遗产范围,预防遗产遗漏情况的发生。

(3)发挥养老育幼作用

赡养老人、抚养子女、扶助无劳动能力的家庭成员是中华民族的传统美德。如果公民在生前承担了养老育幼、扶助无劳动能力家庭成员的义务,就需要考虑这些义务在身后如何延续,确保家庭成员之间的赡养、扶养关系的继续。遗嘱人不仅可以通过遗嘱改变继承人的范围、继承顺序和继承份额,甚至可以取消某些法定继承人的继承权,把财产给予最需要的继承人。这不仅有利于促使继承人孝敬老人,承担赡养义务,也有利于促进家庭成员之间的团结互助。

(4)避免家庭纠纷

未订立遗嘱,也就意味着没有明确的遗产分配方案,被继承人在留下遗产的同时也将纠纷隐患留给了继承人。继承人之间出于各自利益的考虑,往往难以通过协商一致的方式确定遗产分配方案,最终导致以诉讼等方式解决纠纷。这样既耗费时间、增加费用,又造成了严重的家庭矛盾。订立遗嘱意味着有了明确的遗产分配方案,只要遗嘱本身合法有效,遗嘱容易得到执行,一般不会产生继承纠纷,从而影响家庭和睦。

(5)有利于社会福利事业

公民可以通过立遗嘱的方式将个人财产赠与国家、集体或者法定继承人以外的组织、个人等,也可以用于社会救济,如遗赠给托儿所、养老院、贫困山区学校等。随着人类文明的发展和社会的进步,遗赠这种遗嘱继承方式越来越显示出自身价值。

### 10.4.2　遗嘱有效要件

遗嘱产生法律效力必须同时具备实质要件和形式要件。依据《民法典》规定,遗嘱有效的实质要件包括以下几个方面:

(1)遗嘱人必须具有遗嘱能力

遗嘱能力是指自然人依法享有的设立遗嘱,依法自由处分其财产的行为能力。立遗嘱是一种民事行为,设立人必须具有相应的民事行为能力。只有具有完全民事行为能力的人才有设立遗嘱的行为能力,即遗嘱能力,不具有完全民事行为能力的人不具有遗嘱能力。因此,遗嘱人立遗嘱时必须有行为能力。无民事行为能力的人所立的遗嘱,即使其本人后来有了行为能力,仍属无效遗嘱。遗嘱人立遗嘱时有行为能力,后来丧失了行为能力,不影响遗嘱的效力。患有聋、哑、盲等生理缺陷而无精神病的成年人,是具有完全民事行为能力的,他们也可以立遗嘱。

(2)遗嘱须是遗嘱人的真实意思表示

遗嘱必须是遗嘱人处分其财产的真实的意思表示,因为意思表示真实是民事行为有效的必要条件。遗嘱是否为遗嘱人的真实意思表示,原则上应以遗嘱人最后于遗嘱中作出的意思表示为准。受胁迫、欺骗所立的遗嘱无效;伪造的遗嘱无效;遗嘱被篡改的,篡改的内容无效。

(3)遗嘱不得取消缺乏劳动能力又没有生活来源的继承人的继承权

遗嘱应当对缺乏劳动能力又没有生活来源的继承人保留必要的遗产份额。遗嘱人未保留缺乏劳动能力又没有生活来源的继承人的遗产份额,在处理遗产时,应当为该继承人留下必要的遗产,所剩余的部分才可参照遗嘱确定的分配原则处理。继承人是否缺乏劳动能力又没有生活来源,应按照遗嘱生效时该继承人的具体情况确定。

(4)遗嘱中所处分的财产须为遗嘱人的个人财产

遗嘱是遗嘱人处分其个人财产的民事行为,遗嘱人只能就个人的合法财产作出处置。在遗嘱中,如果遗嘱人处分了属于国家、集体或者与他人共有的财产,遗嘱的该部分内容应认定无效。

(5)遗嘱不能违反社会公共利益和社会公德

民事活动应当遵守社会公德,不得损害社会公共利益。遗嘱作为一种民事活动,自然也应该适用这一概括性条款。因此,在遗嘱中不应该设立严重违反社会公德和损害社会公共利益的内容。

遗嘱的形式要件是指遗嘱的形式必须符合法律规定。依据《民法典》,遗嘱形式有公证遗嘱、自书遗嘱、代书遗嘱、打印遗嘱、录音录像遗嘱和口头遗嘱等六种形式。

(1)公证遗嘱

公证遗嘱由遗嘱人经公证机构办理。办理遗嘱公证需要遗嘱人亲自到其户籍所在地的公证机关申请办理,不能委托他人代理。如果遗嘱人因病或其他特殊原因不能亲自到公证机关办理遗嘱公证时,可要求公证机关派出公证员前往遗嘱人所在地办理。需要注意的是,遗嘱人如果要变更或撤销原公证遗嘱,也必须由原公证机关办理。

公正遗嘱的特征如下:

①公证遗嘱必须经过国家批准设立的公证机关证明。所谓公证遗嘱就是经过公证证明的遗嘱,既然是经过公证证明的遗嘱,这种遗嘱只能由经过国家批准设立的各公证处来办理。由各乡镇(街)法律服务所办理的公证,或者律师对遗嘱的见证等都不属于公证遗嘱。按照《民法典》的规定,这些只能属于遗嘱见证人或是遗嘱代书人,对当事人所立的遗嘱只起到证明人的作用。

②公证遗嘱的公证员必须坚持直接办证原则。申请办理遗嘱公证的,不得委托他人代理,也不准由乡镇(街)的法律服务人员代为办理。公证人员必须与立遗嘱人直接见面,询问

有关情况，制作谈话笔录，进行有关法律方面的宣传教育，交待本人所享有的权利义务关系。同时，公证机关也需遵循回避原则，不得办理与本人有亲属关系和利害关系当事人的公证事项。

③公证遗嘱必须以公证书形式出具证明。公证遗嘱是由公证人员对当事人申办的遗嘱公证，在确认当事人具有相应的民事行为能力，意思表示真实，行为的内容和形式不违反法律、法规、规章或者社会公共利益后，必须以公证书的形式出具证明，确认遗嘱的效力，证明该遗嘱属公证遗嘱。没有公证书确认的遗嘱不能成为公证遗嘱。

④公证遗嘱的变更或撤销必须再次采取公证的形式进行变更或撤销。根据《民法典》规定："自书、代书、录音、口头遗嘱，不得撤销、变更公证遗嘱。"就是说当事人已办理公证遗嘱的，要想改变自己所立的遗嘱，必须再次到公证处采取公证的形式才能够撤销或者变更自己所立的遗嘱。如果采取其他形式进行变更或者撤销，是一种无效行为，得不到法律上的认可。

(2)自书遗嘱

自书遗嘱必须由遗嘱人全文亲笔书写、签名，注明年月日。自书遗嘱不需要见证人在场见证即具有法律效力。

自书遗嘱可按照下列程序订立：

①遗嘱人书写遗嘱内容。遗嘱人应亲自书写遗嘱全文，这样既可以真实地表达遗嘱人的意愿，又可防止他人伪造、篡改、添加遗嘱内容。

②遗嘱人在自己书写的遗嘱上注明年月日和地点。订立遗嘱的时间对遗嘱的效力有一定的影响。立有数份遗嘱，内容相抵触的，以最后的遗嘱为准。同时，订立遗嘱的时间有时也可证明遗嘱内容的真伪。

③遗嘱人亲笔签名。

④自书遗嘱中如需涂改、增删，应当在涂改、增删内容的旁边注明涂改、增删的字数，且应在涂改、增删处另行签名。

(3)代书遗嘱

代书遗嘱是指因遗嘱人不能书写而委托他人代为书写的遗嘱。代书遗嘱应当有两个以上见证人在场，由其中一人代书，并由遗嘱人、代书人和其他见证人签名，注明年月日。

(4)打印遗嘱

打印遗嘱就是把遗嘱通过打印机输出在纸张等记录物上的遗嘱。打印遗嘱应当有两个以上见证人在场。遗嘱人和见证人应当在遗嘱的每一页签名，注明年月日。

(5)录音录像遗嘱

录音录像遗嘱是指遗嘱人用录音录像的形式制作自己的口述遗嘱。为防止录音录像遗嘱被人篡改或录制假遗嘱，以录音录像的形式立的遗嘱，应当有两个以上见证人在场。遗嘱人和见证人应当在录音录像中记录其姓名或者肖像，以及年月日。

(6)口头遗嘱

遗嘱人在危急情况下，可以立口头遗嘱。口头遗嘱应当有两个以上见证人在场见证。危急情况解除后，遗嘱人能够用书面或者录音录像的形式立遗嘱的，所立的口头遗嘱无效。

我国《民法典》对遗嘱见证人的资格作了限制性规定，下列人员不能作为遗嘱见证人：无民事行为能力的人、限制民事行为能力的人和其他不具有见证能力的人；继承人、受遗赠人；

与继承人、受遗赠人有利害关系的人等。

### 10.4.3 遗嘱的变更、撤回与执行

#### 10.4.3.1 遗嘱的变更与撤回

遗嘱的变更是指遗嘱人在遗嘱设立后对遗嘱内容的部分修改。遗嘱的撤回是指遗嘱人在设立遗嘱后又取消原来的遗嘱。遗嘱是于遗嘱人死亡、继承开始之时才发生法律效力的法律行为,是遗嘱人单方的意思表示。因此,在遗嘱发生效力前,遗嘱人可以随时变更或撤回所立遗嘱。依据《民法典》的规定,遗嘱人可以撤回、变更自己所立的遗嘱。立遗嘱后,遗嘱人实施与遗嘱内容相反的民事法律行为的,视为对遗嘱相关内容的撤回。

遗嘱的“明示”变更与撤回。包括两种方式:

①遗嘱人另立新的遗嘱,并在新的遗嘱中声明变更或者撤回原来所立遗嘱;

②遗嘱人在遗嘱中注明废弃的意思。

需要注意的是,这里的变更或者撤回遗嘱只针对自书遗嘱、代书遗嘱、打印遗嘱、录音录像遗嘱和口头遗嘱等。变更或撤回原公证遗嘱,必须由遗嘱人提出申请,到原公证机关办理。

遗嘱的“默示”变更与撤回,包括三种方式:

①遗嘱人前后订立数份遗嘱,且前后的遗嘱内容相互抵触的,应当以最后的遗嘱为准。这视为对前遗嘱的变更或者撤回。

②遗嘱人生前的行为与遗嘱的意思表示相反,而使遗嘱处分的财产在继承开始前灭失、部分灭失或所有权转移、部分转移的,遗嘱视为被撤回或部分被撤回。

③遗嘱人故意破毁或者涂销遗嘱,遗嘱视为被撤回。遗嘱人故意破毁、涂销、废弃遗嘱的部分内容的,遗嘱视为被变更。需要注意的是,遗嘱人故意毁损自己保存的公证遗嘱,不发生公证遗嘱被变更或撤回的效力。

#### 10.4.3.2 遗嘱的执行

遗嘱执行是指遗嘱生效后由遗嘱执行人实现遗嘱的内容。遗嘱自遗嘱人死亡之日起开始执行,遗嘱一般由遗嘱执行人来执行。遗嘱执行人应具有民事行为能力,无民事行为能力、限制民事行为能力的人不具备成为遗嘱执行人的资格。

在遗嘱的执行过程中,如果直接由遗嘱继承人或其他利害关系人来执行遗嘱,难免会有偏向从而引起纠纷,尤其是当遗嘱继承人有数人,或者遗嘱的内容涉及将财产遗赠给国家、集体和其他公民时,依靠法定继承人或利害关系人自己去处理,往往容易产生弊端。为了妥善解决这一问题,保护遗嘱人利益和遗嘱继承人、受遗赠人及其他利害关系人的利益,我国《民法典》规定了遗嘱执行人制度。依据《民法典》规定,遗嘱人可以指定遗嘱执行人,负责执行遗嘱。也就是说,遗嘱执行人既可以是法定继承人,也可以是法定继承人以外的人。因此,遗嘱执行人一般以公正、有威信的亲友担任为宜。为了能够公正、正确地体现遗嘱人的意志,便于在继承人中分配遗产,特别是为了保障缺乏劳动能力又没有生活来源的继承人和未能在场的继承人的利益,遗嘱人可以委托继承人以外的人充当遗嘱执行人,负责执行遗嘱。当继承人有数人时,遗嘱人也可以在遗嘱中委托某一个或某几个继承人执行遗嘱。如果遗嘱人生前没有指定遗嘱执行人,或者遗嘱执行人拒绝接受,或者遗嘱执行人不称职,则

可以由全体继承人参加执行遗嘱;也可以由利害关系人申请,由人民法院指定或撤销遗嘱执行人。

我国《民法典》规定,继承开始后,遗嘱执行人为遗产管理人;没有遗嘱执行人的,继承人应当及时推选遗产管理人;继承人未推选的,由继承人共同担任遗产管理人;没有继承人或者继承人均放弃继承的,由被继承人生前住所地的民政部门或者村民委员会担任遗产管理人。

遗嘱执行人具有下列职责:

①对遗嘱产生存在方式的真实性、合法性进行审查、确认,这是遗嘱执行人的首要任务和职责。

②通知继承关系当事人,办理死亡证明、户口注销等手续,这是遗嘱生效的必备条件。

③确认、清理和保管遗嘱人的财产。

④召集继承人、受遗赠人等相关当事人,宣布遗嘱,就遗产情况作书面报告说明。

⑤按遗嘱内容分配遗产,在分割财产时,应保留胎儿的继承份额。

遗嘱执行人在执行遗嘱时,任何人不得妨碍。如果在执行遗嘱过程中受到他人的非法干涉和妨碍,不论干涉和妨碍是来自继承人还是其他人,遗嘱执行人都有权排除,必要时可以请求人民法院保护其执行遗嘱的合法权利。

**集思广益**

集思广益

张某(男)与李某(女)结婚,两人生有大儿子张甲,二儿子张乙,女儿张丙。张甲与A结婚,生有儿子a;张乙与B结婚,生有女儿b,在b三岁时,张乙遇车祸死亡,B未再嫁。张某在2005年留有录音遗嘱,死后要把2万元钱赠给战友王某,有战友赵某作证。张甲听说后,毒杀老父,未果,判入狱5年,1年后病死。张某夫妇需要照顾,张丙拒绝并多次打骂。张某夫妇和B生活,2019年张某去世,清点家产总计12万元。请你分析:

(1)王某可否得2万元?

(2)张丙能分遗产吗?

(3)B可否申请获得遗产?

(4)A可以寻求a的代位继承吗?

(5)如何分这12万元?

### 10.4.4　遗嘱信托

遗嘱信托是指委托人(立遗嘱人)预先以立遗嘱的方式,将信托财产(遗产)的管理、分配、运用及给付等详订于遗嘱中,等到遗嘱生效时,将信托财产(遗产)转移给受托人(信托机构),由受托人依据信托的内容,管理处分信托财产,并将财产收益转移给受益人(继承人)。遗嘱信托涉及三个方面的当事人:委托人(被继承人),受托人(遗嘱执行人),受益人(继承人)。遗嘱信托必须指定受托人,受托人一般选择具有理财能力的律师、会计师、信托投资机构等专业人员和专业机构。遗嘱信托的受益人可以是法定继承人中的一人或者数人,也可以立遗嘱将遗产受益人指定为法定继承人以外的人。遗嘱信托在被继承人订立遗嘱后成立，并于遗嘱人(被继承人)去世后生效。与不动产、有价证券或资金等个人信托业务比较，遗嘱信托最大的不同点在于遗嘱信托是在委托人死亡后才生效。由于遗嘱信托能够将遗嘱人生前的愿望延伸到身后，使财产在受托人的管理下，不会被继承人轻易挥霍殆尽，实现代代相传，在西方形象地称为“从坟墓中伸出的手”。

在我国，遗嘱信托业务还处于萌芽阶段。随着社会经济的不断发展和法律制度的逐步完善，居民家庭的财富快速增长，投资与理财意识不断提升，未来财产传承规划具有相当大的发展空间。在现实生活中，已有一些先富裕起来的个人或家庭通过投资基金、保险规划、税收规划、全权委托代客理财等不同的方式进行财产传承规划，以发挥节税效应。虽然立遗嘱可以防止家庭财产传承纷争，但也存在继承人财产管理能力有限、遗产保全不易等问题，如果在立遗嘱的基础上加入信托制度予以辅助，发挥信托财产的独立性、财产分配的公平性、财产管理的专业性等功能，可以使财产传承更有保障。基于人们理财观念的日趋成熟，法律制度的逐步完善，未来遗嘱信托及其相关业务势必蓬勃发展。

#### 10.4.4.1 遗嘱信托的优势

遗嘱信托由受托人依照遗嘱人的意愿分配遗产，并为受益人做遗产管理，不但具有遗嘱的优点，而且结合信托的功能使得遗产及继承人更有保障。遗嘱信托的优势体现在：

(1)实现遗嘱人的意愿

根据《民法典》的规定，受益人在不具备完全民事行为能力时，所得遗产由其监护人管控。在具体执行过程中，有可能会出现遗产并没有用于受益人的生活与教育，而被监护人挪用的情况。通过遗嘱信托，可以使遗产能真正用于受益人的生活与教育，保障受益人在遗产继承中的利益，实现遗嘱人的真实意愿，有效减少法定继承和遗嘱继承中出现的遗产纠纷，使遗产顺利地传承给遗嘱人后代。

(2)信托财产的独立性

信托财产仅仅服从于信托目的，不得归入受托人的固有财产或者成为其固有财产的一部分。受托人死亡或者依法解散、被依法撤销、被宣告破产而终止，信托财产不属于受托人的遗产或者清算财产。这种信托财产具有独立性的特点能够保证信托财产的安全。因此，相较于传统意义的遗嘱而言，遗嘱信托能够给予受益人更安全的生活与教育保障，灵活实现复杂的资产分配方案，在特定法律下实现风险隔离和税务筹划等目标。

(3)财产传承的灵活性

遗嘱信托是具有长期性的遗产管理制度，一旦生效，既不会因为立遗嘱人丧失民事行为能力、死亡而失效，也不会因为受托人依法解散、被依法撤销或被宣告破产而终止，也不会因信托监督人不符合条件、丧失民事行为能力或死亡等意外情况而失效。在遗嘱信托中，可以设定其信托期间存续至找不到其直系血亲时才终止，也可以规定遗产给后世子孙定期发放生活补助金、奖助学金或创业辅导金。

(4)财富管理的专业化

遗产标的形式多样，现金、理财产品、股票、基金、保险产品、不动产、交通工具、公司股权、合伙投资份额、收藏品和知识产权的收益权等都可能成为遗产。继承人如果不具备相应的专业知识与能力，必然会影响遗产的保值增值。通过受托人(遗嘱执行人)的专业理财能力可以弥补继承人无理财能力的缺陷,作为受托人的专业机构按照委托人的意思,尽职谨慎地管理遗产,按照立遗嘱人的意愿使受益人在人生各个不同阶段获得源源不断的物质保障。

(5)减少遗产纷争

通过遗嘱信托明确了家族内部的利益分配,同时也把遗产独立于家族控制。遗嘱信托具有法律约束力,特别是受托人的介入,使遗产的清算和分配更为公平,有效地避免了继承人的遗产纷争。

### 10.4.4.2　遗嘱信托业务

在英美国家和我国港澳台地区,遗嘱信托已经比较成熟。现代信托制度源自英国,英国的遗嘱信托发展也比较迅速,在境内开设了许多信托机构,英国人不仅用遗嘱信托来执行遗嘱和分配遗产,还涉及遗产的经营管理和投资运作等方面。据有关统计,英国国内财产已经有5%是信托财产,其中大部分为遗嘱信托。在我国台湾、香港地区,众多富豪也选择遗嘱信托来传承财富。2008年2月19日,香港影星沈女士去世,她生前设立了遗嘱信托,将名下资产转以信托基金,受益人为女儿郑小姐,指定前夫郑先生和信赖的朋友共同组成信托监督人,监督受托人对信托财产的管理与运用,为女儿未来的生活保驾护航。

英美国家一般把遗嘱信托分为遗嘱执行信托和遗产管理信托。

(1)遗嘱执行信托

遗嘱执行信托是为了实现遗嘱人的意愿而进行的信托业务。其主要内容有清理遗产、收取债权、清偿债务、税款支付、遗赠物分配、遗产分割等。遗嘱执行信托一般是短期的,以遗嘱人立的遗嘱为依据,继承人均已存在,因而不易发生制约。除了复杂的产业以外,清理工作在两三年内即可完成。

(2)遗产管理信托

遗产管理信托是以遗产管理为目的的信托业务。遗产管理信托的内容与遗嘱执行信托的内容虽然有交叉,但侧重点在于管理遗产方面。遗产管理人可由法院指派,也可由遗嘱人和其亲属会议指派。通常,设立遗产管理信托的原因主要有:①因无遗嘱,对财产的管理、清理、处理就比较困难,所花时间也长,故在此前需要信托机构代为管理;②虽有遗嘱,但继承人存在与否尚不清楚,也需在明确继承人之前代理遗产;③虽有遗嘱和明确的继承人,但继承人尚不能自理遗产时,也可委托专业机构代管遗产。

日本通常将遗嘱信托分为遗嘱信托和执行遗嘱两种。二者的不同点在于,在执行遗嘱时对属于继承财产的债务,也可作为执行人管理和处理的对象,因而执行遗嘱职责的范围较遗嘱信托的受托人更加广泛。

在我国,遗嘱信托业务分为执行遗嘱和管理遗产两类。

(1)执行遗嘱

执行遗嘱信托是受托人在受托之后,根据遗嘱或有关的法院裁决,在遗嘱人死亡后,代遗嘱人办理债权、债务的收取和清偿、遗嘱物品交付、遗产的处理和分割等有关遗嘱的执行事宜。执行遗嘱信托大多是因为遗嘱人财产较多,遗产的分割处理关系比较复杂,且缺少可靠执行人等原因而设立的。

(2)管理遗产

管理遗产信托是受托人受遗嘱人或法院委托,在某一时期内代为管理遗产的一种信托业务。这种业务又分为“继承未定”和“继承已定”两种情况。

### 10.4.5 人寿保险信托

人寿保险信托是以保险金或人寿保险单作为信托财产，由委托人（一般为投保人）和信托机构签订人寿保险信托合同，保险公司将保险赔款或满期保险金交付于受托人，由受托人依信托合同约定的方式管理、运用信托财产，并于信托期间终止时，将信托资产及运作收益交付给信托受益人。

人寿保险信托具备了保险和信托的双重功能。其优势表现在以下几个方面：

（1）财产风险隔离

从信托的角度，保险金作为信托财产，具有财产独立性，投保人和信托公司的债权人都不得对其强制执行。人寿保险信托设立后，委托人将信托财产所有权转移给受托人，委托人就失去了信托财产的所有权，名义所有权归属于受托人，信托财产产生的收益归受益人。这种信托财产在法律上所有权与收益权分离，委托人不但自己不能处分，而且也可免予被债权人追偿。信托财产独立于受托人的固有财产，受托人仅拥有名义上的所有权，其债权人也无法对信托财产实施主张。至于受益人的债权人，则因为受益人实质上的所有权是依据信托规定享有信托财产收益的权利，受益人对于信托财产不能行使除收益权以外的其他权利，只有当信托财产分配给受益人后，才会成为受益人的财产，所以受益人的债权人不能直接对该财产本身有任何主张。

（2）专业财产管理

人寿保险信托的受托人是信托机构，其专业理财能力是受益人享受合法权益的保障。人寿保险以被保险人死亡为保险事故，大部分人寿保障险具有储蓄功能。人寿保险信托将人寿保险与信托相结合，具有储蓄与投资理财的双重功效。受托人根据信托合同约定进行管理、运作信托财产，为受益人提供投资理财专业服务。这种受益人提供专业化的资产管理服务和针对信托财产的税收优惠政策，可以使保险金实现保值增值，达到受益人的利益最大化。

（3）家庭社会保障

寿险产品只保证受益人名义上享有保险金的利益，并没有考虑受益人如何才能切实享有其合法权益。保险受益人常常不具备合理处理保险金的能力和条件，例如，未成年人、老年人、疾病患者、身心障碍者和无行为能力者就可能出现无法妥善管理、支配保险金等情况，还可能出现家庭纠纷、受益人对立等情况，甚至由于各继承人或监护人之间的利益冲突，使得合法权益受到侵害。此时，保险受益人虽然形式上拥有保险金，但实际上并不能享受到保险金的好处，其合法权益不能得到保障。人寿保险信托作为一种植根于寿险保单之上的信托行为，能够在保险合同的义务履行之后，为受益人解决实际的保险金使用问题，是保险功能的一个延续和拓展，也是解决在特殊事件中出现保险受益人的受益权保障缺位问题的重要途径。

## 即问即答

为什么人们要采用遗嘱信托形式来传承财产?

即问即答

## 拓展阅读

□法定继承若干问题研究
□杭州姑娘遇难题:父母去世后自己无法过户房产
□家族信托,实现质的飞跃
□罗马遗产信托中信托观念的探究
□漫谈许麟庐大师遗产继承案
□美国富豪如何通过慈善捐款规避巨额遗产税?能够规避多少?
□首席官商的家族财富管理策略及其启示
□我国遗嘱信托制度的构建
□遗产赠与的伦理与法理——杭州小保姆受遗赠案的几点分析

拓展阅读资料

## 本章小结

### ■主要术语

遗产规划　遗产转移方式　遗产继承　遗赠　遗赠扶养协议　法定继承　代位继承　转继承　遗嘱　公证遗嘱　遗嘱信托　人寿保险信托

### ■主要观点

通过学习本章,我们已经知道了遗产规划的基本目标和方案的制订流程;了解了法定传承、遗嘱继承、遗赠和遗赠扶养协议等遗产转移方式;明白了法定继承存在的缺陷;学会了运用遗嘱继承、遗嘱信托等遗产规划工具。以下几个方面的内容,作为本章重点,应该掌握好。

□遗产规划能够有效地保护继承人的继承权,确保指定的继承人能够获得全部遗产,保证指定的某个人能够获得孩子的监护权等;遗产规划的终极目标就是制订一个全面的计划,尽可能多地把财富留给继承人,同时保证尽可能少地缴纳遗产税和遗产处理成本;在众多的理财产品中,人寿保险是唯一一种可以在有现金需求的同时提供所需现金的工具。

□遗产规划的功能是风险隔离、减少损失。

□继承是指自然人死亡之后,近亲属按照其有效遗嘱或法律规定,无偿取得被继承人遗留的个人合法财产;继承权可以依据法律取得,也可以依据遗嘱、遗赠或遗赠扶养协议取得;配偶、子女、父母、对公婆或岳父母尽了主要赡养义务的丧偶儿媳或丧偶女婿为第一顺序继承人;兄弟姐妹、祖父母、外祖父母为第二顺序继承人;遗产转移的顺序:遗赠扶养协议、遗赠、遗嘱继承、法定继承。

□法定继承是指被继承人生前未立遗嘱或遗嘱无效时,继承人按照法定的继承顺序、遗产分配原则等继承其遗产的继承方式;法定的特征是指:继承人的范围法定,继承人的继承顺序法定,遗产分配原则法定。代位继承指有继承权的子女先于其父母死亡并有晚辈直系血亲的，其父母死亡后遗产可由子女的晚辈直系血亲代替其继承，取得其应继承的遗产份额；转继承指在被继承人死亡后、遗产分割前，未放弃继承权的继承人也死亡的，其应得遗产份额由他的继承人继承。

□遗嘱继承是按照被继承人生前所立合法遗嘱继承遗产的继承方式；遗嘱的设立、变更和撤销，都需亲自作出；遗产信托是一个重要的理财工具，经常被比喻为“从坟墓中伸出的手”，暗指遗产委托人可以在死后继续按其遗愿操控信托资产的安排。

## 自测题

自测题

### ■客观题

**（一）单项选择题（下列每小题的备选答案中，只有一个符合题意的正确答案。请将你选定的答案字母填入题后的括号中。）**

1. 在众多的理财产品中，(　　)是唯一一种可以在有现金需求的同时提供所需现金的工具。
   A. 人寿保险　　B. 投资基金　　C. 股票　　D. 遗产信托
2. 下列关于父母子女关系的说法，正确的是(　　)。
   A. 父母有抚养子女的义务，父母对子女有要求被赡养的权利，这样的权利义务是对等的
   B. 父母未尽抚养义务的，可以免除子女的赡养义务
   C. 子女放弃继承权的，可以免除子女的赡养义务
   D. 子女被收养的，对生父母不再有赡养义务
3. 下列说法正确的是(　　)。
   A. 养子女可继承生父母的遗产，也可以继承养父母的遗产
   B. 丧偶儿媳或者女婿一旦再婚，即失去对公婆或者岳父母的遗产继承权
   C. 继子女可以继承生父母的遗产，也可以继承有抚养教育关系的继父母的遗产
   D. 非婚生子女不享有继承父母遗产的权利
4. 下列关于法定继承人继承顺位的说法，不正确的是(　　)。
   A. 配偶、子女、父母属于第一顺序法定继承人
   B. 兄弟姐妹、祖父母、外祖父母属于第二顺序法定继承人
   C. 丧偶儿媳对公婆，丧偶女婿对岳父岳母，尽了主要赡养义务的，作为第二顺序继承人
   D. 没有第一顺序继承人继承的，由第二顺序继承人继承
5. 小马在婴儿时期即被养父母收养，后来养父与养母离婚，小马跟着养父生活。2015 年小马 10 岁时养父与赵女士再婚，再婚后赵女士对小马照顾有加。2022 年赵女士突发意外去世，则赵女士的法定继承人是(　　)。
   A. 养父　　B. 小马　　C. 赵女士的前夫　　D. 养父、小马
6. 下列说法中正确的是(　　)。
   A. 自书遗嘱可以打印，本人签名　　B. 公证遗嘱效力优于其他遗嘱
   C. 自书遗嘱须有两个以上的见证人　　D. 口头遗嘱在紧急情况解除后仍然有效
7. 冯女士老伴早已去世，自己独立抚养两个儿子冯大与冯二成人。今年 8 月，冯女士突发疾病去世，留有 40 万元的拆迁补偿费。冯二出具了一份冯女士的代书遗嘱，代书人是一位邻

居,指定冯二的妻子作为见证人,将拆迁补偿费中的 30 万元分给冯二,剩下 10 万元给冯大。据此,冯二可以获得冯女士(　　)万元的遗产。

A. 0　　B. 20　　C. 30　　D. 40

8. 王先生与李女士于 2020 年登记结婚,婚后不久李女士因意外瘫痪,王先生搬出另住,并很快与赵小姐同居,二人生有一女王兰。李女士无父无母,为生活与治病,共向邻居借款 20 万元。2022 年李女士因病去世。同年 5 月,王先生也因意外去世,留有财产 40 万元,则王先生的遗产继承人是(　　)。

A. 李女士　　B. 赵小姐　　C. 王兰　　D. 赵小姐、王兰

9. 王先生与李女士于 2020 年登记结婚,婚后不久李女士因意外瘫痪,王先生搬出另住,并很快与赵小姐同居,二人生有一女王兰。李女士无父无母,为生活与治病,共向邻居借款 20 万元。2020 年李女士因病去世。同年 5 月,王先生也因意外去世,留有财产 40 万元,则王兰可继承的遗产为(　　)万元。

A. 0　　B. 10　　C. 20　　D. 40

10. 钱老先生是一位孤寡老人,为了有人能照顾自己的晚年生活,与邻居张先生签订了遗赠扶养协议,约定张先生负责为钱老先生养老,钱老先生将价值 20 万元的房产赠给张先生。2017 年钱老先生突发心脏病,在送往医院的途中钱老先生留下口头遗嘱,将房产赠给一位朋友,并指定两位护士为遗嘱见证人,则钱老先生去世后房屋归(　　)。

A. 朋友　　B. 张先生

C. 国家　　D. 朋友、张先生平分

11. 小强与妹妹小兰的父母在小强 10 岁时即因车祸身亡,兄妹二人随奶奶一同生活,除此之外二人没有其他亲属,2022 年小强因病去世,留有父母遗留的 10 万元遗产,则小兰可以获得(　　)万元的遗产。

A. 0　　B. 5　　C. 7　　D. 10

12. 何老先生有两个儿子何老大与何老二,老伴多年前就已去世,何老先生带着小儿麻痹症的小儿子一同生活,何老大定期给付父亲赡养费用。2018 年何老先生突发心脏病去世,留有一份自书遗嘱,将全部财产 20 万元留给何老大,并希望何老大能照顾好何老二,则何老大能继承(　　)万元遗产。

A. 0　　B. 5　　C. 10　　D. 20

13. 在各种遗嘱形式中,不需要见证人的遗嘱形式是(　　)。

A. 录音遗嘱　　B. 自书遗嘱

C. 代书遗嘱　　D. 口头遗嘱

14. 王先生夫妇生有一子王峰,2012 年又将朋友的孩子小云落户在自己家。2013 年王先生夫妇离婚,王先生带着小云与郑女士再婚,郑女士带来了一位 18 岁的男孩小明。则王先生的法定继承人是(　　)。

A. 王峰　　B. 王峰、小云

C. 王峰、郑女士　　D. 王峰、郑女士、小明

15. 小秦的爷爷于 2022 年 4 月因病去世,在为爷爷办理丧葬事宜的时候,小秦的父亲也因意外去世,爷爷留有 150 万元的遗产,小秦的奶奶已经去世,只有一个叔叔,小秦是独生子

女，与母亲生活在一起。则小秦可以分得爷爷（　　）万元的遗产。

A. 0　　B. 37.5　　C. 75　　D. 150

16. 李老先生是一位孤寡老人.他十分担心自己以后的生活，于是与朋友封先生签署了遗赠抚养协议，约定封先生负责李老先生的生活与死后安葬，李老先生去世后将全部遗产留给封先生。两年后李老先生感到后悔，于是订立了一份自书遗嘱，将遗产赠给远房亲戚小赵，则（　　）可以继承李老先生的遗产。

A. 小赵　　B. 李老先生所在单位

C. 封先生　　D. 国家

17. 郑先生因心脏病突发被送入医院，郑先生感觉无法获救，于是留下了一份口头遗嘱，指定朋友小张作为见证人，将全部财产留给儿子郑峰。郑先生不治身亡，护士小芬可以证明口头遗嘱的内容，郑先生家中还有妻子与父母，则（　　）可以继承郑先生的遗产。

A. 郑峰　　B. 郑先生的妻子

C. 郑先生的父母、妻子　　D. 郑峰、郑先生的父母、妻子

18. 姜先生离婚后与儿子小姜一同生活，父母早亡，与前妻离婚后将一个有残疾的儿子大姜交给前妻抚养，姜先生 2022 年因车祸去世，在清理遗产时发现姜先生留有一份自书遗嘱，将全部财产 60 万元留给儿子小姜，则姜先生的遗嘱（　　）。

A. 有效，将财产给小姜　　B. 无效，因为没有给大姜留特留份

C. 有效，姜先生有权处理自己的财产　　D. 无效，因为没有给前妻留赡养费

19. 姜先生离婚后与儿子小姜一同生活，父母早亡，与前妻离婚后将一个残疾的儿子大姜交给前妻抚养，姜先生 2018 年因车祸去世，在清理遗产时发现姜先生留有一份自书遗嘱，将全部财产 60 万元留给儿子小姜，则小姜可以分得（　　）万元的遗产。

A. 0　　B. 20　　C. 30　　D. 60

20. 法定继承是主要的继承方式，以下不属于法定继承特征的有（　　）。

A. 法定继承是遗嘱继承的补充

B. 法定继承是对遗嘱继承的限制

C. 法定继承是基于一定的身份关系确定的

D. 法定继承中的继承人范围、继承顺序和遗产分配原则可视具体情况进行更改

**（二）多项选择题（下列每小题的备选答案中，有两个或两个以上符合题意的正确答案。请将你选定的答案字母填入题后的括号中。）**

1. 对于遗嘱的有效要件描述错误的是（　　）。

A. 18 周岁的小王有遗嘱能力

B. 10 周岁的小李所立遗嘱部分有效

C. 老周立下遗嘱后患上老年痴呆，所立遗嘱有效

D. 小李 10 岁时立下的遗嘱，等小李满 18 周岁时，遗嘱有效

E. 老周立下遗嘱财产只给儿子，不给痴呆症的女儿，遗嘱有效

2. 根据我国继承法的规定，下列属于第一顺序继承人的是（　　）。

A. 配偶、子女　　B. 父母

C. 兄弟姐妹　　D. 祖父母、外祖父母

E. 儿媳、女婿

3. 在日常生活中,个人/家庭面临的风险包括(　　)。

A. 家庭经营风险

B. 父母夫妻中一方或双方丧失劳动能力或经济能力的风险

C. 离婚风险

D. 再婚风险

E. 家庭成员去世的风险

4. 遗产规划的基本目标包括(　　)。

A. 财产按照自己的意愿进行分配

B. 尽可能减少遗产税、继承税

C. 降低遗产的处理成本

D. 降低家庭成员去世的风险

E. 规避债务的归还

5. 下列属于遗产规划的主要工具的是(　　)。

A. 遗嘱

B. 遗赠扶养协议

C. 遗嘱信托

D. 人寿保险

E. 遗赠

6. 被继承人死亡以后,遗产转移的主要方式包括(　　)。

A. 法定继承

B. 遗嘱继承

C. 遗嘱信托

D. 遗赠继承

E. 遗赠扶养协议

7. 以下属于遗嘱信托的优势有(　　)。

A. 实现遗嘱人的意愿

B. 信托财产的独立性

C. 财产传承的灵活性

D. 财富管理的专业化

E. 减少遗产纷争

8. 下列属于法定继承人的是(　　)。

A. 配偶

B. 子女

C. 父母

D. 兄弟姐妹

E. 祖父母和外祖父母

9. 以下关于代位继承的说法正确的包括(　　)。

A. 代位继承发生在继承人先于被继承人死亡的条件下

B. 代位继承权人只能是被代位继承人的晚辈直系血亲

C. 代位继承是由代为继承人一次性地间接继承被继承人的遗产,具有替补继承的性质

D. 代位继承在表现形式上是一种间接继承,在继承方式的性质上属于法定继承

E. 代位继承不仅适用于法定继承,而且适用于遗嘱继承和遗赠

10. 遗产是公民死亡时遗留的个人合法财产,下列财产可以作为遗产的有(　　)。

A. 公民的收入

B. 公民的房屋、储蓄和生活用品

C. 有关单位因被继承人死亡而发给其家属的抚恤金、生活补助费等

D. 公民的文物、图书资料

E. 指定了受益人的保险金

**(三)判断题(请将你的判断结果填入题后的括号中。你认为正确的,填"√";你认为错误的,填"×"。)**

1. 录音遗嘱属于遗嘱形式的一种,录音遗嘱必须有一个以上见证人的见证证明录制在录音遗嘱的音箱磁带上,该遗嘱才生效。 ( )
2. 遗产规划的终极目标就是制订一个全面的计划,尽可能多地把财富留给继承人,同时保证尽可能少地缴纳遗产税和遗产处理成本。 ( )
3. 遗产规划的功能是风险隔离、减少损失。 ( )
4. 继承从被继承人死亡时开始。相互有继承关系的几个人在同一事件中死亡,如不能确定死亡先后时间的,推定长辈先死亡。 ( )
5. 受遗赠人应当在知道受遗赠后1个月内,作出接受或放弃受遗赠的表示,到期没有表示的,视为放弃受遗赠。 ( )
6. 继承权可以依据法律取得,也可以依据遗嘱、遗赠或遗赠扶养协议取得。 ( )
7. 小明15岁,上初中二年级,隔壁邻居王爷爷要立一份遗嘱,让小明代书遗嘱,并作为两个遗嘱见证人之一,在遗嘱上签名,如果另一遗嘱见证人符合法定要求,则该遗嘱有效。 ( )
8. 在立遗嘱的时候,没有规定需要为没有生活来源的继承人留有一定的遗产份额。 ( )
9. 当遗嘱人因病或其他特殊原因不能亲自到公证机关办理遗嘱公证时,可以委托他人代理。 ( )
10. 遗嘱人在危急情况下,可以立口头遗嘱,口头遗嘱应当有一个以上见证人在场见证。 ( )

## ■主观题

1. 如何理解财富管理是一门技术更是一门艺术?
2. 遗产规划的基本目标有哪些?
3. 遗产转移方式有哪些?
4. 如何区别代位继承与转继承?
5. 如何界定各种不同类型遗嘱的法律效力?
6. 什么是遗嘱信托,建立遗嘱信托制度有什么现实意义?

## 讨论题

□你如何看"许麟庐大师遗产继承案"?

□遗产信托是一个重要的理财工具,经常被比喻为"从坟墓中伸出来的手",对此如何理解?

## 案例分析

杭州姑娘小丽的父母先后过世,在杭州留下一套127平方米、价值约300万元的房子,此房产一直登记在小丽父亲名下。因小丽的女儿快上幼儿园了,父母留下的这套房产位于学区,就想把该房产过户到自己名下,再把自己和女儿的户口迁到房子里去。小丽拿着房产证和父母死亡证明去过户时,房管局说仅凭这些材料没法办过户手续,需小丽提供公证处出具的继承公证书,或法院的判决书。小丽去了公证处,公证处要求小丽把她父母的亲戚全部找到,带到公证处才能办理公证。

为什么作为独生子女的小丽,没法顺利过户父母留下的房产?

有律师从理论上进行分析认为:这套房产是小丽父母的婚内共同财产,父亲去世后,有1/2的房产归母亲,剩余1/2的房产属父亲遗产,由母亲、小丽和奶奶(爷爷先于父亲去世)三人平分,母亲因此共分得2/3房产,小丽和奶奶各分得1/6房产。

奶奶过世后,属于奶奶的1/6房产由小丽父亲四兄弟姐妹转继承,每人可分得1/24房产,因小丽大伯和父亲先于奶奶过世,由晚辈直系血亲代位继承,小丽因此再获1/24房产。

小丽母亲现在过世,只有她一个继承人(小丽外公外婆早已去世),母亲的财产全由小丽继承,小丽因此又获2/3房产。

综上所述,小丽共获得1/6+1/24+2/3=7/8的房产。

这个案例中,小丽作为独生女,竟然没有获得100%的父母房产,这也是网帖爆红背后的一个主要原因。

律师因此呼吁:“这一切,假如小丽的父母在生前立下遗嘱的话,就不会那么麻烦了。我们中国人总认为立遗嘱不吉利,其实,年迈父母在身体尚健康时如能立个遗嘱,也是给子女省事。”

**□问题**

该房产到底该如何继承?独生子女是唯一继承人吗?

**□考核点**

法定继承、遗嘱继承。

## 推荐书目

□[美]詹姆斯·E. 休斯(JAMES E. HUGHES JR.),《富过三代》,东方出版社,2013年版。

该书是一位长期致力于家族治理的律师,根据自己的工作实践和经验总结来说明家族如何打破“富不过三代”的家族命运。

作者认为家族治理的一大问题是——长期财富保有。这首先需要确保家族的价值观的传承,需要有自己家族的故事;其次,需要科学的治理体系,包括家族银行和家族慈善的管理;最后,保有家族财富并不仅仅指金融资本,关键是人力资本和智力资本的保有和增值,所以需要关注每一个家族成员的成长,确保每一个家族成员都在追求自己的幸福,同时每一个家族成员也要明确家族的使命宣言,同时明确自己在家族中的角色和使命。

作者认为家族就像一个企业,所以在家族治理上可以参考企业管理的方法,而企业中的代理人问题在家族中也存在,主要表现为受益人和受托人的关系问题。作者从他帮助的家族中发现,这一问题主要在于受益人,受益人通常不具备基本的金融知识,对受益人和受托人的职责并不了解,出现问题就想换受托人。可见家族成员需要具备基本的金融知识,这也是人力资本和智力资本的一个方面。

作者在书中一再强调，家族的金融资本只是家族发展人力资本和智力资本的工具，这是个重要的观念转变，以前大家更倾向于用金融资本即财富的量来衡量家族的兴衰成败，因此也主要注重家族在金融资本的积累，忽视了人力资本和智力资本的重要性。一个家族要打破“富不过三代”的魔咒，关键在于对家族的人力资本和智力资本的保有，所以对于下一代的教育和有效的评估是家族的重点，而家族慈善在这一方面发挥了重要的作用。一方面，家族慈善事业可以传承家族的价值观，让家族参与世界的发展；另一方面，让家族的后代参与家族慈善事业管理，为他们提供了实践的机会。

以前总觉得家族是很神秘的，有点排外，通过这本书，发现家族的发展，并不是保护自己家族的秘密，相反秘密反而是不好的，而是开放地理智地看待自己的家族，构建一个能使家族财富，包括人力资本、智力资本和金融资本长期保有的治理体系。

**□本书编委会，《家族信托——财富传承的奥秘》，经济管理出版社，2015 年版。**

该书首先介绍了家族信托的国内外发展状况及其功能，结合我国社会经济发展的实际情况，对我国信托业发展家族信托业务的动因、环境、市场需求和市场定位进行了分析。其次，对我国家族信托业务的实现模式、家族信托产品设计的要素进行了论述，并重点对我国家族信托产品的设计问题进行了研究，从标准化家族信托、财产保护类、财富积累类和财产传承类家族信托四个方面分别进行了产品概要设计。最后，针对家族信托产品在我国的开发和推广问题，提出了营销策略及政策建议。

## 自我评价

| 学习成果 | 自我评价 |
|---|---|
| 我已经明白了遗产规划的目标、流程、遗产规划的功能 | □很好　□较好　□一般　□较差　□很差 |
| 我已经知道了继承的含义与特征，并理清了四种遗产的转移方式 | □很好　□较好　□一般　□较差　□很差 |
| 我已经初步掌握了法定继承的特征、顺序和遗产分配的原则 | □很好　□较好　□一般　□较差　□很差 |
| 我已经了解了遗嘱继承的有效要件、遗嘱类型，初步理解了遗嘱信托 | □很好　□较好　□一般　□较差　□很差 |

# 参考文献

[1] 陈志武. 财富的逻辑 1——为什么中国人勤劳而不富有[M]. 西安:西北大学出版社,2014.

[2] 陈东升. 长寿时代的理论与对策[J]. 管理世界,2020(4).

[3] 拉里 J·普拉瑟,布鲁斯·斯温森. 投资学题库与题解[M]. 北京:机械工业出版社,2006.

[4] Siegel, Jeremy. Bureau of Economic Analysis, Measuring Worth. Future for Investors,2005.

[5] 徐建国. 黄金价格大起大落,我们还能回到金本位吗? http://www.nsd.edu.cn/teachers/professorNews/2015/1119/24484.html.

[6] 易刚. 中国的货币化进程[M]. 北京:商务印书馆,2003.

[7] 中国就业培训技术指导中心. 理财规划基础知识(第五版)[M]. 北京:中国财政经济出版社,2013.

[8] 中国就业培训技术指导中心. 理财规划师专业能力(三级)[M]. 北京:中国财政经济出版社,2013.

[9] 中国就业培训技术指导中心. 理财规划师专业能力(二级)(第五版)[M]. 北京:中国人民大学出版社,2013.

[10] 滋维·博迪,罗伯特·C. 默顿,戴维·L. 克利. 金融学(第 2 版)[M]. 北京:中国人民大学出版社,2010.

[11] 滋维·博迪,亚历克斯·凯恩,艾伦 J. 马库斯. 投资学[M]. 北京:机械工业出版社,2017.